भारत में पंचायती राज

परिप्रेक्ष्य और अनुभव

वाणी प्रकाशन
नयी दिल्ली-110002
फोन : 23273167, 23275710 • फैक्स : 23275710
e-mail : vani_prakashan@yahoo.com
vani_prakashan@mantraonline.com

भारत में पंचायती राज

परिप्रेक्ष्य और अनुभव

जॉर्ज मैथ्यू

वाणी प्रकाशन

पहला संस्करण : 2003
दूसरा संस्करण : 2023

वाणी प्रकाशन
4695, 21-ए, दरियागंज, नयी दिल्ली 110 002
फ़ोन : +91 11 23273167 फ़ैक्स : +91 11 23275710
शाखाएँ
अशोक राजपथ, पटना 800 004, बिहार
कॉफ़ी हाउस कैम्पस, महात्मा गांधी मार्ग, इलाहाबाद 211 001, उत्तर प्रदेश
महात्मा गांधी अन्तरराष्ट्रीय हिन्दी विश्वविद्यालय, वर्धा 442 001, महाराष्ट्र
36/ए, शेक्सपीयर सरणी, रानी बिरला गर्ल्स कॉलेज के पास, कोलकाता 700 017, प. बंगाल
www.vaniprakashan.com
marketing@vaniprakashan.in
sales@vaniprakashan.in

Bharat Mein Panchayati Raj : Pariprekshya Aur Anubhav
by George Mathew

ISBN : 978-81-8143-048-9
Social Science

मूल्य : ₹ 695

आर. टेक ऑफ़सेट प्रिंटर्स, दिल्ली-110 032 में मुद्रित

वाणी प्रकाशन का लोगो मक़बूल फ़िदा हुसेन की कूची से

विषय सूची

प्रस्तावना

दस वर्ष पूर्व, 24 अप्रैल 1993 को, पंचायतें भारतीय संविधान के भाग नौ का अंग बन गयीं। 73वें संविधान संशोधन अधिनियम के लागू होने के बाद मैंने जो निबंध लिखे हैं, यह पुस्तक उन्हीं का एक चयन है। इसके माध्यम से मैंने पंचायतों की दस वर्षों की यात्रा को उकेरने की कोशिश की है।

जैसा कि जाहिर है, दस वर्षों की यह यात्रा न तो बाधारहित रही है और न ही हमेशा वांछित दिशा में। निश्चय ही, हमारे जैसे, ढेर सारी जटिल समस्याओं से भरे, समाज में रेडिकल परिवर्तन लाना कोई आसान काम नहीं है। कठिनाई तब और बढ़ जाती है, जब परिवर्तन का लक्ष्य उन बहुसंख्यक लोगों को सत्ता देना हो जो परंपरागत रूप से हाशिये का जीवन जीते रहे हैं और समाज से बहिष्कृत रहे हैं। यही कारण है कि पंचायतें एक ओर तो सत्ताधारियों की संपूर्ण उपेक्षा का शिकार और दूसरी ओर भूपतियों, सामंती तत्वों और ऊँची जातियों की हिंसक और ध्वंसपूर्ण प्रतिक्रिया के निशाने पर रही हैं। दूसरी अजीब-सी बात यह हुई कि जिन हाथों ने यह गत्यात्मक संवैधानिक ढाँचा निर्मित किया, वे हाथ ही इसे नष्ट करने की कोशिश करते रहे हैं। संसद सदस्यों और विधान सभा सदस्यों में यह एहसास सताता रहता है कि उनकी ही बनायी हुई चीज सत्ता और स्वार्थ विस्तार की उनकी उच्छृंखल भूख के मार्ग में बाधक बन रही है। नौकरशाही भी इस रेडिकल कदम से बहुत खुश नहीं है कि तृणमूल स्तर पर गठित 'स्वशासन की संस्थाओं' के माध्यम से अधिकार आम जनता को दिये जा रहे हैं।

लेकिन देश भर में लोगों ने यह दिखा दिया है कि पीछे लौटना संभव नहीं है। पंचायतों के काम-काज के बारे में बहुत-सी नकारात्मक कथाओं के देशव्यापी प्रचार के बावजूद इस तथ्य को विलक्षण स्वीकृति मिली है कि पंचायतें

अपने क्षेत्र में अच्छा काम कर रही हैं। यह भी लक्षित किया गया है कि जहाँ भी महिलाओं को स्थानीय निकायों के संचालन में स्वतंत्र रूप से काम करने का अवसर मिला है, परिणाम बहुत ही सकारात्मक रहे हैं। इन नयी स्थानीय लोकतांत्रिक संस्थाओं की सक्रियता के दस वर्ष बाद हम पाते हैं कि सुशासन, जवाबदेही, दूरदर्शिता, सूचना का अधिकार तथा इनसे जुड़े अन्य मुद्दों की राष्ट्रव्यापी चर्चा होने लगी है। यह कोई साधारण उपलब्धि नहीं है। यह हमारे समाज और राजनीतिक तंत्र के भविष्य के लिए शुभ साबित होगा।

इस पुस्तक के अध्याय इस एकनिष्ठ लक्ष्य से लिखे गये हैं कि जमीनी स्तर का प्रामाणिक लोकतंत्र और लोकतांत्रिक संस्थाएँ हमारी सामाजिक व्यवस्था और संस्कृति का आधारभूत अंग बनें, निर्णय-प्रक्रिया में बहिष्कृत समुदायों की भागीदारी और स्त्री-पुरुष समानता जीता-जागता यथार्थ बन सकें। पंचायतों की विशद संभावनाओं के प्रति लोगों में सचेतनता पैदा करके ही यह लक्ष्य हासिल किया जा सकता है। यह पुस्तक इसी दिशा में एक छोटा-सा प्रयास है।

मेरे सहकर्मी श्री राजकिशोर ने अंग्रेजी में लिखे गये इन लेखों के चयन, अनुवाद और संपादन का कष्ट किया है। मैं उनका विशेष रूप से कृतज्ञ हूँ। अनुवाद कार्य में श्रीमती अन्नू आनंद और पांडुलिपि तैयार करने में सुश्री माधवी मिश्रा का उल्लेखनीय योगदान है। इसके लिए मैं उन्हें धन्यवाद देता हूँ।

जॉर्ज मैथ्यू

परिप्रेक्ष्य

1

एक सिंहावलोकन

> संशोधित संविधान में राज्यों के लिए आवश्यक है कि वे न केवल गाँवों के लिए, बल्कि माध्यमिक तथा जिला स्तर पर भी पंचायतों को स्वशासन की संस्थाओं के रूप में गठित करें। परिणामस्वरूप सरकार की तीन परतें होंगी : संघ, राज्य तथा पंचायतें। इससे अधिक सारभूत परिवर्तन की कल्पना कर पाना कठिन है। इसके प्रभाव व्यापक होंगे।[1]
>
> **–निर्मल मुखर्जी**

यह सर्वविदित है कि प्राचीन काल से ही भारत में विद्यमान कृषि अर्थतंत्र में स्वशासित ग्राम समुदायों का अस्तित्व रहा है। न केवल ईसा से बारह सौ वर्ष पूर्व रचित ऋग्वेद में इनका उल्लेख है, बल्कि ईसा के छह सौ वर्ष पूर्व तक के युग में भी 'ग्राम सभाओं' (परिषदों अथवा सभाओं) एवं 'ग्रामीणों' (गाँव के वरिष्ठ व्यक्तियों) के विद्यमान होने का उल्लेख मिलता है। ये सभी ग्राम निकाय गाँवों से संबंधित मामले उच्चाधिकारियों के सम्मुख पहुँचाने के सूत्र थे।

उपनिवेश-पूर्व काल में

समय बीतने के साथ-साथ इन ग्राम निकायों का स्वरूप बदला और पंचायतें (पाँच व्यक्तियों की समिति) बन गयीं जो गाँव की गतिविधियों का कामकाज सँभालती थीं। उन्हें पुलिस के तथा न्यायिक अधिकार प्राप्त थे। रीति-रिवाजों तथा धर्म ने उन्हें सामाजिक प्राधिकार का पवित्र स्थान प्रदान किया। ग्राम पंचायतों के अलावा जातिगत संस्थाएँ भी हुआ करती थीं, जो जाति विशेष के सदस्यों द्वारा उस जाति के सामाजिक आचार-विचार और नैतिक संहिता का पालन सुनिश्चित करती थीं। जहाँ एक ओर गंगा की घाटी में यह आम पद्धति थी, वहीं दूसरी ओर दक्षिण में ग्राम पंचायतें साधारणतया ग्राम सभा के रूप में हुआ करती थीं, जिनमें विभिन्न समूहों

एवं जातियों के प्रतिनिधियों को शामिल कर एक प्रशासी निकाय का गठन किया जाता था। यहाँ कह कहना उचित होगा कि उत्तरी एवं दक्षिणी भारत दोनों ही भागों में ऐसे ग्राम निकाय प्रशासन के केंद्रबिन्दु तो थे ही, वे सामाजिक जीवन के तथा इससे भी बढ़ कर परस्पर सामाजिक ऐक्यबद्धता के मुख्य बिन्दु थे। यहाँ तक कि मध्य युग एवं मुगल काल में भी ग्राम पंचायतों का यह स्वरूप परिवर्तन से अछूता ही रहा। यद्यपि मुगल काल में न्यायिक अधिकारों पर पाबन्दी लगा दी गयी, लेकिन स्थानीय गतिविधियों पर ऊपर का कोई नियंत्रण नहीं था एवं ग्राम अधिकारियों और कर्मचारियों का उत्तरदायित्व पंचायतों के प्रति ही बना रहा।

भारत के अन्तरिम गवर्नर-जनरल सर चार्ल्स मेटकाफ (1835-36) ने भारतीय ग्रामीण समुदायों को 'लघु गणराज्यों' की संज्ञा प्रदान की। इसका तात्पर्य यह नहीं है कि ये लोकतांत्रिक 'गणराज्य' सभी लोगों की भागीदारी से कार्य करनेवाली आदर्श संस्थाएँ थीं। ग्रामीण समाज में उस समय व्याप्त जातिग्रस्त सामंती संरचना के कारण उनमें बहुत-सी कमियाँ थीं। बी.आर. आम्बेडकर इन ग्रामीण समुदायों के बारे में ऊँचे विचार नहीं रखते थे। वास्तव में निजी अनुभवों ने उनके मन पर इन जातिग्रस्त गाँवों एवं पंचायतों की नकारात्मक छाप छोड़ी थी। संविधान सभा में 4 नवंबर 1948 को दिये गये उनके इस प्रसिद्ध वक्तव्य को, 'इन ग्राम गणराज्यों ने भारत को बरबाद किया है और वे स्थानीयता की नाली, अज्ञान, संकीर्णता एवं सांप्रदायिकता की गुफा हैं।'[2] उसके सही परिप्रेक्ष्य में देखा जाना जरूरी है।

आम्बेडकर ने भले ही ग्रान समुदाओं की स्थिति का आकलन तीखे रूप से किया हो, यह महत्वपूर्ण है कि प्राचीन ग्राम प्रणाली को, विशेषकर समानता और लोकतंत्र के मूल्यों के संदर्भ में, रोमांटिक दृष्टि से देखने से बचना होगा। एक बार जयप्रकाश नारायण ने टिप्पणी की थी कि पुराने ग्राम समुदाय किसी और रूप में नहीं, फकत अपने भौतिक स्वरूप में ही जीवित हैं। अब वे ऐसे जीवंत समुदाय नहीं रह गये हैं जो किसी व्यक्ति अथवा समुदाय की कठिनाइयों का समाधान ढूँढ़ने और उसके नैतिक तथा भौतिक जीवन का विकास करने का काम सामूहिक रूप से कर सकें।

ब्रिटिश युग

अंग्रेजों के आगमन के उपरांत आत्मनिर्भर ग्राम समुदाय तथा उनकी पंचायतों को पोषण मिलना समाप्त हो गया। काल क्रम में उनका स्थान औपचारिक रूप से गठित ग्राम प्रशासन ने ले लिया। यह एक ऐतिहासिक तथ्य है कि भारत में एक उत्तरदायी प्रतिनिधि संस्था के रूप में स्थानीय स्वशासन अंग्रेजों की देन है।

यहाँ यह बात जोर दे कर कही जा सकती है कि ग्राम पंचायतें अंग्रेज शासकों के लिए पहली प्राथमिकता नहीं थीं। उन्होंने मुख्यतः व्यापारिक केंद्रों के आसपास

अपना ध्यान केंद्रित किया था। अतः प्रारम्भ में प्रमुख नगरों में नामित सदस्योंवाले स्थानीय निकायों का गठन ही उनका मुख्य उद्देश्य था। इसी के तहत 1687 में मद्रास में एक नगर निगम स्थापित किया गया। टाउन काउंसिल के ब्रिटिश मॉडल पर बनाये गये इस निकाय को गिल्ड हॉल तथा विद्यालय निर्माण पर कर लगाने का अधिकार दिया गया। समय बीतने के साथ-साथ इस निकाय तथा अन्य प्रमुख नगरों में गठित इसी प्रकार के निकायों के कार्य कलाप का विस्तार हुआ तथा उनके कराधान अधिकारों में वृद्धि की गयी। यद्यपि ये निकाय स्थानीय सरकारों की प्रतीकात्मक अभिव्यक्ति करते थे, किंतु इनका संचालन निर्वाचित सदस्यों के बजाय नामांकित सदस्य ही करते रहे।

मेयो प्रस्ताव : 1870 में लॉर्ड मेयो ने अधिकारों के विकेन्द्रीकरण के लिए अपनी परिषद द्वारा एक प्रस्ताव करवाया, ताकि जनता की माँगें पूरी करने की प्रक्रिया में प्रशासनिक कुशलता लायी जा सके और 'देश की बढ़ती माँगों को पूरा करने में अपर्याप्त इंपीरियल संसाधनों में वित्तीय वृद्धि' की जा सके।[3] जैसा कि वायसराय काउंसिल के वित्त सदस्य सैमुअल लैंग ने कहा था, 1857 के विद्रोह के कारण इंपीरियल वित्तीय व्यवस्था पर भरपूर दबाव पड़ा तथा यह जरूरी समझा गया कि स्थानीय कराधान से ही स्थानीय सेवाओं की वित्त व्यवस्था की जाये। अतः वित्तीय मजबूरी के कारण स्थानीय सरकार संबंधी लॉर्ड मेयो का प्रस्ताव स्वीकार कर लिया गया। फिर भी इस क्षेत्र में ब्रिटिश शासन के नीति विकास में यह एक ऐतिहासिक कदम था। इस प्रस्ताव को ध्यान में रखते हुए बंगाल चौकीदारी अधिनियम के जरिये 1870 में बंगाल में परंपरागत ग्राम पंचायत प्रणाली को पुनर्जीवित किया गया। इस अधिनियम ने जिला मजिस्ट्रेटों को गाँवों में नामांकित सदस्योंवाली ग्राम पंचायतें गठित करने का अधिकार प्रदान किया। नामांकित सदस्योंवाली ये पंचायतें कर लगा सकती थीं, ताकि वे अपने द्वारा नियुक्त चौकीदारों को वेतन दे सकें। 1880 के अकाल आयोग ने स्थानीय निकायों के न होने से अकाल पीड़ित लोगों तक राहत सामग्री पहुँचाने में आनेवाली दिक्कतों का जिक्र किया था तथा स्वशासन की संस्थाओं का विस्तार गाँवों तक भी करने की आवश्यकता पर बल दिया था।

रिपन प्रस्ताव : इस पृष्ठपट में वायसराय के रूप में लॉर्ड रिपन जैसे उदारवादी के प्रवेश ने देश में स्थानीय सरकारों के संरचनात्मक विकास में एक ऐतिहासिक मोड़ का काम किया। उनके वायसराय काल में 18 मई 1882 के सरकारी प्रस्ताव को, जिसमें अधिक संख्या में गैरसरकारी सदस्यों के भारी बहुमतवाले स्थानीय बोर्डों के गठन तथा गैरसरकारी अध्यक्ष का प्रावधान था, भारत में स्थानीय सरकार का मेग्ना कार्टा माना जाता है। इस प्रस्ताव के आने से स्थानीय शासन की भूमिका को विस्तार मिला। 'जन सेवा की भावना रखनेवाले उस कुशाग्रबुद्धि वर्ग' का इस्तेमाल करने के उद्देश्य से, जिसका इस्तेमाल कर पाने में विफलता 'न केवल त्रुटिपूर्ण नीति

है, बल्कि सत्ता की शुद्ध बरबादी भी', निर्मित इस प्रस्ताव में ग्रामीण निकायों को गठित करने का प्रावधान था, जिनके दो-तिहाई सदस्य निर्वाचित प्रतिनिधि होने थे।[4] यद्यपि 1882 के रिपन प्रस्ताव की अपेक्षा के अनुरूप स्थानीय स्वशासन की प्रगति धीमी रही, क्योंकि जिला स्तर पर नगर निगम निकायों तथा बोर्डो के गठन के लिए कुछ ही कदम उठाये गये और वह भी बेमन से, पर यह जरूर हुआ कि 'स्वशासन' शब्द का प्रचलन शुरू हो गया।

1906 में दादाभाई नौरोजी की अध्यक्षता में कांग्रेस ने देश के लिए राजनीतिक ध्येय के रूप में 'स्वशासन' को स्वीकार किया। 1907 में सरकार ने विकेंद्रीकरण पर शाही आयोग का गठन किया, जिसने 1909 में प्रकाशित अपनी रिपोर्ट में रिपन प्रस्ताव में समाविष्ट सिद्धांतों को और अधिक विस्तृत किया। यद्यपि इस आयोग में अंग्रेज सदस्य पाँच थे तथा भारतीय सदस्य मात्र एक रमेशचंद्र दत्त थे। फिर भी इस आयोग ने भारतीय संदर्भ में पंचायतों के महत्व को समझा। आयोग ने सिफारिश की कि 'विकेंद्रीकरण के हित में लोगों के लिए भी यह बहुत बांछनीय होगा कि गाँवों के स्थानीय मामलों के प्रशासन के लिए ग्राम पंचायतों का गठन और उनका विकास किया जाये।[5] यद्यपि आयोग ने ऐसे प्रयासों में आनेवाली कुछ कठिनाइयों की कल्पना भी की थी, जैसे 'जाति एवं धार्मिक विवाद' अथवा धनी जमींदारों का प्रभाव जो 'किरायेदारों द्वारा स्वतंत्रतापूर्वक काम करने को रोक सकते हैं।' उसने कहा कि ये दिक्कतें ऐसी नहीं हैं कि दूर न की जा सकें। इसी वर्ष (1909) लाहौर में हुए कांग्रेस के चौबीसवें अधिवेशन में प्रस्ताव पारित किया गया कि 'ग्राम पंचायतों तथा उनसे ऊपर के सभी स्थानीय निकायों को चुनाव-आधारित बनाया जाये तथा उनका अध्यक्ष गैरसरकारी व्यक्ति हो और उन्हें पर्याप्त वित्तीय समर्थन दिया जाये।'[6] इस दिशा में शीघ्र कदम उठाने हेतु सरकार से अनुरोध किया गया। किंतु रिपन प्रस्ताव की तरह ही विकंद्रीकरण पर बने शाही आयोग द्वारा प्रस्तुत अधिकांश सिफारिशें कागजी बन कर रह गयीं, जिस पर कराची में दिसंबर 1913 में हुए कांग्रेस के अट्ठाइसवें अधिवेशन में पारित प्रस्ताव में टिप्पणी की गयी। कोलकाता में 1917 में हुए कांग्रेस अधिवेशन में डॉ. ऐनी बेसेंट ने अपने अध्यक्षीय भाषण में विकेंद्रीकरण पर गठित शाही आयोग की रिपोर्ट में जो बहुत मामूली सिफारिशें की गयी थीं, उन पर भी कार्यवाही न करने के लिए सरकार को दोषी ठहराया।

मोंटेग्यू-चेम्सफोर्ड सुधार : द्विशासन की प्रस्तावित योजना के तहत 1919 के मोंटेग्यू-चेम्सफोर्ड सुधारों ने स्थानीय सरकार को 'हस्तांतरित विषय' बना दिया। इसका अर्थ यह था कि स्थानीय सरकार का विषय प्रदेशों के भारतीय मंत्रियों के अधिकारों के अंतर्गत आ गया। यह भविष्य के लिए आशा पैदा करनेवाला और प्रगतिवादी कदम था। स्थानीय स्व-सरकारों को पूर्णतः प्रतिनिधिक और उत्तरदायी बनाने के लिए सुधारों में यह सुझाया गया कि स्थानीय निकाय यथासंभव निर्वाचित जन प्रतिनिधियों

के नियंत्रण में होने चाहिए तथा उन्हें बाहरी नियंत्रण से अधिकाधिक स्वतंत्रता होनी चाहिए।[7] मोंटेग्यू-चेम्सफोर्ड योजना का यह घोषित लक्ष्य होते हुए भी संगठनात्मक एवं वित्तीय दोनों ही स्तरों पर विभिन्न दबावों के कारण गाँवों के स्तर पर पंचायत संस्थाओं को वास्तव में लोकतांत्रिक तथा स्वशासन का सक्रिय माध्यम नहीं बनाया जा सका। फिर भी ग्राम पंचायतों के गठन के लिए देश के लगभग सभी प्रांतों में तथा अनेक रियासतों में अधिनियम पारित तो हुए ही। 1929 तक ब्रिटिश भारत के आठ प्रांतों में ऐसे अधिनियम पारित हो चुके थे।[8] बहरहाल, इन सांविधिक पंचायतों के अंतर्गत गाँवों की एक छोटी-सी संख्या ही आ सकी और उन्हें भी सीमित कार्य ही सौपे गये।

भारत सरकार अधिनियम, 1935 : भारत सरकार अधिनियम, 1935 तथा उसके अंतर्गत प्रादेशिक स्वायत्तता की शुरुआत से देश में पंचायतों के क्रमविकास में एक और महत्वपूर्ण चरण प्रारम्भ हुआ। प्रदेशें में निर्वाचित प्रतिनिधिक सरकारें होने के परिणामस्वरूप लगभग सभी प्रादेशिक प्रशासनों ने अपना यह कर्तव्य माना कि ग्राम पंचायतों सहित स्वशासन की सभी संस्थाओं को और अधिक लोकतांत्रिक बनाया जाये। यद्यपि 1939 में द्वितीय विश्व युद्ध प्रारम्भ होने पर प्रदेशों में शासन करनेवाली प्रतिनिधिक कांग्रेस सरकारों ने इस्तीफा दे दिया, फिर भी 1947 तक स्थानीय शासन की संस्थाओं की स्थिति यथापूर्व बनी रही।

जैसा कि पहले उल्लेख किया गया है, भारत के राष्ट्रीय आंदोलन की वैचारिक रूपरेखा में ग्राम पंचायतों का स्थान केंद्रीय था। गांधी जी ने 'ग्राम स्वराज' की जो परिकल्पना की थी, उसमें ग्राम पंचायतों को परिपूर्ण लोकतंत्र एंव व्यक्तिगत स्वतंत्रता पर आधारित संपूर्ण गणराज्यों के रूप में देखा गया था।[9]

स्वतंत्रता प्राप्ति के बाद

संवैधानिक बहस

लोकतांत्रिक विकेंद्रीकरण के प्रति भारत की राष्ट्रीय प्रतिबद्धता पर यह एक दुखद टिप्पणी है कि गाँव के एतिहासिक रूप से प्रशासन की मूलभूत इकाई होने, पंचायतों के प्रति राष्ट्रीय आंदोलन की प्रतिबद्धता और इस विचारधारा को गांधी जी द्वारा अनवरत रूप से प्रचारित किये जाने के बावजूद भारतीय संविधान के प्रथम प्रलेख में पंचायतों के लिए कोई प्रावधान शामिल नहीं किया गया। गांधी जी को यह पता चला कि प्रस्तावित संविधान में पंचायतों के लिए कोई प्रावधान नहीं है, तो उन्होंने टिप्पणी की कि यह निश्चय ही एक भूल है और भारत की स्वतंत्रता में जनता का स्वर प्रतिध्वनित होना है, तो हमें इसकी ओर तुरंत ध्यान देना होगा।

संविधान सभा में पंचायतों के खिलाफ आम्बेडकर के तर्कों के जवाब में मैसूर के माधव राव ने कहा था, 'यह सच है कि गाँव लंबे समय से गुटबंदी की प्रवृत्ति

से ग्रस्त हैं, और वहाँ छोटे-छोटे जुल्म होते रहते हैं, अथवा वे छुआछूत के गढ़ बने हुए हैं। ज्यादातर गाँवों की दशा या तो दयनीय है या वे मरणासन्न हैं।'[10] तथापि उन्होंने इस बात पर बल दिया कि यदि तीस प्रतिशत गाँव भी अच्छे गाँवों के रूप में वर्गीकृत किये जा सकते हैं, तो उनकी उपेक्षा नहीं की जा सकती। उन्होंने मैसूर की तत्कालीन लोकप्रिय सरकार द्वारा किये जा रहे प्रयासों का उदाहरण देते हुए बताया, 'यह उत्साहवर्धक है तथा, कई मामलों में, काफी संतोषप्रद है।'[11] संविधान में ग्राम पंचायतों को शामिल करने का आग्रह करनेवाले तर्कों को अतंतः मान लिया गया—हालाँकि एक सीमित स्तर पर। संविधान के भाग चार (राज्य नीति के निदेशक सिद्धांतों) में पंचायतों का प्रावधान शामिल करवाने में सफलता मिली। अनुच्छेद 40 में कहा गया है कि 'राज्य ग्राम पंचायतों का संगठन करने के लिए कदम उठायेगा और उनको ऐसी शक्तियाँ और प्राधिकार प्रदान करेगा जो उन्हें स्वायत्त शासन की इकाइयों के रूप में कार्य करने योग्य बनाने के लिए आवश्यक हों।' यह दो परस्पर-विरोधी नजरियों के बीच एक समझौता था।

संविधान में एक अन्य स्थान पर 'स्थानीय शासन' का उल्लेख किया गया है। अनुसूची सात, सूची दो (राज्य सूची) के पाँचवें इंदराज में कहा गया है : 'स्थानीय शासन अर्थात नगर निगमों, सुधार न्यासों, जिला बोर्डों, खनन प्राधिकरणों और स्थानीय स्वशासन या ग्राम प्रशासनों के प्रायोजन के लिए अन्य स्थानीय प्राधिकरणों का गठन और शक्तियाँ।' निश्चित रूप से पंचायतों को उनका स्थान दिये बिना स्थानीय शासन को परिभाषित करने का यह एक असाधारण तरीका है।

गांधीवादियों ने पंचायतों को न केवल साधन, बल्कि लक्ष्य भी माना; साथ ही, लोकतांत्रिक विकेंद्रीकरण तथा जनता को अधिकार प्रदान करने की उनकी गहरी क्षमता में भी उनका विश्वास था। यद्यपि आम्बेडकर की आपत्ति लोकतांत्रिक विकेंद्रीकरण या जनता को अधिकार सौंपने की धारणा के प्रति नहीं थी, जो एक आदर्श पंचायत प्रणाली की निष्पत्ति होती। वे अपने अनुभवों के आधार पर बता रहे थे कि भारत के जातिग्रस्त ग्राम समाज का अर्थ उनके और उनकी तरह के करोड़ों लोगों के लिए क्या था। बेशक उनका अनुबोध भी उतना ही यथार्थवादी था जितना दूसरे वर्गों के लोगों का।

ग्राम पंचायतें सामाजिक बदलाव तथा विकास कार्यों को कार्यान्वित करने में महत्वपूर्ण भूमिका निभा सकती हैं— इस मूल धारणा की आसानी से उपेक्षा नहीं की जा सकती थी। किंतु यह बुनियादी सवाल अभी तक अनुत्तरित ही है : पंचायतों को संविधान के उन हिस्सों में क्यों नहीं रखा गया जो विधिक रूप से लागू किये जा सकते हैं? उन्हें उपयुक्त संवैधानिक दर्जा एवं मान्यता क्यों नहीं दी गयी? इसका उत्तर यह है कि शहरी तथा ग्रामीण संभ्रांत वर्ग तथा राजनीति में उनके प्रतिनिधियों को (राष्ट्रीय स्वतंत्रता आंदोलन के समय से ही) पंचायतों से घृणा थी और यह घृणा

जस की तस बनी हुई है। सत्ता के विकेंद्रीकरण के लिए जो भी सच्चे प्रयास किये गये, इन स्वार्थों ने उन्हें सफल नहीं होने दिया। स्वतंत्रता के बाद से पंचायत संस्थाओं की कहानी संक्षेप में यही है।

1977 तक पंचायतों का उत्थान एवं पतन

पचास के शुरुआती दशक में भारतीय विकास की योजना में गांधी जी के ग्राम विकास के विचार को ध्यान में नहीं रखा गया। लेकिन इस दृष्टिकोण की मूर्खता को समझने में अधिक समय नहीं लगा। 1952 में उद्घाटित सामुदायिक विकास की योजनाएँ, जो मारथंडम, शांति निकेतन, बड़ौदा, इटावा और नीलोखेड़ी के पैटर्न पर बनायी गयी थीं, लोगों की भागीदारी के बिना निर्रथक साबित होने लगीं। सामुदायिक विकास तथा राष्ट्रीय विस्तार सेवा कार्यक्रमों में ऐसी भागीदारी प्राप्त करने के लिए एक संस्थागत ढाँचे का सुझाव देने के लिए 1957 में योजनागत परियोजनाओं पर बनायी गयी समिति ने इन दो कार्यक्रमों के अध्ययन के लिए एक दल गठित किया। सांसद बलवंतराय मेहता इस अध्ययन दल के अध्यक्ष थे। अध्ययन दल का मत था कि गाँव के स्तर पर ऐसी एजेंसी के बिना, जो पूरे समुदाय का प्रतिनिधित्व कर सके, और उत्तरदायित्व ले सके तथा विकास कार्यक्रमों के कार्यान्वयन को आवश्यक नेतृत्व प्रदान कर सके,[12] ग्रामीण विकास के क्षेत्र में वास्तविक प्रगति संभव नहीं है। उसकी इस सिफारिश से कि 'सामुदायिक कार्यों में जन प्रतिभागिता को सांविधिक प्रतिनिधि निकायों के जरिये संगठित किया जाये।'[13] राष्ट्रव्यापी स्तर पर व्याप्त भावनाओं को बल मिला।

लोकतांत्रिक विकेंद्रीकरण के पक्षधर बलबंतराय मेहता अध्ययन दल की सिफारिशों से सभी राज्यों में पंचायत राज संस्थाएँ गठित करने के कार्य में गति आयी। यहाँ यह भी याद किया जाये कि तत्पश्चात राष्ट्रीय विकास परिषद ने भी बलवंतराय मेहता रिपोर्ट की संकल्पना में लोकतांत्रिक विकेंद्रीकरण की स्पष्ट अभिव्यक्ति को स्पष्ट रूप से स्वीकार किया तथा प्रत्येक राज्य के लिए उपयुक्त संरचना तैयार करने का कार्य राज्यों पर छोड़ दिया।

इसी दौर में शासन की एक प्रक्रिया के रूप में 'पंचायती राज' शब्द प्रचलन में आया। इसका तात्पर्य था ग्राम सभा से लोक सभा तक आवयविक रूप से जनता को जोड़ने की एक प्रणाली। लेखक के साथ एक मुलाकात में एस.के. दे ने बताया था कि यह शब्द जवाहरलाल नेहरू की देन है। यह 'पंचायत' से भिन्न है जो किसी भौगोलिक क्षेत्र तक सीमित स्थानीय निकाय की ओर संकेत करता है।

बलवंतराय मेहता अध्ययन दल की सिफारिशों के बाद राजस्थान पहला राज्य था जहाँ पंचायती राज का उद्घाटन हुआ। प्रधान मंत्री जवाहरलाल नेहरू ने राजस्थान की राजधानी जयपुर से 260 किलोमीटर दूर स्थित नागौर में 2 अक्तूबर 1959 को स्वतंत्र भारत के प्रथम पंचायती राज का उद्घाटन किया। नेहरू ने इस प्रणाली की

प्रशंसा की तथा इसे 'नये भारत के संदर्भ में सर्वाधिक क्रांतिकारी एवं ऐतिहासिक कदम'[14] की संज्ञा दी। नेहरू को यह अनुभव हो चुका था कि ऊपर के स्तर पर लोकतंत्र तब तक सफल नही हो सकता जब तक नीचे के स्तर से उसका निर्माण न किया जाये। इसके आठ दिनों के बाद हैदराबाद (आंध्र प्रदेश) से 60 किलोमीटर दूर शादनगर में पंचायती राज का उद्घाटन करते समय भी उन्होंने यही भावना व्यक्त की। नेहरू के केबिनेट में सामुदायिक विकास मंत्री तथ स्वतंत्रता के बाद पंचायती राज के शिल्पकार एस.के. दे ने इस संपूर्ण विचार को दार्शनिक ऊँचाई प्रदान की तथा उसे ऐसे साधन के रूप में देखा जो एक व्यक्ति को पूरे ब्रह्माण्ड से जोड़ता है। राष्ट्रीय लोकतंत्र के क्षेत्र में उन्होंने ग्राम सभा तथा लोक सभा के बीच आवयविक एवं अंतरंग संबंध की परिकल्पना की।

1957 तक सभी राज्यों ने पंचायती राज अधिनियम पारित कर दिये थे तथा 1960 के मध्य दशक तक सभी राज्यों में पंचायतें अस्तित्व में आ चुकी थीं। 5,71,000 गाँवों के 96 प्रतिशत तथा ग्राम आबादी के 92 प्रतिशत भाग को समाहित करते हुए 2,17,300 से अधिक ग्राम पंचायतों का गठन हो चुका था। औसतन दो या तीन गाँवों की लगभग 2400 आबादी के लिए एक पंचायत थी। ग्रामीण भारत में उत्साह की लहर थी तथा लोगों को लगा कि अब उनके दिन-प्रतिदिन के जीवन को प्रभावित करनेवाले कार्यकलाप में उनकी अपनी भी कुछ भूमिका है। वे भारत में पंचायती राज के आशावादी दिन थे। सामुदायिक विकास मंत्रालय ने 1964-65 की अपनी एक रिपोर्ट में बताया कि पंचायती राज संस्थाओं के माध्यम से युवा एवं बेहतर नेतृत्व आगे आ रहा है तथा उनके कामकाज से जनता में काफी संतोष है।

राजस्थान के पंचायती राज का मूल्यांकन करने के लिए 1962 में एसोसिएशन ऑफ वालंटरी एंजेसीज फॉर रूरल डेवलपमेंट (अवॉड) द्वारा नियुक्त अध्ययन दल ने एसी ही टिप्पणी की : 'ऐसी रिपोर्ट मिली है कि जनता को यह महसूस हो रहा है कि अपना भविष्य बनाने के लिए उसे पर्याप्त अधिकार मिले हैं।...उसे इस बात का पूरा ज्ञान है कि जो विशेषाधिकार और लाभ पहले बीडीओ के नियंत्रण में थे, वे अब उसके नियंत्रण में हैं। इस अर्थ में लोकतांत्रिक विकेंद्रीकरण का पूरा लाभ हासिल कर लिया गया है।'[15]

अध्ययन दल ने आगे बताया कि जन प्रतिनिधियों को अधिकार सौंपे जाने के कारण प्राथमिक स्कूलों में अध्यापकों की उपस्थिति में सुधार हुआ है, ब्लॉक प्रशासन अधिक उत्तरदायी हो गया है, प्रधानों के सम्मुख जनता अपनी शिकायतें रख रही है और उनके माध्यम से राहत पा रही हैं तथा, सबसे अधिक, अधीनस्थ कर्मचारियों एवं नव निर्वाचित नेताओं में व्याप्त भ्रष्टाचार में कमी आयी है, क्योंकि ब्लॉक कर्मचारी अब पंचायत समिति के अधीनस्थ कर दिये गये थे तथा नेताओं के पुनः निर्वाचित होने के लिए जनता के बीच प्रधानों की प्रतिष्ठा जरूरी थी। दूसरे शब्दों में, पंचायती

राज संस्थाओं ने स्थानीय सरकार के सभी कार्य पूरे किये और लोकतंत्र की नर्सरियों--बल्कि उसके प्राथमिक स्कूलों—के रूप में कार्य किया। पंचायती राज संस्थाओं द्वारा उत्पन्न रुचि के कारण कई राज्यों ने उनकी कार्यप्रणाली के आकलन एवं उनमें सुधार लाने के उपायों की सिफारिश करने के लिए समितियाँ गठित कीं।

इस सबके बावजूद, अभिजित दत्त के विचार से पंचायती राज संस्थाएँ 'स्थानीय सरकार का जीवित कैरिकेचर बन कर रह गयी हैं।'[16] थॉमस मथाई ने *डेमोक्रेटिक वर्ल्ड* (22 जनवरी 1978) के संपादकीय में कहा कि 'ग्राम पंचायतें असंतोष का बिन्दु बन कर रह गयी हैं। ग्राम सभा तो एक तरह का मजाक है।'[17] ग्राम सभा के संसाधन काफी कम थे। यदि राजनीतिक इच्छाशक्ति होती तो इस स्थिति को सुधारा जा सकता था। सर्वाधिक चिंतनीय समस्या थी आर्थिक रूप से संपन्न एवं सामाजिक सुविधापूर्ण वर्गों का पंचायती राज संस्थाओं पर हावी होना। निश्चित रूप से यह एक सामाजिक-राजनीतिक समस्या थी; समय पर चुनाव करवा कर काफी हद तक इसका समाधान किया जा सकता था। इससे दीर्घ काल से दमित रहे समुदायों को जो राजनीतिक प्रशिक्षण मिलता, उससे परिस्थितियाँ बदली जा सकती थीं।

यदि नियमित रूप से चुनाव संपन्न हुए होते, तो मुद्दों पर आधारित समूह उत्पन्न हो सकते थे, हर स्तर पर समीकरण बदल सकते थे तथा पारंपरिक प्रतिद्वंद्विताएँ समाप्त हो सकती थीं। इस प्रक्रिया में सपाट तकनीकी एकजुटता आवयविक एकजुटता का मार्ग प्रशस्त करती है, जिससे राय देने की व्यक्तिगत स्वतंत्रता तथा सामूहिक विचार-विमर्श का उद्‌भव होता है। लेकिन इस प्रक्रिया को राज्य सरकारों ने पंचायत चुनावों को बार-बार स्थगित कर अथवा बिल्कुल न करवा कर वर्षों तक रोके रखा। जी.वी.के. राव की अध्यक्षता में राष्ट्रीय योजना आयोग द्वारा गठित समिति ने पंचायतों के चुनाव नियमित रूप से न करवाने पर चिंता जतायी।[18] साक्ष्य उपलब्ध हैं कि स्थानीय निहित स्वार्थों तथा राज्य विधान मंडलों एवं संसद में उनके द्वारा निर्वाचित प्रतिनिधियों की यह सोची-समझी साजिश थी कि पंचायती राज को पहले अपंग बना दिया जाये और अन्ततोगत्वा उसका परित्याग कर दिया जाये, क्योंकि उसके उत्कर्ष से वे भयभीत थे।

इस गुप्त एजेंडा की जड़ें 1960 में देखी जा सकती हैं, जब सरकार ने सामुदायिक विकास कार्यक्रमों की उपेक्षा करते हुए गहन जिला कृषि कार्यक्रम (आइएडीपी) शुरू किया था। 1961 में जयप्रकाश नारायण समिति ने एक स्वतंत्र कार्यक्रम बनाने में सरकार के भीतर मौजूद दोहरे सोच और अंतर्विरोधपूर्ण स्थितियों को पहचाना था। समिति ने टिप्पणी की कि योजना बनाने और उसके कार्यान्वयन के लिए पंचायती राज को एक एजेंसी के रूप में स्वीकार कर लेने के बाद 'कोई वैध कारण नहीं रह जाता है कि मदवार आवंटन जारी रखे जायें—भले ही वे मार्गदर्शिका के ही रूप हों।'[19] स्पष्टतः सामुदायिक विकास मंत्रालय आइएडीपी की शुरुआत से नाखुश था।

इसके बावजूद शीघ्र ही निर्वाचित जिला परिषदों के क्षेत्राधिकार से बाहर 'लघु किसान विकास अभिकरण' (एसएफडीए), सूखा-उन्मुख क्षेत्र कार्यक्रम (डीपीएसी) और गहन आदिवासी विकास कार्यक्रम (आईटीडीपी) जैसी योजनाएँ भी शुरू कर दी गयीं। योजनाओं के लिए आबंटन के साथ भी, जो जिला परिषदों का मामला था, छेड़छाड़ की गयी।

1966-67 में सामुदायिक विकास मंत्रालय का स्तर घटा कर उसे एक विभाग बना दिया गया तथा उसे खाद्यान्न एवं कृषि मंत्रालय के अधीन ले आया गया। ऐसा करने के साथ ही सरकार ने 12 राज्यों के 28 जिलों में समेकित जिला आयोजना की कुछेक योजनाएँ प्रारंभ कीं तथा मूल्यांकन करने के दो औजार भी समाप्त कर दिये। वे औजार थे—वार्षिक विकास सम्मेलन तथा कार्यक्रम मूल्यांकन संगठन द्वारा वार्षिक मूल्यांकन। 'ऐसा करने से इस मत को बल मिला कि न केवल सामुदायिक विकास मंत्रालय, बल्कि समाजिक विकास परियोजना का भी स्तर गिरा दिया गया।'[20] 1971 में 'सामुदायिक विकास' के स्थान पर 'ग्रामीण विकास' शब्द लाया गया। यह केवल शाब्दिक परिवर्तन नहीं था। एल.सी. जैन कहते हैं, 'इससे परिवर्तन के एजेंडा तथा विकास के अभिकरणों के रूप में 'समुदाय' तथा 'पंचायतों' दोनों का ही खात्मा हो गया है।'[21] अशोक मेहता समिति के शब्दों में, ''सभी प्रकार की विकास गतिविधियाँ केवल ब्लॉक स्तर के संगठन के जरिये ही चलायी जानी चाहिए'' का मूल विचार अपनी जमीन खो बैठा, यद्यपि पंचायत समिति विकेंद्रीकरण की आधारभूत इकाई के रूप में, अधिकतर मामलों में, ब्लॉक का ही पर्याय थी।'[22] यहाँ इस बात पर बल दिया जा सकता है कि सभी विकास कार्यक्रम नौकरशाही पर केंद्रित हो कर रह गये और उनमें जनता की कोई प्रतिभागिता शायद ही बची रह गयी। पंचायती राज अंततः केंद्र में ग्रामीण विकास मंत्रालय का एक अंग बन गया, जिसका कार्य देखने के लिए एक संयुक्त सचिव नियुक्त कर दिया गया। यही स्थिति अब तक जारी है। इस प्रकार राज्य तथा केंद्र स्तर के 'संभ्रांत' राजनेताओं के एक बृहत गठबंधन में पंचायती राज को वर्तमान दयनीय स्थिति में ला खड़ा करने में नौकरशाही की भूमिका को अशोक मेहता समिति ने तीखे रूप में उजागर किया।[23]

यह घटना स्वतंत्र भारत के चरित्र का बखान करनेवाला एकमात्र प्रतीक नहीं है। ब्रिटिश काल में भी नौकरशाही ने यही किया था। स्थानीय स्वाशासन का जो भी कमजोर ढाँचा भारत में विद्यमान था, अफसरों ने उसे ढाह दिया। उदाहरण के लिए, ब्रिटिश काल में ग्राम पंचायतों के विखंडीकरण के मुख्य कारणों का विश्लेषण करते हुए अखिल भारतीय कांग्रेस समिति की ग्राम पंचायत समिति की रिपोर्ट में कहा गया था कि 'सरकारी अधिकारियों के हाथों में कार्यकारी तथा न्यायिक अधिकारों के अत्यधिक केंद्रीकरण के कारण पूर्व काल से प्राप्त अधिकारों एवं प्रभावों से ग्रामीण प्राधिकारियों को हाथ धोना पड़ा।'[24]

हमने ऊपर कहा है कि लॉर्ड रिपन ने स्थानीय स्वशासन को शुरू करने के लिए गंभीर प्रयास किये थे, किन्तु वे विफल रहे। क्यों? 1929 के भारतीय सांविधिक आयोग ने टिप्पणी की थी कि लॉर्ड रिपन की मंशा कुछ भी रही हो, स्थानीय स्वशासन के क्षेत्र में उनके सुधार सरकारी नियंत्रण से मुक्त नहीं थे। स्थानीय निवासियों की अभिलाषा के अनुरूप प्रणाली शुरू करने की लिए कोई वास्तविक प्रयत्न नहीं किया गया।[25] 'संभ्रांत' राजनेता नौकरशाहों के इशारों पर कार्य क्यों करते रहे? कारण जानना कठिन नहीं है। पेशेवर राजनेता नहीं चाहते कि स्थानीय नेतृत्व की नयी पौध उनकी शक्ति को कम करे। इसीलिए, यह निष्कर्ष निकालना तर्कयुक्त है कि नौकरशाही, व्यापारिक स्वार्थ, मध्य वर्ग, पुलिस तथा राजनेता लोकतांत्रिक विकेंद्रीकरण के खिलाफ एकजुट हो गये। एक अभिधारणा तैयार की गयी तथा यह प्रचारित किया गया कि सभी निर्वाचित 'निहित स्वार्थों' के मुकाबले केंद्रीकृत नौकरशाही गरीब ग्रामीणों को ज्यादा लाभ पहुँचा सकती है। इसका परिणाम क्या हुआ? रजनी कोठारी कहते हैं, 'शहरी अधिकारी वर्ग तथा धनी ग्रामीणों का एक ऐसा अभेद्य गठबंधन बन गया, जिससे गरीब ग्रामीणों को दूर रखा गया।'[26]

स्थानीय शक्तियों और राज्य तथा केंद्र स्तर के राजनेताओं के साथ मिल कर नौकरशाही ने नयी प्रणाली की कमियों को बढ़ा-चढ़ा कर दर्शाते हुए उसे बदनाम करना शुरू कर दिया। इस गठबंधन ने स्थानीय निकायों में महज उच्च अथवा प्रभावशाली जातियों, भ्रष्टाचार तथा अक्षमता के दबदबे को देखना आरंभ कर दिया। अगर नेहरू जीवित होते, तो कहते, 'ग्राम प्राधिकारियों को काम करने दो, लाखों गलतियाँ करने दो।' ग्राम पंचायतें हताशा का प्रतीक बन कर रह गयी।

नेहरू युग के पंचायती राज को हम पहली पीढ़ी का पंचायती राज मान सकते हैं। इस अवधि के दौरान पंचायती राज संस्थाओं की कल्पना ऐसे स्थानीय निकायों के रूप में की गयी जिनका लक्ष्य विकास में जनता की भागीदारी सुनिश्चित करना था।

अशोक मेहता समिति

1977 में अशोक मेहता समिति की नियुक्ति पंचायती राज की संकल्पना एवं व्यावहारिक रूपांतरण में एक नया मोड़ थी। अशोक मेहता समिति का गठन पंचायती राज संस्थाओं की कार्य प्रणाली की जाँच करने एवं ऐसे उपाय सुझाने के लिए किया गया था जो इन संस्थाओं को सुदृढ़ बनायें, ताकि आयोजना और विकास की विकेंद्रीकृत प्रणाली प्रभावी हो सके। समिति की रिपोर्ट (1978) एक बीजगर्भित दस्तावेज है, जिसमें पंचायतों को हमारी लोकतांत्रिक प्रक्रिया का आवयविक एवं एकीकृत हिस्सा बनाये जाने की माँग की गयी थी। अशोक मेहता समिति की सिफारिशों के बाद अनेक राज्यों में जो पंचायती राज लाया गया, उसे दूसरी पीढ़ी की पंचायतें कहा जा सकता है।

1978 में अशोक मेहता समिति की सिफारिशों के अनुरूप पश्चिम बंगाल सरकार द्वारा पंचायती राज संस्थाओं में नयी जान फूँकने को दूसरी पीढ़ी की पंचायती राज संस्थाओं की शुरुआत कहा जा सकता है। अशोक मेहता समिति की रिपोर्ट को सैद्धांतिक रूप से स्वीकार करते हुए पश्चिम बंगाल, कर्नाटक, आंध्र प्रदेश तथा जम्मू एवं कश्मीर में या तो तत्कालीन पंचायत अधिनियमों में संशोधन किया गया अथवा नये अधिनियम पारित किये गये। इन राज्यों ने अपनी परिस्थितियों के अनुसार सिफारिशों को अपनाया तथा एक-दूसरे के अनुभवों के आधार पर नये विधेयक पारित किये अथवा वर्तमान अधिनियमों में संशोधन किया।

दूसरे चरण में सबसे अधिक जोर इस बात पर दिया गया कि पंचायतें स्थानीय स्तर के विकास संगठनों से बदल कर राजनीतिक संस्था का रूप धारण कर लें। ताकत नौकरशाही से हट कर राजनीतिक तत्वों के हाथ में आ गयी। यह एक स्वागत योग्य प्रवृत्ति थी। बलवंतराय मेहता अध्ययन दल ने पंचायती प्रणाली को विकास-केंद्रित रखा था, जब कि अशोक मेहता समिति की रिपोर्ट का अनुसरण करनेवाले पश्चिम बंगाल, कर्नाटक, आंध्र प्रदेश एवं बाद में जम्मू एवं कश्मीर राज्यों में पंचायतों को एक प्रामाणिक राजनीतिक संस्था बनाने का प्रयास किया गया।

संवैधानिक समर्थन की आवश्यकता

यह सिद्ध हो चुका है कि सामाजिक परिवर्तन लाने के लिए संवैधानिक समर्थन तथा सांविधिक उपाय जरूरी होते हैं, किन्तु लक्ष्य प्राप्ति के लिए यह शर्त ही पर्याप्त नहीं है। स्वतंत्रता प्राप्ति के बाद हमारा 55 वर्षों का अनुभव इस तथ्य का साक्षी है। लोकतांत्रिक विकेंद्रीकरण के बारे में भी यही सच है। कोई यह तर्क दे सकता है कि अप्रैल 1993 तक राज्य सरकार से निचले स्तरों पर स्वशासन हेतु संवैधानिक समर्थन नहीं था, अतः किसी भी राज्य सरकार ने इस प्रक्रिया को गंभीरता से नहीं लिया। यहाँ यह कहा जा सकता है कि राज्य सरकार के निचले स्तरों पर लोकतांत्रिक विकेंद्रीकरण लाने के लिए संवैधानिक गारंटी के साथ-साथ राजनीतिक इच्छाशक्ति तथा जनता की राजनीतिक जागरूकता भी आवश्यक है। अतः त्रि-आयामी दृष्टिकोण—राजनीतिक संकल्प, जनता की जागरूकता तथा स्वस्थ्य परंपराएँ बनाना, जिनकी सुरक्षा के लिए संवैधानिक तथा सांविधिक उपाय मौजूद हों—से ही हमारे समाज में दूरगामी परिवर्तन लाये जा सकते हैं। इनमें से एक भी तत्व कमजोर पड़ता है, तो अन्य सभी उपाय प्रभावहीन हो जाते हैं।

स्पष्ट है कि निष्क्रिय पंचायती राज संस्थाओं के कारण इस पूरी संकल्पना एवं उसके व्यावहारिक स्वरूप को बदनामी मिली। धीरे-धीरे यह बात समझ में आ रही थी कि संवैधानिक समर्थन के अभाव में ही ये घटनाएँ हुईं। उदाहरणार्थ तमिलनाडु में पंद्रह वर्षों तक पंचायत चुनाव न करवाने पर (तमिलनाडु में बीस बार चुनावों

की घोषणा की गयी तथा हर बार कोई न कोई बहाना बना कर उन्हें स्थगित कर दिया गया) टिप्पणी करते हुए मेलकम आदिशेषय्या ने यह प्रासंगिक प्रश्न उठाया था कि 'हम ऐसा क्यों नहीं कर सकते कि संविधान में संशोधन कर समय पर स्थानीय चुनाव करवाना अनिवार्य बना दें?'[27] उनका कहना था कि तमिलनाडु में स्थानीय चुनावों को स्थगित करने के लिए दिये गये सभी बीस कारण लोक सभा एवं विधान सभा चुनावों को स्थगित करने के लिए भी दिये जा सकते हैं। उन्होंने कहा, 'यहाँ मैं अपनी यह दलील पेश करता हूँ कि लोक सभा तथा विधान सभा के चुनावों की भाँति ही पंचायती राज चुनाव करवाने के लिए संवैधानिक संशोधन लाने के लिए हमें गंभीरता से कार्य करना चाहिए।'[28]

यद्यपि राज्य सरकारें संवैधानिक निर्देश के अभाव में पूर्णकालिक पंचायती राज गठित करने के लिए बाध्य नहीं थीं, फिर भी कुछ राज्य पंचायतों को अधिकार सौंपने के क्षेत्र में यथासंभव आगे बढ़े। उन्होंने महसूस किया कि केंद्र में अधिकारों के केंद्रीकरण से गंभीर अड़चनें पेश हो रही हैं। उदाहरणार्थ कर्नाटक की जनता सरकार में पंचायती राज एवं ग्रामीण विकास मंत्री अब्दुल नजीर साब ने कहा कि संवैधानिक संशोधन द्वारा चौखंभा राज की गारंटी के बिना हमारे प्रयास पूर्ण रूप से सफल नहीं हो सकते।[29] दिल्ली में इंस्टीट्यूट ऑफ सोशल साइंसेज द्वारा 1985 में आयोजित एक विचार गोष्ठी में नजीर साब ने बुद्धिजीवियों से इस प्रश्न पर विचार करने तथा संवैधानिक संशोधन की आवश्यकता पर बहस छेड़ने का अनुरोध किया।

यहाँ यह उल्लेख करना जरूरी है कि पंचायती राज को ध्यान में रखते हुए पहली बार अशोक मेहता समिति ने ही पंचायती राज को संविधान में शामिल करने की सिफारिश की थी। समिति की यह सिफारिश उसके इस दृष्टिकोण के अनुरूप ही थी कि पंचायतों को विकास का औजार न हो कर राजनीतिक संस्थाएँ होना चाहिए। इस समिति ने राजनीतिक दलों को पंचायत चुनावों में अपने चुनाव चिह्नों के साथ भाग लेने का भी पक्ष लिया था।

चूँकि दूसरी पीढ़ी के पंचायती राज ने स्थानीय निकायों को अधिक अधिकार प्रदान किये तथा उनके व्यक्तित्व के केंद्र में विकास कार्य नहीं, बल्कि राजनीतिक सत्ता का संचालन था, उनकी कार्यप्रणाली एवं उनके द्वारा होनेवाले कार्यान्वयन के प्रति व्यापक उत्साह पैदा हुआ। पश्चिम बंगाल के मॉडल को सफलता का प्रतिमान माना गया। 1985 में कर्नाटक में जनता पार्टी की विजय का एक मुख्य कारण 'जनता को अधिकार' देने का आश्वासन था। अब्दुल नजीर साब के अनुसार जनता को जब पता चला कि निचले स्तरों पर सत्ता में भागीदारी हो सकती है, तो चारों ओर जागरण की लहर फैल गयी। पंचायती राज के कार्यान्वयन में पश्चिम बंगाल एवं कर्नाटक के सामान्य लोगों के उल्लेखनीय उत्साह के कारण पंचायतों को संवैधानिक प्रावधानों में शामिल करने के प्रयासों को काफी बल मिला।

यहाँ यह उल्लेख किया जा सकता है कि 1980 के मध्य में जिला सरकार का विचार सामने आया। इस अवधि के दौरान इस विषय पर निर्मल मुखर्जी का लेखन ही इसका मुख्य कारण था।[30] वास्तव में निर्मल मुखर्जी ने ही पहली बार 'जिला सरकार' की अवधारणा प्रस्तुत की थी। पश्चिम बंगाल तथा कर्नाटक में जिला परिषदों की सापेक्षित सफलता से जिला सरकार की अवधारणा को प्रोत्साहन मिला।

73वाँ संविधान संशोधन

1988 के अन्त में पी.के. थुगन की अध्यक्षता में ग्रामीण विकास मंत्रालय की सलाहकार समिति ने पंचायती राज प्रणाली को सुदृढ़ बनाने के लिए अनेक सिफारिशें कीं। सलाहकार समिति की एक महत्वपूर्ण सिफारिश यह थी कि पंचायती राज निकायों को संवैधानिक मान्यता प्रदान की जाये। इस पृष्ठभूमि के कारण 15 मई 1989 को संविधान (64वाँ संशोधन) विधेयक का प्रारूप तैयार कर संसद में पेश किया गया। यह विधेयक कमोबेश अशोक मेहता रिपोर्ट के मॉडल पर (जिसका मसौदा एल. एम. सिंघवी ने बनाया था) तैयार किया गया था। यद्यपि 1989 का विधेयक स्वागत योग्य कदम था, किंतु इसे दो मूल मुद्दों पर तथा इसके राजनीतिक अभिसंकेतों के कारण गंभीर विरोध का सामना करना पड़ा। ये दो मूल मुद्दे थे : (क) विधेयक में राज्यों की अनदेखी की गयी थी तथा केंद्र द्वारा पंचायती राज संस्थाओं से सीधे संबंध रखने की व्यवस्था के कारण यह राज्य सरकारों के अधिकार क्षेत्र का अतिक्रमण था, और (ख) स्थानीय परिस्थितियों को ध्यान में रखते हुए प्रत्येक राज्य को कानून बनाने की अनुमति देने के स्थान पर इस विधेयक में समूचे देश पर एक समान पद्धति थोपने की बात थी। राजनीतिक दलों, बुद्धिजीवियों एवं सरोकार-संपन्न नागरिकों ने इस विधेयक का विरोध किया। इस व्यापक विरोध को देखते हुए विपक्षी दलों के राष्ट्रीय मोर्चा ने एस.आर. बोम्मई की अध्यक्षता में एक वैकल्पिक विधेयक तैयार करने के लिए एक समिति गठित की। इस समिति की रिपोर्ट में, जो 10 जुलाई 1989 को जारी की गयी, जरूरी मुद्दों को वह फोकस दिया गया[31] जिसकी जरूरत काफी समय से महसूस की जा रही थी । रिपोर्ट ने एक गहन बहस को जन्म दिया। रिपोर्ट में जो कुछ कहा गया, उसकी छाप पंचायतों से संबंधित उन सभी विधेयकों पर दिखाई पड़ती है जो बाद में संसद में दाखिल किये गये।

यद्यपि संविधान (चौंसठवाँ संशोधन) विधेयक को लोक सभा में दो-तिहाई बहुमत मिला, किंतु राज्य सभा में दो मतों की कमी से यह पराजित हो गया। राष्ट्रीय मोर्चा सरकार ने अपने संक्षिप्त शासन काल में 7 सितंबर 1990 को 74वाँ संशोधन विधेयक (पंचायतों तथा नगरपालिकाओं पर संयुक्त विधेयक) पेश किया, किंतु इसे विचार-विमर्श के लिए नहीं लिया जा सका।

इस समय तक सभी राजनीतिक दल अपने वक्तव्यों तथा घोषणाओं में पंचायतों

को सुदृढ़ बनाने के लिए संवैधानिक संशोधन का समर्थन कर चुके थे तथा देश भर में पंचायती राज के पक्ष में वातावरण तैयार हो रहा था। सितंबर 1991 में नरसिंह राव के नेतृत्ववाली कांग्रेस सरकार ने 72वाँ (पंचायत) तथा 73वाँ (नगरपालिका) संविधान संशोधन पेश किया। संसद की संयुक्त चयन समिति को ये दोनों विधेयक भेजे गये। लोक सभा ने दोनों विधेयक 22 दिसंबर 1992 को तथा राज्य सभा ने दूसरे दिन पारित कर दिये। संसद द्वारा इन दोनों विधेयकों को पारित करने के क्रम में इनकी क्रम संख्या क्रमशः 73वीं तथा 74वीं हो गयी। आधे राज्यों की विधान सभाओं द्वारा मंजूर करने के बाद राष्ट्रपति ने 20 अप्रैल 1993 को दोनों विधेयकों को अपनी सहमति प्रदान की। संविधान संशोधन (73वाँ संशोधन) अधिनियम, 1992 24 अप्रैल 1993 को लागू हुआ तथा संविधान संशोधन (74वाँ संशोधन) अधिनियम, 1992 1 जून 1993 को। संविधान में इन संशोधनों से न केवल स्थानीय शासन के क्षेत्र में, बल्कि भारत के संघीय स्वरूप में भी मौलिक परिवर्तन आये।

इस प्रकार 'स्थानीय स्वशासन' के लॉर्ड रिपन के विचार से 73वें संविधान संशोधन की 'स्वशासन की संस्थाएँ' धारणा तक की यात्रा पूरी होने में एक शताब्दी का समय लगा। देश के संघीय राज्यतंत्र के इस क्रम विकास को विशेष रूप से रेखांकित करने की जरूरत है।

पंचायती राज को स्वशासन की संस्थाओं के रूप में कार्य करने में पूर्वाश्यकताएँ इस प्रकार हैं—

(क) स्पष्ट रूप से चिह्नित क्षेत्राधिकार,

(ख) उत्तरदायित्वों के अनुपात में पर्याप्त अधिकार,

(ग) अपनी व्यवस्था करने के लिए आवश्यक मानव तथा वित्तीय संसाधन, और

(घ) संघीय ढाँचे के दायरे में कार्यकारी प्राधिकार

चूँकि संवैधानिक संशोधनों में इन शर्तों को पूरा करने की संभावना है, अतः नयी पंचायतों को सरकार के 'तीसरे स्तर' के रूप में देखा जा सकता है। यहाँ भारतीय लोकतांत्रिक राजनीति में आये दो मूलभूत परिवर्तनों का उल्लेख किया जाना जरूरी है।

एक, भारतीय राज्यतंत्र का लोकतांत्रिक आधार विस्तृत हुआ है। इन संशोधनों से पहले, चुने हुए प्रतिनिधियों के जरिये हमारा लोकतांत्रिक ढाँचा संसद के दो सदनों, राज्यों की विधान सभाओं तथा दो केंद्र शासित प्रदेशों (दिल्ली तथा पांडिचेरी) की विधान सभाओं तक ही सीमित था तथा उनमें केवल 4963 चुने हुए सदस्य थे। अब ग्रामीण भारत में 500 से अधिक जिला पंचायतें, लगभग 6000 खंड/तहसील/मंडल पंचायतें तथा 2,50,000 ग्राम पंचायतें हैं जहाँ भारत की 73 प्रतिशत जनसंख्या बसती है।

शहरी भारत में, जहाँ 27 प्रतिशत जनसंख्या रहती है, 96 नगर निगम, 1700 नगरपालिकाएँ तथा 1900 नगर पंचायतें हैं। प्रत्येक पाँच वर्ष में जनतांत्रिक प्रक्रिया के माध्यम से जनता द्वारा लगभग तीस लाख प्रतिनिधि चुने जाते हैं, जिनमें महिलाओं की संख्या दस लाख है। महिलाएँ लगभग 175 जिला पंचायतों, 2000 से अधिक खंड/तहसील/मंडल पंचायतों तथा लगभग 85,000 ग्राम पंचायतों की प्रमुख हैं। इसी प्रकार, 30 से अधिक नगर निगमों तथा लगभग 600 नगरपालिकाओं की अध्यक्ष महिलाएँ हैं। मुख्य धारा से बहिष्कृत समूहों तथा समुदायों की बहुत बड़ी संख्या अब इन निर्णयकर्ता निकायों में शामिल है। भारतीय जनसंख्या का 14.3 प्रतिशत अनुसूचित जातियाँ तथा 8 प्रतिशत अनुसूचित जनजातियाँ हैं। सो ग्रामीण तथा शहरी स्थानीय निकायों के कुल 6,60,000 निर्वाचित सदस्यों में 22.5 प्रतिशत अनुसूचित जातियों तथा जनजातियों के प्रतिनिधि हैं (देखें तालिका : **विस्तृत होती लोकतांत्रिक प्रणाली,** पृष्ठ 29)।

दो, इन संशोधनों से भारत की संघीय व्यवस्था में महत्वपूर्ण परिवर्तन आ रहे हैं। जिला तथा उससे नीचे के स्तर पर निर्वाचित स्थानीय निकायों के साथ भारत बहुस्तरीय संघ राज्य बनने की ओर अग्रसर हो रहा है।[32] बेशक ग्यारहवीं (पंचायत) तथा बारहवीं (नगरपालिकाएँ) अनुसूची में उल्लिखित विषयों को अनुसूची सात के अधीन शामिल किया जायेगा, तभी स्थानीय निकायों को केंद्र तथा राज्य स्तर के बराबर का दर्जा प्राप्त होगा। यहाँ यह उल्लेख करना जरूरी है कि स्थानीय निकायों को कोई विधायी अधिकार प्राप्त नहीं हैं तथा केंद्र तथा राज्य, यही दोनों मिल कर कानूनी रूप से भारतीय संघ का गठन करते हैं, परंतु स्थानीय निकायों को संवैधानिक मान्यता मिलने के बाद भारतीय संघीय ढाँचे में हुए गुणात्मक परिवर्तन के परिणाम दूरगामी होंगे।

विस्तृत लोकतांत्रिक आधार तथा साथ ही नयी पंचायतों एवं नगरपालिकाओं द्वारा लाये गये नये ढाँचागत परिवर्तनों के कारण हमारी संघीय प्रणाली में क्रांतिकारी संभावनाएँ पैदा हो गयी हैं। चूँकि केंद्र में साझा सरकारें रहेंगी ही, अतः केंद्र को राज्यों पर निर्भर रहना होगा, जिन पर राज्य स्तरीय अथवा क्षेत्रीय पार्टियों का नियंत्रण होता है। यदि राज्य सरकारें पंचायती राज संस्थाओं की उपेक्षा करती हैं तो उनके फिर से न चुने जाने की पूरी संभावना है। अर्थात राज्य सरकार अथवा राज्य की सत्ताधारी पार्टी की लोकप्रियता इस पर निर्भर है कि वह स्थानीय निकायों को अधिकार सौंपने तथा संविधान के शब्दों और भावना के अनुसार उन्हें शक्तिशाली बनाने के मामले में कितनी गंभीर और ईमानदार है।

पंचायतों की उपेक्षा करनेवाले राज्यों के राजनीतिक नेतृत्व को इसकी बड़ी कीमत चुकानी पड़ी है। राजस्थान में भारतीय जनता पार्टी (1993-1998) तथा उत्तर प्रदेश में (1998-2000) की सरकारों ने पंचायतों को दरकिनार कर दिया था। राजस्थान

सरकार ने तो पाँचवीं अनुसूची क्षेत्रों तक 73वें संविधान संशोधन को विस्तृत करने के लिए अनुपालन विधेयक पारित करने पर भी ध्यान नहीं दिया। कर्नाटक की जनता सरकार (1995-1999) ने पंचायतों को सुदृढ़ बनाने की दिशा में सकारात्मक कार्य किया था, लेकिन इसके बाद वह उन्हें कमजोर बनाने में लग गयी; यहाँ तक कि उसने पंचायत चुनाव भी स्थगित कर दिये गये। इसका नतीजा यह हुआ कि राजस्थान में भारतीय जनता दल की तथा कर्नाटक में जनता दल की सरकार को क्रमशः 1998 तथा 1999 में विधान सभा चुनावों में हार का मुँह देखना पड़ा। उत्तर प्रदेश के पंचायती चुनाव परिणामों (जून 2000) से भारतीय जनता पार्टी को गहरा झटका लगा; यहाँ तक कि राज्य में पार्टी की सरकार के भविष्य पर सवालिया निशान लग गया। दूसरी ओर, मध्य प्रदेश में कांग्रेस सत्ता में कायम रह सकी, क्योंकि उसने पंचायती राज को गंभीरता से लिया था। यही बात पश्चिम बंगाल में वाम मोर्चा की अनवरत चुनावी सफलता पर लागू होती है। सीधी-सी सच्चाई यह है कि कोई राज्य सरकार तथा उसका क्षेत्रीय राजनीतिक नेतृत्व पंचायतों की उपेक्षा अपनी जोखिम पर ही कर सकता है।[33]

महिलाओं का नेतृत्व

जिला, ब्लॉक तथा ग्राम स्तर की लोकतांत्रिक संस्थाओं में बड़ी संख्या में महिलाओं की सहभागिता 73वें संविधान संशोधन का सबसे महत्वपूर्ण परिणाम है। इसके फलस्वरूप आज लाखों महलाएँ नेतृत्व की भूमिका में हैं।

देश के विभिन्न भागों से महिलाओं के अनुभवों से पता चलता है कि उन्हें हाशिये पर रखने की कठोर संस्कृति का सामना करना पड़ता है। स्थानीय निकायों में महिला प्रतिनिधियों को वह सम्मान नहीं दिया गया है, जिसकी वे हकदार हैं। विभिन्न क्षेत्रों के अनुभव बताते हैं कि पंचायतों की बैठकों में निर्वाचित महिला सदस्यों को उनके पुरुष साथियों के मुकाबले भिन्न व्यवहार मिलता है, नौकरशाही उन्हें वांछित सम्मान नहीं देती, परिवार के पुरुष सदस्यों द्वारा छाया-सदस्य के रूप में उनका इस्तेमाल किया जाता है। यानी उनके नाम पर पुरुष ही राज करते हैं। साथ ही, कई मामलों में देखने में आया है कि यदि वे बैठकों में भाग लेने अकेली जाती हैं अथवा असहमति प्रकट करती हैं, तो उनके साथ हिंसा भी होती है। पंचायतों की कार्य स्थितियाँ किसी भी दृष्टि से अनुकूल नहीं हैं। इन मुश्किलों के अलावा, राजनीति का आम परिवेश भ्रष्टाचार, हिंसा तथा ओछी मानसिकता से सराबोर है। चुनाव लड़ने के लिए काफी धन खर्च करना होता है। ये सभी कारक महिलाओं में योग्य उम्मीदवारों के चयन तथा साथ ही चुने जाने के बाद उनकी कुशलता को प्रभावित करते हैं।

महिला प्रतिनिधियों पर अत्याचार हुए हैं तथा अनेक राज्यों में अब भी जारी हैं।[34] ऐसे अनेक मामले हैं, जहाँ महिला सरपंचों के खिलाफ अविश्वास प्रस्ताव लाये गये हैं, ताकि पुरुष उपसरपंच महिला पदाधिकारियों को पंचायती राज संस्थाओं से

बाहर कर सकें और अगले चुनावों तक स्वयं सत्ता सँभाल सकें। पंचायतों के पुरुष सदस्यों में काम कर रही हीनता ग्रंथि को कोई भी अनुभव कर सकता है। इसके विपरीत निर्वाचित महिलाएँ अपने पुरुष सहयोगियों की तुलना में ज्यादा जवाबदेह, सहानुभूतिशील और सरोकारमयी साबित हुई हैं। उनमें पुरुष सदस्यों की बनिस्बत ज्यादा निष्ठा तथा पेय जल, स्वास्थ्य सुविधाओं और बच्चों की शिक्षा जैसे मुद्दों के प्रति अधिक संवेदनशीलता दिखाई पड़ती है। अपनी तमाम समस्याओं के बावजूद उनमें से बहुत-सी सदस्य अपने मिशन में सफल हुई हैं। इस वजह से पुरुष सहयोगी आम तौर से पंचायतों में महिलाओं की उपस्थिति को सहन नहीं कर पाते। बहरहाल, 1994 से महिला पंचायत सदस्यों की सफलता कथाओं की फेहरिस्त लंबी है। उनकी निष्ठा और नेतृत्व क्षमताओं को राष्ट्रीय तथा अन्तरराष्ट्रीय स्तर पर मान्यता मिली है।[35] यह आशा की एक किरण है।

जमीनी आँकड़ों और चुनावी रुझानों के आधार पर यह कहा जा सकता है कि दस से पंद्रह वर्षों के बाद महिलाएँ पंचायती राज संस्थाओं के तीनों स्तरों पर पचास प्रतिशत से अधिक सीटों पर होंगी। पंचायतों और नगरपालिकाओं में महिलाओं के लिए एक-तिहाई आरक्षण की सवैधानिक व्यवस्था का एक सकारात्मक परिणाम यह है कि संसद और राज्यों की विधायिकाओं में महिलाओं को आरक्षण देने पर राष्ट्रीय स्तर पर गरमागरम बहस चल रही है और कुछ राजनीतिक दलों ने आरक्षण के इस विस्तार के प्रति अपनी प्रतिबद्धता भी जाहिर की है।

अनुसूचित क्षेत्रों तक विस्तार

चूँकि संविधान के अनुच्छेद 244 के उपवाक्य (1) के अनुसार 73वें संविधान संशोधन अधिनियम के प्रावधान आठ राज्यों—आंध्र प्रदेश, मध्य प्रदेश, राजस्थान, गुजरात, महाराष्ट्र, हिमाचल प्रदेश, उड़ीसा, बिहार— में स्थित अनुसूचित क्षेत्रों पर लागू नही होते थे, संसद ने 1996 में पंचायत (अनुसूचित क्षेत्रों तक विस्तार) अधिनियम पारित कर 24 दिसंबर 1996 को 73वें संशोधन अधिनियम का विस्तार इन क्षेत्रों तक कर दिया। यद्यपि उपर्युक्त आठ राज्यों को एक वर्ष का समय दिया गया था कि वे अपने-अपने पंचायत अधिनियमों में इस तरह के संशोधन करें कि वे विस्तार अधिनियम के प्रावधानों के अनुकूल हो जायें, बिहार और राजस्थान ने इस अवधि में अपने अधिनियमों का संशोधन नहीं किया। राजस्थान ने 26 जून 1999 को राजस्थान पंचायती राज (अनुसूचित क्षेत्रों में उनके अनुप्रयोग से संबंधित प्रावधानों में संशोधन) अध्यादेश, 1999 जारी किया, जो अब अधिनियम की शक्ल ले चुका है। बिहार ने अभी तक अपने पंचायत अधिनियम में संशोधन नही किया है।

विस्तार अधिनियम आदिवासियों के स्थानीय निकायों को जितने विस्तृत अधिकार देता है, उसके कारण वह विशेष रूप से उल्लेखनीय है। लेकिन अशांत

करनेवाली बात यह है कि राज्य सरकारें, विशेषकर राजनीतिक नेता, आदिवासी क्षेत्रों के प्रति निर्मम हैं और आदिवासियों को इतने ज्यादा अधिकार देना नहीं चाहतीं।[36] यही कारण है कि इन क्षेत्रों में कोई उल्लेखनीय काम नहीं हुआ है तथा आदिवासी जहाँ थे, वहीं हैं। जब तक सरकार और जन संगठन इन दूरवर्ती प्रभावोंवाले प्रावधानों को यथार्थ में बदलने के लिए ठोस प्रयत्न नहीं करते, यह अधिनियम एक रद्दी कागज बना रहेगा।

1993 के बाद विस्तृत होता लोकतांत्रिक आधार

1993 तक सरकारी विभागों और उनके अधिकारी, विभागीय निदेशकों से ग्राम स्तर के कर्मचारियों तक, कार्यक्रमों की निगरानी करते थे। यह ऊपर से नीचे तक आनेवाला ढाँचा था।	73वें तथा 74वें संशोधनों के बाद लोकतांत्रिक आधार में काफी विस्तार हुआ, जिससे योजना तथा विकास कार्यक्रमों के कार्यान्वयन को क्षैतिज रूप दिया जा सका।

संसद के दो सदनों में 790 सदस्य हैं (लोक सभा 545; राज्य सभा 245)	केंद्र तथा राज्य स्तर पर चुने गये सदस्यों की कुल संख्या : 4,963	25 राज्य विधान सभाओं तथा दिल्ली तथा पांडिचेरी की विधान सभाओं में 4,173 सदस्य हैं (राज्य : 4,072, केंद्र शासित क्षेत्र : 101)

राज्य स्तर से नीचे : अब

* 532 जिला पंचायतें : इनमें 175 से अधिक जिलों में महिला अध्यक्ष हैं * 5,912 खंड/तहसील मंडल पंयाचतें : इनमें 1970 महिला अध्यक्ष हैं * 2,31,630 ग्राम पंचायतें : इनमें 77,210 से अधिक ग्राम पंचायतों में महिला अध्यक्ष हैं	तीसरे स्तर पर 30,00,000 सदस्य चुने जाते हैं। इनमें 10,0000 महिलाएँ हैं और 6,60,000 अ. जाति/अ. जनजाति के हैं	* 95 नगर निगम : इनमें 22 में महिला मेयर हैं * 1,436 नगरपालिकाएँ : इनमें 749 से अधिक में महिला अध्यक्ष हैं * 2,055 नगर पंचायतें : इनमें 685 से अधिक में महिला अध्यक्ष हैं

टिप्पणी : तीसरी तालिका (राज्य स्तर से नीचे : अब) में दी गयी संख्याएँ बदलती हुई स्थितियों के कारण वास्तविक संख्याओं के मुकाबले कुछ कम-ज्यादा हो सकती हैं।

राज्य वित्त आयोग

27 राज्यों और सातों केंद्र-शासित प्रदेशों ने अभी तक अपने राज्य वित्त आयोगों का गठन कर लिया है और इनमें से 27 ने अपनी रिपोर्ट भी सरकार को दे दी है। चूँकि 73वें और 74वें संशोधनों के मुताबिक राज्य वित्त आयोगों का गठन प्रत्येक पाँच साल पर होता है, दूसरे राज्य वित्त आयोगों के गठन का समय भी आ गया है और कुछ राज्यों में तो इन्होंने काम करना शुरू भी कर दिया है।

बहरहाल, राज्य वित्त आयोगों की स्थिति विभिन्न राज्यों में अलग-अलग है। संविधान की व्यवस्था यह थी कि 24 अप्रैल 1993 से एक वर्ष के भीतर प्रत्येक राज्य में राज्य वित्त आयोग का गठन हो जाना चाहिए। इसके बावजूद उड़ीसा जैसे प्रमुख राज्य ने आयोग का गठन नवंबर 1996 में किया—एक साल की अवधि बीतने के ढाई वर्ष बाद और आयोग ने अपनी रिपोर्ट दिसंबर 1998 में सरकार को दी। गुजरात में रिपोर्ट जुलाई 1998 में दाखिल की गयी, यद्यपि राज्य वित्त आयोग का गठन सितंबर 1994 में हो चुका था। बिहार में राज्य वित्त आयोग ने अपनी रिपोर्ट सरकार को दे दी है, परंतु यह रिपोर्ट विधान सभा में पेश नहीं की गयी है।

अनुच्छेद 243 और 243वाई के उपवाक्यों 2 और 4 के प्रावधानों के अनुसार, कार्रवाई रिपोर्ट (एक्शन टेकेन रिपोर्ट) अधिकांश राज्यों में विधान सभा के पटल पर रखी जा चुकी है। लेकिन गुजरात, हरियाणा और बिहार तीन ऐसे राज्य हैं, जहाँ इस अपेक्षा की पूर्ति नहीं हुई है। जिन राज्यों में कार्रवाई रिपोर्ट पेश हो चुकी है, वहाँ भी राज्य वित्त आयोगों की सिफारिशों को पूरी तरह लागू नहीं किया गया है।

राज्य वित्त आयोगों की सिफारिशों के अनुसार वित्तीय साधनों के प्रभावशाली प्रदाय के बारे में किसी निश्चित निष्कर्ष तक पहुँचना कठिन है। तथापि उपलब्ध साक्ष्यों का संकेत यही है कि पंचायतों की वित्तीय स्थिति में कोई खास सुधार नहीं आया है। तथ्य यह है कि किसी भी राज्य सरकार ने राज्य वित्त आयोग की सिफारिशों के अनुसार पंचायतों को वित्तीय साधन नहीं दिये। कुछ तदर्थ व्यवस्थाएँ कर दी गयीं, लेकिन जो राशियाँ दी गयीं, वे आयोगों द्वारा सुझायी गयी राशियों की तुलना में नहीं के बराबर है। न ही राज्यों ने इन राशियों का आवंटन उस तरीके से किया जैसा राज्य वित्त आयोगों ने सुझाया था।

जिला योजना समितियाँ

संविधान के अनुच्छेद 243जेडडी (जो 74वें संविधान संशोधन द्वारा डाला गया) में प्रावधान है कि राज्य सरकारें प्रत्येक जिले में जिला योजना समिति का गठन करेंगी। यह लोगों और समुदायों की भागीदारी पर आधारित विकेंद्रित योजना निर्माण की दिशा में मील का पत्थर है। जिला योजना समितियों से अपेक्षा की जाती है कि वे

जिले की सभी पंचायतों और नगरपालिकाओं द्वारा तैयार की गयी योजनाओं को मिला कर पूरे जिले के लिए विकास योजना का प्रारूप तैयार करेंगी। सभी राज्यों और केंद्र शासित प्रदेशों ने या तो इस प्रावधान को अपने पंचायती राज और नगरपालिका अधिनियमों में शामिल किया है या इसके लिए अलग से कानून बनाया है।

संविधान के अनुच्छेद 243जेडडी (2) में जिला योजना समितियों के गठन का काम और यह तय करने का काम कि यह गठन किस प्रकार होगा और समिति का अध्यक्ष पद किसे सौंपा जायेगा, राज्यों की विधायिकाओं पर छोड़ दिया है। कुछ राज्य सरकारों ने जिलाधीशों को यह अध्यक्ष पद सौंप दिया, तो कुछ राज्यों में मंत्रियों को, जिनका चयन मुख्य मंत्री करते हैं, इन समितियों का चार्ज दे दिया गया। यह न केवल संविधान संशोधन की भावना का उल्लंघन था, बल्कि लोकतांत्रिक विकेंद्रीकरण के सिद्धांतों का भी।[37] बहरहाल, ज्यादातर राज्यों में जिला योजना समितियों का अध्यक्ष पद जिला पंचायत के निर्वाचित अध्यक्ष को दिया गया है।

यद्यपि जिला योजना समितियों का गठन राज्य सरकारों का संवैधानिक दायित्व है, कुछ राज्य सरकारों ने सिर्फ औपचारिक रूप से उनका गठन कर दिया है और उन्हें काम करने का अवसर प्रदान नहीं किया है। आंध्र प्रदेश ने तो उनका गठन तक नहीं किया है। मध्य प्रदेश ने इस प्रावधान को बदलते हुए जिला सरकारों का गठन कर दिया है, जिनमें पंचायतों तथा नगरपालिकाओं की कोई उल्लेख योग्य भूमिका नहीं है। केरल और पश्चिम बंगाल जैसे कुछ राज्यों ने विकेंद्रीकृत योजना निर्माण को निष्ठा के साथ अपनाया है, लेकिन अन्य राज्यों द्वारा जिला योजना समितियों के गठन तथा उन्हें कार्यशील बनाने में जो शिथिलता दिखायी जा रही है, उससे यह उम्मीद नहीं बँधती कि जिला योजना समितियाँ विकेंद्रित योजना प्रक्रिया का सक्षम औजार बन सकेंगी। यदि यह आशंका सही निकलती है, तो विकास की प्रक्रिया को नीचे से ऊपर ले जाने का उपक्रम, जो वास्तविक रूप से लोकतांत्रिक पंचायती राज व्यवस्था का सारतत्व है, तत्वतः अर्थहीन हो कर रह जायेगा।

ग्राम सभा का अभ्युदय

1995 से ग्राम सभा पंचायती राज पर केंद्रित सभी चर्चाओं का मुख्य मुद्दा हो गयी है। जब केंद्रीय वित्त मंत्री ने 1999 के बजट भाषण में वर्ष 1999-2000 को ग्राम सभा का वर्ष घोषित किया, जो इससे भी ग्राम सभा के प्रति आकर्षण बढ़ा।

ग्राम सभा वह एकमात्र माध्यम है, जो प्रत्यक्ष लोकतंत्र सुनिश्चित कर सकता है। यह गाँव के सभी नागरिकों को पंचायत की कार्यपालिका के प्रस्तावों पर विचार करने, उनकी आलोचना करने और उन्हें मंजूर या नामंजूर करने तथा पंचायत के विगत कार्य निष्पादन का मूल्यांकन करने का एक अनुपम अवसर देता है। इस तरह

ग्राम सभा तृणमूल स्तर पर लोकतंत्र के पहरेदार की भूमिका निभाती है। यद्यपि ग्राम सभा अब एक विधिक इकाई है, इसे वह हैसियत और भूमिका नहीं मिल पायी है जो इसका प्राप्य है। ग्राम सभा आज भी पंचायती राज व्यवस्था की सबसे कमजोर कड़ी है। अधिकांश राज्य सरकारों ने इसे इसका उचित स्थान नहीं दिया है।

यद्यपि ग्राम सभाओं को गरीबी उन्मूलन के विभिन्न कार्यक्रमों के तहत लाभार्थियों का चयन करने, वार्षिक योजना का प्रस्ताव करने, बजट और अंकेक्षण रिपोर्ट पर विचार करने और पंचायत की प्रगति की पुनर्वीक्षण करने का अधिकार है, ज्यादातर राज्यों में उनके निर्णय पंचायतों के लिए बाध्यकारी नहीं हैं, क्योंकि ग्राम सभाओं को सिर्फ परामर्शदाता की भूमिका दी गयी है। नतीजतन निर्वाचित प्रतिनिधि ग्राम सभाओं की परवाह नहीं करते। सिर्फ कुछ राज्यों–हरियाणा, पंजाब, उड़ीसा और तमिलनाडु–ने ग्राम सभा को पंचायत का बजट स्वीकृत करने का अधिकार दिया है।

विभिन्न राज्यों से प्राप्त रिपोर्टों का संकेत यह है कि ग्राम सभा की बैठकें बुलाने की दिशा में कुछ राज्यों को सफलता मिली है, कुछ को नहीं मिली है। इस मामले में पश्चिम बंगाल का रिकॉर्ड बेहतर है। 1995 में पश्चिम बंगाल की ग्राम संसदों ने बैठकों की विधि-विहित संख्या का 63 प्रतिशत तक पालन किया। 1998 में यह आँकड़ा 88 प्रतिशत तक पहुँच गया।[38] मई 2000 में 97 प्रतिशत ग्राम संसदों की बैठक हुई।

मध्य प्रदेश और राजस्थान से प्राप्त रिपोर्टों से पता चला है कि राज्य सरकार द्वारा निर्धारित ग्राम सभा की बैठक की तारीख बहुत-से लोगों को पता नहीं रहती। चूँकि ग्राम सभा की बैठक पंचायत के मुख्यालय में होती है, दूरवर्ती गाँवों के लोगों के लिए इन बैठकों में भाग लेना मुश्किल हो जाता है। उस वक्त उपस्थिति जरूर बढ़ जाती है, जब लाभार्थियों का चयन होना होता है। सामान्यतः पंचायत चुनावों में हारे हुए उम्मीदवार सरपंच का विरोध करने के लिए लोगों को एकजुट करते हैं और ग्राम सभा में उसके द्वारा प्रस्तुत विकास योजनाओं को अवरुद्ध करने में सफल हो जाते हैं।

दरअसल, हमारे समाज में ग्राम सभा की संस्कृति का ही अभाव है। जाति और वर्ग के विभाजन भारत के गाँवों को एक ऐसे संगठित समुदाय के रूप में काम करने से रोकते हैं जो सभी के साझा हित में काम करें। ग्राम सभा को जमीनी स्तर के लोकतंत्र का प्रभावशाली औजार और हमारी पंचायती राज और समाजिक व्यवस्था का अविच्छिन्न हिस्सा बनाने के लिए भूमि सुधार जैसे प्रगतिशील कदम उठाने की सख्त जरूरत है।

सामाजिक अंकेक्षण का महत्व

सामाजिक अंकेक्षण की अवधारणा भारत में पंचायती व्यवस्था द्वारा काम शुरू कर देने के बाद आयी। सामाजिक अंकेक्षण का मतलब है समाज के बहुसंख्य लोगों की दृष्टि से, जिनके नाम पर और जिनके हित में यह पूरा सांस्थानिक ढाँचा बनाया जाता है, विकसित किया जाता है और वैधता प्राप्त करता है, किसी भी सामाजिक उपयोगिता की वस्तु या सेवा की कार्यविधि तथा उसकी सामाजिक प्रासंगिकता की जाँच और विश्लेषण। मौजूदा चर्चा के संदर्भ में इसका मतलब है लोगों द्वारा पंचायती राज संस्थाओं के कार्य निष्पादन का स्वतंत्र आकलन।

कई राज्यों में पंचायतों के सामाजिक अंकेक्षण की व्यवस्था की गयी है। पंचायतों को यह अधिकार दिया गया है कि वे विभिन्न स्तरों पर असरदार सामाजिक अंकेक्षण के लिए समितियों का गठन कर सकती हैं। ब्लॉक समिति तथा जिला पंचायत के स्तर पर सामाजिक अंकेक्षण समितियों का गठन, जिनकी सदस्यता सम्मानीय नागरिकों तथा विभिन्न व्यवसायों में लगे व्यक्तियों को दी जाये, जरूरी है, ताकि वे जब भी जरूरी और उचित समझें, विकास कार्यक्रमों का अंकेक्षण कर सकें। विभिन्न संगठनों के अवकाशप्राप्त व्यक्ति, अध्यापक और अन्य सार्वजनिक सरोकारवाले व्यक्ति, जिनकी निष्ठा संदेह से परे हो, सामाजिक अंकेक्षण का गठन खुद भी कर सकते हैं। इसी तरह ग्राम पंचायत और नगरपालिका स्तर पर महिलाओं की प्रहरी समितियाँ, जिनमें प्रत्येक ग्राम सभा या वार्ड समिति की प्रतिनिधि को स्थान दिया जाये—इनमें से एक अनुसूचित जाति या अनुसूचित जनजाति की जरूर हो—बनायी जायें, तो स्थिति में काफी सुधार आ सकता है। इन महिला समितियों को वही अधिकार होने चाहिए जो सामाजिक अंकेक्षण समितियों को हैं। उन्हें यह अधिकार होना चाहिए कि वे लागतों, लागत के आकलनों, विभिन्न कार्यों में लगायी गयी वस्तुओं की गुणवत्ता और मात्रा या संख्या, चयन में मानकों का पालन आदि पहलुओं की जाँच कर सकें।[39]

हमारे नये लोकतांत्रिक ढाँचे में सामाजिक अंकेक्षण की शायद सर्वोत्तम ईकाई ग्राम सभा है। ग्राम सभा के सभी सदस्य तथा स्थानीय निकायों—ग्राम पंचायतों, पंचायत समितियों और जिला परिषदों—के सभी वर्ग अपने प्रतिनिधियों के माध्यम से सामाजिक सरोकार तथा जन हित के मुद्दे उठा सकते हैं और स्पष्टीकरण की माँग कर सकते हैं। राजस्थान और मध्य प्रदेश से आनेवाली रिपोर्टों के अनुसार ग्राम सभा की अनेक बैठकें सामाजिक अंकेक्षण का बहुत ही प्रभावशाली माध्यम साबित हुई हैं। ग्राम सभा की संस्था को सामाजिक अंकेक्षण का सर्वोत्तम औजार बनाने के लिए जमीनी स्तर पर अभी काफी काम करने की जरूरत है।

सूचना का अधिकार

पंचायती राज के क्षेत्र में पिछले कुछ वर्षों में एक सार्थक विकास हुआ है सूचना का अधिकार प्राप्त करने के लिए संघर्ष के रूप में। राजस्थान की पाली और राजसमंद जिला परिषदों में मजदूर किसान शक्ति संगठन द्वारा किये गये सर्वेक्षण से यह तथ्य उद्घाटित हुआ है कि विकास परियोजनाओं के अनुमानित बजट का 85 प्रतिशत हिस्सा विकास कार्यों पर खर्च हुआ ही नहीं। पंचायत प्रतिनिधियों ने व्यय की गयी राशि पर सरकार की स्वीकृति लेने के लिए फर्जी वाउचर और बिल दखिल किये थे। ये घपले संगठन द्वारा आयोजित जन सुनवाइयों के दौरान सामने आये। ऐसी ही घटनाओं से यह माँग पैदा हुई कि जनता को सूचना का अधिकार होना चाहिए।

सूचना के अधिकार के लिए मजदूर किसान शक्ति संगठन के संघर्ष के फलस्वरूप राजस्थान के मुख्य मंत्री ने अप्रैल 1995 में राज्य की विधान सभा में घोषित किया कि प्रत्येक नागरिक को सूचना का अधिकार है तथा वह भुगतान दे कर अपने गाँव में पिछले पाँच वर्षों की अवधि में हुए विकास कार्यो पर हुए खर्च का विवरण प्राप्त कर सकता है तथा प्रमाण के रूप में भविष्य में इस्तेमाल के लिए सभी दस्तावेजों की फोटो-प्रति भी ले सकता है। तमिलनाडु, गोआ, केरल और मध्य प्रदेश में भी सूचना के अधिकार के संदर्भ में ऐसी ही व्यवस्थाएँ की गयी हैं। मध्य प्रदेश ने 1998 के शुरू में अपने बहुत-से विभागों में, जिनमें से एक पंचायती राज भी था, जनता द्वारा जाँच के लिए खोल दिया। उत्तर प्रदेश ने भी पंचायती राज के बहुत-से विभागों को इसी तरीके से पारदर्शी बना दिया है। सूचना के अधिकार का आंदोलन धीरे-धीरे जोर पकड़ रहा है। इस आंदोलन की गति धीमी जरूर है, पर यह निरंतर आगे बढ़ रहा है। जैसे-जैसे दूसरे राज्य भी सरकारी रिकार्डों को जनता के लिए पारदर्शी बनाते जायेंगे, सामाजिक अंकेक्षण का विचार फैलता जायेगा और तृणमूल स्तर के लोकतंत्र को ज्यादा असरदार तरीके से काम करनेवाला बनायेगा।[40]

गैरसरकारी संस्थाएँ

गैरसरकारी संस्थाएँ, सामुदायिक पहलें, जन संगठन और स्वैच्छिक संगठन पंचायतों और नगरपालिकाओं को मजबूत बनाने की दिशा में महत्वपूर्ण भूमिका निभा रहे हैं। 73वें और 74वें संविधान संशोधन के बाद से बहुत-सी गैरसरकारी संस्थाएँ जागरूकता बढ़ाने, निर्वाचित प्रतिनिधियों–खासकर महिलाओं–को प्रशिक्षित करने, चुनावों में महिलाओं की सक्रिय भागीदारी सुनिश्चित करने और सामाजिक विकास की रणनीतियाँ बनाने तथा उन्हें लागू करने के कार्यक्रमों के माध्यम से पंचायतों की सफलता के लिए अनुकूल स्थितियाँ पैदा करने में उत्प्रेरक की भूमिका निभा रही हैं। भारत में स्थानीय निकाय अपनी संवैधानिक वैधता और नागरिक समूहों और स्वैच्छिक संगठनों के साथ अन्तर्क्रिया के कारण राज्य और समाज का आदर्श मिलन बिन्दु प्रस्तुत करते हैं।[41]

यहाँ यह उल्लेखनीय है कि पिछले कुछ वर्षों में गैरसरकारी संस्थाओं और पंचायतों की भूमिका पर काफी सरगर्म बहस हुई है। स्वशासन की संस्थाओं के रूप में पंचायतें तो सभी जगह हैं, लेकिन गैरसरकारी संस्थाओं की उपस्थिति व्यापक नहीं है। सच तो यह है कि आवश्यकता और विशेषज्ञता के आधार पर गैरसरकारी संस्थाओं का काम कुछ ही जिलों, ब्लॉकों और गाँवों तक सीमित है। नयी पंचायतों के अस्तित्व में आने के बाद चार तरह की स्थितियाँ सामने आयी हैं :

(क) उन जन संगठनों और स्वैच्छिक संगठनों ने, जो ऐसे क्षेत्रों में काम कर रहे थे जहाँ न तो पंचायतें थीं और न ही स्थानीय पहलें, अपने आपको उन क्षेत्रों में स्थापित कर लिया है। ये संगठन पंचायतों को ऐसे नवागंतुकों के रूप में देखते हैं जो उनके कार्य क्षेत्र में दखल देंगे।

(ख) नव-गठित पंचायतें स्वैच्छिक क्षेत्र को—जो सामुदायिक पहलों और स्वैच्छिक संगठनों तथा गैरसरकारी संस्थाओं को मिला कर बनता है—अपने विधि-विहित कार्य क्षेत्र में प्रतिद्वंद्वी की तरह देखती हैं।

(ग) तीसरी स्थिति यह है कि पंचायतें और स्वैच्छिक संगठन, दोनों अपनी-अपनी भूमिका और उसकी सीमाओं को अच्छी तरह समझते हैं और एक-दूसरे के पूरक की तरह सहयोग और समन्वय के साथ काम करते हैं।

(घ) कुछ इलाकों में स्वैच्छिक संगठन पंचायत चुनावों में हिस्सा लेते हैं और अपने उम्मीदवार भी खड़े करते हैं। राजनीतिक दल भी पंचायत चुनावों में सक्रिय भागीदारी करते हैं। स्वैच्छिक क्षेत्र के उम्मीदवार या तो किसी पार्टी का टिकट पा लेते हैं या निर्दलीय के रूप में चुनाव लड़ते हैं। सबसे निचले यानी ग्राम पंचायत के स्तर पर उनकी सफलता दर सबसे ज्यादा है। यह भी देखा गया है कि जिन उम्मीदवारों ने स्वैच्छिक संगठनों में काम किया है या उनसे प्रशिक्षण प्राप्त किया है, वे स्थानीय स्वशासन की संस्थाओं में ज्यादा दक्षता के साथ काम कर पाते हैं।[42]

बहुत-से राज्यों में कुछ पंचायतें निष्क्रिय हैं और लोग उनसे विमुख हैं। गैरसरकारी संगठन ऐसी पंचायतों के प्रति नकारात्मक रुख अख्तियार कर लेते हैं। डी. बंद्योपाध्याय ने ठीक ही लिखा है : स्वैच्छिक संस्थाओं को 'सपने में भी यह नहीं सोचना चाहिए कि पंचायतें उनकी हैसियत, स्थान और शक्ति से होड़ कर रही हैं। यह बिना किसी हिचकिचाहट के स्वीकार किया जाना चाहिए कि विभिन्न स्तरों की पंचायतें, प्रतिनिधिक शासन की इकाइयों के रूप में, बुनियादी स्थान की हकदार हैं।'[43]

भारत में स्वैच्छिक संस्थाओं की संख्या काफी बड़ी है। एक जीवंत और सक्रिय समाज तथा उसका आलोचनात्मक समर्थन पंचायती राज संस्थाओं के भविष्य के लिए सर्वाधिक मूल्यवान संपत्ति है।

पंचायतों का अतिक्रमण

पिछले पाँच-सात वर्षों में पंचायतों के काम-काज की समीक्षा करते समय तीन चिंताजनक रुझान दिखाई देते हैं जिनका उल्लेख जरूरी है : (1) पंचायत चुनावों को स्थगित करना, (2) समानांतर ढाँचे खड़ा करना, और (3) सांसदों का चुनाव क्षेत्र विकास कोष।

1. पंचायतों का चुनाव स्थगित करना : कुछ राज्य सरकारों पर यह एक दुखद टिप्पणी है कि पंचायतों का पाँच वर्ष का कार्यकाल समाप्त होने पर उनके चुनाव कराने की संवैधानिक व्यवस्था को उन्होंने गंभीरता से नहीं लिया है। संविधान का अनुच्छेद 243बी इस बारे में बिल्कुल स्पष्ट है कि प्रत्येक राज्य में गाँव, मध्यवर्ती स्तर और जिले के स्तरों पर पंचायतें होंगी; और (1) प्रत्येक पंचायत अपनी पहली बैठक की निर्धारित तारीख से पाँच वर्ष तक काम करेगी—उससे ज्यादा नहीं; और (2) पंचायत का गठन करने के लिए चुनाव उसका पाँच वर्ष का कार्य काल समाप्त होने के पहले या उसे भंग किये जाने की स्थिति में भंग होने के छह महीनों के भीतर संपन्न कराया जाना चाहिए। (अनुच्छेद 243ई (1) तथा (3))

कई राज्यों में यह व्यवस्था है कि राजनीतिक दल ब्लॉक और जिला पंचायतों के चुनावों में तो आधिकारिक रूप से हिस्सा ले सकते हैं, लेकिन ग्राम पंचायतों के स्तर पर नहीं। बहरहाल, राजनीतिक दल ग्राम स्तर से ही पंचायतों पर कब्जा करने के प्रति तत्पर रहे हैं और सत्तारूढ़ दल या सत्तारूढ़ दलों का गठबंधन अपने कार्य काल के मध्य में या उसकी समाप्ति के आसपास जनता का सामना करने से डरता है। कोई भी सत्तारूढ़ दल या सत्ता पाने का अभिलाषी दल अगले विधान सभा चुनावों के पहले विभिन्न स्तरों की पंचायतों में सीट खो कर अपनी राजनीतिक साख गिरते नहीं देखना चाहता। भारत के परिपक्व हो रहे लोकतंत्र की तारीफ में यह कहना ही होगा कि प्रत्येक चुनाव के नतीजे अप्रत्याशित होते हैं यानी राजनीतिक दल यह मान कर नहीं चल सकते कि उन्हें मतदाता का समर्थन मिलेगा ही। इसलिए हमारे सामने ऐसी स्थितियाँ भी आती हैं कि सरकारी दल और विपक्षी दल दोनों पंचायत चुनावों को स्थगित करने या करते जाने के मामले में हाथ मिला लेते हैं, ताकि उन्हें मतदाताओं का सामना न करना पड़े। पंचायत चुनाव टालने का एक तरीका यह होता है कि राज्य के मौजूदा पंचायत अधिनियमों में यहाँ या वहाँ कोई कमी निकाल कर या प्रतिकूल मौसम के नाम पर या राज्य के किसी हिस्से में नागरिक अशांति के हवाले से उच्च न्यायालय में याचिका दाखिल कर दी जाये, ताकि पंचायत चुनावों को संपन्न करने पर स्थगन आदेश प्राप्त किया जा सके।

राज्य चुनाव आयोग स्वतंत्र संवैधानिक संस्थाओं की तरह काम नहीं कर रहे हैं। बहुत-से राज्य चुनाव आयोग राज्य सरकारों के दबावों के सामने झुक जाते हैं।

कुछ ने तो ऐसी स्थिति में भी चुनाव स्थगित कर दिये हैं, जब चुनाव की प्रक्रिया शुरू हो गयी होती है। बहरहाल, इस आम स्थिति के शानदार अपवाद भी हैं–कई राज्य चुनाव आयोगों ने राज्य सरकारों के दबावों को अमान्य करते हुए पंचायत चुनाव कराने की अपनी संवैधानिक जिम्मेदारी का निर्वाह किया है।

जब कोई मामला न्यायालय में जाता है, तो फैसला आने में समय लगता है। इसका एक बड़ा उदाहरण बिहार है। 9 अप्रैल 1996 को बिहार सरकार ने पटना उच्च न्यायालय के इस निर्णय के विरुद्ध उच्चतम न्यायालय में अपील की कि पंचायत चुनावों में (अन्य) पिछड़ी जातियों को दिया गया आरक्षण वैध नहीं है। उच्चतम न्यायालय ने जुलाई 1977 में इस अपील को संविधान खंडपीठ के पास विचारार्थ भेज दिया। अभी तक, यानी 26 वर्ष बीतने के बाद भी, इस मामले की सुनवाई शुरू नहीं हुई है। इस विषय पर उच्चतम न्यायालय का स्पष्ट निर्देश न होने का लाभ बिहार सरकार ने इस तरह उठाया कि काफी समय तक पंचायत चुनाव कराये ही नहीं।

पंचायतों के खिलाफ जो एक निर्णायक कारक हमेशा सक्रिय रहता है, वह यह है कि राज्य सरकारें उनके साथ उच्चतर शासन और प्रशासनिक तंत्र के गरीब रिश्तेदारों जैसा नजरिया अपनाये हुए हैं। संविधान की नजर में संसद का सदस्य, विधान सभा का सदस्य और पंचायत का सदस्य–तीनों ही हमारे लोकतांत्रिक ढाँचे में बराबर हैसियत के हकदार हैं। सिर्फ उनकी शक्तियाँ और भूमिकाएँ उनके चुनाव क्षेत्र की प्रकृति के अनुसार अलग-अलग हैं। इस स्थिति को स्पष्ट करते हुए उच्चतम न्यायालय एक साफ-साफ फैसला दे दे, तो उससे देश में लोकतांत्रिक संस्कृति स्थापित करने में बहुत मदद मिलेगी।

2. समानांतर ढाँचे : केंद्र सरकार के मंत्रालय और राज्य सरकारों के विभाग, जिनका कृषि, स्वास्थ्य, शिक्षा, महिला और बाल विकास तथा कल्याण जैसे विभिन्न ग्रामीण विकास कार्यक्रमों और योजनाओं से संबंध है, लगातार ऐसे ढाँचे खड़े कर रहे हैं जो पंचायतों के समानांतर काम करते हैं–खासकर जिला स्तर पर। इनमें से कुछ रजिस्टर्ड सोसायटियाँ हैं, जो पंचायती राज संस्थाओं की कीमत पर बनायी गयी हैं। विभिन्न मंत्रालयों और विभागों द्वारा इन्हें भारी कोष दिया जाता है। ये सोसाटियाँ अगर इस कोष का कुछ अंश पंचायत समितियों या ग्राम पंचायतों को आवंटित करती हैं, तो उसके उपयोग के साथ शर्तें लगी होती हैं। केंद्र सरकार के बहुत-से मंत्रालय और राज्य सरकारों के बहुत-से विभाग केंद्र या राज्य द्वारा प्रायोजित अनेक कार्यक्रमों का संचालन या क्रियान्वयन करते हैं। इसके लिए राज्यों में ब्लॉक या ग्राम स्तर तक सरकारी कर्मचारी होते हैं। यह कार्य पद्धति भी पंचायती राज संस्थाओं की उपेक्षा करती है। जो काम पंचायतों का है, वह दूसरे लोग करते हैं।

इन समानांतर ढाँचों के तहत आनेवाले कुछ प्रमुख कार्यक्रम इस प्रकार हैं :

(क) *जिला ग्रामीण विकास अभिकरण (डीआरडीए)* : यद्यपि केरल, मध्य प्रदेश और कर्नाटक ने जिला ग्रामीण विकास अभिकरणों को खत्म कर जिला पंचायतों में उनका विलय कर दिया है, इन अभिकरणों को पुनर्जीवित करने पर विचार किया जा रहा है। ग्रामीण विकास मंत्रालय गंभीरता से यह सोच रहा है कि डीआरडीए का अध्यक्ष सांसद को और सचिव जिला कलक्टर को बना दिया जाये।

(ख) *जलागम विकास कार्यक्रम* : इन कार्यक्रमों को ज्यादातर कृषि मंत्रालय तथा ग्रामीण विकास मंत्रालय द्वारा संचालित किया जाता है। कुछ गैरसरकारी संस्थाएँ भी इनसे जुड़ी हुई हैं। यद्यपि जलागम विकास के लिए जिला पंचायतों को कोष का आवंटन करने में कोई कठिनाई या तकनीकी बाधा नहीं है, पर ऐसा नहीं किया जा रहा है। कायदे से होना यही चाहिए कि जो एजेंसी जलागम कार्यक्रम को लागू कर रही है, उसे जिला पंचायत से कोष मिले। इसका लाभ यह होगा कि इन कार्यक्रमों की जिम्मेदारी एक लोकतांत्रिक रूप से चुनी गयी संस्था, जिला पंचायत, पर होगी।

(ग) *संयुक्त वन प्रबंध समितियाँ* : फिलहाल संयुक्त वन प्रबंध समितियाँ पर्यावरण और वन मंत्रालय के अधीन काम कर रही हैं। वे ग्राम सभा या ग्राम पंचायत या पंचायत समिति—किसी के प्रति भी जिम्मेदार नहीं हैं। जिन इलाकों में वन लगाने और सामाजिक वानिकी में पंचायती राज संस्थाओं की भूमिका काफी बड़ी हो सकती है और अनुसूचित क्षेत्रों में लघु वनोपज के प्रबंध में तो ऐसा है ही, संयुक्त वन प्रबंध समितियाँ पंचायती राज के दायरे के बाहर काम कर रही हैं।

(घ) *जिला प्राथमिक शिक्षा कार्यक्रम* : 73वाँ संविधान संशोधन अधिनियम, 1992 राज्य सरकारों को यह भार देता है कि वे शिक्षा का विषय, जिसमें प्राथमिक और माध्यमिक शिक्षा, तकनीकी प्रशिक्षण और व्यावसायिक शिक्षा तथा प्रौढ़ और अनौपचारिक शिक्षा शामिल हैं, पंचायतों को दे दें। जिला प्राथमिक शिक्षा कार्यक्रम (डीपीईपी) पाँच वर्षों की अवधि का है। इसके लिए कोष विश्व बैंक ने प्रदान किया हैं। इसका लक्ष्य पिछड़े इलाकों में प्राथमिक शिक्षा को सर्वव्यापक बनाना है। इसमें जोर बच्चों की निरक्षरता को समाप्त करने पर है। यह कार्यक्रम कुछ चुने हुए राज्यों के लगभग 150 जिलों में चल रहा है। नेशनल काउंसिल ऑफ एजुकेशनल रिसर्च एंड ट्रेनिंग ने चार राज्यों—हरियाणा, महाराष्ट्र, कर्नाटक और बिहार—में डीपीईपी की संरचना का पंचायती राज संस्थाओं से किस प्रकार का अन्तरसंबंध है, यह जानने के लिए एक अध्ययन कराया। इस अध्ययन का निष्कर्ष यह है कि डीपीईपी एक समानांतर ढाँचे की तरह काम कर रहा है और पंचायती राज संस्थाओं से इसका कोई सक्रिय अन्तरसंबंध नहीं है।[44]

केंद्रीय मंत्रालयों और विभागों द्वारा बनाये गये समानांतर ढाँचों के अलावा राज्य सरकारें भी पंचायतों को उपेक्षा करने और उन्हें कमजोर बनाने के लिए अपनी योजनाएँ चला रही हैं। इस संदर्भ में आंध्र प्रदेश और मध्य प्रदेश के उदाहरण विशेष

रूप से उल्लेखनीय हैं।

(ङ) *जन्मभूमि* : आंध्र प्रदेश में जन्मभूमि कार्यक्रम ने पंचायतों को काफी आघात पहुँचाया है। 'आंध्र प्रदेश एक कंपनी का नाम है, लोग इसके शेयरहोल्डर हैं और मुख्य मंत्री जनरल मैनेजर है'–1 जनवरी 1997 को दक्षिण कोरिया के सीमॉल उनडाँग (नया समुदाय आंदोलन) की तर्ज पर शुरू किये गये जन्मभूमि कार्यक्रम का उद्देश्य-वाक्य यही है। जन्मभूमि के नौ चक्रों के लिए राज्य सरकार ने 1521 करोड़ 89 लाख रु. का लक्ष्य रखा है। इसमें सरकारी अंशदान 975 करोड़ 95 लाख रु. का है। सरकारी अंशदान के लिए रोजगार आश्वासन योजना, ग्रामीण पेय जल योजना, जवाहर रोजगार योजना, समन्वित आदिवासी विकास एजेंसी, डीपीईपी, राष्ट्रीय मलिन बस्ती विकास कार्यक्रम आदि केंद्र प्रायोजित योजनाओं के लिए आवंटित की गयी राशियों को जन्मभूमि कार्यक्रम में लगा दिया गया है। अध्ययनों से पता चलता है कि इन कोषों के उपयोग के लिए जो मानक निर्धारित किये गये हैं, उनकी उपेक्षा होती है। दसवें चक्र में स्वास्थ्य, चिकित्सा और परिवार कल्याण, महिला विकास और बाल कल्याण, ग्रामीण विकास, श्रम, शिक्षा, युवा कल्याण, खेल, नगरपालिका प्रशासन, पशु पालन, कृषि, बागवानी और रेशम उत्पादन से हटा कर राशि जन्मभूमि कार्यक्रमों को दे दी गयी। नोडल अफसरों को विस्तृत अधिकार दिये गये हैं। नेशनल इंस्टीट्यूट ऑफ रूरल डेवलपमेंट, हैदराबाद द्वारा किये गये एक अध्ययन का निष्कर्ष है : 'पंचायती राज संस्थाओं के उन सदस्यों की, जो सत्तारूढ़ दल में न हो कर अन्य दलों के सदस्य हैं, इस कार्यक्रम में कोई भागीदारी नहीं है। इसने पंचायती राज संस्थाओं तथा अन्य स्थानीय निकायों की उपेक्षा कर प्रशासन का एक समानांतर ढाँचा खड़ा कर दिया है, जिसमें विधायकों तथा अन्य राजनेताओं को ज्यादा महत्व दिया गया है।'[45]

(च) *जिला सरकार* : 1999 के शुरू में मध्य प्रदेश सरकार ने जिला सरकारों की स्थापना की, जिसके मुख्य अधिकारी थे राज्य सरकार का एक मंत्री, जिला कलक्टर, विधायक, क्षेत्र का सांसद और जिला परिषद के प्रतिनिधि। जिला सरकार को विस्तृत अधिकार प्रदान किये गये हैं। कलक्टर ही जिला सरकार का मुख्य कार्यकारी अधिकारी है, जिस कारण उसकी शक्तियाँ बहुत ज्यादा बढ़ गयी हैं। यह सब किया गया है संविधान के अनुच्छेद 243जेडडी का उपयोग करते हुए, जिसके तहत जिला योजना समितियों के गठन का प्रावधान किया गया है। कायदे से जिला सरकार की संज्ञा जिला पंचायत जैसी विकेंद्रित लोकतांत्रिक संस्था को दी जानी चाहिए, क्योंकि जिला पंचायत के सदस्यों का चुनाव जिले के लोगों द्वारा होता है। लेकिन जिला पंचायत को दरकिनार कर मध्य प्रदेश ने जो जिला सरकार बनायी है, वह एक प्रतिनिधि नहीं, नामांकित संस्था है। इसके दो निहितार्थ हैं : (1) जिला पंचायत अध्यक्ष की हैसियत कम हो गयी है–उसका स्थान जिला सरकार के नीचे हो गया है। (2) जिला सरकार के माध्यम से, जो संवैधानिक इकाई नहीं है, एक स्पष्ट रूप से समानांतर

ढाँचा खड़ा कर दिया गया है। यह पंचायती राज प्रणाली के विकास को बहुत दूर तक प्रभावित करेगा। दूसरे राज्य स्वशासन की स्थानीय इकाइयों की शक्तियों के साथ भितरधात करने के लिए मध्य प्रदेश के उदाहरण का अनुकरण कर सकते हैं।

3. **सांसद कोष :** सांसद चुनाव क्षेत्र विकास योजना की घोषणा तत्कालीन प्रधान मंत्री ने संसद के दोनों सदनों में 23 दिसंबर 1993 को की। इस योजना के तहत प्रत्येक सांसद को यह अधिकार दिया गया कि वह अपने चुनाव क्षेत्र में जिला कलक्टर को ऐसे विकास कार्यक्रम सुझा सकता है जिनका वार्षिक मूल्य एक करोड़ से अधिक न हो। सांसद चुनाव क्षेत्र विकास योजना के तहत किये जा सकनेवाले 23 कामों की सूची बनायी गयी थी; जैसे, स्कूल भवनों, ग्रामीण सड़कों, पुलों तथा वृद्धों के लिए आश्रय स्थानों और ग्राम पंचायतों, अस्पतालों और सांस्कृतिक व खेलकूद की गतिविधियों के लिए निर्माण कार्य, नल कूपों की खुदाई आदि। केंद्रीय सरकार समय-समय पर इस सूची में संशोधन कर सकती है। इस योजना के लिए राशि ग्रामीण विकास मंत्रालय द्वारा जिला कलक्टरों को भेजी जाती है। किसी एक निर्माण या विकास कार्य के लिए अधिकतम दस लाख रु. खर्च किये जा सकते हैं। फिलहाल सांसद कोष की रकम दो करोड़ रु. प्रतिवर्ष है।

स्पष्टतः सांसद कोष की पूरी परिकल्पना 73वें संविधान संशोधन के प्रावधानों और भावना पर कुठाराघात है।[46] ग्यारहवीं अनुसूची (अनुच्छेद 243जी) और बारहवीं अनुसूची (अनुच्छेद 243डब्ल्यू) में 47 विषयों की सूची दी गयी है, जिनसे संबंधित काम करना स्थानीय सरकारों का विशेषाधिकार है। वैसे, तकनीकी तौर पर यह सूची भी अंतिम नहीं है, क्योंकि राज्य सरकारें स्थानीय निकायों के कार्यों का वितरण करने में किसी भी हद तक जा सकती हैं। दिलचस्प यह है कि सांसद कोष का उपयोग जिन 23 कामों के लिए विहित किया गया है, वे सभी ग्यारहवीं अनुसूची में बताये गये 29 विषयों से संबंधित हैं और पंचायतों के विषय हैं।

जैसा कि पहले कहा जा चुका है, 74वें संविधान संशोधन के अनुच्छेद 243जेडडी के अनुसार प्रत्येक जिले में एक जिला योजना समिति का गठन अनिवार्य है। लेकिन जिला स्तर पर कोई योजना कैसे बनायी जा सकती है, जब सांसदों की अपनी प्राथमिकताएँ हों और उन्हें भारी रकमें खर्च करने की सुविधा दी गयी हो? कई रिपोर्टों में यह बात कही गयी है कि सांसद कोष का दुरुपयोग हो रहा है या यह कोष भारी मात्रा में अव्यवहृत पड़ा रहता है।[47]

कुछ राज्यों में, ऐसी ही योजनाएँ विधान सभा और विधान परिषद के सदस्यों के लिए भी शुरू की गयी हैं। इससे भी ज्यादा खतरनाक बात यह है कि कुछ नगरपालिकाओं ने (जैसे, राजस्थान और दिल्ली में) पार्षदों के लिए भी इस प्रकार का कोष आवंटन करना शुरू कर दिया है। यह एक खतरनाक लक्षण है और स्थानीय निकायों के कार्यक्षेत्र में अतिक्रमण करने का निंदनीय प्रयास है।

प्रतिरोध और बाधाएँ

पंचायती राज का मूल आधार अनुवर्तित्व का सिद्धांत है। अनुवर्तित्व का सिद्धांत यह है कि जो काम निचले स्तर पर सर्वोत्तम ढंग से किया जा सकता है, वह काम उसी स्तर पर किया जाना चाहिए—उससे ऊँचे स्तर पर नहीं और जो काम निचले स्तर पर नहीं किया जा सकता, सिर्फ वही काम ऊपर के स्तर पर किया जाना चाहिए। यह स्वाभाविक है कि शुरू के वर्षों में गलतियाँ हों और उनसे सीख कर भविष्य के लिए उचित कदम उठाये जायें। वस्तुतः यह पंचायती राज की प्रयोगावस्था है। पिछले कई दशकों में राजनीतिक नेताओं और नौकरशाही का जो नजरिया हावी रहा है, उसे बदलना आसान नहीं है। प्रयोगावस्था की अवधि को कम करने के लिए कौन-से उपाय करने की जरूरत है? यह एक महत्वपूर्ण सरोकार है।

केंद्र, राज्य और जनता के स्तर पर जिन महत्वपूर्ण मुद्दों का समाधान खोजा जाना चाहिए, उनमें से कुछ इस प्रकार हैं :

* राज्यों ने 73वें और 74वें संविधान संशोधनों के शब्दों का पालन किया है—उनकी भावना का नहीं। बहुत-से राज्यों के पंचायत अधिनियमों में नौकरशाहों को अप्रत्यक्ष रूप से निर्वाचित निकायों पर नियंत्रण रखने का अधिकार दे दिया गया है। पंचायतों को शक्तियों और कार्यों का अवगमन बहुत ही मंथर गति से हो रहा है। यह अवगमन उचित तरीके से हो सके, इसके लिए एक आवश्यक शर्त यह है कि नीचे से यानी ग्राम सभाओं, ग्राम पंचायतों और जिला पंचायतों तथा जागरूक नागरिकों के संगठनों से आवाज उठायी जाये।
* यद्यपि सभी राज्यों ने संविधान संशोधनों के अनुरूप अधिनियम पारित कर दिये हैं, पर उनमें से बहुतों ने पंचायतों के रोजमर्रे के काम-काज के लिए नियम-उपनियम नहीं बनाये हैं। विभिन्न प्रशासनिक विभाग अभी भी उसी तरह काम कर रहे हैं जैसे वे नयी पंचायतों के गठन के पहले काम कर रहे थे। बहुत-से राज्यों में प्रशासनिक और तकनीकी कर्मचारी राजधानी के विभागीय प्रमुखों के अधीन काम कर रहे हैं और इन कर्मचारियों पर पंचायतों का कोई नियंत्रण नहीं है। परिणामस्वरूप पंचायत स्तर पर कर्मचारियों का घोर अभाव है, जिससे पंचायतों का काम-काज प्रभावित हो रहा है। अधिकांश राज्यों में, ग्राम पंचायत स्तर पर एक ही सचिव दो या तीन पंचायतों का कार्य भार सँभाल रहा है। उदाहरण के लिए राजस्थान में 9187 ग्राम पंचायतों के लिए 3668 सचिव हैं यानी औसतन 2.5 ग्राम पंचायतों पर एक सचिव। जनजातीय क्षेत्रों में एक ही सचिव तीन से चार पंचायतों की देखभाल करता है। इंस्टीट्यूट ऑफ सोशल

साइंसेज द्वारा किये गये एक अध्ययन से पता चला है कि सरपंच कई बार पंचायत की बैठक को इसलिए स्थगित कर देते हैं कि पंचायत सचिव उस बैठक में उपस्थित नहीं हो सका था।[48] इस समस्या का एक समाधान यह है कि शासकीय कर्मचारियों का एक पंचायत काडर बनाया जाये।

* शासन के निचले स्तर पर यानी पंचायतों के महत्व, उनकी स्वायत्तता, उनकी शक्तियों और उनके कार्य क्षेत्र को मान्यता देने में राज्य स्तर के राजनेताओं की हिचकिचाहट भी शक्तियों के हस्तांतरण में समस्या पैदा कर रही है। मंत्री, विधायक और वरिष्ठ राजनेता चिंतित हैं कि अगर पंचायतें और नगरपालिकाएँ शक्तिशाली हो जाती हैं, तो वे स्वयं जिन अधिकारों का उपभोग करते आ रहे हैं, उनमें कटौती हो जायेगी। राज्य स्तर के नेता स्थानीय स्तर के नेतृत्व का उभरना पसंद नहीं करते, क्योंकि इससे भविष्य में उनके लिए चुनौती खड़ी हो जायेगी। सांसद और विधायक पंचायतों की बाधारहित कार्यशीलता के मार्ग में अवरोध खड़े करते हैं, ताकि उन्हें पूरे कद की स्थानीय सरकारों के रूप में उभरने से रोका जा सके। विधायक उन भारी-भरकम रकमों पर अपना नियंत्रण स्थापित करने के लिए उतावले हैं जो डीआरडीए जैसी एजेंसियों के जरिये केंद्रीय सरकार द्वारा प्रायोजित योजनाओं के लिए भेजी जा रही है। जब पंचायतें निर्वाचित प्रतिनिधियों की बड़ी संख्या के साथ और विपक्ष की आलोचनात्मक दृष्टि के रू-ब-रू पूरी सक्रियता से अपना काम-काज शुरू कर देंगी, तो लोग पंचायतों के कार्यक्रमों और गतिविधियों में भागीदारी के जरिये अपने अधिकारों से वाकिफ हो जायेंगे। इसका नतीजा होगा विधायकों को इस समय जो अतिरिक्त अधिकार मिले हुए हैं, उनमें कटौती। अतः पंचायती राज संस्थाओं के प्रति सांसदों और विधायकों के मौजूदा रुख को बदलने के लिए सभी स्तरों पर प्रयत्न करने की जरूरत है।
* सरकारी अधिकारी आम तौर पर किसी दूरस्थ नियंत्रण बिन्दु अर्थात राज्य की राजधानी से अनुशासित होना पसंद करते हैं। वे नहीं चाहते कि पंचायती राज के प्रतिनिधि निकट से उन पर निगरानी रखें। इसलिए पंचायत सदस्यों के साथ उनका असहयोगपूर्ण व्यवहार एक प्रमुख मुद्दा है। उदाहरण के लिए प्राथमिक स्कूल शिक्षकों के अखिल भारतीय संघ ने पंचायतों के अधीन काम करने की शिक्षकों की अनिच्छा जतानेवाले प्रस्ताव पारित किये। पश्चिम बंगाल जैसे राज्य में भी, जहाँ पंचायती राज का लंबा इतिहास है, जब भी सरकारी कर्मचारियों को पंचायतों के अधीन किया जाता है, वे ऐसे तबादलों को रुकवाने के लिए अदालत से स्थगन आदेश लाने में सफल हो जाते हैं। इसी से संबंधित मुद्दा यह है कि जो अफसर जिला या उससे

नीचे के स्तर पर कार्यरत हैं, वे निर्वाचित पंचायत कार्यकारियों—जैसे, जिला पंचायत अध्यक्ष, ब्लॉक समिति अध्यक्ष या ग्राम पंचायत अध्यक्ष से आदेश लेने में झिझकते हैं। स्पष्ट है कि स्थानीय सरकारों को सुदृढ़ बनाने के लिए हमें नौकरशाही के अपने ढाँचे में लोकतंत्र की नयी संस्कृति का संचार करना होगा।

* देश के बहुत-से हिस्सों में राजनीतिक सचेतनता का निम्न स्तर, सामाजिक पिछड़ापन, निरक्षरता और जातिवाद—ये ऐसे कारक हैं जो नये पंचायती राज को पीछे की ओर ले जाने के लिए जिम्मेदार हैं। सामंती मूल्य और संस्कार अब भी काफी दृढ़ हैं। बिहार, मध्य प्रदेश, राजस्थान, उत्तर प्रदेश और उड़ीसा में—जहाँ 2001 की जनगणना के अनुसार लगभग 40 करोड़ लोग रहते हैं—पंचायती राज के कार्यक्रम का स्तर संतोषजनक नहीं है। यद्यपि मध्य प्रदेश 73वें संविधान संशोधन के बाद पंचायत चुनाव करानेवाला पहला राज्य है, इन चुनावों के बाद जल्द ही इस आशय की रिपोर्टें आने लगीं कि पंचायतों का हाल ठीक नहीं है और स्त्रियों, अनुसूचित जातियों तथा अनुसूचित जनजातियों के जो प्रतिनिधि निर्वाचित हो कर आये हैं, वे ऊँची जातियों के अत्याचार का शिकार हो रहे हैं। इन हिंसक घटनाओं की एक समाजशास्त्रीय तहकीकात का निष्कर्ष यह है कि 'पंचायत उस समाज का एक सूक्ष्म संस्करण होती है गाँव जिसका हिस्सा होता है। 73वें संशोधन में प्रतिपादित स्वशासन की संस्थाओं के उच्च आदर्शों को मौजूदा अन्यायपूर्ण समाज में यथार्थ में रूपांतरित नहीं किया जा सकता।'[49] इस दिशा में खास-खास मामलों के जो भी अध्ययन किये गये, उन सभी में एक ऐसी सामाजिक प्रणाली की झलक थी, जो व्यक्ति की प्रतिष्ठा का हनन करती है और एक ऐसी सामाजिक मूल्य प्रणाली की भी, जो किसी व्यक्ति या उसके द्वारा धारण किये जानेवाले पद को वह सम्मान नहीं देती जो उसे मिलना चाहिए। दुर्भाग्यवश, सामाजिक परिवर्तन का निर्णायक मुद्दा किसी की कार्य सूची में नहीं है—न तो सरकार की, न राजनीतिक दलों की और न ही नागरिक संगठनों की कार्य सूची में। बहुत-सी जगहों पर पुरानी व्यवस्था किसी नयी व्यवस्था के लिए स्थान खाली नहीं कर रही है। स्वयं पंचायतें ही अत्याचार के औजार के रूप में काम कर रही हैं। भूमि सुधारों का न होना, स्त्रियों में साक्षरता का नीचा स्तर, पितृसत्तात्मक सत्ता इत्यादि गाँवों में कमजोर वर्गों के खिलाफ जाते हैं। इससे महिलाएँ बहुत ज्यादा प्रभावित होती हैं। बहुसंख्य लोग, जो परंपरागत अत्याचारी सत्ता ढाँचे द्वारा दबाये हुए हैं, पंचायतों द्वारा उपलब्ध कराये जा रहे अवसरों का लाभ उठाने में असमर्थ हैं। शक्तिशाली पंचायतों की नयी प्रणाली के

अस्तित्व में आने के बाद चुनावों के दौरान और चुनावों के बाद पंचायतों के कामकाज के दौरान गंभीर संघर्ष हुए हैं। पिछड़े हुए इलाकों में पंचायत चुनावों के समय व्यापक हिंसा होती है। अतएव समय की माँग यह है कि समाज के जिन वर्गों को सत्ता के दायरे से बहिष्कृत रखा गया है, उन्हें राजनीतिक प्रक्रिया में शामिल किया जाये।

* पंचायत सदस्यों की अधिसंख्या अल्प शिक्षा-प्राप्त और निरक्षर भी है। इनमें से बहुतों ने, खास तौर से महिलाओं ने, सार्वजनिक जीवन की तो छोड़िए, पंचायतों में ही पहली बार प्रवेश किया है। अतः स्वाभाविक है कि तकनीकी पहलुओं को समझने और उनके अनुसार काम करने में उन्हें दिक्कत आती हो। उन्हें पंचायत के काम-काज में प्रशिक्षण देने की सख्त जरूरत थी। नेशनल इंस्टीट्यूट ऑफ रूरल डेवलपमेंट, हैदराबाद, राज्यों में गठित इंस्टीट्यूट ऑफ रूरल डेवलपमेंट और कतिपय गैरसरकारी संस्थाएँ पंचायती राज संस्थाओं के सदस्यों को प्रशिक्षण देने में जुटी हुई हैं। इंस्टीट्यूट ऑफ सोशल साइंसेज द्वारा किये गये एक अध्ययन का निष्कर्ष यह है कि इस महत्वपूर्ण क्षेत्र में अभी बहुत कुछ किया जाना बाकी है। उदाहरण के लिए, प्रशिक्षण की अवधि छोटी थी, प्रशिक्षण देनेवाली संस्थाओं या जहाँ प्रशिक्षण दिया गया, उन केंद्रों का हाल ठीक नहीं था, प्रशिक्षण देनेवाली टीमों को मिला ढाँचागत समर्थन अपर्याप्त था, बहुत-से प्रशिक्षक अपने काम के प्रति उदासीन थे—उनमें कोई उत्साह नहीं था, दूरस्थ माध्यमों से दिया गया प्रशिक्षण काम का साबित नहीं हुआ, इसका कोई अध्ययन नहीं हुआ कि प्रशिक्षण कार्यक्रमों का प्रभाव क्या पड़ा, न ही प्रशिक्षण के बाद का अनुवर्ती कार्यक्रम चलाया गया, प्रशिक्षण देनेवाली संस्थाओं के बीच तथा उनके और सरकार के बीच समन्वय का अभाव था। इसके अलावा प्रशिक्षण की विषयवस्तु और उसका दायरा, दोनों ही अपर्याप्त थे।[50] प्रत्येक पाँच वर्ष पर या इससे कम अन्तराल पर भी 30 लाख निर्वाचित पंचायत सदस्यों को प्रशिक्षित करना एक बृहत काम है। उनके प्रशिक्षण पर ही लोकतंत्र और जिला तथा उससे नीचे के स्तर पर काम कर रही लोकतांत्रिक संस्थाओं का भविष्य निर्भर है। साथ ही, प्रशिक्षण एक निरंतर चलनेवाली प्रक्रिया है। इसलिए इस बृहत चुनौती का मुकाबला करने के लिए केंद्र तथा राज्य सरकारों, भारत में कार्यरत अन्तरराष्ट्रीय विकास संगठनों तथा गैरसरकारी संगठनों के पास जो भी ढाँचागत सुविधाएँ हैं, सूचना की जो भी टेक्नोलॉजी है और जितने भी प्रशिक्षक हैं, उन सभी का ज्यादा से ज्यादा इस्तेमाल किया जाना चाहिए।

संशोधनों की जरूरत

पिछले एक दशक के अनुभवों के आधार पर यह आम भावना बनी है कि संविधान के ग्यारहवें भाग में समाविष्ट 73वें और 74वें संशोधनों पर पुनर्विचार की जरूरत है, ताकि उनके प्रावधानों को सशक्त बनाया जा सके और अनुच्छेद 243 में निर्दिष्ट लक्ष्यों को प्राप्त किया जा सके। इन प्रश्नों पर गंभीरतापूर्वक विचार करने की जरूरत है–(1) ग्राम सभा और उसका कार्य क्षेत्र; ग्राम सभा की उपयोगिता और प्रभावशीलता को कैसे बढ़ाया जाये, (2) पंचायती राज संस्थाओं की समरूप त्रिस्तरीयता तथा विभिन्न स्तरों के बीच आवयविक एकसूत्रता की वांछनीयता, (3) पंचायतों में सांसदों और विधायकों की उपस्थिति, (4) अन्य पिछड़े वर्गों के लिए आरक्षण–चूँकि विधान सभाओं और संसद में अन्य पिछड़े वर्गों के लिए आरक्षण नहीं है, क्या पंचायतों में इसे जारी रखना चाहिए? (कुछ राज्यों में इस मुद्दे पर काफी विवाद है और अदालतों में मामले भी चल रहे हैं) (5) अनुच्छेद 243जी और ग्यारहवीं अनुसूची को किस तरह संशोधित किया जाये कि पंचायतें स्वशासन की संस्थाएँ बन सकें? (6) न्याय पंचायतें–क्या संविधान में न्याय पंचायतों के लिए विशेष प्रावधान होना चाहिए?

संसद में कोई व्यापक संशोधनोंवाला विधायक लाने के पहले इन तथा अन्य मुद्दों पर विस्तृत विचार-विमर्श और बहस की जरूरत है। संविधान के इस भाग के साथ फुटकर छेड़छाड़, जैसा कि दिसम्बर 1999 में राज्य सभा में लाये गये 87वें संशोधन विधेयक के माध्यम से हुआ, पंचायती राज के उद्देश्य के लिए हानिप्रद तथा उदीयमान स्थानीय निकायों के लिए खतरनाक है।

लघु गणराज्यों की ओर

प्रारम्भिक कठिनाइयों और नयी व्यवस्था के लिए स्थान बनाने में पुरानी व्यवस्था द्वारा पेश किये अवरोधों के बावजूद बहुत-सी ऐसी चीजें घटित हुई हैं और घटित हो रही हैं जो आशावाद के लिए सामग्री प्रदान करती हैं। नयी पंचायतों के अस्तित्व में आने के बाद जन भागीदारी के आधार पर नये और सार्थक कार्यक्रम शुरू किये जा रहे हैं। केरल की पंचायतों और नगरपालिकाओं में शुरू किया गया 'लोगों के लिए लोगों के द्वारा योजना निर्माण' के नारे के साथ जन भागीदारी पर आधारित और स्थानीय स्तर पर टिकाऊ विकास आयोजन ऐसी ही एक महत्वपूर्ण घटना है। स्थानीय निकायों को सशक्त बनाने का यह प्रयास, ताकि वे अपनी प्राथमिकताओं के आधार पर परस्पर ग्रन्थित योजनाओं का एक पूरा खाका वैज्ञानिक ढंग से तैयार कर सकें,[51] एक आंदोलन की शक्ल ले चुका है तथा उसने देश भर का ध्यान आकर्षित किया है। योजना कोष का लगभग 40 प्रतिशत भाग पंचायती राज और नगरपालिका संस्थाओं के माध्यम से बिना कोई बंधन लगाये, सिर्फ इस मार्ग निर्देश के साथ आवन्टित

किया जा रहा है कि इसका उपयोग ग्रामीण क्षेत्रों में उत्पादक क्षेत्रों, सामाजिक सेवाओं और आधारभूत ढाँचे के निर्माण पर 40:30:30 के अनुपात में किया जाना चाहिए।[52] यह एक ऐसा उदाहरण है, जिसका अनुकरण दूसरे राज्य कर सकते हैं।

हम इस तथ्य से अवगत हैं कि संविधान संशोधन स्पंदनशील स्थानीय सरकारों को अस्तित्व में लाने की सिर्फ एक जरूरी (पर काफी नहीं) शर्त है। हम इस तथ्य से भी अवगत हैं कि पंचायतें जड़ जमा सकें, इसके लिए राजनीतिक इच्छाशक्ति का होना एक इतना ही महत्वपूर्ण कारक है। लेकिन जहाँ इस राजनीतिक इच्छाशक्ति का सम्पूर्ण अभाव है, पंचायतों को सुदृढ़ करने की दिशा में ऐसे काम हुए हैं जो पहले सोचे भी नहीं जा सकते थे। उड़ीसा में राज्य सरकार ने पंचायत चुनावों को रोकने के लिए क्या नहीं किया। लेकिन राज्य चुनाव आयोग, प्रेस, लोग और न्यायपालिका–सभी ने उड़ीसा सरकार पर अपने-अपने स्तर पर दबाव डाला कि वह पंचायत चुनाव कराने के अपने संवैधानिक दायित्व का पालन करे। उड़ीसा सरकार को जनवरी 1997 में पंचायत चुनाव कराने पड़े, जिसके फलस्वरूप ग्रामीण क्षेत्रों में एक लाख जन प्रतिनिधि निर्वाचित हो कर पंचायतों में आये। इसी तरह आंध्र प्रदेश में पंचायत चुनावों को स्थगित करने के लिए अध्यादेश जारी किया गया, तो राज्य चुनाव आयोग तथा कई अन्य संगठनों और व्यक्तियों ने अदालत में याचिका दायर की। आंध्र प्रदेश उच्च न्यायालय ने उस अध्यादेश को निरस्त कर दिया। यह सब इसीलिए सम्भव हुआ कि संविधान संशोधन के बाद देश में एक नया माहौल बना है।

भ्रष्टाचार में, जो हमारे राष्ट्रीय जीवन का अभिशाप बना हुआ है, काफी कमी आ सकती है, यदि स्थानीय निकायों को पर्याप्त शक्तियाँ प्रदान की जा सकें। इस बारे में यह व्यंग्यपूर्ण टिप्पणी की जाती है कि राजनीतिक और आर्थिक विकेंद्रीकरण के साथ-साथ भ्रष्टाचार का भी विकेंद्रीकरण हो जायेगा। निश्चय ही यह आशंका सच साबित हुई है–लेकिन एक फर्क के साथ। स्थानीय स्तर पर भ्रष्टाचार तत्काल दिखाई पड़ जाता है और उसका प्रतिरोध भी तत्काल ही सामने आ जाता है। चूँकि लोगों की सतर्क निगाहें हर चीज पर रहती हैं, इसलिए स्थानीय स्तर पर जनता के प्रति जवाबदेही स्वाभाविक रूप से ज्यादा होती है। जैसे-जैसे ग्राम सभाएँ सामाजिक अंकेक्षण का मंच बनती जा रही हैं, जन प्रतिनिधियों में सतर्कता भी बढ़ रही है।

नया पंचायती राज सूचनाओं के बेहतर प्रवाह के द्वार खोल रहा है। सूचना शक्ति है और वर्चस्वशाली वर्गों ने साधारण लोगों को अँधेरे में रखा है। सार्वजनिक मामलों में पारदर्शिता नहीं थी, क्योकि हर सरकारी काम गोपनीय था और जनता को उसके बारे में नहीं बताया जाता था। जब 30 लाख निर्वाचित पंचायत सदस्य जन जीवन को प्रभावित करनेवाले मामलों के बारे में सूचनाओं की माँग करते हैं, तो सूचनाओं की यह केंद्रीकृत प्रणाली दरकने लगती है। सभी संकेतकों की कसौटी

पर उत्तर भारत के राज्य–उत्तर प्रदेश, बिहार मध्य प्रदेश और राजस्थान-सामाजिक विकास के मामले में पिछड़े हुए हैं। इसका एक कारण है सामाजिक आंदोलनों का अभाव, जब कि दूसरे राज्यों में समय-समय पर ये आंदोलन होते रहे हैं। इस ऐतिहासिक कमी की पूर्ति पंचायतें कर सकती हैं–लोगों में अपनी जिन्दगी का नियंत्रण अपने हाथ में लेने की भावना पैदा कर। नयी सहस्राब्दी के इन प्रारम्भिक वर्षों में नयी पंचायतें इन राज्यों के गाँवों में जीवन का एक नया गवाक्ष खोल सकती हैं। इसका प्रतिरोध होगा जरूर–वह हिंसक भी हो सकता है, लेकिन लोकतंत्रीकरण एक ऐसी प्रक्रिया है, जिसे इस प्रकार के अवरोध से रोका नहीं जा सकता है। जब लोग सत्ता का स्वाद चख लेते हैं, तो वे किसी के आगे नहीं झुकते।

दुर्भाग्यवश पंचायतों को सशक्त और स्थानीय लोकतंत्र को सुदृढ़ करने के विरुद्ध कार्यरत शक्तियाँ अभी भी काफी ताकतवर हैं। यथास्थिति को बनाये रखने में जिनका निहित स्वार्थ है, वे योजनाबद्ध ढंग से यह प्रयास कर रहे हैं कि स्थानीय सरकारों की कार्यकुशलता के बारे में राष्ट्रीय स्तर पर संदेह पैदा हो जाये। सकारात्मक आलोचना या रचनात्मक कार्य नदारद है। लेकिन नया पंचायती राज हम सभी का पथ प्रदर्शन कर रहा है। पंचायतों को लोगों की जिन्दगी का अविच्छिन्न हिस्सा बनाने के लिए सुदृढ़ अभियान आज के समय की माँग है। सच तो यह है कि यह प्रक्रिया अब पीछे नहीं ले जायी जा सकती। यह हमारे राज्य तंत्र का पुनर्निर्माण करने का दूसरा मौका है। पहला मौका वह था जब हमने एक गणराज्यवादी संविधान अपने आपको सौंपा।

'लघु गणराज्यों' का देश बनना ही भारत की नियति है। प्राचीन काल में यह देश ऐसा ही था और शताब्दियों तक उसने अपनी यह विशेषता बनाये रखी। लोकतांत्रिक क्रान्ति और आधुनिकता की विमुक्तिकारी ऊर्जा के साथ नये 'लघु गणराज्य' समानता और जन समृद्धि के लिए कार्य करने को बाध्य हैं।

संदर्भ

1. निर्मल मुखर्जी, तीसरा स्तर, *इकॉनॉमिक एण्ड पॉलिटिकल वीकली,* 1 मई 1993, पृष्ठ 859-62
2. एच.डी. मालवीय, *विलेज पंचायत्स इन इण्डिया,* आर्थिक और राजनीतिक शोध विभाग, अखिल भारतीय कांग्रेस समिति, नई दिल्ली, 1956, पृष्ठ 258
3. एम, वेंकटरंगैया तथा एम. पट्टाभिरामन (संपादित) *लोकल गवर्नमेंट इन इण्डिया : सेलेक्ट रीडिंग्स,* एलाइड पब्लिशर्स, मुंबई, 1969, पृष्ठ 97
4. पूर्व उद्धृत पृष्ठ 190
5. एच.डी. मालवीय, पूर्व उद्धृत, पृष्ठ 215-16
6. पूर्व उद्धृत, पृष्ठ 109
7. आर.एल. खन्ना, *पंचायती राज इन इण्डिया,* इ इंगलिश बुक डिपो, अंबाला छावनी, 1972
8. ये प्रान्त थे : मद्रास (1920 का पंचायत अधिनियम), बांबे (1920 का ग्राम पंचायत अधिनियम),

बंगाल (1919 का स्वशासन अधिनियम), बिहार (1920 का स्वशासन अधिनियम), मध्य प्रांत और बरार (1920 का ग्राम पंचायत अधिनियम), उत्तर प्रदेश (1920 का ग्राम पंचायत अधिनियम), पंजाब (1922 का पंचायत अधिनियम), और असम (1925 का स्वशासन अधिनियम)।

1926 तक छह रियासती राज्यों ने ग्राम पंचायत अधिनियम अपना लिये थे। ये राज्य थे कोचीन (पंचायत विनियम अधिनियम, 1919), इंदौर (पंचायत अधिनियम, 1920), त्रावनकोर (ग्राम पंचायत अधिनियम, 1925), बड़ौदा (ग्राम पंचायत अधिनियम, 1926), कोल्हापुर (पंचायत अधिनियम 1926) और मैसूर (ग्राम पंचायत अधिनियम, 1926)। बाद के वर्षों में, कुछ अन्य राज्यों में भी इस प्रकार के अधिनियम अपनाये गये : बीकानेर (ग्राम पंचायत अधिनियम, 1928), करौली (ग्राम पंचायत अधिनियम, 1939), हैदराबाद (ग्राम पंचायत अधिनियम, 1940), मेवाड़ (ग्राम पंचायत अधिनियम, 1940), जसदन (ग्राम पंचायत अधिनियम, 1942), भावनगर (ग्राम पंचायत अधिनियम, 1943), पोरबंदर (ग्राम पंचायत अधिनियम, 1943), भरतपुर (ग्राम पंचायत अधिनियम, 1944), मारवाड़ (ग्राम पंचायत अधिनियम, 1945), वाडिया (ग्राम पंचायत अधिनियम, 1946), धरनगध्रा (ग्राम पंचायत अधिनियम, 1946), मोरवी (ग्राम पंचायत अधिनियम, 1946), सिरोही (ग्राम पंचायत अधिनियम, 1947), और जयपुर (ग्राम पंचायत अधिनियम, 1948)।

9. एम.के. गांधी, ग्राम स्वराज की मेरी धारणा, *हरिजन,* 26 जुलाई 1942
10. एम. वेंकटरंगैया और एम. पट्टाभिरामन, पूर्व उद्धृत, पृष्ठ 97-103
11. पूर्व उद्धृत
12. भारत सरकार, *सामुदायिक प्रकल्पों और राष्ट्रीय विस्तार सेवा के अध्ययन के लिए दल की रिपोर्ट* (अध्यक्ष : बलवंतराय मेहता), योजना प्रकल्पों पर समिति, राष्ट्रीय विकास परिषद (नयी दिल्ली, नवम्बर 1957), खण्ड 1, पृष्ठ 23
13. पूर्व उद्धृत
14. *हिन्दुस्तान टाइम्स,* 3 अक्टूबर 1959
15. एसोसिएशन ऑफ वालंटरी एजेंसीज फॉर रूरल डेवलपमेंट (अवाड), *राजस्थान में पंचायती राज पर अध्ययन दल की रिपोर्ट* (नयी दिल्ली, 1962)
16. ये राज्य और समितियाँ थीं—आंध्र प्रदेश : पुरुषोत्तम समिति, 1964; रामचंद्र रेड्डी समिति, 1965; और नरसिंहम समिति, 1972; कर्नाटक : बासप्पा समिति, 1963; महाराष्ट्र : नाइक समिति, 1961 और बोंगदीवार समिति, 1963; राजस्थान : माथुर समिति, 1963, सादिक अली समिति, 1963 और जी. एल. व्यास समिति, 1973; उत्तर प्रदेश : गोविंद सहाय समिति, 1959 और मूर्ति समिति, 1965
17. अभिजित दत्त, भारत में विकेंद्रीकरण तथा स्थानीय सरकार सुधार, *इंडियन जनरल ऑफ पब्लिक एडमिनिस्ट्रेशन,* खंड 31, संख्या 3, जुलाई-सितम्बर 1985, पृष्ठ 562
18. 'अपर्याप्त संसाधनों के अलावा, इन निकायों के चुनाव नियमित रूप से नहीं कराये गये हैं। वस्तुतः ग्यारह राज्यों में पंचायती राज संस्थाओं के एक या एकाधिक स्तरों के चुनाव काफी समय से बकाया हैं और आठ राज्यों में ग्राम पंचायतों तक के चुनाव बकाया है। चुनावों को इस या उस बहाने से टाला जाता रहा है और मौजूदा निकायों का कार्य काल बढ़ा दिया गया है या उन्हें निलंबित कर दिया गया है।' देखें, ग्रामीण विकास तथा गरीबी उन्मूलन कार्यक्रमों के लिए मौजूदा प्रशासनिक व्यवस्थाओं का पुनर्वीक्षण (काड) *रिपोर्ट,* ग्राम विकास विभाग, कृषि

मंत्रालय, नयी दिल्ली, 1985, पृष्ठ 41

19. एल.सी. जैन इत्यादि, *ग्रास विदाउट रूट्स,* सेज पब्लिकेशंस, नयी दिल्ली, 1985 पृष्ठ 39
20. पूर्व उद्धृत पृष्ठ 40
21. पूर्व उद्धृत, पृष्ठ 44
22. भारत सरकार, *पंचायती राज संस्थाओं पर समिति की रिपोर्ट* (अध्यक्ष : अशोक मेहता), कृषि तथा सिंचाई मंत्रालय, ग्रामीण विकास विभाग (नयी दिल्ली, 1978), पृष्ठ 5
23. 'पंचायती राज संस्थाओं को विकास की प्रक्रिया से विलग करने में सम्भवतः नौकरशाही की अपनी भूमिका थी। उसका नजरिया बनाने में कई कारकों का योगदान प्रतीत होता है। प्रशासनिक पदानुक्रम की प्रणाली संगठन के सिद्धांत के रूप में उन्हें अपने अनुकूल लगती है। अफसरों में यह एहसास होता है कि वे परिणामों और वित्तीय नियमों के पालन के लिए मूलतः राज्य सरकार के प्रति जवाबदेह हैं। उन्हें अपने भाई-बंदों पर भरोसा करने के अलावा कुछ और पता ही नहीं होता। अतः वे एक ओर तो यह नहीं चाहेंगे कि पंचायती राज संस्थाओं को अतिरिक्त कार्य सौंपे जायें और दूसरी ओर निर्वाचित प्रतिनिधियों के तहत काम करने के साथ वे जल्दी सामंजस्य नहीं बैठा सकेंगे।' पूर्व उद्धृत, पृष्ठ 5-6
24. अखिल भारतीय कांग्रेस समिति, *कांग्रेस ग्राम पंचायत समिति की रिपोर्ट* (नयी दिल्ली, 1954) पृष्ठ 10-11
25. आई.पी. शुक्ल, *ए हिस्टरी ऑफ विलेज पंचायत्स* इन इंडिया, इंस्टीट्यूट ऑफ इकॉनॉमिक रिसर्च (धारवाड़, 1964), पृष्ठ 10.
26. एल.सी. जैन इत्यादि, पूर्व उद्धृत, में देखिए भूमिका। पंचायती राज संस्थाओं के विकास में बाधा डालने में राजनीतिक सुविधावाद की भूमिका के लिए देखिए जॉर्ज मैथ्यू, *पंचायती राज फ्रॉम लेजिस्लेशन टु मूवमेंट,* कंसेप्ट पबिलिशिंग कंपनी (नयी दिल्ली, 1994)
27. मेलकॉम एस. आदिशेषैया, संवैधानिक सुरक्षाओं की जरूरत, जॉर्ज मैथ्यू द्वारा संपादित *पंचायती राज इन कर्नाटक टुडे* में, कंसेप्ट पब्लिशिंग कंपनी (नयी दिल्ली, 1986), पृष्ठ 25
28. पूर्व उद्धृत, पृष्ठ 25
29. अब्दुल नजीर साब, चौखंबा राज्य की ओर, जॉर्ज मैथ्यू द्वारा संपादित पूर्व उद्धृत पुस्तक में, पृष्ठ 53
30. निर्मल मुखर्जी, वैकल्पिक जिला सरकार, एम. एल. दाँतवाला इत्यादि संपादित *रूरल डेवलपमेंट : द इंडियन एक्सपीरिएंस,* ऑक्सफोर्ड इंडिया बुक हाउस (नयी दिल्ली, 1986) में
31. *लोकतांत्रिक विकेंद्रीकरण के मूल आधार : पंचायतों और स्वशासन पर रिपोर्ट,* जनता दल (नयी दिल्ली, 1989)
32. जॉर्ज मैथ्यू, भारत में स्वशासन : बहुस्तरीय संघवाद की ओर, *रिव्यू ऑफ डेवलपमेंट एंड चेंज,* खंड 2, अंक 2, जुलाई-सितंबर 1997, मद्रास इंस्टीट्यूट ऑफ डेवलपमेंट स्टजीज, चेन्नई
33. मणिशंकर अय्यर, तृणमूल स्तर पर उभार, *इंडियन एक्सप्रेस,* 1 दिसम्बर 1998
34. जॉर्ज मैथ्यू और रमेश सी. नायक, पंचायतें व्यवहार में : क्या लाभ है इनसे शोषित वर्गों को?, *इकॉनॉमिक एण्ड पॉलिटिकल वीकली,* खंड 31 अंक 27, 6 जुलाई 1996, पृष्ठ 1765-1771। ये भी देखें : *हिंदुस्तान टाइम्स,* 22 अगस्त 1998, नयी दिल्ली; *इंडियन एक्सप्रेस,* 21 अगस्त 1998, नयी दिल्ली; पी. साईनाथ, वास्तविक दुनिया की कार्यशालाएँ, *हिन्दू,* 26 जून 1998, नयी दिल्ली

35. आंध्र प्रदेश के कुरनूल जिले की केलवा ग्राम पंचायत की सरपंच फातिमा बी को उनके गरीबी उन्मूलन कार्य के लिए संयुक्त राष्ट्र विकास कार्यक्रम (यूएनडीपी) द्वारा *रेस अगेंस्ट पॉवर्टी* पुरस्कार के लिए चुना गया। यह पुरस्कार उन्हें न्यू यॉर्क में संयुक्त राष्ट्र के महासचिव द्वारा 17 अक्टूबर 1998 को प्रदान किया गया।
36. नयी दिल्ली में 2 अगस्त 1997 को राज्यों के मुख्य मंत्रियों और पंचायत मंत्रियों के सम्मेलन ने लक्ष्य किया कि कई राज्यों के अनुपालन अधिनियमों ने गाँवों का वर्गीकरण नहीं किया गया था। ये अधिनियम आदिवासी जनसंख्या के संकेंद्रणवाले क्षेत्रों में चालू सामुदायिक कानूनों के बारे में भी कुछ नहीं कहते। सम्मेलन ने सुझाव दिया कि पंचायत (अनुसूचित क्षेत्रों तक विस्तार) अधिनियम, 1996 की विभिन्न व्याख्याओं से उत्पन्न होनेवाली इन तथा अन्य समस्याओं का समाधान करने के लिए मुख्य मंत्रियों की एक दूसरी बैठक बुलायी जाये।
37. तमिलनाडु ने कलक्टर को जिला योजना समिति का अध्यक्ष बना दिया और मध्य प्रदेश ने मंत्री को। बहरहाल, कटु आलोचना के बाद तमिलनाडु ने मई 2000 में अपने पंचायत राज अधिनियम (1994) में संशोधन कर जिला परिषद के अध्यक्ष को जिला योजना समिति का अध्यक्ष और जिला कलक्टर को उपाध्यक्ष बना दिया।
38. प्रभात दत्त, ग्राम सभा का अनुभव, *फ्रन्टलाइन,* 30 जुलाई 1999, पृष्ठ 52
39. केरल सरकार, विकेन्द्रीकरण पर समिति (अध्यक्ष : सत्यब्रत सेन), *द्वितीय अंतरिम रिपोर्ट,* 1996 पृष्ठ 19-20
40. इस विषय के विस्तृत अध्ययन के लिए देखें माधव गोडबोले, सूचना का अधिकार, *इकॉनॉमिक एंड पॉलिटिकल वीकली,* खण्ड 35, अंक 17, 22-28 अप्रैल 2000, पृष्ठ 1423-28। यूएनडीपी की *मानव विकास रिपोर्ट 2000* में सूचना के अधिकार के लिए संघर्ष में एमकेएसएस की भूमिका को इस प्रकार रेखांकित किया गया है : भारत में मजदूर किसान शक्ति संगठन सार्वजनिक संसाधनों, व्ययों और विकास प्रकल्पों पर नियमित रूप से जन सुनवाइयों का आयोजन करता है। लोग इन मुद्दों से संबंधित सरकारी दस्तावेजों की फोटोप्रतियों की माँग कभी भी कर सकते हैं और सार्वजनिक अधिकारी इनकी पूर्ति करने के लिए बाध्य हैं।' (*मानव विकास रिपोर्ट 2000,* ऑक्सफोर्ड यूनिवर्सिटी प्रेस, न्यू यॉर्क, 2000, पृष्ठ 39)
41. जॉर्ज मैथ्यू, स्थानीय सरकार : जहाँ राज्य और नागरिक समाज का मिलन होता है, राजेंद्र के. साइल और अजित मुरिकेन द्वारा संपादित *ट्रॉसेंडेंटिंग बाउण्डरीज : पर्स्पेक्टिव्स ऑन फेथ, सोशल एक्शन एंड सॉलिडरिटि,* मुम्बई 1995, पृष्ठ 166-82
42. जॉर्ज मैथ्यू, विकेंद्रित संस्थान : सरकार तथा स्वयंसेवी क्षेत्र, *इकॉनॉमिक एण्ड पॉलिटिकल वीकली,* खण्ड 34, अंक 9, 27 फरवरी 1999। यह भी देखें : फिलिप ओल्डर्नबर्ग, *नॉनगवर्नमेंटल ऑर्गनाइजेशन्स एंड पंचायती राज,* नयी दिल्ली, अवार्ड और प्रिआ, 1999
43. डी. बंद्योपाध्याय, स्वैच्छिक संगठन और पंचायतें, *मेनस्ट्रीम,* 29 मार्च 1977
44. जिला प्राथमिक शिक्षा कार्यक्रम और पंचायतें : दरारों से भरा संबंध, *पंचायती राज अपडेट,* अगस्त 1999, इंस्टीट्यूट ऑफ सोशल साइंसेज, नयी दिल्ली
45. *जन्मभूमि : एन इन्नोवेटिव अप्रोच टु पार्टिसिपेटरी डेवलपमेंट इन आंध्र प्रदेश,* आइआरडी, राजेंद्रनगर, हैदराबाद, 1998, पृष्ठ 38
46. ई. एम. वेंकटरमैया, सांसद चुनाव क्षेत्र विकास योजना : संविधान पर आघात, *इंडियन एक्सप्रेस,*

नयी दिल्ली, 13 फरवरी 1997

47. और अधिक विवरणों के लिए देखें, *पंचायती राज अपडेट,* इंस्टीट्यूट ऑफ सोशल साइंसेज, नयी दिल्ली, जुलाई, 1998। यह भी देखें : एम. ए. ऊम्मन और महीपाल, स्थानीय क्षेत्र विकास योजना : अशुभ संकेत, *इकॉनॉमिक एण्ड पॉलिटिकल वीकली,* खण्ड 14, अंक 5, 29 जनवरी 1994, पृष्ठ 223-25
48. रमेश सी. नायक (इंस्टीट्यूट ऑफ सोशल साइंसेज) द्वारा राजस्थान के अलवर, कोटा और पाली जिलों में किये गये क्षेत्र कार्य के आधार पर, 1996-2000
49. पंचायतें व्यवहार में : क्या लाभ है इनसे शोषित वर्गों को?, पूर्व उद्धृत
50. एस. वी. शरण, *मध्य प्रदेश में पंचायती राज, प्रशिक्षण : एक मूल्यांकन,* इंस्टीट्यूट ऑफ सोशल साइंसेज, पांडुलिपि रिपोर्ट 11, 1998
51. *नौवीं योजना के लिए जन अभियान : एक परिप्रेक्ष्य पत्र,* केरल राज्य योजना बोर्ड, तिरुवनंतपुरम, 1996, पृष्ठ 1
52. जॉर्ज मैथ्यू, केरल की सफलता कथा, *हिंदू,* 24 मई 1999, यह भी देखें : जन योजना : केरल की कथा, *कुरुक्षेत्र,* ग्रामीण विकास मंत्रालय, भारत सरकार, अगस्त 1999, पृष्ठ 15-17, 29

2

राज्य तंत्र का पुनर्गठन

एम.एन. राय का एक बीज-विचार था, सत्ता का विकेंद्रीकरण। अपनी मृत्यु के कुछ माह पहले लिखे एक लेख में उन्होंने सत्ता के विकेंद्रीकरण पर अपने विचार प्रकट किये। उन्होंने कहा, 'लोकतांत्रिक राजनीतिक प्रक्रिया की समस्या अंततः विकेंद्रीकरण करने की है।'[1] उन्होंने आगे कहा, 'लोकतंत्र का विकेंद्रीकरण सत्ता के केंद्रीकरण को रोकेगा और राज्य का काम स्वायत्त सामाजिक संस्थाओं के कार्यों के समन्वय का रह जायेगा।'[2]

राय के मुताबिक, उन्होंने देखा है कि तमाम सामाजिक विषमताओं के बावजूद आम लोगों में अपने मसलों को हल करने की क्षमता होती है। 'यह सच है कि आम लोग अशिक्षित होते हैं। उनमें देश पर शासन करने की क्षमता नहीं होती। लेकिन सच यह भी है कि अगर उन पर छोड़ दिया जाये तो बेहद अज्ञानी किसान भी अपने मसलों को हमारी मौजूदा सरकार से बेहतर ढंग से हल कर सकते हैं। आम लोग अपने बारे में सोचने या अपनी देखभाल करने की क्षमता नहीं रखते, यह धारणा उनके नाम पर सत्ता हथियाने और उनकी ताकत को कोस कर उनकी स्वतंत्रता को दबाने का बहाना है।'[3]

राय का मानना है कि एक संगठित लोकतंत्र की बुनियादी इकाई जन समिति होनी चाहिए। 1949 में उन्होंने लिखा कि देश के कुछ हिस्सों में गठित मौजूदा ग्रामीण पंचायतों को संगठित लोकतंत्र की इकाइयों के रूप में विकसित किया जा सकता है।[4]

पचास के दशक में उन्होंने पार्टी राजनीति और उससे भी अधिक एक पार्टी के शासन की सत्ता देखी और फिर सत्ता के केंद्रीकरण के खिलाफ कड़े शब्दों में लिखा। उन्होंने पार्टी-रहित लोकतंत्र का समर्थन किया। राय के विचार में, जन समितियों को राजनीतिक पार्टियों से जुड़े बिना कार्य करना चाहिए।

भारतीय संविधान को संविधान सभा द्वारा 26 नवंबर 1949 को अंगीकृत किया गया। इस संविधान के मुताबिक भारत राज्यों का संघ है। संविधान का प्रारूप प्रस्तुत

करते हुए बी.आर. आंबेडकर ने कहा कि 'संघ' शब्द का इस्तेमाल जान-बूझ कर किया गया है। प्रारूप तैयार करनेवाली समिति यह स्पष्ट करना चाहती थी कि 'भारत महासंघ होने के बावजूद राज्यों द्वारा आपसी समझौते के कारण अस्तित्व में आया महासंघ नहीं है।' आंबेडकर के मुताबिक, संघीय शासन (फेडरलिज्म) की दो मुख्य कमजोरियाँ हैं लचीलेपन का अभाव और कानूनवाद। भारतीय प्रशासनिक प्रणाली इस मामले में अनोखी है कि इसकी नागरिकता तो एक ही है, मगर राज्य तंत्र दुहरा है। समय और परिस्थिति के मुताबिक यह एकात्मक अथवा संघीय बन जाता है। सामान्य समय में यह संरचनात्मक तथा कार्यकलाप के स्तर पर संघीय है एवं आपातकाल में इसे एकात्मक राज्य तंत्र में बदला जा सकता है।

भारत का संविधान कोई पूर्ण दस्तावेज नहीं था और समय बदलने के साथ इसमें निरंतर परिवर्तन करने की जरूरत थी। आज तक संसद ने संविधान में तिरानवे संशोधन पारित किये हैं। हालाँकि भारतीय संघ का अभिप्राय केंद्र और राज्यों में सत्ता का विभाजन है, लेकिन पिछले चार दशकों का अनुभव सत्ता के केंद्रीकरण का रहा है। संघ ने अनुच्छेद 249, 250, 252, 352 और 356 का इस्तेमाल केंद्र के अधिकारों और शक्तियों के विस्तार के लिये किया, जो संघीय सिद्धांतों के विपरीत था।

संविधान सभा द्वारा पारित भारतीय संविधान में गंभीर दोष यह था कि वह स्थानीय सरकारों, पंचायतों और नगरपालिकाओं को प्राथमिकता नहीं देता। इन्हें केवल नीति निदेशक सिद्धांतों (संविधान के चालीसवें अनुच्छेद) में स्थान मिला, जो न्यायसंगत नहीं था। संघ की संरचना द्वि-स्तरीय थी : संघ सरकार और राज्य सरकार। स्थानीय निकायों की कोई भूमिका नहीं रखी गयी—न तो विकासात्मक और न ही शासन से संबंधित। यह राज्यों पर छोड़ दिया गया कि 'वे ग्राम पंचायतों का गठन करें और उन्हें ऐसी सत्ता और अधिकार सौंपे जायें जो स्वशासन की इकाइयों के रूप में कार्य करने के लिये आवश्यक हों।'[5]

भारत के संविधान को अपनाने के बाद देश के स्थानीय निकायों को वैधानिक निकाय बनने में तैंतालीस वर्ष लग गये। 22 दिसंबर 1992 को संसद ने 73वाँ संशोधन विधेयक पारित किया और कई अन्य औपचारिकताओं के बाद 24 अप्रैल 1993 को संविधान के भाग नौ में जोड़ा गया। इस संशोधन विधेयक की प्रस्तावना में कहा गया, 'इसका उद्देश्य संविधान में पंचायती राज संस्थाओं को कतिपय बुनियादी और आवश्यक विशेषताओं को स्थापित करना है ताकि उन्हें स्थिरता, निरंतरता और शक्ति मिल सके।'[6] इसी के साथ-साथ शहरी स्थानीय निकायों को मान्यता देने के लिये 74वाँ संविधान संशोधन भी पारित किया गया। इन संवैधानिक संशोधनों की एक पृष्ठभूमि है। दरअसल, अनेक वर्षों से राजनैतिक और आर्थिक शक्तियों के विकेंद्रीकरण की माँग बढ़ रही थी। 1980 दशक के मध्य तक यह स्पष्ट हो गया था कि सत्ता के केंद्रीकरण से भारत का राजनीतिक तंत्र बिखर सकता है। इसी दौरान,

पश्चिम बंगाल, कर्नाटक और आंध्र प्रदेश में राजनीतिक संस्थाओं के रूप में पंचायतों की सफलता के चलते और 'लोगों को सत्ता' के नारे के साथ सत्ता के विकेंद्रीकरण की आम माँग ने भी संविधान संशोधन की गति को बढ़ाने का काम किया। कर्नाटक के तत्कालीन पंचायती राज मंत्री अब्दुल नजीर साब ने 1980 में कर्नाटक के पंचायत अधिनियम को गंभीरता से लागू करने के बाद स्वीकार किया कि 'राज्य शासन के ढाँचे में क्रांतिकारी परिवर्तन लाने की हमारी मंशा भले ही प्रशंसनीय हो, लेकिन संविधान संशोधन के बिना 'चौखंबा राज' के हमारे प्रयास वैसे परिणाम नहीं दे सकते जैसा हम चाहते हैं। मेरे विचार से यह एक मुख्य प्रश्न है जिस पर इस देश के प्रबुद्ध व्यक्तियों को विचार करना चाहिए। उन्हें संविधान संशोधन की आवश्यकता पर लोगों में बहस छेड़नी चाहिए।'[7] नजीर साब ने यह वक्तव्य अक्तूबर 1985 में दिल्ली में दिया था।

चार वर्षों के भीतर 15 मई 1989 को पंचायतों को संवैधानिक स्तर प्रदान करने के लिए संसद में चौसठवाँ संवैधानिक संशोधन पेश किया गया। इसके मूल में सत्ता के केंद्रित होने के कारण देश में उत्पन्न अशासनीय स्थितियों और निचले स्तर पर व्यक्त हो रही निराशा को माना गया, क्योंकि लोगों के हित में कुछ नहीं हो रहा था।

संविधान संशोधन का महत्व

संविधान संशोधन के पहले तक भारतीय लोकतंत्र संसदीय लोकतंत्र तक सीमित था, जिसके तहत पाँच वर्षों में एक बार संसद और राज्य विधान सभाओं के लिये पाँच हजार सदस्यों का चुनाव किया जाता था। यह लोकतंत्र विशिष्ट वर्ग के लिए था, क्योंकि चुनावों में बाहु बल, धन बल और जाति बल की निर्णायक भूमिका थी। यह लोकतंत्र उपयुक्त सहयोगात्मक संरचना के अभाव में गहरी जड़ें नहीं जमा पाया।

पिछले पचास सालों में संसद और विधान सभाओं के चुनाव जमीनी (ग्रासरूट) स्तर पर लोकतांत्रिक प्रक्रिया बहाल नहीं कर पाये। संविधान के 73वें और 74वें संशोधन के बाद से हर पाँच साल के बाद पंचायतों के तीन स्तरों और नगरपालिकाओं के लिए चुनाव हो रहे हैं। 20 लाख से अधिक जनसंख्यावाले राज्यों में तीन-स्तरीय पंचायतों का विधान है : निचले स्तर पर ग्रामीण पंचायत, मध्य स्तर पर ब्लॉक पंचायत और सबसे ऊपर जिला पंचायत। इसी तरह, शहरी क्षेत्रों में शहरों और कस्बों की जनसंख्या के आधार पर भी तीन प्रकार की नगरपालिकाएँ हैं—नगर निगम, नगर परिषद और नगर पंचायत। इस प्रकार देश में 500 से अधिक जिला पंचायतें, 5100 के आसपास ब्लॉक या तालुक पंचायतें और 2,25,000 के आसपास ग्राम पंचायतें हैं। देश भर में लगभग 90 नगर निगम, 1500 नगर परिषदें और 1800 नगर पंचायतें हैं। ग्रामीण और शहरी निकायों के लिए लगभग तीस लाख प्रतिनिधियों का चुनाव

होता है। इस प्रक्रिया ने भारतीय लोकतंत्र के आधार को मजबूत करने का काम किया है।

स्थानीय निकायों को संवैधानिक सत्ता मिलने के परिणामस्वरूप देश के संघीय राज्य तंत्र में जो बदलाव आया है, उसके दूरगामी परिणाम होंगे। ये क्रांतिकारी भी हो सकते हैं। 73वें और 74वें संशोधन के पारित होने से पंचायतें और नगरपालिकाएँ वस्तुतः देश में शासन का तीसरा स्तर हो गयी हैं।

पंचायतों को 11वीं अनुसूची में 29 विषय और नगरपालिकाओं को 12वीं अनुसूची में 18 विषय हस्तांतरित करने का सुझाव दिया गया है। राज्य सरकारों द्वारा कमोबेश इन सभी विषयों के हस्तांतरण के बाद यह कहा जा सकता है कि जिला और उससे निचले स्तरों पर स्थानीय निकाय भारतीय संघ को एक नया अर्थ देते हुए भारतीय संघीय स्वरूप में तीसरे स्तर का शासन बन जायेंगे। फिलहाल यह प्रक्रिया चल ही रही है, क्योंकि स्थानीय निकायों के पास कानून बनाने के अधिकार नहीं हैं। न ही वे कानून-व्यवस्था यानी पुलिस विभाग के और न्यायिक अधिकार रखते हैं। कुछ ही राज्यों ने अपने अनुपालन अधिनियमों में न्याय पंचायतों को स्थान दिया है।

यहाँ इस तथ्य का विशेष उल्लेख जरूरी है कि संविधान के अनुच्छेद 243जी और 243पी(ई) पंचायतों और नगरपालिकाओं को 'स्वशासन की संस्थाओं' के रूप में परिभाषित करते हैं, लेकिन कहीं भी 'स्वशासन की संस्थाओं' के कार्य क्षेत्र को परिभाषित नहीं किया गया है। यहाँ यह याद दिलाना जरूरी है कि केवल तीन राज्यों—पश्चिम बंगाल, त्रिपुरा और बिहार—के अनुपालन कानूनों में साफ-साफ लिखा गया है कि उनके पंचायती कानूनों का लक्ष्य पंचायतों को ऐसे अधिकारों और कार्यों से संपन्न बनाना है जिससे वे स्वशासन की जीवंत संस्थाओं के रूप में कार्य करने योग्य हो सकें। दूसरी ओर हरियाणा है। हरियाणा का पंचायत अधिनियम साफ तौर पर कहता है कि पंचायत प्रणाली का उद्देश्य ग्रामीण क्षेत्रों के प्रशासन को बेहतर ढंग से चलाना है। यानी, यही बात दूसरे ढंग से कही गयी है कि राज्य अभी भी जिला स्तर और उससे निचले स्तर पर प्रशासन के लिए 'कलक्टर राज' और 'एसएचओ राज' में विश्वास करता है।

'स्वशासन की संस्थाएँ' पद की व्याख्या दो प्रकार से की गयी है। पहली व्याख्या यह है कि जब संविधान कहता है कि पंचायत स्वशासन की संस्था है, तो इसका अनिवार्य अभिप्राय यह है कि वह स्वायत्त हो और उसे अपने क्षेत्राधिकारवाले विशेष इलाके में शासन चलाने का अधिकार हो। इसलिए संविधान के प्रावधानों के मुताबिक लोगों के निर्वाचित प्रतिनिधियों का प्रशासन इसका आवश्यक तत्व है। संविधान का 73वाँ संशोधन पंचायतों को अलग ही पहचान देता है, इसलिए यह वस्तुतः शासन का तीसरा स्तर है। दूसरी व्याख्या कहती है कि यह नयी व्यवस्था 'संघीय प्रशासन'

को मजबूत करती है, इससे अधिक कुछ नहीं। उदाहरण के लिए प्रोफेसर एस. गुहन का तर्क है कि 73वें संशोधन के प्रावधान 'प्रशासनिक संघ' को ही मजबूत बनाते हैं, ताकि राज्यों से स्थानीय निकायों को प्रशासकीय और वित्तीय अधिकार उपलब्ध हो सकें। गुहन कहते हैं, 'स्थानीय निकायों के प्रशासकीय अधिकार और दायित्व तथा इन अधिकारों और दायित्वों को पूरा करने के लिए वित्तीय संसाधन राज्य द्वारा पारित होनेवाले कानून से प्राप्त होते हैं।'[8]

स्थानीय निकायों के पास विधान निर्माण के या न्यायिक अधिकार नहीं हैं, इसलिए गुहन के विचार से, केवल संवैधानिक दर्जा दे कर या नियमित चुनाव कराने से उन्हें शासन तंत्र के तीसरे स्तर का दर्जा नहीं मिल जाता। कहा जा सकता है कि हरियाणा अनुपालक अधिनियम इसी सोच पर चलता है।

प्रोफेसर गुहन का तर्क तकनीकी रूप से सही है। फिर भी, जिन देशों में स्थानीय निकाय मौजूद हैं, उन्हें कानूनी अधिकार प्रदान किये गये हैं, जैसे बजट, उपनियम बनाना, विनियमन करना। उन्हें अपने कामों और दायित्वों से जुड़े नियंत्रण के अधिकार भी उपलब्ध हैं। इसी तरह, पुलिस से जुड़े और न्यायिक अधिकार भी पंचायतों को दिये जा सकते हैं।

निर्मल मुखर्जी लिखते हैं : 'स्थानीय स्वशासन के बारे में सोचने-विचारनेवाले ज्यादातर लोगों ने जिन दो लक्ष्यों पर विचार नहीं किया है, वे हैं न्यायिक प्रणाली का विकेंद्रीकरण और इसी के समानांतर पुलिस प्रणाली का विकेंद्रीकरण। स्पष्टतः इन दोनों में अंतरसंबंध है। जिन संवैधानिक संशोधनों ने नयी पंचायतों और नगरपालिकाओं को जन्म दिया है, वे इस विषय पर पूरी तरह खामोश हैं। ...संभवतः यह जान-बूझ कर नहीं हुआ है। कारण कोई भी हो, विकेंद्रीकृत न्याय प्रणाली पर जोरदार पुनर्विचार की जरूरत है, क्योंकि स्थानीय 'न्याय व्यवस्था' के बिना स्थानीय शासन पूरी तरह अधूरा रहेगा।'[9]

प्रकट है कि विकेंद्रीकृत न्याय व्यवस्था (न्याय पंचायत) विकेंद्रीकृत पुलिस व्यवस्था के बिना संभव नहीं है। इसलिए वह समय अधिक दूर नहीं जब शहर और कस्बा पुलिस के साथ-साथ गाँव, ब्लॉक और जिला पुलिस भी होगी।

भारत में स्थानीय निकायों को यथार्थ के स्तर पर प्रशासन का तीसरा स्तर बनाने के प्रयास निरंतर होते रहे, लेकिन उनकी आधिकारिता में कोई वृद्धि नहीं हुई। 73वें और 74वें संविधान संशोधन की घटना को इस दिशा में मील का पत्थर माना जा सकता है, क्योंकि इनसे देश में जिला सरकार बनाने का रास्ता खुला है। इन संशोधनों के माध्यम से दरअसल जिला स्तर की योजनाओं का दायित्व भी स्थानीय निकायों को दिया गया है और यह सही दिशा की ओर एक प्रमुख कदम है। जिले के मतदाताओं द्वारा निर्वाचित जिला पंचायतों के सदस्य और अध्यक्ष नये प्रशासनिक तंत्र की धुरी हैं। अभी तक जिलाधिकारी पर ही सब कुछ निर्भर था। लेकिन नयी

व्यवस्था में 'कलक्टर राज' पंचायती राज में परिवर्तित हो जायेगा।

आखिरकार, अर्धशती के बाद राजनीतिक प्रणाली को पलटने के रास्ते खुले हैं। आज तक 'ऊपरवाले' ही प्रमुख थे; सब कुछ ऊपर से नीचे आता था। हर चीज 'ऊपर' से व्यवस्था को देखनेवालों की सद्भावना पर निर्भर थी। निचले स्तर के लोगों की आवाज नहीं थी। लोगों द्वारा निर्वाचित कुछ हजार प्रतिनिधियों द्वारा देश को चलाने के स्थान पर अब हमारे समक्ष विभिन्न स्तरों पर जन मुद्दों को आवाज देनेवाले कई लाख प्रतिनिधि हैं। इस तरह नये संशोधन और स्थानीय निकाय राजनीतिक प्रबंधन के क्षेत्र में एक लंबी छलाँग हैं।

संसदीय लोकतंत्र की संरचना को पहली बार नीचे से ऊपर देखा गया। अब अधिक समय तक निचले स्तर के लोगों यानी गाँव और नगर वार्ड की उपेक्षा नहीं की जा सकेगी। विधायक इस तीसरे स्तर से डर महसूस कर रहे हैं। राज्य स्तर के राजनेता राजनीति की इस नयी घटना से असुरक्षा का अनुभव करते हैं। मुख्य मंत्रियों और राज्य स्तर की सत्तारूढ़ पार्टियों को डर है कि संभवतः लोग अपने अधिकारों की माँग करेंगे और उन्हें दंड देंगे, इसलिए वे पंचायत चुनावों को बार-बार स्थगित करते रहे हैं। संविधान संशोधनों से स्थानीय शासन प्रणाली को मिलनेवाले महत्व को सन 1962 में 'अनुग्रह नारायण सिंह बनाम उत्तर प्रदेश सरकार' के मामले में इलाहाबाद उच्च न्यायालय ने अपने ऐतिहासिक फैसले में व्यक्त किया था।

याचिकाकर्ता की पीड़ा यह थी कि राज्य में लंबे समय से नगरपालिकाओं के चुनाव नहीं हुए थे और सरकार का मत था कि चुनाव का समय तय करने का अधिकार उसका है–उसे चुनाव कराने के लिए बाध्य नहीं किया जा सकता। अपने विस्तृत और प्रबुद्ध फैसले में अदालत ने आदेश दिया कि स्थानीय स्वशासन भारतीय संविधान की एक आधारभूत विशेषता है। फैसले में कहा गया कि स्थानीय स्वशासन के बिना शेष लोकतांत्रिक ढाँचा बिखर जायेगा। विद्वान जज ने लिखा : 'स्थानीय स्वशासन का अर्थ है : गाँव हो या शहरी क्षेत्र, लोगों की भागीदारी के साथ निरंतर उन्नति करते रहना। लोकतंत्र के जमीनी स्तर पर लोगों की भागीदारी के साथ स्थानीय स्वशासन निरंतर बना रहे, इसे भुला न दे कर इसकी रक्षा करनी चाहिए और इसे पूर्णता तक ले जाना चाहिए। स्थानीय स्वशासन वह तोरण है जिस पर इस राष्ट्र का संसदीय लोकतंत्र टिका है। राज्य विधायिका और संसद का गुंबज इसी पर टिका है। तोरणों के बिना यह संरचना बिखर जायेगी।'[10] चूंकि राष्ट्र ने तीन दशकों से इस तथ्य को नहीं स्वीकारा, यह संरचना काफी हद तक ध्वस्त हो चुकी है। राजनीतिक आपातकाल, लोकतांत्रिक अधिकारों का स्थगन और आपातकाल के बाद भी उनका उल्लंघन, आतंकवाद और हिंसा की शुरुआत, राजनीतिक हत्याएँ–ये सब बताते हैं कि यह संरचना टूट और बिखर रही थी। यह महत्वपूर्ण है कि हम भारत के लोगों ने इन तोरणों को, जिस पर संसदीय व्यवस्था का गुंबज टिका है, संवैधानिक मंजूरी

दे दी है। इससे संघीय स्वरूप को नीचे से देखने की संभावना पैदा हुई है।

भारत के संघीय स्वरूप पर शासन के तीसरे स्तर के रूप में पंचायती राज तथा नगरपालिकाओं का प्रभाव

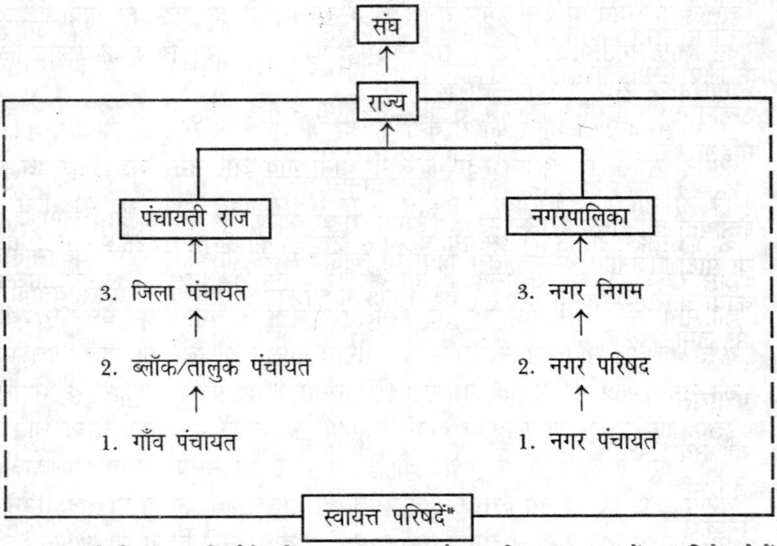

* स्वायत्त परिषदें कुछ राज्यों, जैसे पश्चिम बंगाल, जम्मू और कश्मीर तथा असम, में कुछ विशेष क्षेत्रों के विकास और प्रबंध के लिये बनायी गयी हैं, लेकिन वहाँ वैधानिक स्थानीय निकाय भी हैं।

स्थानीय निकायों के चुनाव

भारत में पंचायतों का चुनाव लोकतंत्र की कार्यप्रणाली का उत्कृष्ट बैरोमीटर रहा है। मतदान प्रतिशत ऊँचा रहता है। हाल ही में उड़ीसा में हुए पंचायत चुनावों में कुछ पंचायतों में मतदान 90 प्रतिशत तक था।

पंचायत चुनाव प्रक्रिया के बारे में और कर्नाटक में 1995 और तमिलनाडु में 1996 में चुनावी मुद्दों पर किये गये अध्ययन निचले स्तर पर लोकतांत्रिक प्रक्रिया के कुछ दिलचस्प तथ्य उजागर करते हैं।[11] सबसे महत्वपूर्ण तथ्य यह है कि पिछले पचास वर्षों में जाति और धर्म जैसे मुद्दे चुनावों के परिणाम निर्धारित करने में महत्वपूर्ण भूमिका निभा रहे थे, लेकिन कुछ राज्यों के पंचायत चुनावों में उनका महत्व कम हुआ है। उदाहरण के लिए, तमिलनाडु में 1996 के पंचायत चुनावों में लोगों में बढ़ती लोकतांत्रिक चेतना स्पष्ट दिखाई दी। एक सर्वेक्षण में 81 प्रतिशत उत्तरदाताओं ने बताया कि धार्मिक या जातीय नेताओं ने उन्हें किसी भी प्रकार से अपने वोट के

अधिकार का इस्तेमाल करने का निर्देश नही दिया।

इस सीधे और स्पष्ट सवाल पर कि क्या किसी विशेष उम्मीदवार को वोट देने में अपनी जाति से लगाव उनके लिए महत्वपूर्ण था, 73.6 प्रतिशत लोगों ने कहा कि उनके लिए उम्मीदवार की जाति महत्व की बात नहीं थी। गाँवों में आम मतदाताओं के लिए महत्वपूर्ण यह था कि उम्मीदवार भ्रष्ट तो नहीं है और विकास के काम करने में उसने कितनी सक्रियता दिखायी है। कर्नाटक में 63.2 प्रतिशत उत्तरदाताओं के लिए उम्मीदवार की जाति कोई मुद्दा नहीं थी, 44.9 प्रतिशत का मानना था कि उन्होंने अमुक उम्मीदवार को इसलिए वोट दिया क्योंकि वह अच्छा पुरुष या अच्छी महिला थी।

ये चुनाव अध्ययन बताते हैं कि स्थानीय निकायों के चुनावों में जातिवाद और क्षेत्रीयता की सघनता कम हुई हैं। इसका मुख्य कारण यह है कि आम लोग जाति या पार्टी राजनीति के मुकाबले गाँवों या ब्लॉकों में कल्याणकारी और विकासात्मक कार्यों को प्राथमिकता देते हैं। मई 1993 में पश्चिम बंगाल के पंचायत चुनावों ने भी जमीनी स्तर पर इस सकारात्मक पहलू को उजागर किया।

पंचायत चुनावों में राजनीतिक दल

यह सर्वविदित है कि एम.एन. राय राजनीतिक पार्टियों की राजनीति से दूर हट गये थे। सक्रिय राजनीति और राजनीतिक पार्टियों में अपने लंबे अनुभव के बाद वे इस निष्कर्ष पर पहुँचे थे कि 'राजनीतिक पार्टियों का गठन लोकतंत्र को चलाने के उद्देश्य से नहीं, बल्कि सत्ता पर कब्जा जमाने के लिए किया जाता है। वे इस सिद्धांत पर काम करते हैं कि लक्ष्य ही साधनों को न्यायोचित ठहराता है और साधनों से प्रायः फैलता है तथा लोकतंत्र भ्रष्ट और अंततः नष्ट होता है।'[12]

गांधीवादियों, सर्वोदयवादियों, जयप्रकाश नारायण—इन सभी ने पंचायतों में पार्टी-रहित चुनावों की वकालत की है। वास्तव में पंचायती राज चुनावों पर संतानम समिति ने 1964 में कहा था कि समिति के समक्ष सबसे विवादास्पद मुद्दा यह था कि क्या राजनीतिक पार्टियों को पंचायत चुनावों में हिस्सा लेना चाहिए और अगर हाँ तो किस हद तक?

फिर भी, मौजूदा भारतीय राजनीतिक और सामाजिक स्थिति के परिप्रेक्ष्य में स्थानीय शासन के चुनावों में राजनीतिक पार्टियों की भागीदारी जरूरी हो गयी है—लेकिन सामाजिक परिवर्तन के किसी सकारात्मक पहलू के बिना नहीं। मध्य प्रदेश की पंचायतों में अनुसूचित जाति की महिला सरपंचों (प्रधानों), सदस्यों और अन्य निर्वाचित अधिकारियों के साथ हुए उत्पीड़न और दुर्व्यवहार के कुछ मामले इसीलिए प्रकाश में आये क्योंकि वहाँ दूसरी तरफ राजनीतिक पार्टियाँ थीं जिन्होंने पीड़ितों का साथ दिया। क्षेत्रीय सर्वेक्षण बताते हैं कि पश्चिम बंगाल जैसे उच्च राजनीतिक

सचेतनतावाले राज्य में भी चुनाव खत्म होने के बाद सभी सदस्य गाँव के विकास के लिए सहयोग करते हैं। आखिरकार यदि हम विधान सभाओं और संसद में बहु-दलीय चुनाव प्रक्रिया को बनाये रखते हैं, तो निचले स्तर पर पार्टी-रहित चुनाव अर्थहीन हो जायेंगे। इससे जमींदारों, जाति और धर्म की सत्ता ही आगे बढ़ेगी।

ग्रामीण सौहार्द के मामले को ले कर इतना ज्यादा भावुक होने की जरूरत नहीं है। अब्दुल नजीर साब अक्सर कहते थे, 'वैसे भी गाँवों में रामन्ना-भीमन्नावाली राजनीति है। यह वास्तविकता है। क्या यह बेहतर नहीं कि वे जाति, धर्म इत्यादि की अपेक्षा लोकतांत्रिक पार्टी लाइन पर एकजुट हों?'[13]

स्थानीय शासन में महिलाएँ और कमजोर वर्ग

नयी पंचायतें और नगरपालिकाएँ पिछड़े वर्गों, अनुसूचित जातियों और अनुसूचित जनजातियों को, जो हमारी जनसंख्या का 25 प्रतिशत हैं, स्थानीय शासन में सक्रिय भागीदारी करने और इन संस्थाओं का सदस्य या अध्यक्ष निर्वाचित होने के अवसर प्रदान करती हैं। उनकी सदस्यता क्षेत्र की जनसंख्या के आधार पर निर्धारित होती है। संविधान की पाँचवीं और छठी अनुसूची में आदिवासी क्षेत्रों को विशेष दर्जा और प्राधिकार मिला है। वास्तव में, आदिवासी-बहुल क्षेत्रों में गैर-आदिवासी उनके कार्यों को नियंत्रित करते हैं और आदिवासी परंपराओं को नष्ट कर रहे हैं। आदिवासियों की जमीन गैर-आदिवासियों द्वारा जब्त कर ली जाती थी।

जुलाई 1994 में केंद्र सरकार द्वारा 73वें संविधान संशोधन का विस्तार अनुसूचित क्षेत्रों तक करने के हेतु प्रस्तावों पर सुझाव देने के लिए संसद सदस्य दिलीप सिंह भूरिया की अध्यक्षता में एक उच्चस्तरीय समिति का गठन किया गया। इस समिति के सुझाव थे :

(1) सभी आदिवासी गाँवों में ग्राम सभा गठित की जानी चाहिए, क्योंकि आदिवासी क्षेत्रों में स्व-शासन की बुनियादी इकाई समुदाय होना चाहिए;

(2) निर्वाचित इकाइयों के सभी स्तरों पर अधिकतर सीटें अनुसूचित जनजातियों के सदस्यों के लिए आरक्षित रखी जायें; और

(3) आदिवासी ही सरपंच के रूप में निर्वाचित होना चाहिए।

संसद के दोनों सदनों ने दिसंबर 1996 में भूरिया समिति के सुझावों के अनुरूप तैयार किये गये पंचायत (अनुसूचित क्षेत्रों तक विस्तार) विधेयक, 1996 को अपना लिया। यह अधिनियम संविधान के अनुच्छेद 244 के उपवाक्य (1) में उल्लिखित अनुसूचित क्षेत्रों, जिनमें आंध्र प्रदेश, बिहार, गुजरात, महाराष्ट्र, मध्य प्रदेश और राजस्थान शामिल हैं, को लाभ पहुँचायेगा।

भारत में पंचायतों और नगरपालिकाओं के नये चरण की एक विशेषता यह है कि यह स्थानीय निकायों में महिलाओं का एक-तिहाई प्रतिनिधित्व सुनिश्चित करता

है। इसके अलावा यह उनके लिए ग्रामीण और शहरी निकायों के सभी स्तरों पर एक-तिहाई अध्यक्ष पद भी सुनिश्चित करता है। इससे पंचायतों और नगरपालिकाओं में दस लाख महिलाओं के निर्वाचित होने की संभावना बनी है।

अभी तक* हुए पंचायत चुनावों के आँकड़ों का विश्लेषण बताता है कि देश में 7,16,234 महिलाएँ निर्वाचित हो चुकी हैं। इसमें मणिपुर की संख्या (विवरण उपलब्ध न होने के कारण) शामिल नहीं है, बिहार, जम्मू और कश्मीर में चुनाव होना अभी बाकी है। (*जब यह लेख लिखा गया था, तब तक इन राज्यों में पंचायत चुनाव नहीं हुए थे।*) जब हम नगरपालिकाओं के तीनों स्तरों पर महिला सदस्यों को शामिल करेंगे, तो यह आँकड़ा दस लाख तक पहुँच सकता है। यह कोई साधारण उपलब्धि नहीं है। यह लक्ष्य करने की बात है कि कई राज्यों में 33.3 प्रतिशत की अनिवार्य संख्या से ज्यादा महिलाएँ पंचायतों में निर्वाचित हुईं। ताजातर पंचायत चुनावों से साबित होता है कि महिलाओं ने चुनाव में भाग लेने के अवसर का पूरा-पूरा उपयोग किया। पश्चिम बांगल में ग्राम पंचायत और पंचायत समिति के स्तर पर महिलाओं के लिए आरक्षित प्रत्येक सीट के लिए औसतन तीन उम्मीदवारों ने चुनाव लड़ा; जिला पंचायत के स्तर पर यह औसत चार का था। तीनों स्तरों की पंचायतों में महिलाओं के लिए आरक्षित 24,855 सीटों में से सिर्फ 561 सीटों पर, 2 प्रतिशत से कुछ ही ज्यादा, सर्वसम्मति से चुनाव हो सका।[14] पिछले दो-तीन वर्षों के अखबार इन खबरों से भरे हुए हैं कि महिला पंचायत सदस्य और सरपंच किस प्रकार अपने अधिकारों की दावेदारी करती हैं और इससे स्थितियों में सुधार आता है। आज यदि 25 प्रतिशत महिलाएँ भी सफलतापूर्वक काम कर रही हैं, तो यह भविष्य की उज्ज्वल संभावनाओं की ओर संकेत करता है।

शासन के तीसरे स्तर की समस्याएँ

पंचायती राज प्रणाली की कल्पना जिस बुनियादी सिद्धांत पर की गयी है, उसके मुताबिक निचले स्तर पर जो भी अच्छा काम किया जा सकता है वह उसी स्तर पर किया जाना चाहिए, उससे ऊपरी स्तर पर नहीं। जो काम निचले स्तर पर संभव नहीं है, सिर्फ वही ऊँचे स्तर पर होना चाहिए।

लेकिन यह कहना जरूरी है कि नयी पंचायतों और नगरपालिकाओं के पहले पाँच या दस वर्षों की अवधि में गलतियाँ होना संभव और स्वाभाविक है। यह गर्भावधि यानी शुरुआती दौर है। स्वतंत्रता के पाँच दशकों से जो मनोवृत्ति हावी रही है, उसे बदलनी आसान नहीं है। हम इस गर्भावधि को छोटा कैसे कर सकते हैं, सभी चिंतकों का मुख्य लक्ष्य यही होना चाहिए।

---

* मार्च 1997 तक

ये कुछ ऐसे मुद्दे हैं जो पंचायतों को 'स्वशासन संस्थान' बनने में बाधा डालते हैं।

1. 1993 के बाद राज्य पंचायत और नगर निगम अधिनियमों में पाया गया कि राज्यों ने 73वें और 74वें संशोधनों को उनकी आत्मा के बजाय उनके शब्दों में स्वीकार किया है। बहुत-से राज्य अधिनियमों में सिविल कर्मचारियों को निर्वाचित निकाय से बढ़ कर अप्रत्यक्ष अधिकार दिये गये हैं। पंचायतों को कार्यों का स्थानांतरण बहुत धीमा है। उचित अधिकारों की प्राप्ति नीचे से यानी ग्राम सभा, ग्राम पंचायत और जिला पंचायतों के अलावा जागरूक नागरिक संस्थाओं की जोरदार माँग पर ही होगी।

2. दूसरी समस्या यह है कि हालाँकि राज्यों ने अनुपालन अधिनियम लागू कर दिये हैं, बहुत-से राज्यों ने दिन-प्रतिदिन की कार्यप्रणाली के लिए नियम और उपनियम नहीं बनाये हैं। इसके साथ ही, बहुत-से राज्यों में पंचायतों के लिए आवश्यक बुनियादी सुविधाओं की भी कमी है।

3. शासन के निचले स्तरों की महत्ता, उनकी स्वायत्तता, अधिकार और कार्यक्षेत्र को समझने संबंधी राज्य स्तर के राजनेता की अनिच्छा भी पंचायतों को अधिकार प्रदान करने में बाधा पैदा कर रही है। मंत्रियों, विधायकों और वरिष्ठ राजनेताओं को चिंता है कि पंचायतों और नगरपालिकाओं के ताकतवर होने से जिन अधिकारों का मजा वे लूट रहे हैं, वे कम हो जायेंगे। राज्य स्तरीय नेता नहीं चाहते कि निचले स्तरों से ऐसा नेतृत्व उभरे जो कुछ समय के पश्चात उनके लिए चुनौती बन जाये। सक्रिय स्थानीय निकायों को सदैव ही नेतृत्व की पौधशाला माना जाता रहा है। पंचायतों की कार्यप्रणाली में विधायक रोड़ा अटकाते हैं, ताकि वे परिपूर्ण स्थानीय सरकारें न बन सकें। उड़ीसा में 1995 की शुरुआत में जब नयी सरकार सत्ता में आयी, तो उसने निर्वाचित पंचायतों और नगरपालिकाओं को भंग करने का फैसला किया। इस कार्रवाई का वास्तविक कारण यह था कि विधायक ग्रामीण विकास योजनाओं के तहत केंद्र सरकार से पंचायतों को मिलनेवाली भारी धनराशि को पूरी तरह अपने काबू में करने को बेताब थे। यदि पंचायतें बड़ी संख्या में निर्वाचित प्रतिनिधियों के साथ और विपक्ष की आलोचनात्मक दृष्टि के तहत उचित रूप से कार्य करें तो लोग पंचायती कार्यक्रमों में नियमित भागीदारी से अपने अधिकारों के प्रति जागरूक हो जायेंगे। इससे विधायकों की अनुचित ताकत में भी कमी आयेगी।

4. सरकारी अधिकारी और सरकारी कर्मचारी दूरवर्ती नियंत्रण पद्धति, जिसका केंद्र राज्य की राजधानी में होता है, के तहत काम करना पंसद करते हैं। वे पंचायती राज के तहत नजदीक से नियंत्रित या पर्यवेक्षित होना नहीं चाहते। इसलिए निर्वाचित पंचायत सदस्यों के प्रति उनका असहयोगात्मक रवैया एक मुख्य मुद्दा है। प्राथमिक विद्यालयों के शिक्षकों के एक संगठन ने प्रस्ताव पारित कर स्पष्ट रूप से कहा था

कि वे पंचायतों के तहत काम करना नहीं चाहते। पंचायती राज के लंबे इतिहासवाले राज्य पश्चिम बंगाल में भी जब कर्मचारियों को पंचायतों के अधीन किया जाता है, तो अदालत की ओर से ऐसी कार्यवाही के खिलाफ स्थगन आदेश आ जाता है।

पश्चिम बंगाल के पंचायत मंत्री ने हाल ही में बताया कि विभागीय आदेशों के खिलाफ ऐसे सैकड़ों स्थगन आदेश हैं। इससे जुड़ा मुद्दा यह भी है कि जिला स्तर और उससे नीचे के स्तरों पर कार्यरत अधिकारी निर्वाचित पंचायत सदस्यों, जैसे जिला पंचायत अध्यक्ष, ब्लॉक समिति अध्यक्ष या ग्राम पंचायत अध्यक्ष, से आदेश लेना नहीं चाहते। स्पष्टतः स्थानीय सरकारों को मजबूत बनाने के लिए लोकतंत्र की नयी संस्कृति की जरूरत है।

5. देश के बहुत-से भागों में राजनीतिक जागरूकता की कमी नये पंचायती राज को पीछे खींचने का दूसरा बड़ा कारण है। बिहार, मध्य प्रदेश, राजस्थान, उत्तर प्रदेश और उड़ीसा राज्यों में, जिनकी जनसंख्या 1991 की जनगणना के अनुसार 37 करोड़ थी, पंचायती राज के कार्य निष्पादन की दर कम है। इसका मुख्य कारण राजनीतिक जागरूकता का निम्न स्तर तथा सामंती ताकतों और सामंती मूल्यों का प्रचलन है। 73वें संविधान संशोधन के बाद मध्य प्रदेश पंचायत चुनाव करानेवाला पहला राज्य था। इस चुनाव से निर्वाचित स्थानीय निकाय अस्तित्व में आये। लेकिन चुनाव के बाद ही समाचारपत्रों में रिपोर्टें आने लगीं कि पंचायतों की कार्यप्रणाली ठीक नहीं है। राज्य के विभिन्न भागों से विभिन्न घटनाएँ सुनने को मिलीं। एक महिला प्रधान को नंगा किया गया, एक निम्न जाति के उपप्रधान को प्रताड़ित किया गया, एक अनुसूचित जाति के पंचायत सदस्य को पीटा गया। इन घटनाओं के एक समाजशास्त्रीय अध्ययन ने दर्शाया कि पंचायत उस समाज का, गाँव जिसका एक हिस्सा है, एक लघु संस्करण है। 73वें संविधान संशोधन के माध्यम से 'स्वशासन की संस्थाओं' से जिन आदर्शों की अपेक्षा की गयी थी, उन्हें मौजूदा अन्यायपूर्ण समाज में लागू नहीं किया जा सकता।[15] सभी घटनाओं का अध्ययन एक ऐसी सामाजिक व्यवस्था की ओर संकेत करता है जो व्यक्ति की गरिमा को नहीं मानती, जिसके सामाजिक मूल्य व्यक्ति या उसके पद को उचित प्रतिष्ठा प्रदान नहीं करते।

6. बहुत-से स्थानों पर पंचायतें स्वयं शोषण का औजार बनी हुई हैं। भूमि सुधारों की अनुपस्थिति, साक्षरता का निम्न स्तर—विशेषतः महिलाओं में, पितृसत्तात्मक व्यवस्था इत्यादि कारक गाँवों में कमजोर वर्गों के खिलाफ काम करेंगे। इससे महिलाएँ गंभीर रूप से प्रभावित होंगी। ताकत के पारंपरिक शोषक ढाँचे के प्रभावों से पीड़ित अधिकतर लोग पंचायतों के माध्यम से मिले नये अवसरों का असरदार उपयोग करने में असमर्थ हैं। नयी पंचायतों के कारण चुनावों के दौरान और चुनावों के पश्चात गाँवों में उनकी कार्यप्रणाली को ले कर गंभीर तनाव पैदा हुए हैं। उड़ीसा के पंचायत चुनाव में भारी हिंसा के कारण जानें भी गयीं।

7. केंद्र सरकार खुद भी ऐसी स्थितियाँ पैदा करती है जो पंचायतों के विकास में सहायक नहीं हैं। ऐसा कोई भी कार्यक्रम, कोई भी योजना या संस्था, जो पंचायतों की कार्य प्रणाली के समानांतर शुरू की जाती है, स्थानीय सरकारों की व्यवस्था को कम करके आँकेगी। इस उभरते स्थानीय शासन के खिलाफ एक अत्यंत गंभीर अपराध संसद सदस्यों को दो करोड़ रुपये (जिसे सांसद निर्वाचन क्षेत्र विकास योजना कोष कहा जाता है) की राशि प्रदान करना है। यह केवल संवैधानिक प्रावधानों में ही दखल नहीं है, बल्कि उस संघीय भावना में भी हस्तक्षेप है जिसके तहत नये स्थानीय निकाय कार्य करते हैं। भारत के पूर्व मुख्य न्यायधीश ई.एस. वेंकटरमय्या ने लिखा है :

> *किसी राज्य में ऐसी परियोजनाओं पर, जो राज्य के क्षेत्राधिकार में हो, सांसद के निर्देशों पर खर्च किया जानेवाला निर्वाचन क्षेत्र विकास फंड, संवैधानिक प्रावधानों के खिलाफ है और संविधान की वैध सीमा रेखा में परपीड़ा का आनंद लेनेवाला हस्तक्षेप करता है। यह सिर्फ संघीय योजना के साथ ही नहीं, बल्कि शक्ति पृथककरण के स्वस्थ संवैधानिक सिद्धांत के साथ छेड़छाड़ है।*[16]

भविष्य की आशा

संवैधानिक संशोधनों के बाद बहुत-सी घटनाएँ आशावादी स्थिति का संकेत करती हैं।

गैरसरकारी संगठन, सामुदायिक प्रयास और जन संगठन पंचायतों और नगरपालिकाओं को मजबूत करने में महत्वपूर्ण भूमिका निभा रहे हैं। 73वें और 74वें संवैधानिक संशोधनों के बाद भारत में बड़ी संख्या में गैरसरकारी संगठन पंचायतों की सफलता के लिए अनुकूल स्थितियाँ पैदा करने में उत्प्रेरक की भूमिका निभा रहे हैं। जागरूकता निर्माण कार्यक्रम, निर्वाचित सदस्यों विशेषकर महिलाओं को प्रशिक्षण देने और चुनावों में उनकी सक्रिय भागीदारी सुनिश्चित करने, सामाजिक विकास के कार्यक्रम और नीतियाँ बनाने और उन्हें लागू करने में पंचायतों की सहायता कर रहे ये संगठन पंचायती राज का सामाजिक आधार बन रहे हैं। इस तरह भारत में स्थानीय निकाय अपनी संवैधानिक वैधता तथा नागरिक समूहों और स्वयंसेवी संस्थाओं के साथ संवाद के जरिये राज्य और नागरिक समाज के बीच एक आदर्श मिलन बिंदु प्रस्तुत करते हैं।

नयी पंचायतों के अस्तित्व में आने के बाद से ग्रामीणों की भागीदारी से नये कार्यक्रमों को अर्थपूर्ण तरीके से लिया जा रहा है। इसका उदाहरण केरल में 'पार्टीसिपेटरी एंड सस्टेनेबल पंचायत लेवल डेवलपमेंट प्लानिंग' (पीएलडीपी) का नारा 'लोगों द्वारा लोगों की योजना' है। इस राज्य में नौवीं पंचवर्षीय योजना के लिए जन अभियान कार्यक्रम मील का पत्थर है। प्रस्तावित दस्तावेज में कहा गया है कि यह

पंचायती निकायों को सशक्त करने की एक कोशिश है। इसके लिए यह सुनिश्चित करने का प्रयास किया गया है कि पंचायती राज/नगरपालिका निकाय वैज्ञानिक तरीके से एकीकृत योजनाओं को तैयार करें और उन्हें प्राथमिकता दें।[17]

इस कार्यक्रम ने पंचायती राज को एक जन आंदोलन की शक्ल दी है और समूचे राष्ट्र का ध्यान आकर्षित किया है। 1997-98 के बजट में वार्षिक योजना की 36 प्रतिशत राशि पंचायती राज और नगरपालिका संस्थानों को वितरित की गयी। इसके दिशा-निर्देशों में कहा गया था कि यह राशि ग्रामीण क्षेत्रों में उत्पादक क्षेत्रों, समाज सेवा और बुनियादी संरचना पर खर्च की जानी चाहिए। पंचायती राज के निराशाजनक इतिहासवाले राज्य भी पंचायतों को अधिकार और वित्त देने के लिए आगे आ रहे हैं। मध्य प्रदेश और तमिलनाडु इसके उदाहरण हैं। पंचायत चुनावों के तत्काल बाद तमिलनाडु सरकार ने नव निर्वाचित पंचायतों को विकास कार्यक्रमों से संबंधित सृजनात्मक दायित्व सौंपने के लिए राज्य योजना आयोग से विशेष दल गठित करने को कहा, जो राज्य सरकार को परामर्श दे कि कौन-से अधिकार और कार्य (जो अभी राज्य विभाग के पास हैं) स्थानीय निकायों को सौंपे जा सकते हैं। इस विशेष दल की सिफारिशों[18] के आधार पर तमिलनाडु के मुख्य मंत्री एम. करुणानिधि ने अपने बजट अभिभाषण में घोषणा कर दी कि अब स्थानीय निकाय ही निर्णय लेंगे और अधिकारियों का दायित्व इन्हें लागू करना होगा। पंचायत प्रधान को कार्यकारी अधिकारी घोषित करते हुए सरकार ने आदेश जारी कर दिये कि उसे अपने कार्यों को पूरा करने के लिए आवश्यक संसाधन और स्टाफ प्रदान किये जायेंगे।

हम जानते हैं कि जीवंत स्थानीय सरकारों को अस्तित्व में लाने के लिए संवैधानिक संशोधन केवल एक आवश्यक शर्त है। हम यह भी जानते हैं कि पंचायतें अपनी जड़ें जमा सकें, इसके लिए राजनीतिक इच्छाशक्ति समान रूप से महत्वपूर्ण है। लेकिन जहाँ राजनीतिक इच्छाशक्ति बिल्कुल नदारद है, वहाँ भी पंचायतों को मजबूत करने के लिए ऐसे कदम उठाये गये हैं जो इसके पहले असंभव थे। उड़ीसा में राज्य सरकार और विधायकों ने चुनावों को रोकने के लिए हर संभव कोशिश की। लेकिन संवैधानिक प्राधिकार यानी चुनाव आयोग, प्रेस और लोग चुनाव चाहते थे और न्याय प्रणाली ने उनका साथ दिया। सभी अड़चनों के बावजूद उड़ीसा में पंचायत चुनाव हुए और राज्य के ग्रामीण क्षेत्रों में जनता के करीब दस हजार प्रतिनिधि चुने गये। यह सब नये संवैधानिक संशोधन के कारण ही संभव हुआ है। बहुत-से देश बेहद रुचि के साथ हमारे इस स्थानीय सरकार के प्रयोग को देख रहे हैं। पाकिस्तान की नयी सरकार भारत की तरह स्थानीय निकायों में महिलाओं को आरक्षण देने की सोच रही है।

भ्रष्टाचार, जो राष्ट्रीय जीवन के लिए अभिशाप बन चुका है, मजबूत स्थानीय निकायों के माध्यम से काफी हद तक कम हो सकता है। वैसे, यह आशंका भी

प्रकट की जा रही है कि राजनीतिक और आर्थिक विकेंद्रीकरण के साथ भ्रष्टाचार का भी विकेंद्रीकरण हो जायेगा। लेकिन हमें यह भूलना नहीं चाहिए कि निचले स्तर पर लोगों के प्रति जन प्रतिनिधियों की जवाबदेही का स्तर ऊँचा है। बहुत-से मामलों में ग्राम सभाएँ सामाजिक ऑडिट का केंद्र बिंदु बन रही हैं, जिससे निर्वाचित प्रतिनिधि भी सचेत होते जा रहे हैं।

नया पंचायती राज सूचना के प्रवाह की बेहतर संभावनाएँ खोल रहा है। सूचना ताकत है और प्रभावशाली वर्ग ने सामान्य लोगों को अँधेरे में रखा था। सार्वजनिक मामलों में पारदर्शिता नहीं थी और हर चीज में आधिकारिक गोपनीयता बनी हुई थी। पंचायत इस केंद्रीकृत सूचना प्रणाली को तब तोड़ देगी, जब तीस लाख निर्वाचित सदस्य लोगों के जीवन को प्रभावित करनेवाली विभिन्न जानकारियाँ माँगेंगे। राजस्थान में मजदूर किसान शक्ति संगठन द्वारा किया गया कार्य सभी राज्यों में फैलेगा और पंचायतें इसके लिए सबसे प्रभावशाली हथियार होंगी।

उपलब्ध सामाजिक सूचकों के मुताबिक उत्तर भारत के राज्य सामाजिक विकास के संदर्भ में पिछड़ रहे हैं। इसका एक कारण इन राज्यों में ऐसे सामाजिक सुधार आंदोलनों की कमी है जो समय-समय पर देश के अन्य हिस्सों में होते रहे हैं। इक्कीसवीं शताब्दी की दहलीज पर खड़ी नयी पंचायतों में इन राज्यों के ग्रामीणों के जीवन में नया अध्याय शुरू करने की क्षमता है।

जब लोकतंत्र आम नागरिकों के हाथ में हो, तो वह गरीबी को मिटाने का औजार बन सकता है। वह समान आर्थिक विकास सुनिश्चित कर सकता है। स्वस्थ वातावरण को स्थायित्व प्रदान कर सकता है और मानवाधिकारों के लिए काम कर सकता है। दुर्भाग्य से जमीनी स्तर पर लोगों को लोकतंत्र सौंपने के खिलाफ काम करनेवाली ताकतें अब भी काफी शक्तिशाली हैं। मुझे लगता है कि यथास्थिति को बनाये रखने के लिए स्वार्थी तत्वों द्वारा जान-बूझ कर कोशिश की जा रही है, ताकि स्थानीय सरकारों की कार्यप्रणाली के बारे में संशय का वातावरण बनाया जा सके। लेकिन नया पंचायती राज अपना रास्ता बना रहा है। इस प्रक्रिया को उलटा नहीं जा सकता। राज्य तंत्र के पुनर्गठन का यह दूसरा अवसर है। पहला अवसर वह था, जब हमें गणतंत्रात्मक संविधान प्राप्त हुआ।

संदर्भ

1. एम.एन. रॉय, शक्ति का विकेंद्रीकरण, *द रेडिकल ह्यूमनिस्ट* का संपादकीय, 30 अगस्त 1953
2. उपर्युक्त
3. उपर्युक्त
4. एम.एन. रॉय, दलविहीन राजनीति, *द रेडिकल ह्यूमनिस्ट*, 25 सितंबर, 1949
5. अनुच्छेद 40, *भारत का संविधान*

6. लक्ष्यों का विवरण, संविधान (72वाँ संशोधन) विधेयक, 1991
7. अब्दुल नजीर साब, चौखंबा राज की ओर, जॉर्ज मैथ्यू द्वारा संपादित *पंचायती राज इन कर्नाटका टुडे : इट्स नेशनल डाइमेंशंस* में संग्रहीत, इंस्टीट्यूट ऑफ सोशल साइंसेज तथा कंसेप्ट पब्लिशिंग कंपनी, नयी दिल्ली, 1986, पृ. 53
8. एस. गुहन, *फेडरलिज्म एंड द सेवेंटी-थर्ड अमेंडमेंट : सम रिफ्लेक्शंस,* अप्रकाशित पांडुलिपि, इंस्टीट्यूट ऑफ सोशल साइंसेज, नयी दिल्ली
9. निर्मल मुखर्जी, एस.एन. माथुर द्वारा लिखित *न्याय पंचायत्स एज इंस्ट्रूमेंट ऑफ जस्टिस* की अपनी भूमिका में, इंस्टीट्यूट ऑफ सोशल साइंसेज तथा कंसेप्ट पब्लिशिंग कंपनी, नयी दिल्ली, 1997, पृ. 8
10. ए.आई.आर. 1992, कर्नाटक उच्च न्यायालय के फैसले में उद्धृत, इंस्टीट्यूट ऑफ सोशल साइंसेज तथा नेशनल डेयरी डेवेलपमेंट बोर्ड, नयी दिल्ली, 1992, पृ. 24-25
11. के. शुभा, *कर्नाटका पंचायत इलेक्शंस 1995 : प्रोसेस, इशूज एंड मेंबरशिप प्रोफाइल,* इंस्टीट्यूट ऑफ सोशल साइंसेज तथा कंसेप्ट पब्लिशिंग कंपनी, नयी दिल्ली, 1996; 'तमिलनाडु में स्थानीय चुनाव की प्रक्रिया तथा चुनावी मुद्दे, 1996' पर प्रेस वक्तव्य, इंस्टीट्यूट ऑफ सोशल साइंसेज, नयी दिल्ली, 20 नवंबर 1996
12. एम.एन. रॉय, लोकतंत्र तथा दलगत राजनीति, *द रेडिकल ह्यूमनिस्ट,* 22 अप्रैल 1951
13. जॉर्ज मैथ्यू, कर्नाटक में पंचायत चुनाव, *हिंदुस्तान टाइम्स,* नयी दिल्ली, 9 फरवरी 1987
14. गिरीश कुमार तथा बुद्धदेव घोष, *वेस्ट बंगाल पंचायत इलेक्शंस 1993 : अ स्टडी इन पार्टिसिपेशन,* इंस्टीट्यूट ऑफ सोशल साइंसेज तथा कंसेप्ट पब्लिशिंग कंपनी, नयी दिल्ली, 1996.
15. जॉर्ज मैथ्यू तथा रमेश सी. नायक, *पंचायतें व्यवहार में : क्या लाभ है इनसे शोषित वर्गों को?, इकॉनॉमिक एंड पोलिटिकल वीकली,* मुंबई, 6 जुलाई 1996, खंड 31, संख्या 27, पृ. 1765-1771
16. ई.एस. वेंकटरमैया, सांसद क्षेत्र विकास योजना : संविधान पर हमला, *इंडियन एक्सप्रेस,* नयी दिल्ली, 13 फरवरी, 1997.
17. *योजना के लिए जन अभियान : एक दृष्टिकोण,* केरल राज्य योजना बोर्ड, तिरुवनंतपुरम, 1996, पृ. 1
18. 'ग्रामीण स्थानीय निकायों को अधिकारों का हस्तांतरण' पर राज्य योजना आयोग की पहली रिपोर्ट, राज्य योजना आयोग, तमिलनाडु सरकार, चेन्नई, 1997, पृ. 9-10

3

गणराज्य और लघु गणराज्य

चौवन साल पूर्व जब हमने यानी भारत के लोगों ने देश के सभी नागरिकों के लिए न्याय, स्वतंत्रता तथा समानता सुनिश्चित करने के लिए भारत को 'संप्रभु लोकतांत्रिक गणतंत्र' बनाने की प्रतिज्ञा की थी, उस समय हमारे गणतंत्र के गठन की परिकल्पना में एक गंभीर खामी रह गयी थी। हमने इस बात पर अपेक्षित ध्यान नहीं दिया कि उसकी बुनियाद क्या होनी चाहिए। यानी, उस समय हमारे लगभग पाँच लाख गाँवों की पूरी तरह उपेक्षा कर दी गयी थी। संविधान के प्रवर्तनीय भाग में किसी जिक्र के बजाय उनके बारे में सिर्फ नीति निदेशक तत्वों (अनुच्छेद 40) में ही चर्चा की गयी, जिनके अनुसार 'राज्य ग्राम पंचायतों को संगठन करने के लिये कदम उठायेगा और उनको ऐसी शक्तियाँ और प्राधिकार प्रदान करेगा जो उन्हें स्वायत्त शासन की इकाइयों के रूप में कार्य करने योग्य बनाने के लिए आवश्यक हों।' आश्चर्य यह है कि यह बुनियादी खामी इस दावे के बावजूद चली आ रही है कि स्वतंत्रता आंदोलन का मकसद ग्राम स्वराज हासिल करना है। गांधी जी नें यह बात बार-बार दुहरायी थी कि 'स्वतंत्रता नीचे से शुरू होनी चाहिए। तभी प्रत्येक गाँव संपूर्ण अधिकार संपन्न पंचायत अथवा गणराज्य होगा।'

दिल्ली में संसद और राज्यों में विधान सभाओं के स्तर पर भारतीय गणतंत्र का ऊपरी ढाँचा तो बना दिया गया, मगर गाँव, ब्लॉक और जिला स्तर पर लोकतंत्र की पूरी तरह अनदेखी की गयी। इसी के परिणामस्वरूप हमारे गाँव आज भी लगभग उतने ही गरीब, जातिवाद से त्रस्त, देश-दुनिया से कटे हुए तथा अविकसित हैं जितने वे गणतंत्र की नींव रखे जाने के समय थे।

भारत के ग्रामीण समुदाय प्राचीन काल से ही पंचायतों के रूप में संगठित थे। यह कृषि आधारित अर्थव्यवस्था की पहचान थी और इनमें मानवीय गतिविधि, विकास तथा प्रगति के जीवंत केंद्र बनने की संभावना इसी कोटि के पश्चिमी संगठनों से कहीं ज्यादा थी। रूस में ये संगठन 'मीर', जर्मनी में 'मार्क' तथा मध्यकालीन

इंग्लैंड में 'मेनॉर' कहलाते थे। सामाजिक और राजनीतिक जीवन में इन सबकी भूमिका सीमित थी। इसके विपरीत, हमारी पंचायतें प्रशासन की धुरी, सामाजिक जीवन का केंद्र, राजनीतिक अर्थव्यवस्था की बुनियाद तथा, इन सबसे भी ऊपर, सामाजिक भाईचारे का केंद्र-बिंदु थीं। उनके कामकाज को देख कर ही 1830 में सर चार्ल्स मेटकॉफ जैसे सतर्क पर्यवेक्षक ने 'लघु गणतंत्र' कह कर उनकी तारीफ की थी। मेरा आशय कतई यह नहीं है कि ये लघु गणराज्य सभी लोगों की लोकतांत्रिक भागीदारी पर आधारित फल-फूल रहे आदर्श समुदाय थे। भारतीय समाज के जाति-ग्रस्त और सामंती ढाँचे के कारण डॉ. आंबेडकर ने अपने निजी अनुभवों के आधार पर संविधान सभा में जो बयान दिया था, उसमें काफी सच्चाई है। उन्होंने इन ग्राम पंचायतों को भारत की बरबादी का कारण बताया था। यह बात तय है कि आंबेडकर को लोकतांत्रिक विकेंद्रीकरण अथवा एक आदर्श पंचायती राज प्रणाली के द्वारा जनता को सत्ता देने के सिद्धांत से कोई आपत्ति नहीं थी; उनका आक्रोश तो ग्रामीण समाज में प्रचलित जातिगत भेदभाव के प्रति था।

हमारे तर्क की पुष्टि संविधान सभा में मैसूर के माधव राव द्वारा दिये गये वक्तव्य से होती है। उन्होंने यह बात स्वीकार की थी कि कुछ गाँव अरसे से गुटबाजी से ग्रस्त हैं; वे अत्याचार के छोटे-छोटे तंत्र तथा छुआछूत के गढ़ हैं। पर उन्होंने यह भी याद दिलाया कि यदि 30 प्रतिशत गाँवों को भी अच्छा कहा जा सकता है तो उनकी उपेक्षा नहीं की जानी चाहिए। उन्होंने इस क्षेत्र में मैसूर की लोकप्रिय सरकार द्वारा किये जा रहे कार्यों का उदाहरण भी दिया था।

पंचायती राज के विचार की ओर जवाहरलाल नेहरू काफी बाद में आकर्षित हुए थे। बलवंतराय मेहता समिति की रिपोर्ट के प्रकाशन तथा एस.के. दे से प्रभावित हो कर नेहरू ने यह राह पकड़ी थी। दे ने ग्राम सभा से लोक सभा तक संस्थाओं के जीवंत क्रमिक सिलसिले की कल्पना की थी। जवाहरलाल नेहरू को लिखे एक पत्र में गांधी जी ने कहा था कि सत्य एवं अहिंसा सिर्फ ग्रामीण जीवन की सादगी में ही प्राप्त किये जा सकते हैं। इस पर नेहरू की प्रतिक्रिया यह थी, 'मेरी समझ में यह नहीं आता कि गाँव अनिवार्य रूप से सत्य और अहिंसा की प्रतिमूर्ति कैसे हो सकते हैं? आम तौर पर तो गाँव बौद्धिक तथा सांस्कृतिक रूप से पिछड़े हुए हैं तथा उलटे चल कर तरक्की नहीं की जा सकती। संकुचित सोच के लोगों के असत्यवादी एवं हिंसक होने की संभावना ज्यादा रहती है।' लेकिन नये गणतंत्र की खामियों तथा उसके शासन की तरह-तरह की समस्याओं को अनुभव करने के बाद जवाहरलाल नेहरू ग्रामीण लोकतंत्र के सबसे बड़े समर्थक बन गये थे।

1959 में राजस्थान के नागौर कस्बे में स्वतंत्र भारत की पहली ग्राम पंचायत का उद्घाटन करते हुए पंडित नेहरू ने उसे 'नये भारत के संदर्भ में सबसे ज्यादा क्रांतिकारी एवं ऐतिहासिक कदम' बताया था।

पिछले पाँच दशकों में भारत में मूलभूत परिवर्तन आया है। इसके बावजूद हमारे गणतांत्रिक संविधान ने समय की कसौटी पर खरा उतरते हुए अपनी मूलभूत खूबियों को बरकरार रखा है। इसके साथ ही, मूलभूत सिद्धांतों के दायरे में ही परिवर्तन की माँगों के अनुरूप नयी व्यवस्थाएँ विकसित करने के लिहाज से यह काफी लचीला भी साबित हुआ है। इसी प्रक्रिया में यह स्पष्ट हुआ कि संविधान एवं संघीय ढाँचे अथवा प्रशासनिक ढाँचे के अंतर्गत गाँवों को दिये गये अस्पष्ट स्थान से गणतंत्र की नींव को मजबूत करने में सहायता नहीं मिल सकती। इस दृष्टि से 1993 का वर्ष, जब पंचायतों को संविधान के नौवें भाग में शामिल किया गया, ऐतिहासिक वर्ष था। अब संवैधानिक मान्यता के आधार पर जनता द्वारा निर्वाचित तीस लाख महिलाएँ और पुरुष हमारे सामने हैं। इन पर बहुत बड़ी तादाद में—500 से ज्यादा जिला पंचायतों, लगभग 5100 ब्लॉक अथवा तालुक पंचायतों तथा लगभग 2,25,000 ग्राम पंचायतों—स्थानीय स्तर की राजनीतिक संस्थाओं के संचालन का दायित्व है। नयी प्रणाली में हमारे पास 89 नगर निगम, 1500 नगरपालिकाएँ तथा लगभग 1800 नगर पंचायतें हैं। दुर्भाग्य से इन संस्थाओं के निर्वाचित प्रतिनिधियों को संसद तथा 27 राज्यों एवं केंद्र शासित प्रदेशों की विधान सभाओं के 4862 जन प्रतिनिधि अपने लिए खतरा मान कर चल रहे हैं।

उन्हें खतरा मानने की मानसिकता से दो परिस्थितियाँ बन गयी हैं। पहली परिस्थिति यह है कि 5000 से भी कम संख्यावाले ये जन प्रतिनिधि अपने आपको और अधिक अधिकारों, आर्थिक फायदों एवं विशेषाधिकारों से लैस करते जा रहे हैं। उदाहरण के लिए, सांसद स्थानीय क्षेत्र विकास योजना कोष की राशि रातों-रात एक करोड़ रुपये से बढ़ा कर दो करोड़ रुपये कर दी गयी है तथा राज्यों में विधायकों के विवेकाधिकार से खर्च की जानेवाली राशि भी शीघ्र ही बढ़ा कर दुगुनी कर दी जायेगी। यह प्रवृत्ति इसी तरह बढ़ती जायेगी; इसका कोई अंत नहीं है। दूसरी परिस्थिति यह है कि भारतीय संविधान के तकाजे के अनुरूप राज्य इन पंचायतों को 'स्वशासन की संस्थाएँ' बनाने को तैयार नहीं हैं। यहाँ 'राज्य' से तात्पर्य राज्यों की विधान सभाओं तथा उनके सदस्यों से है। कुछ अपवादों को छोड़ कर, राज्यों ने ग्राम पंचायतों अथवा उनसे ऊपर की संस्थाओं को स्वायत्तता एवं स्वतंत्रता से कार्य करने के अधिकारों एवं औजारों से सुसज्जित नहीं किया है। लगभग सभी राज्यों ने संविधान की इबारत का तो पालन किया है, लेकिन उसकी भावना की अनदेखी कर दी है। ज्यादातर राज्य जिलों में निर्वाचित जिला शासन के बजाय अब भी कलक्टर राज को ही बढ़ावा दे रहे हैं। विधायकों तथा राज्यों के मंत्रियों एवं किसी हद तक सांसदों को भी यह डर सता रहा है कि यदि जन प्रतिनिधि होने के अपने एकाधिकार को उन्होंने किसी से बाँट लिया, तो उन्हें हासिल सामाजिक हैसियत एवं अधिकारों में कटौती हो जायेगी; इसलिए इसे रोकने के लिए नये पंचायती राज को खत्म करने की धीरे-धीरे, मगर

लगातार कोशिश चल रही है। इसी षड्यंत्र के अंतर्गत पंचायत प्रतिनिधियों पर अयोग्यता, अक्षमता, भ्रष्टाचार तथा अन्य नकारात्मक प्रवृत्तियों का आरोप लगाया जा रहा है। पंचायती राज की सफलता के एक भी किस्से पर फोकस नहीं किया जाता। इस षड्यंत्र में राज्यों के राजनीतिक नेतृत्व के साथ-साथ नौकरशाही ने भी साँठ-गाँठ कर रखी है। षड्यंत्र यह है कि लोगों तथा जनमत निर्माताओं के मन में इन संस्थाओं के प्रति संदेह का बीज बो कर ग्रामीण जनता की सत्ता को नष्ट कर दिया जाये तथा सारे अधिकार अपने तक सीमित कर लिये जायें।

भारतीय गणतंत्र की पचासवीं वर्षगाँठ सिर्फ एक वर्ष दूर है। क्या गाँवों को सचमुच 'लघु-गणराज्य' बनाने के लिए इस अवसर का उपयोग किया जा सकता है? सौभाग्य से हमारे पास पंचायतों का संविधान प्रदत्त उपकरण भी मौजूद है। लेकिन विस्तृत अधिकारों एवं दायित्वों के साथ पंचायतों के संविधान के नौवें भाग का अंग बनने संबंधी जानकारी एवं जागरूकता लोगों में बहुत कम है। निहित स्वार्थ के लोग यह नहीं चाहते कि नये विचारों से जनता में जागरूकता आये; इसलिए लघु गणराज्यों के अस्तित्व की स्थापना के लिए बड़े पैमाने पर जन जागरण अभियान चलाया जाना चाहिए। यह अभियान इस नारे पर केंद्रित होना चाहिए : *गणराज्य के पचासवें वर्ष में हर गाँव बने एक लघु गणतंत्र*।

पंचायती राज को मजबूत बनाने के लिए कार्यरत स्वयंसेवी संगठनों को देश भर की 2,25,000 ग्राम पंचायतों को लघु गणराज्य बनाने के लिए इस विषय पर सभाएँ एवं भाषण आयोजित करने चाहिए। विधायकों और मंत्रियों को जनता के सामने यह शपथ दिलायी जानी चाहिए कि वे पंचायतों को संविधान के अनुरूप संपूर्ण अधिकार तथा वित्त देने की राह में रोड़ा नहीं बनेंगे। विद्यालयों और महाविद्यालयों में हमारे गाँवों के महत्व तथा लोकतांत्रिक प्रक्रिया द्वारा उनकी स्वतंत्रता तथा स्वायत्तता के विचार पर पदयात्रा, वाद-विवाद एवं निबंध लेखन प्रतियोगिताओं का आयोजन किया जाना चाहिए। इससे महिलाओं की भागीदारी, सूचना के अधिकार, चुनाव के मूल्यों तथा जाति, धर्म अथवा जन्म को भूल कर सभी नागरिकों की समानता तथा ग्राम स्तरीय लोकतंत्र से जुड़े ढेर सारे मुद्दों को सामने लाने में मदद मिलेगी। गाँवों में इन विषयों पर नारों, परदों, पोस्टरों, दीवार लेखन आदि का अभियान चलाना चाहिए। विद्यालयों, महाविद्यालयों तथा अन्य संस्थाओं के माध्यम से जन संगठनों, व्यापारियों, लघु उद्यमियों आदि को इन कार्यक्रमों का प्रायोजन करना चाहिए। लघु गणराज्यों के विचार का प्रसार करने के लिए गाँवों में रह रहे बुजुर्ग और सेवानिवृत्त लोग वैचारिक योगदान और समर्थन दे सकते हैं।

भारतीय गणतंत्र का पचासवाँ वर्ष नयी सहस्त्राब्दि के साथ शुरू हो रहा है। यह हमारे समकालीन इतिहास में गणतंत्र के संस्थापकों के सपनों को सच बनाने की राह में रोड़े अटकानेवाली ताकतों से दो-चार होने का सबसे बढ़िया अवसर है।

अपने नेताओं पर भरोसा करते हुए लोगों ने अपने सपनों और आदर्शों को अमली जामा पहनाने का जिम्मा उन्हीं पर छोड़ दिया था, लेकिन उनके सपने सच नहीं हो पाये। इसलिए इस उद्देश्य को पाने के लिए लोगों को पंचायतों के माध्यम से गाँवों के नवीकरण एवं उन्हें नये सिरे से खड़ा करने के आंदोलन में शरीक हो कर यह जिम्मा अब अपने कंधों पर लेना होगा। हरेक राज्य के हिसाब से इस आंदोलन की स्थानीय कार्यप्रणाली तय की जा सकती है। संचार क्रांति के ग्रामीण क्षेत्रों में पहुँचने से गाँवों को लघु गणराज्य बनाने के विचार का प्रसार आज काफी आसान हो गया है।

हमारा प्रतिनिधिक लोकतंत्र अभी तक कार्य करता रहा है, लेकिन कभी-कभी आश्चर्य होता है कि यह सिर्फ ढाँचा ही है या इसके भीतर किसी आत्मा का भी निवास है। यह हम सभी के लिए अपने लोकतंत्र में जान डालने का अवसर है। यह जान सिर्फ प्रत्यक्ष लोकतंत्र से ही पड़ सकती है। 73वें संविधान संशोधन तथा पंचायत (अनुसूचित क्षेत्रों तक विस्तार) अधिनियम, 1996 ने ग्राम सभा के जरिये प्रत्यक्ष लोकतंत्र के लिए अनुकूल कानूनी खाका तैयार कर दिया है। भारत के प्राचीनतम निवासियों के क्षेत्र यानी सभी आदिवासी गाँवों (पाँचवीं अनुसूची में वर्णित क्षेत्रों) में ग्राम सभा की स्थापना को इस आधार पर अनिवार्य कर दिया गया है कि समुदाय को ही स्वशासन की बुनियादी इकाई होनी चाहिए। इन ग्राम सभाओं को काफी अधिकार दिये गये हैं।

इसी किस्म का प्रत्यक्ष लोकतंत्र लघु गणराज्यों की आधारशिला है। भारत का गणतंत्र इन्हीं लघु गणराज्यों के बल पर फल-फूल सकता है–क्योंकि यही उसकी जड़ें हैं। इसलिए गणतंत्र के पचासवें वर्ष में प्रत्येक गाँव को लघु गणराज्य बनाने में हमें कुछ भी उठा नहीं रखना चाहिए। अगली सहस्त्राब्दि में इस देश में लाखों लघु गणराज्यों को फलने-फूलने दीजिए।

4

खाद्य सुरक्षा एवं पंचायती राज

खाद्य सुरक्षा की अवधारणा का जन्म हुए बहुत अधिक समय नहीं हुआ है। सर्वप्रथम 1974 में विश्व खाद्य सम्मेलन के दौरान इस विषय पर ध्यान दिया गया।[1] विश्व बैंक के अनुसार खाद्य सुरक्षा से तात्पर्य है, 'भौतिक एवं आर्थिक रूप में सभी व्यक्तियों को उनकी आवश्यकतानुसार भोजन मुहैया करना।'[2] विश्व खाद्य सम्मेलन कार्य-योजना (1996) में इस विषय की सर्वाधिक सटीक परिभाषा प्रस्तुत की गयी, 'खाद्य सुरक्षा का अर्थ है प्रत्येक व्यक्ति को हमेशा ऐसे भौतिक एवं आर्थिक अवसर उपलब्ध रहें जिनसे पर्याप्त, सुरक्षित एवं पोषक भोजन पाने के साधन एवं सक्रिय एवं स्वस्थ जीवन जीने के लिए उसकी भोजन संबंधी आवश्यकताएँ उसकी खाद्य रुचियों के अनुसार पूरी हो सकें।'[3]

खाद्य सुरक्षा के तीन मुख्य अंग हैं : खाद्य पदार्थों की उपलब्धता, उनका वितरण तथा आम नागरिक तक पहुँच।[4]

उपलब्धता का अर्थ है जनसंख्या के अनुपात में खाद्य पदार्थों का पर्याप्त मात्रा में सुलभ होना तथा जनसंख्या के प्रत्येक वर्ग को उत्पादन का हिस्सा मिलना। इसके लिए जरूरी है, उचित वितरण व्यवस्था। खाद्य पदार्थों की सुलभता के भौतिक एवं आर्थिक दोनों ही पहलू हैं। भौतिक सुलभता को प्रभावकारी वितरण प्रणाली से हल किया जा सकता है। किंतु आर्थिक सुलभता के लिए व्यापक स्तर पर काम करना होगा। इसका तात्पर्य है प्रत्येक परिवार की व्यय करने की क्षमता की सीमा में उचित मूल्य पर खाद्य पदार्थों का उपलब्ध होना।

पंचायतें एवं खाद्य सुरक्षा

गाँव, तहसील तथा जिला स्तर पर स्थानीय स्वशासी निकायों के रूप में खाद्य सुरक्षा सुनिश्चित करने में पंचायतों की अहम भूमिका है। स्थानीय स्वशासी व्यवस्था खाद्य सुरक्षा के उपर्युक्त वर्णित तीनों अंगों—उपलब्धता, विरतण और पहुँच—के सक्षम

कार्यान्वयन की दिशा में महत्वपूर्ण भूमिका निभा सकती है।

खाद्य उत्पादन

आज देश में पर्याप्त खाद्य उत्पादन हो रहा है। आम जनता की भोजन संबंधी आवश्यकताओं की पूर्ति के लिए यह उत्पादन पर्याप्त भी है। फिर भी कुछ क्षेत्रों में उत्पादन की दर अत्यंत ही निम्न है। जहाँ भी पंचायतें शक्ति-संपन्न हैं, कृषि उत्पादन बढ़ाने में उनकी विशिष्ट भूमिका रही है।

ग्यारहवीं अनुसूची के अनुसार कृषि उत्पादन संबंधी महत्वपूर्ण क्षेत्र पंचायतों को सौंपे गये हैं। ये क्षेत्र इस प्रकार हैं:

(1) कृषि एवं कृषि विस्तार

(2) भूमि का उन्नयन, भूमि सुधार कार्यक्रमों का कार्यान्वयन, चकबंदी एवं मृदा-संरक्षण

(3) लघु सिंचाई, जल प्रबंधन तथा जल संरक्षण विकास कार्यक्रम

(4) पशुपालन, डेयरी एवं मुर्गी पालन

(5) मत्स्य पालन

इसके अतिरिक्त पंचायतों को इन क्षेत्रों में सामाजिक न्याय एवं आर्थिक विकास के लिए योजनाओं के निर्माण का दायित्व भी सौंपा गया है। स्पष्ट है कि इन क्षेत्रों से जुड़ी परियोजनाओं एवं योजनाओं के कार्यान्वयन की जिम्मेदारी भी पंचायतों को ही निभानी है।

कृषि के लिए नयी तकनीक हासिल करने तथा उसका उपयोग करने में भी पंचायतें एक प्रभावकारी संस्था के रूप में कार्य कर सकती हैं। चूँकि उन्हें स्थानीय वस्तुस्थिति की जानकारी होती है, इसलिए वे स्थानीय जरूरतों को पूरा करने में अधिक कारगर रूप से काम कर सकती हैं। कृषि विश्वविद्यालयों तथा शोध संस्थाओं को क्षेत्रीय जरूरतों के अनुसार तकनीक के विकास में सहयोग दे सकती हैं। उन्हें आवश्यक तथ्य मुहैया करा सकती हैं।

उत्पादकता की उच्च्च दर सुनिश्चित करने में भूमि सुधारों का महत्व तथा खाद्य सुरक्षा में उनका योगदान कम करके नहीं आँका जा सकता। भूमि सुधारों के कारण गरीब गाँववालों (छोटे एवं सीमांत किसानों की) आमदनी बढ़ी है, जिसके फलस्वरूप उनकी व्यय करने की क्षमता में भी वृद्धि हुई है।

इस संबंध में पश्चिम बंगाल सबसे अच्छा उदाहरण है। जाना-माना 'ऑपरेशन बरगा' बंगाल में इसीलिए सफल हो सका, क्योंकि इसके लिये पंचायतों ने भरसक प्रयास किया। पश्चिम बंगाल में तृणमूल स्तरीय दबाव के चलते भूमि सुधारों को जारी रखने में वर्ष 1978-1983 में पंचायतों की निर्णायक भूमिका रही। भूमि सुधारों के परिणामों का आकलन इस तथ्य से किया जा सकता है कि पश्चिम बंगाल के

पास देश की कृषि योग्य भूमि का केवल 3.5 प्रतिशत हिस्सा है, किंतु देश की कुल अधिशेष भूमि वितरण में उसका योगदान 20.77 प्रतिशत रहा।

कृषि के विकास में भूमि सुधारों का योगदान 1980 के दशक में हुए कृषि विकास की वृद्धि दर से जाहिर होता है। 1983 के बाद के कालखंड में पंचायतों ने मजबूती से काम करना आरंभ कर दिया था। 1950-60 के दौरान पश्चिम बंगाल में चावल के उत्पादन की वृद्धि दर सिर्फ 1.01 प्रतिशत थी, जो 1980-81 में 6.41 प्रतिशत हो गयी।[5] पश्चिम बंगाल के ग्रामीण क्षेत्रों में घूम कर देखा जाये तो कृषि वृद्धि दर, पंचायतों की भूमिका, जानकारी का उपयोग तथा आत्मनिर्भर ग्रामीण जनता और जागरूक पंचायती व्यवस्था के बीच का गहन संबंध स्पष्ट हो जायेगा। सरकार द्वारा विभिन्न विभागों द्वारा किये जानेवाले कार्यों को पंचायतों की परिधि में लाया गया, जिसके कारण स्थानीय सामुदायिक समस्याओं को ध्यान में रखते हुए रचनात्मक कार्य के लिए स्थान बन सका।

खाद्य वितरण

देश में खाद्य सुरक्षा सुनिश्चित करने तथा खाद्य सामग्री की वितरण प्रणाली का सर्वाधिक उचित माध्यम सार्वजनिक वितरण प्रणाली है। लक्षित जन वितरण प्रणाली 1997 में लागू की गयी थी। इसका उद्देश्य गरीबी रेखा से नीचे रहनेवाले परिवारों को कम मूल्य पर चावल एवं गेहू उपलब्ध करवाना था। यह वह वर्ग है, जिसकी खाद्य सुरक्षा अनिश्चित रहती है। चूँकि जन वितरण प्रणाली में भ्रष्टाचार व्याप्त है और ऐसे बिंदु अनेक हैं जहाँ से अनाज दूसरी जगह ले जाया जाता है, प्रधान मंत्री को हाल ही में स्वयं स्वीकार करना पड़ा कि जन वितरण प्रणाली अनेक स्थानों पर अपने लक्ष्य को पूरा नहीं कर पा रही है। जिन राज्यों के अधिकांश लोग गरीब हैं, वहाँ अनाज का सीमित उठाव व्यवस्था में व्याप्त प्रशासकीय अक्षमताओं की ओर संकेत करता है। प्रधानमंत्री ने राज्य सरकारों से आग्रह किया कि इस स्थिति से निपटने के लिए शीघ्र ही कोई हल निकाला जाये तथा पंचायतों के योगदान के लिए राह बनायी जाये, ताकि 'सबके लिए भोजन' अभियान को सफल बनाया जा सके।[6]

जन वितरण प्रणाली में पंचायतों की भागीदारी से जरूरतमंदों को भोजन मिलना और अधिक सुनिश्चित होगा। इसीलिए 11वीं अनुसूची में जन वितरण प्रणाली को शामिल किया गया है।

इस प्रावधान को अमली जामा पहनाने के लिए उड़ीसा के क्योंझर जिले में किये गये प्रयोगों के समान ही और भी नये कदम उठाने की जरूरत है। उड़ीसा ग्राम पंचायत अधिनियम, 1965 की धारा 44(1) (एक्स-3) के तहत जन वितरण प्रणाली ग्राम पंचायत का दायित्व है। ग्राम पंचायतों का यह कर्तव्य है कि वे वित्तीय स्थिति के अनुरूप, गाँवों में जन वितरण प्रणाली का संचालन करें तथा उस पर नियंत्रण

रखें। साथ ही जन वितरण प्रणाली की कार्य कुशलता के लिए भी पंचायतें ही उत्तरदायी होंगी। इस प्रावधान के अनुसार क्योंझर में पंचायतों को जन वितरण प्रणाली के द्वारा खाद्य पदार्थों की बिक्री का दायित्व सौंपा गया है। इस प्रकार निजी विक्रेताओं को इस क्षेत्र से हटा दिया गया। ऐसा माना जाता है कि इससे पंचायतों की वित्तीय स्थिति में सुधार होने के साथ भ्रष्टाचार में भी कमी आयी है। वितरण व्यवस्था अधिक पारदर्शी हो गयी है। जिम्मेदारी की भावना बढ़ी है।[7]

राजस्थान में राज्य सरकार समन्वित ग्रामीण विकास कार्यक्रम के तहत गरीबी रेखा से नीचे रहनेवाले लाभार्थियों के चयन के लिए ग्राम सभा का प्रयोग एक सार्वजनिक मंच के तौर पर कर रही है। 'अन्नपूर्णा परियोजना' के तहत ग्राम पंचायतों को लाभार्थियों का चयन करना होता है। उनकी सूची तैयार कर सभी के द्वारा अवलोकन हेतु प्रदर्शित करना होता है। आम तौर पर यही देखा गया है कि ग्राम सभा की चयन प्रक्रिया निष्पक्ष तथा कार्यक्रमों की मार्गदर्शिका के अनुरूप होती है।

हाल ही में पंचायती राज संस्थाओं को दायित्व एवं सत्ता के हस्तांतरण के संदर्भ में कार्य दल की रिपोर्ट प्रकाशित हुई। इस रिपोर्ट में पंचायती राज के विभिन्न स्तरों पर किये जानेवाले अनेक दायित्वों की पहचान की गयी है।[8] रिपोर्ट में ठोस ढंग से बताया गया है कि जन वितरण प्रणाली के तहत पंचायतें कौन-कौन-से कार्य कर सकती हैं। ये कार्य इस प्रकार हैं : (1) आवश्यक पदार्थों की उपलब्धता एवं वितरण तथा जन वितरण प्रणाली कार्यक्रम के तहत माँग का अनुमान लगाना; (2) यातायात, भंडारण तथा आपूर्ति प्रणाली; (3) निरीक्षण तथा नियमों का प्रवर्तन; तथा (4) जन वितरण प्रणाली को गरीबी उन्मूलन कार्यक्रमों से जोड़ना।

पंचायती राज के प्रत्येक स्तर पर किये जानेवाले कार्यों का ब्यौरा भी रिपोर्ट में दिया गया है।[9] जिला पंचायतों को समग्र रूप से आकलन तथा नियोजन का दायित्व निभाने के उपयुक्त समझा गया है। उदाहरण के लिए जिला पंचायतों को जन वितरण प्रणाली केंद्रों का जिला स्तरीय नक्शा तैयार करने तथा नयी दुकानें खोलने की जिम्मेदारी दी गयी है। मध्य स्तरीय पंचायतें इन कार्यों की योजना बनाने, अपने क्षेत्रों में कार्यान्वयन की दिशा तैयार करने तथा ग्राम पंचायतों एवं जिला पंचायतों के बीच संबंध सूत्र की भूमिका निभा सकती हैं। ग्राम पंचायतों का कार्य है उचित मूल्य की दुकानों की कार्य प्रणाली का निरीक्षण करना तथा उन पर नियंत्रण रखना, फर्जी राशन कार्डधारियों के नाम सूची से हटाना तथा उचित लाभार्थियों को इस प्रणाली का लाभ पहुँचाना।

कार्य दल की रिपोर्ट में कोई चकित करनेवाली बात नहीं हैं। जनवरी 2002 में उपभोक्ता मामलों तथा सार्वजनिक वितरण के मंत्रालय ने एक छह सूत्री कार्ययोजना बनायी थी। इस योजना का उद्देश्य था, ग्राम पंचायतों को उचित मूल्य की दुकानों की कार्य प्रक्रिया का निरीक्षण करने, उसके लिए नियम बनाने और उन नियमों को

लागू करने का अधिकार देना। बहरहाल, कार्य दल की रिपोर्ट इस मामले में ज्यादा विस्तृत है कि इसमें पंचायती राज संस्थाओं की गतिविधियों को एक सुसंगत स्वरूप दिया गया है तथा उन अधिकारों एवं वित्तीय स्रोतों को रेखांकित किया गया है जो प्रत्येक गतिविधि को संपन्न करने के लिए आवश्यक हैं। इस अर्थ में यह नवीनतम रिपोर्ट कई स्तरों पर पूर्व-उल्लिखित पहलों और प्रयोगों तथा इस महत्वपूर्ण क्षेत्र में स्थानीय स्वशासन की निर्णायक भूमिका के आधार पर अर्जित देश की सामूहिक बुद्धिमत्ता का प्रतिनिधित्व करती है।

भोजन की उपलब्धता

खाद्य सुरक्षा के लक्ष्य को सुनिश्चित करने के लिए ग्रामीण निर्धन वर्ग की आय के साधन बढ़ाना आवश्यक है। यदि जनता के पास व्यय करने का साधन होगा तब ही वह अपनी भोजन संबंधी आवश्यकताओं को पूरा कर सकेगी। हाल ही में उड़ीसा के काशीपुरा में भूख से हुई मृत्यु की घटनाएँ ग्रामीण निर्धन जनता की अपर्याप्त क्रय क्षमता का प्रमाण हैं। यह पंचायतों की उपेक्षा कर जनता पर ऊपर से लादी गयी विकास-मूलक तथा कल्याणकारी परियोजनाओं की असफलता का भी प्रमाण है। पंचायतें परियोजनाओं के कार्यान्वयन में बेहतर जिम्मेदारी और पारदर्शिता ला कर समाज के कमजोर एवं उपेक्षित वर्गों को सशक्त कर सकती हैं। वे गाँव के प्रभुत्वशाली वर्गों तथा भ्रष्ट अधिकारियों के बीच की साँठ-गाँठ को समाप्त कर सकती हैं। सामाजिक अंकेक्षण का प्रयोग कर तथा जानकारी के अधिकार को भली भाँति लागू कर जन वितरण प्रणाली तथा उचित मूल्य की दुकानों को जनता के प्रति जवाबदेह बना सकती हैं। यह सर्वविदित है कि पंचायतों में समाज के हाशिये के लोगों की ज्यादा से ज्यादा भागीदारी हासिल करने की अंतर्निहित क्षमता है।

पूर्व वित्त मंत्री पी. चिदंबरम ने जन वितरण प्रणाली को समाप्त कर पंचायतों द्वारा 'काम के बदले भोजन' जैसे कार्यक्रमों के पक्ष में दलील दी थी।[10] इस प्रकार के कार्यक्रम निर्धन लोगों (जिनके पास न काम है न भोजन) के लिए भोजन मुहैया कराने की दिशा में बहुत महत्व रखते हैं। इसके साथ ही चिदंबरम ने पंचायतों की अब तक की सीमित भूमिका को विस्तृत करने का भी आह्वान किया था। उनका कहना था कि सूखा-ग्रस्त क्षेत्रों में पर्याप्त मात्रा में गेहूँ एवं धान पंचायतों को सौंप दिया जाये। पंचायतें निश्चित करें कि उनके क्षेत्रों में कौन-से काम होने चाहिए। कार्य के अनुपात में गेहूँ और धान देने की मात्रा भी वे ही तय करें। इस प्रकार पंचायतों के द्वारा ग्रामीण विकास तथा खाद्य सुरक्षा दोनों ही लक्ष्यों को पाना संभव होगा।

योजना का विकेंद्रीकरण

खाद्य सुरक्षा के लक्ष्य की पूर्ति की दिशा में पंचायतें अनेक प्रकार से योगदान कर सकती हैं, यह अब तक की चर्चा से स्पष्ट है। किंतु यदि तृणमूल स्तर पर जनता को सही अर्थों में सशक्त नहीं किया जायेगा तो इस लक्ष्य को पाना या तो असंभव होगा अथवा दीर्घकाल में इसका कोई लाभ नहीं होगा। जहाँ स्थानीय निकायों को स्वायत्तता प्राप्त है, विकास संबंधी प्राथमिकताएँ तय करने, प्रकल्प बनाने तथा उनके कार्यान्वयन का अधिकार है, वहाँ भूख के कारण मृत्यु होगी—ऐसी कल्पना भी नहीं की जा सकती। कोई भी संवेदनशील समुदाय आज अपने सदस्यों को भूख से मरते हुए नहीं देख सकता। इस प्रकार तृणमूल स्तरीय लोकतंत्र के माध्यम से स्थानीय जनता का सशक्तीकरण तथा विकेंद्रित योजना निर्माण खाद्य सुरक्षा की सबसे बड़ी गारंटी है। गत पाँच वर्षों में केरल राज्य का अनुभव इस बात का प्रमाण है कि यदि लोगों की भागेदारी के आधार पर नीचे के स्तर से वैज्ञानिक योजना निर्माण किया जाये, तो विकेंद्रीकरण जनता के विकास तथा खाद्य सुरक्षा का सबसे अनुकूल तथा उचित तरीका है।

देश में सर्वप्रथम केरल राज्य सरकार ने 1996 में नौवीं राज्य पंचवर्षीय योजना के तहत बजट का 35-40 प्रतिशत भाग स्थानीय निकायों को देने का निर्णय किया था। इसके अतिरिक्त स्थानीय निकायों को और अधिक स्वायत्तता देने के लिए 75 प्रतिशत निधि बंधनरहित अनुदान राशि के रूप में देने का भी निर्णय किया गया। शर्त केवल एक ही रखी गयी थी कि प्रदत्त निधि का 40 प्रतिशत भाग उत्पादक क्षेत्र (कृषि तथा संबंधित गतिविधियाँ, उद्योग, स्व-रोजगार आदि) पर व्यय करना होगा।

जन योजना अभियान के माध्यम से योजना निर्माण में विकेंद्रीकरण की अवधारणा जिस रूप में की गयी, उसके माध्यम से जनता अपनी जरूरतों और प्राथमिकताओं को जिस रूप में देखती है और केंद्रीकृत नौकरशाही द्वारा देखा जाता है, उनके बीच के फर्क को भी सामने रखने का प्रयास किया गया। इसके पूर्व राज्य द्वारा बनायी गयी योजनाओं और पंचायतों द्वारा बनायी गयी योजनाओं का तुलनात्मक अध्ययन करने से पता चलता है कि दोनों की प्राथमिकताओं में कितना बड़ा फासला है। स्थानीय निकायों ने राज्य की तुलना में कृषि को काफी ज्यादा तरजीह दी। उन्होंने स्थानीय बजट का 19 प्रतिशत कृषि के लिए रखा, जबकि राज्य सरकार की योजना में यह मात्र 10.5 प्रतिशत था।[11]

इसी तरह पशु पालन को 7.57 प्रतिशत अंश दिया गया। यह तथ्य अपने आपमें महत्वपूर्ण है, क्योंकि केरल में डेयरी का काम बहुत बड़े व्यावसायिक स्तर पर नहीं किया जाता।[12] आम तौर पर यह देखा गया कि डेयरी एवं पशुपालन से

छोटे किसानों की आय में बढ़ोत्तरी हुई। अनेक अध्ययनों से ज्ञात होता है कि पंचायतों द्वारा किये गये प्रयासों से कृषि क्षेत्र की उत्पादन क्षमता में वृद्धि हुई है। उदाहरण के लिए काँजीकुझी पंचायत (अलाप्पुज्हा, केरल) ने पारंपरिक सब्जी उत्पादन को सफलतापूर्वक पुनर्जीवित किया। कृषि भवन ने तकनीकी जानकारी दी तथा उनका मार्गदर्शन किया। वित्तीय पहलू पंचायतों का दायित्व था। पंचायतों ने जन जागरूकता और जन संपर्क अभियान चला कर स्थानीय लोगों को अभिप्रेरित भी किया। इस कार्यक्रम की सफलता निःस्संदेह उल्लेखनीय रही। फसल कटाई के दौरान तीन महीनों तक सब्जियों की कीमतों में 20-30 प्रतिशत की गिरावट आ गयी। इसी प्रकार लघु सिंचाई परियोजना तथा कृषि के लिए अन्य संरचनागत सुविधाओं को बढ़ाने पर अधिक ध्यान दिया गया। इससे ज्ञात होता है कि जनता के लिए खाद्य सुरक्षा का क्या मूल्य है। यदि लोगों को अवसर दिया जाये, तो वे स्थानीय समुदाय के लिए खाद्य सुरक्षा सुनिश्चित करने में जुट जायेंगे, बशर्ते उनकी जरूरतों तथा प्राथमिकताओं के मुताबिक योजना बनाने एवं उन्हें लागू करने के लिए स्थानीय सरकारों को अधिकार संपन्न बनाया जाये।

कार्यान्वयन के स्तर पर, जिम्मेदारी एवं पारदर्शिता के लिए अनेक कदम उठाये गये, जिसके परिणामस्वरूप भ्रष्टाचार में भी कमी आयी। अनाज का गायब होना भी कम हुआ। विकेंद्रीकरण से न केवल विकास कार्यक्रमों ने जनता की प्राथमिकताओं को बहुत हद तक पूरा किया, अपितु आम जनता की क्षमता एवं कौशल में भी इजाफा हुआ। इससे यह बिलकुल स्पष्ट हो जाता है कि खाद्य सुरक्षा आम जनता की सर्वोच्च प्राथमिकता है—विशेषकर ग्रामीण जनता की।

निष्कर्ष

उपर्युक्त चर्चा इस तथ्य को रेखांकित करती है कि पंचायती राज संस्थाओं में असमर्थ व्यक्तियों को खाद्य सुरक्षा प्रदान करने की कितनी क्षमता है। 73वें संविधान संशोधन एवं 11वीं अनुसूची ने खाद्य सुरक्षा हेतु पंचायती राज संस्थाओं द्वारा महत्वपूर्ण भूमिका निभाने के लिए काफी गुंजाइश बनायी है—चाहे वह उत्पादन में बढ़ोत्तरी का मामला हो या सुचारु वितरण के द्वारा उपलब्धता को सुनिश्चित करने का। इस संभावना को वास्तविकता में बदलने के लिए पश्चिम बंगाल ने, जहाँ पहले पर्याप्त खाद्य उत्पादन नहीं होता था, और बाद में एक हद तक केरल ने कुछ पहल की है। लेकिन अभी बहुत कुछ करना शेष है। इस दिशा में दो-सूत्री रणनीति बनाने की जरूरत है। प्रथम, यह सुनिश्चित करना होगा कि पंचायतों को वित्तीय अधिकार, दायित्व और कर्मचारी दिये जायें। द्वितीय, पंचायतें ग्राम स्तरीय योजनाएँ प्रभावकारी ढंग से बनायें। राज्य सरकारें इन योजनाओं को मान्यता दें तथा स्थानीय निकायों को इन योजनाओं के कार्यान्वयन की पूर्ण स्वतंत्रता भी दें। इस प्रकार की व्यवस्था में जनता के प्रति जवाबदेही

अंतर्निहित है। केरल का अनुभव इस रणनीति के सकारात्मक परिणामों का साक्षी है। इस दोहरी रणनीति को अपनाने से पंचायतें खाद्य सुरक्षा के सबसे मजबूत तंत्र के रूप में सामने आयेंगी।

संदर्भ

1. विश्व खाद्य सम्मेलन (1974) की रिपोर्ट, संयुक्त राष्ट्र संघ का प्रकाशन, 5-16 नवंबर, रोम, इटली
2. विश्व बैंक, *गरीबी और भूख : विकासशील देशों में खाद्य सुरक्षा के विकल्प एवं मुद्दे,* 1968, वाशिंगटन डी.सी., संयुक्त राज्य अमेरिका
3. *विश्व खाद्य सम्मेन (कार्य योजना),* 1996, विश्व खाद्य शिखर सम्मेलन, 13-17 नवंबर, रोम, इटली
4. *फूड सिक्यूरिटी एंड पंचायती राज (1997),* (संपादित) प्रदीप चतुर्वेदी, कंसेप्ट, नयी दिल्ली, पृ. 267-269
5. डी. बंद्योपाध्याय, पश्चिम बंगाल में भूमि सुधार, *इकॉनामिक एंड पॉलिटिकल वीकली,* 27 मई 2000
6. *फाइनेंशियल एक्सप्रेस,* 25 अप्रैल 2001
7. सौरभ गर्ग, *जन वितरण प्रणाली की वस्तुओं के विक्रेता के रूप में पंचायतें,* कंपास, मानसून अंक, 2000-2001
8. *पंचायती राज संस्थाओं को अधिकार तथा प्रकार्य सौंपने पर कार्य दल की रिपोर्ट,* भारत सरकार, कृषि भवन, नयी दिल्ली, अगस्त 2001
9. उपर्युक्त, पृ. 81-82
10. पी. चिदंबरम, प्राचुर्य की समस्या, *इंडिया टुडे,* 24 सितंबर 2001
11. टी.एम. थामस आइजक एवं रिचर्ड डब्ल्यू. फ्रांक : *लोकल डेमोक्रेसी एंड डेवलपमेंट : पीपुल्स कैंपेन फॉर डीसेंट्रलाइज्ड प्लानिंग इन केराला, लेफ्टवर्ड बुक्स,* नयी दिल्ली, 2000, पृ. 205
12. उपर्युक्त, पृ. 206

5

जनसंख्या स्थिरता के लिए जन सत्ता

सत्ता यदि केवल दिल्ली या अन्य राज्यों की राजधानियों तक ही सीमित रही तो राष्ट्रीय समस्याओं का हल नहीं ढूँढ़ा जा सकता : यह तर्क आजकल काफी लोकप्रिय हो रहा है। इतना ही नहीं, यह भी लोगों के सामने स्पष्ट होता जा रहा है कि ये समस्याएँ नौकरशाही अथवा सरकारी विभागों द्वारा भी नहीं सुलझायी जा सकतीं। देश के सामने मुँह बाये खड़ी प्रमुख समस्याओं का एकमात्र जवाब सत्ता का विकेंद्रीकरण एवं विकेंद्रित नियोजन ही है।

आजादी के बाद से विकेंद्रीकरण की प्रक्रिया में पंचायतों और शहरी स्थानीय निकायों को संवैधानिक दर्जा देनेवाले दिसंबर 1992 के दो संविधान संशोधन (73वाँ एवं 74वाँ) मील का पत्थर साबित हुए हैं। 'भारत में शासन और प्रशासन को लोगों की देहरी तक ले जाने के लिए गाँवों में भारत की 76 प्रतिशत आबादी के लिए पंचायतें तथा 26 प्रतिशत शहरी आबादी के लिए स्थानीय निकाय महत्वपूर्ण उपकरण बन गये हैं।'[1]

जनसंख्या स्थिरता अपने आपमें कोई अलग मुद्दा नहीं है। यह गरीबी मिटाने, पर्यावरण की गुणवत्ता, महिलाओं की बेहतर स्थिति, शिक्षा तथा रहन-सहन की उन्नत परिस्थितियों पर निर्भर है। दूसरे शब्दों में कहें तो गरीबी उन्मूलन, सुचारु खाद्य आपूर्ति, कुपोषण का नाश, उत्तम आवास सुविधा, महिलाओं की स्थिति में सुधार, साक्षरता और सभी के लिए प्रारंभिक शिक्षा जनसंख्या स्थिरता के लिए आवश्यक परिस्थितियाँ हैं।

गाँव या शहर में लोगों के जीवन की उपर्युक्त सभी जरूरतों को पूरा करने के लिए ग्यारहवीं अनुसूची में 29 विषयों तथा बारहवीं अनुसूची में 18 विषयों का उल्लेख किया गया है। ग्यारहवीं अनुसूची में उल्लिखित, पंचायतों के प्रकार्यों में यह स्पष्ट कहा गया है कि जनसंख्या स्थिरता संबंधी दायित्व पंचायतों पर है। ग्यारहवीं अनुसूची में जो 29 विषय सुझाये गये हैं, उनमें 24वाँ विषय है परिवार कल्याण।

इस सूची के सांकेतिक होने के बावजूद राज्यों ने इसमें उल्लिखित विषयों को तीन स्तरीय पंचायतों के अनिवार्य दायित्वों के रूप में अपने अनुपालन-अधिनियमों में ज्यों का त्यों शामिल कर लिया है।

जनसंख्या नियोजन का विकेंद्रीकृत मॉडल

सरकारी नीति के हिसाब से योजना आयोग की नौवीं पंचवर्षीय योजना (1997-2002) के दृष्टिकोण पत्र का परिवार नियोजन एवं कार्यान्वयन प्रक्रिया पर काफी प्रभाव पड़ा है। इस दस्तावेज में परिवार कल्याण के बारे में भी एक खंड है। इसके अनुसार, परिवार कल्याण सेवाओं का दायरा तथा उनकी गुणवत्ता बढ़ाने के लिए प्रयास तेज करने के साथ ही इस कार्यक्रम में 'पंचायती राज संस्थाओं को शामिल किया जायेगा, ताकि अंतरक्षेत्रीय समन्वय बन सके और नियोजन, निगरानी एवं प्रबंधन में सामुदायिक भागीदारी भी हो पाये।'[2] इस कार्यक्रम को दो अन्य वर्गों की भागीदारी के साथ जोड़ा गया है। ये वर्ग हैं स्वैच्छिक तथा संयुक्त क्षेत्र में कार्यरत चिकित्सक तथा संगठित और असंगठित क्षेत्रों के उद्योग तथा श्रमिक प्रतिनिधि। मेरे विचार से योजना आयोग पंचायतों की भूमिका को संवैधानिक प्रावधानों के अनुरूप सही परिप्रेक्ष्य में नहीं समझ पाया। यदि तीन स्तरीय पंचायतों को संवैधानिक रूप से निर्वाचित जन प्रतिनिधियों द्वारा संचालित 'स्वशासन की संस्थाओं' के रूप में प्रतिस्थापित किया जाना है, तो पंचायतों और नगर परिषदों के साथ सामान्य संस्थाओं जैसा व्यवहार करने के बजाय उन्हें शीर्षस्थ महत्व देना होगा। किसी जिले या ब्लॉक अथवा गाँव के जन समूह में जनसंख्या नियंत्रण में सहायता करने के लिए चिकित्सकों को कौन प्रोत्साहित करेगा? उद्योगों, श्रमिक संगठनों आदि को परिवार कल्याण कार्यक्रम में शामिल होने के लिए प्रोत्साहन और सुविधाएँ कौन देगा? यह कार्य केवल स्थानीय स्वशासी संस्थाओं द्वारा ही किया जा सकता है, क्योंकि वे जनता के काफी नजदीक हैं और उसके विचारों, संस्कृति और समस्याओं को समझती हैं।

परिवार नियोजन संवेदनशील मुद्दा है और इसे किसी निदेशक, कलक्टर अथवा बीडीओ द्वारा थोपा या लागू नहीं किया जा सकता। अफसोस यह है कि हमारे नीति निर्धारक आज तक इस सच को गहराई से समझ नहीं पाये हैं। यही कारण है कि देश में परिवार कल्याण कार्यक्रमों के कई दशकों से चलते आने के बावजूद आबादी के मोर्चे पर कई बातें अभी तक ज्यों की त्यों चली आ रही हैं : (अ) दुनिया में हर साल बढ़नेवाली मनुष्यों की कुल आबादी में सबसे ज्यादा हिस्सा भारत का ही है; (ब) दुनिया में सबसे प्रतिकूल लिंग अनुपातवाले देशों में भारत भी शामिल है; (स) असमान विकास टिकाऊ नहीं हो सकता; (द) आजादी के समय देश की कुल आबादी जितनी थी, उतने ही लोग आज भारत में गरीबी रेखा से नीचे जीवन यापन कर रहे हैं।

डॉ. एम.एस. स्वामीनाथन की अध्यक्षता में राष्ट्रीय जनसंख्या नीति का प्रारूप बनाने के लिए गठित विशेषज्ञ समूह ने अपनी रिपोर्ट में इन तथ्यों का ध्यान दिया है। साथ ही, जनसंख्या को स्थिर करने के लिए उसने विकेंद्रित संस्थाओं के महत्व पर विशेष बल दिया है। इस विशेषज्ञ समूह ने मई 1994 में सरकार को अपनी रिपोर्ट सौंपी थी।

विशेषज्ञ समूह की रिपोर्ट में 'ऊपर से नीचे की ओर जारी वर्तमान परिवार कल्याण कार्यक्रम' के बजाय 'पंचायतों, नगरपालिकाओं एवं राज्यों की विधान सभाओं के जरिये विकेंद्रित लोकतांत्रिक नियोजन' पर जोर दिया गया है।[3] रिपोर्ट में लोकतांत्रिक निर्वाचन प्रक्रिया के जरिये गठित पंचायती राज तथा नगरपालिका संस्थाओं को यह दायित्व सौंपने की सिफारिश की गयी है, क्योंकि 'विकेंद्रित कार्रवाई को बढ़ावा देने के लिए ये संस्थाएँ नये अवसरों का झरोखा प्रदान कर रही हैं।'[4]

विशेषज्ञ समूह के अनुसार बुनियादी स्तर के लोकतांत्रिक ढाँचे (यानी पंचायतों और नगरपालिकाओं) को 'गर्भनिरोधक उपायों को अपनाने में वर्तमान लिंगगत असंतुलन को दूर करने के नये अवसर' प्रदान करने के साथ ही साथ अपने गाँव, कस्बे या शहर के लिए सामाजिक-जनसांख्यिक घोषणापत्र बनाना चाहिए। गाँव/कस्बा स्तर के घोषणापत्र में उस क्षेत्र के लोगों के बीच विचार-विमर्श के बाद तैयार किये गये, जनसंख्या स्थिरता के स्पष्ट लक्ष्य शामिल होने चाहिए। घोषणापत्र में मानव आबादी तथा भूमि एवं जल संसाधनों के बीच संतुलन बनाने की तरफ विशेष रूप से ध्यान दिया जायेगा। इसके साथ ही, दहेज, बाल विवाह, मादाभ्रूण एवं शिशु हत्या, महिलाओं-पुरुषों की निरक्षरता आदि सामाजिक बुराइयों को दूर करने के लिए स्थानीय लोगों द्वारा किये जानेवाले उपायों का योजनाबद्ध विवरण भी घोषणापत्र में दिया जायेगा। यह जीवन स्तर बेहतर बनाने के लिए दिशा निर्देशों का निर्धारण भी करेगा। ऐसे घोषणापत्र में कार्रवाई का स्पष्ट खाका रहेगा, जिसमें वित्तीय एवं तकनीकी सहायता की आवश्यकताओं का विवरण शामिल होगा।[5]

स्वामीनाथन रिपोर्ट में स्थिर एवं उचित जनसंख्या के लिए बनाये गये कार्यक्रमों के संवर्धन के लिए पंचायतों एवं नगरपालिकाओं से स्थानीय संसाधन, विशेषकर सामान के रूप में, जुटाने का भी सुझाव दिया गया है।

रिपोर्ट में कार्यक्रम के क्रियान्वयन के लिए जिला स्तर पर जनसंख्या एवं सामाजिक विकास समितियों तथा राष्ट्रीय स्तर पर जनसंख्या एवं सामाजिक विकास आयोग के गठन का सुझाव दिया गया था। केंद्रीय सरकार द्वारा विशेषज्ञ समूह की रिपोर्ट की अस्वीकृति एवं इन सिफारिशों को किसी न किसी रूप में लागू करने पर विचार न किया जाना एक दयनीय स्थिति है। इस सिलसिले में यह उल्लेखनीय है कि केरल द्वारा शुरू किया गया नौवीं योजना के लिए अभियान, जो अब 'पीपल्स प्लान' के रूप में सफलतापूर्वक चल रहा है, विशेषज्ञ समूह द्वारा प्रस्तावित संबद्ध

गाँव, कस्बे या शहर के लिए सामाजिक जनसांख्यिकी घोषणापत्र तैयार किये जाने के कार्यक्रम के काफी नजदीक है।[6]

यहाँ मैं उन दो महत्वपूर्ण उपायों की चर्चा करूँगा, जिनके द्वारा जनसंख्या को स्थिर करने में काफी सफलता प्राप्त की जा सकती है, बशर्ते पंचायतों और नगरपालिकाओं को संवैधानिक प्रावधानों के अनुरूप सुदृढ़ बना दिया जाये। ये उपाय हैं : (क) स्थानीय शासन में महिलाओं की भागीदारी तथा (ख) शिक्षा।

स्थानीय शासन में महिलाओं की भागीदारी

पंचायतों और नगरपालिकाओं के तीनों स्तरों पर महिलाओं के लिए एक-तिहाई सीटें आरक्षित किये जाने से इन संस्थाओं के जनसंख्या को स्थिर करने के लिए प्रभावी उपकरण बनने में काफी सहायता मिलेगी। मोटे तौर पर पंचायती राज एवं नगरपालिकाओं में तीनों स्तरों पर अनुमानतः 30 लाख निर्वाचित जन प्रतिनिधि होने चाहिए। इनमें 10 लाख महिलाएँ होंगी, जो अपने आपमें बहुत बड़ी ताकत बन सकती हैं। यदि वे अपेक्षित गंभीरता के साथ जनसंख्या से संबद्ध मुद्दों को उठायें तो वे महिलाओं के जीवन की गुणवत्ता सुधारने के साथ ही पूरे परिवार एवं समाज का जीवन स्तर सुधारने के लिए आवश्यक उपायों की महत्वपूर्ण शुरुआत कर सकती हैं। लेकिन लगातार उठता प्रश्न यह है कि कई राज्यों में, जहाँ पुरुष वर्ग का वर्चस्व अभी भी कायम है, क्या महिलाएँ अपेक्षित दायित्वों के न्यायपूर्ण निर्वहन में सफल हो पायेंगी, क्योंकि महिलाओं के लिए आरक्षण के बावजूद पंचायती राज संस्थाओं में पुरुष सदस्यों की दो-तिहाई संख्या यानी पुरुष-बहुमत तो रहेगा ही! क्या परिवार में मौजूद पुरुष वर्चस्व पंचायतों तक फैल जायेगा? इसके साथ ही, हमारे देश में बालिकाओं की उपेक्षा, महिलाओं की घटती संख्या, बालिका शिशु की ऊँची मृत्यु दर, महिला मजदूरों की अधिक संख्या, महिलाओं की अल्प साक्षरता दर, बालिकाओं द्वारा विद्यालय बीच में छोड़ देने की ऊँची दर, छोटी आयु में विवाह, किशोरावस्था में माँ बनने के जोखिम का ऊँचा अनुपात, उच्च प्रसूति एवं शिशु मृत्यु दर एवं महिलाओं के प्रति बढ़ती हिंसा जैसे अनेक सामाजिक कारक महिलाओं के जीवन को प्रभावित कर रहे हैं। इन सामाजिक कारकों के बने रहते हुए परिस्थितियाँ कैसे सुधरेंगी? यदि पंचायतें ऐसे ही समाज का आईना हैं, तो सुधार की क्या उम्मीद की जाये?

इस बारे में मेरा कहना यह है कि यह तर्क सामाजिक परिवर्तन की प्रक्रिया के प्रति अज्ञान की अभिव्यक्ति है, जबकि, इसके विपरीत, सच यह है कि दृढ़ संकल्प के साथ कोई पहल की जाये, तो परिवर्तन अवश्य होता है। स्वामीनाथन समिति की रिपोर्ट में निर्वाचित महिला सदस्यों की महत्वपूर्ण भूमिका को यह कहते हुए रेखांकित किया गया है कि उन्हें 'स्वास्थ्य एवं परिवार कल्याण योजनाओं में स्त्री-पुरुष समानता समाहित करने की नयी शुरुआत तथा बालिकाओं की घटती संख्या पर रोक लगाने

में हमारी सहायता करनी चाहिए।'[7] पंचायतों में महिलाओं की विगत पाँच-छह वर्षों की भागीदारी से यह सिद्ध हो गया है कि लैंगिक असंतुलन में सुधार तथा महिलाओं के हितों को प्रोत्साहित करने का वे सबसे प्रभावशाली एवं संवेदनशील माध्यम हैं। पंचायतों के माध्यम से समाज की जड़ता को तोड़ने में महिलाओं की सफल भूमिका के नये-नये किस्से आये दिन सामने आ रहे हैं।

अब यह माना जा चुका है कि देश भर में पंचायतों में 10 लाख महिलाएँ राजनीतिक एवं सामाजिक सशक्तीकरण की लहर ला सकती हैं, बशर्ते निर्णय करने की प्रक्रिया में महिलाओं को सक्षम किये जानेवाले उपायों को प्रोत्साहित किया जाये।

दो बच्चों का पंचायत विरोधी नियम

राजस्थान, हरियाणा और आंध्र प्रदेश ने अपने पंचायती राज कानूनों में अधिकतम दो संतानवाले परिवार के नियम का उल्लंघन करनेवाले लोगों पर पंचायतों, जिला परिषदों एवं नगरपालिकाओं के चुनाव लड़ने पर रोक लगा दी है। कुछ लोगों ने यह कहते हुए इन उपायों की प्रशंसा की है कि इनसे इन तीनों राज्यों की राजनीतिक प्रतिबद्धता जाहिर हो रही है। निःसंदेह जन प्रतिनिधियों को ऐसा आदर्श प्रस्तुत करना चाहिए जिसका जनता अनुकरण करे। संसद से ले कर पंचायतों तक जन प्रतिनिधियों को स्वयं ही छोटे परिवार के नियम का पालन करना चाहिए। लेकिन सबसे बड़ा प्रश्न यह है कि राज्यों एवं केंद्र का राजनीतिक नेतृत्व क्या स्वयं भी इस सिद्धांत का वास्तव में पालन करेगा? इन राज्यों में हुआ यह है कि जिन लोगों की दो से अधिक संतानें हैं, स्थानीय शासन तंत्र में उनके हिस्सा लेने पर रोक लगा कर राजनीतिक नेतृत्व ने एक बड़े वर्ग पर अपनी इच्छा थोप दी है। यहाँ उठनेवाला एक स्वाभाविक प्रश्न यह है कि जब विधान सभाओं अथवा संसद जैसी उच्चस्तरीय संस्थाओं के लिए ऐसा कोई कानून नहीं है, तो फिर इसे पंचायती राज पर क्यों आरोपित किया जाये?[8]

तीन राज्यों (राजस्थान, हरियाणा तथा आंध्र प्रदेश) के पंचायत प्रतिनिधियों के लिए दो संतान के नियमवाले इस कानून के अन्य परिणाम भी चिंताजनक ही हैं। उदाहरण के लिए हरियाणा राज्य को लिया जाये। यहा स्त्री-पुरुष अनुपात (874 : 1000) देश भर में न्यूनतम है। राजस्थान भी इस मामले में कोई पीछे नहीं है। इस राज्य में स्त्री-पुरुष अनुपात प्रति 1000 पुरुषों के मुकाबले 913 महिलाओं का है। अलबत्ता आंध्र प्रदेश में प्रति 1000 पुरुषों के मुकाबले 973 महिलाएँ होने के चलते लैंगिक अनुपात कुछ बेहतर है। इन तीनों राज्यों में पंचायती राज्य के विभिन्न स्तरों की संस्थाओं के लिए लगभग 5,00,000 प्रतिनिधियों का चुनाव किया जाता है। इनमें 1,50,000 से ज्यादा महिलाएँ होंगी। यदि इन सीटों के लिए चुनाव में मुकाबला हो, तो कम से कम 10,00,000 उम्मीदवारों को मैदान में होना चाहिए।

ऐसे में इन राज्यों में अपने गाँव, ब्लॉक अथवा जिला परिषद स्तर पर नेतृत्व की समुचित योग्यतावाले इतने सारे लोग कैसे उपलब्ध होंगे, क्योंकि अभी तक चलन बड़े परिवारों का ही है? क्या दो बच्चों का नियम बहुत-से दंपतियों को स्थानीय चुनाव में उम्मीदवार बनने से नहीं रोकेगा? सदियों पुराने सामाजिक एवं आर्थिक शोषण के शिकार लोगों को लोकतांत्रिक संस्थाओं से इस तरह वंचित रखने की यह प्रक्रिया अलोकतांत्रिक है। उन गरीब गाँववालों (महिलाओं के मामले में यह बात और भी गंभीर है) पर अचानक यह नियम थोप कर विधि निर्माताओं ने शहरी अभिजन के साथ मिल कर सामाजिक यथार्थ की अनदेखी की है। आंध्र प्रदेश की जनसंख्या वृद्धि दर 23.91 प्रतिशत है, हरियाणा की 26.27 प्रतिशत और राजस्थान की 28.07 प्रतिशत। आंध्र प्रदेश और हरियाणा में शिशु मृत्यु दर 71 है और राजस्थान में 84 है। राजस्थान में इंस्टीट्यूट ऑफ सोशल साइंसेज का बुनियादी अनुभव यह है कि पंचायत सदस्यों के लिए अधिकतम दो संतान के नियम का खमियाजा महिलाओं को ही भुगतना पड़ रहा है। तीसरी संतान पैदा होने पर पंचायतों के बहुत-से पुरुष सदस्य अपनी सदस्यता बचाने के लिए अपने पितृत्व को नकार कर पत्नी को 'कागजी' रूप से तलाक दे देते हैं।[9]

शिक्षा ही कुंजी है

आबादी को स्थिर करने की कुंजी है, शिक्षा। तिहत्तरवें संविधान संशोधन की ग्यारहवीं अनुसूची में पंचायतों को विभिन्न प्रकार की शिक्षा की जिम्मेदारी सौंपी गयी है :

1. प्राथमिक एवं माध्यमिक शिक्षा,
2. तकनीकी प्रशिक्षण एवं व्यावसायिक शिक्षा, तथा
3. प्रौढ़ एवं अनौपचारिक शिक्षा एवं पुस्तकालय।[10]

दुनिया भर में अनियंत्रित जनसंख्या वृद्धि को रोकने का सर्वश्रेष्ठ उपाय महिलाओं की शिक्षा को माना गया है। साक्षरता दर के बारे में कहा जा सकता है कि हरियाणा के ग्रामीण क्षेत्रों में यह सिर्फ 49.9 प्रतिशत है; राजस्थान की ग्रामीण आबादी में 69.6 प्रतिशत लोग निरक्षर हैं एवं आंध्र प्रदेश में यह दर 64.3 प्रतिशत है। इन राज्यों के ग्रामीण क्षेत्रों में (सात वर्ष एवं उससे अधिक उम्र की) महिलाओं की साक्षरता दर 1991 की जनगणना के अनुसार इस प्रकार है : राजस्थान 11. 59 प्रतिशत, आंध्र प्रदेश 23.92 प्रतिशत तथा हरियाणा 32.51 प्रतिशत।

इस लिहाज से पंचायतों की जिम्मेदारी बहुत बड़ी है। यहाँ यह उल्लेखनीय है कि शिक्षा को पंचायतों के अंतर्गत लाने के लिए कोई असरदार उपाय नहीं किया गया है, जिसके कारण संपूर्ण साक्षरता की राह दिन पर दिन लंबी होती जा रही है। इसका एक और दुष्परिणाम यह हो रहा है कि शिक्षा पर निर्भर अन्य मुद्दे भी पिछड़ रहे हैं, जिससे परिवार कल्याण को भारी नुकसान हो रहा है। कई अध्ययनों

से यह स्पष्ट हुआ है कि जहाँ-जहाँ प्राथमिक और उच्च स्कूली शिक्षा पंचायतों के अंतर्गत कर दी गयी है, वहाँ-वहाँ शिक्षण की गुणवत्ता तथा शिक्षकों एवं छात्रों दोनों की ही कक्षा-उपस्थिति काफी हद तक सुधरी है।[11]

आइए, इन दो महत्वपूर्ण कारणों, महिलाओं की भागीदारी एवं शिक्षा, के लिहाज से तीन राज्यों केरल, पश्चिम बंगाल और उत्तर प्रदेश की स्थिति का जायजा लें। केरल को इसलिए चुना गया है कि वह इन दोनों क्षेत्रों में उपलब्धियों के हिसाब से शीर्ष राज्य है। पश्चिम बंगाल मध्यम तथा उत्तर प्रदेश न्यूनतम स्तर पर है।

केरल : भारत एवं केरल के उपलब्ध आँकड़ों से यह एकदम स्पष्ट है कि जन्म दर पर प्रभाव डालनेवाले सर्वाधिक महत्वपूर्ण कारक हैं साक्षरता, शिशु मृत्यु दर एवं जीवन प्रत्याशा का स्तर।

रैटक्लिफ तथा अन्य विद्वानों के अध्ययनों से यह सिद्ध हुआ है कि गरीब परिवारों में अधिक संतानों से होनेवाले लाभ से जुड़ी उनकी आवश्यकता घट रही है। बच्चों के पालन-पोषण पर बढ़ते खर्च के साथ-साथ बेहतर स्वास्थ्य उपायों के द्वारा जीवित रहने की अधिक उम्मीद तथा वृद्धावस्था में सुरक्षा की आशा ने गरीब परिवारों को अधिक बच्चे रखने की जरूरत और प्रोत्साहन को कम कर दिया है।[12] जॉन रैटक्लिफ ने इस मुद्दे को इन शब्दों में रखा है : '(केरल में) सीधे और शुद्ध रूप से समता के सामान्य सरोकारों पर आधारित विकासकारी रणनीतियों के क्रियान्वयन के द्वारा विकास के लक्ष्य हासिल किये गये हैं। इनसे उभरी अधिक न्यायपूर्ण एवं समतापरक राजनीतिक अर्थव्यवस्था के कारण केरल भारत के अन्य राज्यों से बेहतर दिखाई दे रहा है। उसी के कारण इसका जनसांख्यिक चरित्र भी अलग से दिख रहा है। केरल के अनुभव से यह सैद्धांतिक अवधारणा सही सिद्ध हो रही है कि जनन क्षमता के उपयोग में कमी उन सार्वजनिक नीतियों से आती है, जिनसे पूरे समाज में सामाजिक न्याय एवं आर्थिक समानता निर्णायक रूप से बढ़ते हैं।'[13]

इसमें कोई संदेह नहीं है कि केरल ये उपलब्धियाँ जन आंदोलनों और सामुदायिक भागीदारी के बलबूते ही हासिल कर पाया है। केरल का यह विशिष्ट इतिहास है कि वहाँ सुधारवादी एवं राजनैतिक आंदोलनों के शुरू होने से पहले सामुदायिक संगठनों ने, वे चाहे जाति आधारित हों या धर्म आधारित, सामाजिक जागरूकता के विकास में महत्वपूर्ण भूमिका अदा की है। ऐसे आंदोलनों के कारण ही बीसवीं शताब्दी के 40, 50 और 60 के दशक में सामाजिक जागरूकता शीर्ष पर थी। इसी का परिणाम है कि 'केरल में स्वास्थ्य की देखभाल जन अधिकार है। आम लोगों ने उसके लिए संघर्ष किया है। वे इसकी अपेक्षा करते हैं। वे इसकी माँग करते हैं। वे इसे बरकरार रखने, सुधारने एवं बढ़ाने के लिये संघर्षरत हैं।'[14] केरल के गाँवों में पंचायतें 73वें संविधान संशोधन से पहले से ही सामाजिक जीवन में काफी सक्रिय भूमिका निभा रही थीं। कोचीन और ट्रावनकोर में 1925 से पंचायतें सक्रिय हैं। जॉन मेंकर के

हवाले से पी.आर. गोपीनाथन नायर ने भी स्वास्थ्य एवं साक्षरता का काफी ऊँचा स्तर तथा निम्न जन्म दर हासिल करने में स्थानीय समर्थन की बड़ी भूमिका पर जोर दिया है।[15] राज्य की जनता के सोच में 73वें संशोधन के बाद रेडिकल परिवर्तन आया है।

केरल सरकार के स्वास्थ्य मंत्री ने 1997 में दिल्ली के एक भाषण में कहा था, 'जनता की अधिकतम भागीदारी सुनिश्चित करने के लिए विभिन्न कार्यक्रमों में स्वयंसेवी संस्थाओं तथा गैरसरकारी संगठनों की सेवाओं का प्रभावशाली ढंग से उपयोग किया गया है। स्वास्थ्य शिक्षण की गतिविधियों तथा अभियानों एवं सेवा शिविरों, मेलों आदि स्वास्थ्य संबंधी विभिन्न कार्यक्रमों के क्रियान्वयन तथा आयोजन में महिला समाजों, युवा क्लबों, खेल क्लबों एवं अन्य सामाजिक-सांस्कृतिक संगठनों को सक्रिय रूप से शामिल किया गया है। वित्तीय दिक्कतों के बावजूद जन स्वास्थ्य सेवा में सुधार के लिए हमारी प्रतिबद्धता बरकरार है। हाल में सरकार ने नियोजन के विकेंद्रीकरण के लिए अभियान शुरू किया है। स्वास्थ्य सुविधाओं के प्रबंधन को भी विकेंद्रीकृत करने की योजना है। इससे आशा है कि स्वास्थ्य सेवाएँ लोगों की आवश्यकताओं के प्रति ज्यादा संवेदनशील बनेंगी। इससे स्वास्थ्य सेवाओं में बचाव के बजाय उपचार के प्रति बढ़ रहे रुझान को संतुलित करने में भी सहायता मिलेगी।'[16]

परिवार नियोजन को लोकप्रिय बनाने में शिक्षा की प्रमुख भूमिका का उल्लेख करते हुए तथा जनसंख्या स्थिरता के लिए अपने प्रयास जारी रखने की प्रतिबद्धता जताते हुए स्वास्थ्य मंत्री ने आगे कहा, 'हम इस दिशा में अपने प्रयास और भी तेजी से जारी रखने के लिये प्रतिबद्ध हैं। केरल ने परिवार कल्याण को जनता के कार्यक्रम के रूप में स्वीकार किया है। अपने संसाधनों में से शिक्षा एवं स्वास्थ्य के लिए भारी राशियाँ उपलब्ध करा कर सरकार जनता की उम्मीदों को पूरा करने के प्रति अपनी प्रतिबद्धता जता रही है।'[17]

केरल के 73वें संविधान संशोधन के बाद की स्थिति के अध्ययन के बाद सामाजिक स्वास्थ्य के पैरोकार डॉ. एन.एच. अंतिया ने ये विचार प्रकट किये थे, 'पंचायती राज इस अत्यंत किफायती एवं मानवीय दृष्टिकोण के रूपायन के लिए आवश्यक परिस्थितियाँ उपलब्ध कराता है, जिससे असली फायदा डॉक्टरों तथा स्वास्थ्य कार्यकर्ताओं को नहीं, बल्कि जनता को मिलता है। यह स्वास्थ्य के प्रति सामाजिक दृष्टिकोण है।'[18]

पश्चिम बंगाल : आम जनता एवं उसके प्रतिनिधियों की भागीदारी को प्रोत्साहित करने के लिए पश्चिम बंगाल में विभागीय कामकाज के लोकतंत्रीकरण के प्रयासों का प्रयोग चल रहा है। इस भागीदारी को औपचारिक रूप देने के लिए विभिन्न सलाहकार समितियाँ बनायी गयी हैं। राज्य स्तर पर स्वास्थ्य शिक्षा, दवाओं की खरीद एवं वितरण आदि के लिए तकनीकी सलाहकार समितियाँ बनायी गयी हैं। प्रत्येक जिले में विभागीय गतिविधियों की निगरानी के लिए सभाधिपति की अध्यक्षता में

अधिकार संपन्न जिला स्वास्थ्य समिति बनायी गयी है। स्वास्थ्य संबंधी प्रत्येक नयी परियोजना को जिला स्वास्थ्य समिति ही स्वीकृति दे, इस व्यवस्था पर विचार किया जा रहा है। जिला परिषदों एवं पंचायत समितियों में स्वास्थ्य संबंधी स्थायी समितियाँ बनायी गयी हैं तथा ग्राम पंचायतों में स्वास्थ्य सेवा एवं स्वास्थ्य अभियान की जिम्मेदारी पंचायत के ही एक सदस्य को सौंपने की व्यवस्था की गयी है।[19]

राज्य में 22 वर्ष के पंचायती राज के बाद अब साक्षरता एवं परिवार कल्याण दोनों ही मोर्चों पर सफलता मिलती दिख रही है। पश्चिम बंगाल में इन मुद्दों के संबंध में स्थानीय निकायों के कार्यकलाप की दिलचस्प झलक डच विद्वान जी.के. लीटन द्वारा 1995 में किये गये अध्ययन में मिलती है। इस अध्ययन के अनुसार, 'जमीनी स्तर पर शोध के नतीजे जता रहे हैं कि गाँवों में अधिकतर गरीब लोग यह महसूस कर रहे हैं कि गाँव के मामलों में उनके अधिकार बढ़े हैं तथा विशेषकर ग्राम सभाओं के कारण ग्रामीण विकास कार्यक्रमों में उनकी जानकारी बढ़ी है।'[20] पश्चिम बंगाल में पंचायतों ने महिलाओं को समाज में बेहतर स्थान दिलाया है। लीटन के अध्ययन से यह भी स्पष्ट है कि देश के ग्रामीण इलाकों में पंचायतें दूसरी क्रांति ला सकती हैं। ग्रामीण महिलाओं की परिस्थितियों में सर्वांगीण सुधार के लिए पंचायतों के नये विधायी प्रावधान ठोस शुरुआत का माध्यम बन सकते हैं।[21] मेमारी जैसी पंचायतों की वर्तमान महिला सदस्यों ने दिखा दिया है कि मौका मिलने पर महिलाएँ भी अपनी योग्यता सिद्ध कर सकती हैं। शर्मीली और सीधी-सादी दिखनेवाली एक महिला सदस्य ने बताया कि 'पंचायतों और दूसरे मंचों पर मैं जरूर दखल देती हूँ। यदि मैं नहीं बोलूँगी, तो कौन बोलेगा?'[22]

साक्षरता एवं परिवार नियोजन के लिए दूरदराज के गाँवों (उदाहरण के लिए, मेमारी ही) में भी उल्लेखनीय अभियान चल रहे हैं। शिक्षा में पंचायतों की भूमिका पर नये सिरे से दिये जा रहे जोर के बारे में लीटन का कहना है, 'स्थायी आर्थिक विकास के लिए चूँकि बेहतर स्वास्थ्य स्तर एवं शैक्षिक उपलब्धियाँ अत्यंत आवश्यक हैं, इसलिए गाँवों में शिक्षा तथा प्रौढ़ शिक्षा कार्यक्रमों को पंचायतों ने अपने हाथ में ले लिया है। पश्चिम बंगाल सबको शिक्षित करने के लिए कमर कसता दिखाई दे रहा है, जिससे विकास की संभावनाएँ बढ़ेंगी।'[23] शिक्षा के माध्यम से परिवार नियोजन का संदेश धीरे-धीरे पश्चिम बंगाल के गाँवों में पहुँच रहा है।

उत्तर प्रदेश : केरल और पश्चिम बंगाल में जो कुछ घटित हो रहा है, उसके ठीक विपरीत 13.9 करोड़ की आबादीवाले उत्तर प्रदेश में परिवार कल्याण अथवा विकास संबंधी मुद्दों को अभी तक स्थानीय निकायों द्वारा कोई प्राथमिकता नहीं दिया जाना चिंताजनक है। उत्तर प्रदेश के तीन जिलों—मुजफ्फरनगर, जौनपुर और रायबरेली—में जी.के. लीटन और रवि श्रीवास्तव द्वारा 1990 से 1997 के बीच किये गये अध्ययन का निष्कर्ष यह है कि इस इलाके में पंचायतों को बहुत अधिक सामाजिक महत्व नहीं मिला है।

लीटन और श्रीवास्तव ने तीन क्षेत्रों में अत्यंत निर्धन, मध्यवर्गीय एवं संपन्न परिवारों की प्राथमिकताओं का अध्ययन किया था। इस अध्ययन का एक रोचक निष्कर्ष यह है कि सबसे निर्धन लोग परिवार नियोजन को विकास एवं कल्याण को बढ़ाने का माध्यम मानने को तैयार नहीं हैं। उनके परिवार बड़े हैं, फिर भी उनके लिए परिवार कल्याण की कोई अहमियत नहीं है। अध्ययनकर्ता अंततः इस नतीजे पर पहुँचे हैं कि सबसे गरीब तबके के लिए सबसे महत्वपूर्ण कार्यक्रम भूमि सुधार है और परिवार नियोजन जैसे विकासमूलक कार्यक्रम उनकी प्राथमिकता में नहीं हैं। 'गरीब और सबसे गरीब ग्रामीणों को परिवार नियोजन के परिणामों में कोई खास फायदा नहीं दिखाई देता। अत्यंत गरीब परिवारों तथा एक हद तक गरीब परिवारों को भी खास तौर पर संपत्ति के बँटवारे यानी भूमि सुधारों में ही अधिक लाभ दिखता है।'[24]

इन क्षेत्रों में सरकारी तंत्र में व्याप्त भ्रष्टाचार के कारण ज्यादातर लोग साफ-सुथरे एवं सही प्रशासन के पक्ष में थे। उदाहरण के लिए, मुजफ्फरनगर एक समृद्ध जिला है और वहाँ 240 लोगों के सर्वेक्षण (वर्ष 1994 के मध्य में) से ये उल्लेखनीय तथ्य हासिल हुए :

मुजफ्फरनगर में विकास की प्राथमिकताएँ

हस्तक्षेप की किस्म	अत्यंत गरीब	गरीब	मध्यवर्गीय	समृद्ध
परिवार नियोजन	-3.16	-2.00	-0.06	-0.26
विकास के लिए अधिक वित्त	-2.84	-2.78	-2.20	-1.60
भूमि सुधार	0.32	-0.63	-3.42	-3.73
स्वच्छ एवं निष्पक्ष प्रशासन	3.37	2.76	3.32	2.38
रोजगार का सृजन	2.32	2.52	2.38	2.20
बारंबारता (एन)	19	92	69	30

स्रोत : जी.के. लीटन एवं रवि श्रीवास्तव, *अनइक्वल पार्टनर्स : पावर रिलेशंस, डिवॉल्यूशन एंड डेवलपमेंट इन उत्तर प्रदेश*, सेज पब्लिकेशंस, 1999, पृ. 249.

ये निष्कर्ष दो अन्य जिलों, जौनपुर एवं रायबरेली, से कमोबेश मिलते-जुलते हैं।

इस प्रकार, छोटे परिवार के आदर्श का महत्व उन लोगों की समझ में कतई नहीं आता, जिनके लिए यह सबसे अधिक फायदेमंद है—गाँवों के निर्धन एवं अत्यंत

निर्धन। विकास की प्राथमिकताओं के पैमाने में लीटन एवं श्रीवास्तव द्वारा सर्वेक्षित तीनों जिलों के ग्रामीण समाज के विभिन्न तबकों द्वारा परिवार नियोजन को दी गयी प्राथमिकता उनकी आवश्यकता के विपरीत अनुपात में है—ऊँचे तबकों के लोगों की तुलना में गरीब और अत्यंत गरीब अपने जीवन पर इसके प्रभाव का बहुत कम फायदा समझते हैं। गरीबों द्वारा छोटे परिवार के आदर्श का समर्थन न करने के ठोस कारण हो सकते हैं, लेकिन इस बात से मुँह नहीं मोड़ा जा सकता कि उनके इस रवैये में सुधारात्मक परिवर्तन की आवश्यकता है। इस कार्य के लिए पंयायतें सर्वथा उपयुक्त हैं, क्योंकि वे प्राथमिक स्तर पर लोकतांत्रिक पद्धति से चुन कर बननेवाली संस्थाएँ हैं और गाँववालों से उनका निरंतर और सीधा संपर्क रहता है।

निर्धन तथा अत्यंत निर्धन व्यक्तियों द्वारा जनसंख्या स्थिरता को कम महत्व दिये जाने का कारण आम तौर पर आर्थिक मजबूरी माना जाता है। वे बच्चों में आर्थिक संसाधन की गुंजाइश देखते हैं और उन्हें लगता है कि वे परिवार की जरूरतों को पूरा करने में हाथ बँटा सकते हैं। ग्रामीण भारत के ज्यादातर गरीबों की आम तौर पर यही मान्यता है, मगर महिलाएँ विशेष रूप से इस प्रवृत्ति में अपने लिए सहारा ढूँढ़ती हैं। महिलाओं के पास चूँकि कमाई का कोई जरिया नहीं है, इसलिए वे ज्यादा बच्चों के होने पर उनके द्वारा अपने काम में हाथ बँटाने की आशा करती हैं, ताकि वे स्वयं बाहर निकल कर किसी कामकाज के जरिये थोड़ा पैसा कमा सकें। इसी से यह भी स्पष्ट होता है कि अत्यंत गरीब और गरीब लोग भूमि सुधारों के जरिये संपत्ति के बँटवारे को परिवार नियोजन से ज्यादा अहम क्यों मानते हैं। उल्लेखनीय है कि तिहत्तरवें संविधान संशोधन में पंचायतों को भूमि सुधार का कार्यान्वियन करने की भूमिका भी सौंपी गयी है। यह भूमिका निभाने के साथ-साथ यह आवश्यक है कि पंचायतें शैक्षिक एवं परिवार कल्याण तथा बच्चों के जन्म में अंतर रखने जैसे अन्य कार्यक्रमों में भी पूरी तरह भागीदार रहें।

उत्तर प्रदेश में पंचायतें कमजोर हैं एवं वहाँ अब तक किसी भी सरकार ने तिहत्तरवें संविधान संशोधन को मुकम्मल तौर पर लागू करने में कोई दिलयस्पी नहीं दिखायी है, इसी के नतीजे उपर्युक्त अध्ययन में परिलक्षित हो रहे हैं।

उपसंहार

अब मैं जमीनी स्तर पर काम करने के दौरान हासिल अनुभवों से उपलब्ध कुछ अंतर्दृष्टियों को रेखांकित करना चाहूँगा।

एक, स्थानीय सरकारी संस्थाएँ, पंचायतें तथा नगरपालिकाएँ जनसंख्या स्थिरता कार्यक्रमों को चलाने का सबसे प्रभावशाली माध्यम हैं।

दो, किसी भी जनसंख्या स्थिरता नीति की सफलता के लिये जनता की भागीदारी एवं शिक्षा मुख्य तत्व हैं। यह महिलाओं के मामले में विशेष रूप से सच है, क्योंकि

परिवार कल्याण कार्यक्रमों को क्रियान्वित करने में उन्हें पूरी तरह अपने साथ जोड़ कर तथा उनकी प्रभावशाली हिस्सेदारी सुनिश्चित करके ही सफलता पायी जा सकती है।

तीन, स्थानीय निकायों को जनसंख्या नियंत्रण के आधुनिकतम उपायों एवं उपकरणों की जानकारी लगातार हासिल करते रहना चाहिए। इसके साथ ही, परिवार कल्याण, पोषण, घरेलू आर्थिक प्रबंधन, श्रम बचाने की प्रौद्योगिकी तथा रोजगारपरक परियोजनाओं की भी जानकारी हासिल कर उसे सामूहिक बैठकों अथवा निजी संपर्क के जरिये अपने क्षेत्र के लोगों तक पहुँचाते रहना चाहिए।

चार, पहले पंचायतों को प्रजनन की आयुवाली महिलाओं को जनसंख्या नियंत्रण परियोजनाओं में शामिल होने के लिए प्रोत्साहित करने अथवा उनके तौर-तरीके बदलने में बहुत कम सफलता मिलती थी। इसका एक कारण शायद यह था कि ग्रामीण महिलाओं के लिए पंचायतों द्वारा किये जा रहे इन प्रयासों का कोई विशेष महत्व नहीं था। अतः पंचायत सदस्यों को ग्रामीण महिलाओं के लिए स्वास्थ्य एवं जनसंख्या से संबंधित उच्च प्राथमिकतावाले क्षेत्रों की पहचान अवश्य करनी चाहिए। रणनीति यह होनी चाहिए कि उन्हें स्वास्थ्य के मुद्दों से जोड़ कर परिवार के आकार के मुद्दों की तरफ आकर्षित किया जाये।

पाँच, पितृसत्तात्मक ग्रामीण परिवारों में आम तौर पर औरतों की बात पंचायतों द्वारा नहीं सुनी जाती। इस बारे में पुरुषों को अपना व्यवहार बदलने के लिए शिक्षित करना और मनाना आवश्यक है। यह कार्य ग्रामीण क्षेत्र में छोटे परिवारों के फायदों का प्रचार करके किया जा सकता है। इस मामले में निर्वाचित पंचायतें महत्वपूर्ण भूमिका निभा सकती हैं।

छह, पुरातनपंथी रिवाजों, मान्यताओं एवं रवैयों को खत्म करने के लिए अथक प्रयास करने की जरूरत है। नये विचारों का प्रसार करने के लिए सूचना की नवीनतम तकनीकों का उपयोग, वीडियो फिल्मों का प्रदर्शन, सांस्कृतिक कार्यक्रमों का आयोजन आदि का सहारा लिया जाना चाहिए।

सात, परिवर्तन के खिलाफ पारंपरिक प्रतिरोध को तोड़ने के लिए पंचायतों को जनसंचार कार्यक्रमों तथा प्रत्यक्ष संपर्क के द्वारा गाँवों में जनजागरण अभियान चलाने चाहिए।

अंततः, अकसर कहा जाता है कि बिना राजनैतिक इच्छाशक्ति के राष्ट्रीय महत्व का कोई भी कार्यक्रम सफलतापूर्वक नहीं चलाया जा सकता। मुझे ऐसा लगता है कि जनसंख्या स्थिरता कार्यक्रमों के मामले में सरकार की राजनीतिक इच्छाशक्ति के साथ-साथ 'पंचायती इच्छाशक्ति' अथवा स्थानीय निकायों में निर्वाचित प्रतिनिधियों की प्रतिबद्धता एवं दृढ़ संकल्प भी उससे ज्यादा नहीं तो कम से कम उतना ही आवश्यक है। क्या नयी सहस्राब्दि में अनियंत्रित जनसंख्या वृद्धि जैसी सर्वाधिक फौरी समस्या

के लिए 'पंचायती इच्छाशक्ति' बन पायेगी? जनसंख्या नियंत्रण में पंचायतों की भूमिका पर केंद्रीय गंभीर अभियान आज की सबसे बड़ी आवश्यकता है।

संदर्भ

1. आंध्र प्रदेश में 1985 में पंचायती राज प्रणाली की दूसरी पीढ़ी की शुरुआत करते हुए यह विचार तेलुगु देशम पार्टी ने प्रचारित किया था।
2. *नौवीं पंचवर्षीय योजना, 1997-2000,* खंड 2, थीमेटिक इश्यूज एंड सेक्टोरल प्रोग्राम्स, योजना आयोग, भारत सरकार, पृ. 207
3. जनसंख्या नीति पर विशेषज्ञ समूह, भारत सरकार के स्वास्थ्य एवं परिवार कल्याण मंत्रालय को प्रदत्त *राष्ट्रीय जनसंख्या नीति का प्रारूप,* 21 मई, 1994, पृ. 10
4. उपर्युक्त, पृ. 3
5. उपर्युक्त, पृ. 7-8
6. तिरुवनंतपुरम में राज्य योजना बोर्ड ने इस विषय पर कई रिपोर्टों एवं शोध निष्कर्षों का प्रकाशन किया है।
7. उपर्युक्त, पृ. 4
8. जॉर्ज मैथ्यू, द स्वामीनाथन ग्रुप रिपोर्ट, *द हिंदू,* चेन्नई और नयी दिल्ली, 26 अगस्त 1994
9. राजस्थान के अलवर जिले में 1997-1998 के दौरान इंस्टीट्यूट ऑफ सोशल साइंसेज के रमेश सी. नायक द्वारा किये गये अध्ययन पर आधारित। साथ ही देखें रमेश सी. नायक, मेन वर्क अगेंस्ट द वीमेन *सरपंच, द पायनियर,* नयी दिल्ली, 12 मई 1998
10. शिक्षा के प्रबंधन के विकेंद्रीकरण के संदर्भ में राज्यों के पंचायती राज कानूनों के विस्तृत विश्लेषण के लिए देखें, *रीस्ट्रक्चरिंग ऑफ एलीमेंटरी, प्राइमरी एंड नॉनफॉरमल एजुकेशन इन द कॉन्टेक्स्ट ऑफ द न्यू पंचायती राज कमीशन रिपोर्ट्स,* पांडुलिपि रिपोर्ट नं. 8, इंस्टीट्यूट ऑफ सोशल साइंसेज, नयी दिल्ली, 1996, पृ. 2
11. उदाहरण के लिए देखें, कर्नाटक सरकार, *रिपोर्ट ऑफ द जिला पंचायत एंड मंडल पंचायत इवैल्यूएशन कमेटी* (कृष्णमूर्ति कमेटी), 1989
12. रिचर्ड डब्ल्यू. फ्रांक तथा बारबरा एच. चेसिन, की *केरल : डेवलपमेंट थ्रू रेडीकल रिफॉर्म्स,* प्रोमिला एंड कंपनी, नयी दिल्ली एवं द इंस्टीट्यूट फॉर फूड एंड डेवलपमेंट पॉलिसी, सैन फ्रांसिस्को, 1994 से उद्धृत
13. उपर्युक्त, पृ. 68
14. उपर्युक्त, पृ. 69
15. पी.आर. गोपीनाथन नायर, *डायनॉमिक्स ऑफ डेमोग्राफिक ट्रांजिशन इन केरल : ए क्रिटिकल एनेलिसिस*। यह परचा 'फैक्टर्स अंडरलाइंग द सक्सेसफुल परफॉरमेंस ऑफ द सेलेक्टेड स्टेट्स एंड द डिस्ट्रिक्ट्स : शेयरिंग ऑफ एक्सपीरियेंसेज विद अदर स्टेट्स एंड डिस्ट्रिक्ट्स' शीर्षक से जे.आर.डी. टाटा पुरस्कार अर्पण समारोह के अवसर पर नयी दिल्ली में 13 नवंबर 1997 को आयोजित संगोष्ठी में पढ़ा गया था।
16. भारतीय जनसंख्या प्रतिष्ठान द्वारा नयी दिल्ली में 13 नवंबर 1997 को आयोजित संगोष्ठी में ए.सी. षन्मुखदास का भाषण, पृष्ठ 5-6
17. उपर्युक्त, 5
18. एन.एच. अंतिया, *द सोशल पाथ टु केरल्स हेल्थ,* फाउंडेशन फॉर रिसर्च इन कम्युनिटी हेल्थ,

मुंबई, मिमिओ

19. गौरीपद दत्त, *ए प्ली फॉर प्रो-पीपल हेल्थकेयर,* राज्य योजना बोर्ड, कोलकाता, पृ. 17
20. जी.के. लीटन, *डेवलपमेंट, डिवॉल्यूशन एंड डेमोक्रेसी : विलेज डिस्कोर्स इन वेस्ट बंगाल,* सेज पब्लिकेशंस, नयी दिल्ली, 1996, पृ. 223
21. जी.के. लीटन, पूर्व उद्धृत, पृ. 218
22. जी.के. लीटन, पूर्व उद्धृत, पृ. 217
23. जी.के. लीटन, पूर्व उद्धृत, पृ. 219
24. जी.के. लीटन और रवि श्रीवास्तव, *अनइक्वल पार्टनर्सः पावर रिलेशंस, डिवॉल्यूशन एंड डेवलपमेंट इन उत्तर प्रदेश,* सेज पब्लिकेशंस, नयी दिल्ली, 1999, पृ. 248

6

परिवार कल्याण के उचित उपकरण

यह स्तब्ध कर देनेवाली बात है कि मौजूदा सरकार और उसके नीति निर्माता भारत की जनसंख्या की असाधारण वृद्धि से पैदा होनेवाली स्थिति की गंभीरता से तनिक भी चिंतित नहीं हैं। दुनिया की कुल भूमि के मात्र 2.4 प्रतिशत का स्वामी होते हुए भी भारत दुनिया की आबादी के 16.7 प्रतिशत लोगों का घर हो गया है (1991 से 2001 की दस वर्षों की अवधि में भारत की आबादी में 18.1 करोड़ की वृद्धि हुई है, जो कनाडा, फ्रांस और जर्मनी तीनों की सम्मिलित आबादी के बराबर है), तब भी हमारे शासकों ने देश की इस सबसे बड़ी समस्या का सामना करने के लिए कोई सचेत प्रयास किया हो, ऐसा दिखाई नहीं पड़ता।

जो दिखाई पड़ता है, वह यह है कि जनसंख्या विस्फोट से जो भयावह संकट कभी भी पैदा हो सकता है, उसे रोकने के लिए क्या किया जा सकता है, इसका कोई सूत्र सरकार और उसके नीति निर्माताओं के पास नहीं है। विडंबना यह है कि इस विषय पर देश में विचारों का अभाव है, इसलिए नहीं, बल्कि इसलिए यह किंकर्तव्यविमूढ़ता बनी हुई है कि सरकार और उसके कर्ता-धर्ता इन विचारों पर अमल नहीं करना चाहते और जनसंख्या वृद्धि को रोकने के लिए देश में उपलब्ध संसाधनों का इस्तेमाल नहीं करना चाहते। इतनी ही कष्टपूर्ण बात यह है कि परिवार कल्याण और जनसंख्या स्थिरता के नाम पर जो कदम उठाये जाते हैं, वे या तो आधे-अधूरे मन से उठाये जाते हैं या उनके पीछे जमीनी वास्तविकता की कोई समझ नहीं होती।

दुनिया के दो सबसे ज्यादा आबादीवाले देशों ने जनसंख्या वृद्धि पर अंकुश लगाने के लिए दो अलग-अलग और परस्पर-विरोधी रास्ते अपनाये थे। चीन ने सर्वसत्तावादी रास्ता अपना कर एक बच्चे का नियम लागू किया और वांछित लक्ष्य हासिल कर दिया। भारत ने दो बच्चों का नियम बनाया और इसे लोकतांत्रिक तरीकों से लागू करने का प्रयास किया—जो ज्यादा कठिन और जटिलतर रास्ता है, और अभी तक लक्ष्य-प्राप्ति में विफल रहा है।

कौन नहीं जानता कि परिवार कल्याण जैसे उपाय किसी लोकतांत्रिक व्यवस्था में ऊपर से जारी आदेशों के माध्यम से कारगर नहीं हो सकते। यह मामला दरअसल दृष्टिकोण, व्यक्तिगत निष्ठा, संस्कृति और व्यवहार का होता है, जिसके परिणामस्वरूप समाज की बुनियादी इकाई यानी परिवार के स्तर पर एक मूल्य व्यवस्था का जन्म होता है। यह मूल्य व्यवस्था किसी भी सरकारी आदेश से ज्यादा प्रभावशाली होती है।

चूँकि परिवार स्थानीय समुदाय का एक आवयविक अंग है, परिवार नियोजन जैसे व्यक्तिगत और अंतरंग विषय पर गाँव या कस्बे के लोगों से बेहतर ढंग से इसे कौन प्रभावित कर सकता है? यह काम सलीके से संपन्न करने की स्थिति में और कौन है—सिवाय पंचायतों और नगरपालिकाओं के, जो लोकतांत्रिक ढंग से निर्वाचित और लोगों के सर्वाधिक करीब होती हैं?

इस दिशा में विचार और ढाँचागत संभावनाओं के स्तर पर पहला और बेहद असरदार हस्तक्षेप था तिहत्तरवाँ और चौहत्तरवाँ संवैधानिक संशोधन, जिनके माध्यम से पंचायतों को 'स्वशासन की संस्थाएँ' बनाया गया और उन्हें परिवार कल्याण, महिला तथा बाल कल्याण, स्वास्थ्य और सफाई, अस्पताल, प्राथमिक स्वास्थ्य केंद्र तथा औषधालय जैसे विषय सौंपे गये। चूँकि जनसंख्या स्थिरता के लिए बहु-क्षेत्रीय कार्य योजना अपरिहार्य है, शिक्षा, विशेषतः स्त्री शिक्षा, प्राथमिक स्वास्थ्य और गरीबी उन्मूलन जैसे विषय, जो एक-दूसरे को प्रभावित करते हैं, पंचायतों के अधीन कर दिये गये।

इन संविधान संशोधनों के बाद से ही, जनसंख्या स्थिरता की दिशा में स्थानीय शासन के निकायों की निर्णायक भूमिका को भारत सरकार के प्रायः सभी नीति-दस्तावेजों में बार-बार चिह्नित किया गया है। लेकिन क्या राजनेताओं या उनकी मातहती में काम करनेवाले अफसरों ने दस साल बाद भी इस महत्वपूर्ण मुद्दे पर संवैधानिक संशोधन की अर्थपूर्णता का कभी अहसास किया है? उत्तर है, नहीं।

इस संदर्भ में यह याद करना दिलचस्प होगा कि आठवीं पंचवर्षीय योजना से ही सरकारी चिंतन और दस्तावेजीकरण इस बात पर केंद्रित होने लगा था कि परिवार कल्याण के लक्ष्य को विकेंद्रित योजना निर्माण और कार्यान्वयन से ही हासिल किया जा सकता है। आठवीं योजना के दस्तावेज में कहा गया था कि चूँकि सामाजार्थिक तथा जनसांख्यिक दृष्टि से हर क्षेत्र अपने आपमें विशिष्ट है और देश भर में काफी विविधता है, परिवार नियोजन के लक्ष्यों को निर्धारित करने के लिए पंचायतें ही आदर्श इकाइयाँ हैं। अतः जनसंख्या स्थिरता के कार्यक्रमों का विश्लेषण, योजना निर्माण और प्रशासन पंचायत स्तर से ही शुरू होना चाहिए। 1994 में, एम.एस. स्वामीनाथन विशेषज्ञ समिति ने जोर दे कर कहा था कि परिवार कल्याण कार्यक्रमों का जो मौजूदा स्तूपनुमा ढाँचा है, उसे हटा कर उसके स्थान पर पंचायतों और नगरपालिकाओं के जरिये विकेंद्रित

लोकतांत्रिक योजना निर्माण का चौरस ढाँचा स्थापित किया जाना चाहिए, क्योंकि इन स्थानीय निकायों से विकेंद्रित कार्रवाई के लिए अवसरों का एक नया समवाय उपलब्ध हो गया है। इस विशेषज्ञ समिति ने सिफारिश की कि जनसंख्या स्थिरता के कार्यक्रम बनाने और उन्हें कार्यान्वित करने के लिए जिला स्तर पर जनसंख्या तथा सामाजिक विकास समितियों की स्थापना की जानी चाहिए। इस सिफारिश पर कोई कार्रवाई नहीं हुई।

उसके छह साल बाद, 2000 में, राष्ट्रीय जनसंख्या नीति (राजनी, 2000) ने स्वास्थ्य योजनाओं के निर्माण और कार्यान्वयन में पंचायतों और नगरपालिकाओं की केंद्रीय रणनीतिक भूमिका को चिह्नित किया। राष्ट्रीय जनसंख्या नीति के दस्तावेज में कहा गया : 'चूँकि निर्वाचित पंचायतों की 33 प्रतिशत सीटें महिलाओं के लिए आरक्षित हैं, जनसंख्या स्थिरता के लिए स्त्री-पुरुष की हैसियत के प्रति संवेदनशील और बहुक्षेत्रीय एजेंडा के संवर्धन के लिए पंचायतों की प्रतिनिधिक समितियाँ (जिनकी सदारत कोई निर्वाचित महिला प्रतिनिधि करे) बनायी जानी चाहिए जो 'स्थानीय स्तर पर सोचेंगी, योजना बनायेंगी और काम करेंगी और राष्ट्रीय स्तर पर सहयोग देंगी।' ये समितियाँ गर्भाधान और प्रजनन से संबंधित स्वास्थ्य सेवाओं के लिए अपने क्षेत्र की विशेष स्थितियों में उपेक्षित जरूरतों की पहचान करेंगी और गाँव के स्तर पर जरूरत-आधारित, माँग-प्रेरित सामाजिक-जनसांख्यिक योजनाओं का निर्माण करेंगी, जिनका उद्देश्य होगा गर्भाधान, प्रजनन तथा शिशुओं की बुनियादी स्वास्थ्य-सुश्रूषा के लिए संवेदनशील, जन-केंद्रित, आवयविक रूप से समन्वित तथा एकाग्र कार्य करना। जन्म, मृत्यु, विवाह और गर्भावस्था के अनिवार्य पंजीकरण, छोटे परिवार के मानक को व्यापक स्वीकृति दिलाने, सुरक्षित जचगी बढ़ाने, शिशु तथा मातृ मृत्यु दर की दरों में कमी लाने और चौदह साल की उम्र तक अनिवार्य शिक्षा का संवर्धन करने में जो पंचायतें आदर्श तथा अनुकरणीय उदाहरण पेश करेंगी, उन्हें राष्ट्रीय स्तर पर मान्यता दी जा सकती है और सम्मानित किया जा सकता है।

राजनी 2000 ने कुछ लक्ष्य भी निर्धारित किये थे। तात्कालिक लक्ष्य था : स्वास्थ्य सुविधाओं के बुनियादी ढाँचे का निर्माण, स्वास्थ्य कार्यकर्ताओं की संख्या बढ़ाना, माँ-शिशु के लिए बुनियादी एकान्वित सुविधाएँ मुहैया कराना और गर्भनिरोधकों की जरूरत पूरी करना। मध्यवर्ती काल का लक्ष्य था : अंतर-क्षेत्रीय कार्यक्रमों और रणनीतियों के सशक्त कार्यान्वयन के माध्यम से 2010 तक समग्र उर्वरता दर को प्रतिस्थापन दर तक ले आना। दीर्घकालीन लक्ष्य था : 2045 तक जनसंख्या की स्थिरता सुनिश्चित करना। नवीनतम नीति दस्तावेज पर आयें, तो दसवीं योजना के दस्तावेज में भी जनसंख्या के स्थिरीकरण का लक्ष्य हासिल करने के लिए स्थानीय स्तर पर योजना निर्माण, परिवेक्षण तथा कार्यक्रमों को बीच अवधि में ही सुधारने की प्रक्रिया में पंचायतों को शामिल करने के महत्व पर जोर दिया गया है।

नीति दस्तावेजों को स्वीकार करने के बाद सरकार को उन पर अमल करने के लिए दृढ़ और कठोर कदम उठाने चाहिए थे। लेकिन दुखद स्थिति यह है कि आज 2003 में भी ये सभी योजनाएँ कागज पर ही हैं।

वर्तमान स्थिति का निचोड़ दो सरोकारों में व्यक्त होता है। एक, स्थानीय सरकार की संस्थाओं को मजबूत करना, निर्वाचित प्रतिनिधियों तथा पंचायत कर्मियों के क्षमता निर्माण और बुनियादी ढाँचे के विकास में विनियोग करना। दो, विशेषतः जनसंख्या स्थिरता से संबंधित क्षेत्रों में शिक्षा और चेतना के प्रसार, जागरूकता बढ़ाने की प्रक्रिया और कार्यक्रमों में विनियोग करना।

इन सरोकारों को कैसे चरितार्थ किया जा सकता है? इसके लिए सबसे पहले जरूरी यह है कि स्थानीय सरकार की संस्थाओं के पास करने के लिए कार्य, कार्य निष्पादन के लिए कर्मचारी और कोष तथा कार्यपद्धति में स्वतंत्रता होनी चाहिए। लोगों की यह शिकायत दूर की जानी चाहिए कि केंद्रीय सरकार से ले कर राज्य सरकारों तक, जिनके पास भी कुछ ताकत है, वे सभी पंचायतों और नगरपालिकाओं को कमजोर करने में एक-दूसरे से प्रतिद्वंद्विता कर रहे हैं। यह काम कभी बहुत बारीकी से और अकसर बहुत ही स्थूल ढंग से हो रहा है।

दूसरे, मौजूदा स्थिति के संकेतों को समझते हुए, भविष्य की रणनीति इस तरह बनायी जानी चाहिए कि भविष्य में देश के प्रत्येक गाँव को 'लघु गणराज्य' बनाने के लिए जनता को जाग्रत और लामबंद किया जाये और उसकी अंतश्चेतना को उभारा जाये।

यह उचित समय है जब शासन प्रणाली में जनसाधारण की भूमिका के बारे में जागरूकता तथा प्रतिबद्धता पैदा करने के लिए एक आक्रामक अभियान चलाया जाये। स्त्रियों और वंचित वर्गों को उनका प्राप्य मिल सके, इस दिशा में विशेष प्रयास की जरूरत है। इस अभियान का एक केंद्र-बिंदु होना चाहिए पंचायतों के माध्यम से विकेंद्रित शासन, ताकि ग्रामीण विकास के केंद्रीय मुद्दों पर कारगर काम किया जाये और यहाँ स्वास्थ्य तथा परिवार कल्याण पर विशेष जोर दिया जाना चाहिए—साथ ही बरबादी और चोरी खत्म करने, संसाधनों को बनाये रखने और संपत्ति निर्माण करने के माध्यम से लोगों की गरीबी दूर करने और आय बढ़ाने की भी कोशिश होनी चाहिए। परिवार कल्याण के उपायों का प्रचार-प्रसार करने में ग्राम सभा की भूमिका एक और महत्वपूर्ण सरोकार है।

यह अभियान जन सामान्य यानी गाँवों में रहनेवालों के बीच सीमित नहीं रहना चाहिए। इसमें नीति निर्माताओं, विधायकों, सांसदों, राजनीतिक दलों के नेताओं, नौकरशाहों तथा जनमत निर्माताओं, जन संचार माध्यमों—खासकर प्रेस और टेलीविजन—और बुद्धिजीवियों को भी शामिल किया जाना चाहिए। ग्रामीण विद्यालयों के शिक्षकों और छात्रों, महिला संगठनों तथा अन्य गैरसरकारी संगठनों को इस अभियान

का वाहक बनाया जा सकता है।

सरकार नीतियों और कार्यक्रमों के लिए दिशा-निर्देश तैयार कर सकती है, पर योजना निर्माण और कार्यान्वयन में दूसरे घटकों को आगे आना चाहिए। फिलहाल देश में 595 जिले हैं। मौजूदा वातावरण में सर्वोत्तम तरीका यह है कि औद्योगिक तथा व्यापारिक प्रतिष्ठानों, कंपनियों और सार्वजनिक ट्रस्टों, फाउंडेशनों, साख-संपन्न और सक्षम गैरसरकारी संगठनों तथा द्विपक्षीय एवं बहुपक्षीय संस्थाओं को एक-एक जिला गोद लेने के लिए तैयार किया जाये। उचित कर सुविधाएँ दी जाये, तो व्यावसायिक घराने अपने प्रोफेशनल लोगों, कार्यक्रम अधिकारियों और विशेषज्ञों को पंचायतों को मजबूत करने और नवाचारपूर्ण कार्यक्रमों के जरिये उपर्युक्त सरोकारों को यथार्थ में बदलने में लगा सकते हैं। वित्त मंत्री ने अपने 'बजट भाषण में कहा है कि भारत सरकार द्विपक्षीय साझीदारों को कुछ रियायतें दे सकती है ताकि उनके संसाधन गैरसरकारी संगठनों को हस्तांतरित किये जा सकें। यह हस्तांतरण पंचायतों को क्यों नहीं किया जा सकता?

7

ग्राम सभा और सामाजिक अंकेक्षण

पंचायती राज प्रणाली में ग्राम सभा भारतीय लोकतंत्र की बुनियादी इकाई है। यह गाँव में रहनेवाले सभी मतदाताओं की सभा है। हालाँकि आबादी के आधार पर गाँव को भिन्न-भिन्न प्रकार से परिभाषित किया जाता है, फिर भी इस पर कोई मत-विभिन्नता नहीं है कि लोकतंत्र को सिर्फ ग्राम सभा द्वारा ही सीधे लागू किया जा सकता है। हमारे लोकतंत्र को जीवंत और जन भागीदारी पर आधारित प्रणाली बनाने में इसका विशेष महत्व है।

इस संदर्भ में वर्ष 1999-2000 को ग्राम सभा वर्ष घोषित करने का वित्त मंत्री का बयान काफी अहम हो जाता है। इससे इस महत्वपूर्ण विषय पर सभी का ध्यान खींचने में सहायता तो मिली है, लेकिन दुर्भाग्य की बात यह है कि ग्राम सभा वर्ष को सार्थक बनाने के लिए अभी तक कोई उपयोगी पहल नहीं की गयी है। वित्त मंत्री की घोषणा के अनुरूप उड़ीसा के अलावा अभी तक किसी भी राज्य ने इस विषय पर राज्य स्तरीय बैठक तक बुलाने के लिए कोई भी ठोस कार्रवाई नहीं की है।

यदि इस वर्ष को पंचायत वर्ष घोषित किया जाता तो वह शायद ज्यादा सार्थक साबित होता, क्योंकि पंचायत यानी ग्राम पंचायत, पंचायत समिति, जिला पंचायत– कार्यकारी संस्थाएँ तो यही हैं। अभी तक लोगों की सभा यानी ग्राम सभा को गाँव में कोई कार्यकारी अधिकार हासिल नहीं हैं और वह सिर्फ जनता की आकांक्षाओं, विचार, आलोचना आदि की अभिव्यक्ति का मंच बनी हुई है।

विभिन्न राज्यों के कानूनों के अंतर्गत ग्राम सभाओं को हासिल अधिकारों एवं प्रदत्त कार्यकलाप के एक अध्ययन के अनुसार ग्राम सभा के कार्य क्षेत्र के मुख्य बिंदु इस प्रकार हैं : 1. खातों के सलाना विवरण एवं ऑडिट रिपोर्ट की जाँच; 2. पिछले वर्ष के प्रशासन की रिपोर्ट पर चर्चा; 3. चालू साल के लिए निर्धारित कार्यक्रमों की समीक्षा तथा नये कार्यक्रमों पर चर्चा; 4. नये करों के प्रस्तावों अथवा

वर्तमान करों में वृद्धि पर विचार; 5. विभिन्न विकास कार्यों के लिए योजनाओं, लाभार्थियों एवं स्थान का चयन; 6. सामुदायिक कल्याण कार्यक्रमों के लिए लोगों को स्वेच्छया श्रम, सामान तथा नकदी देने के लिए अभिप्रेरित करना; 7. विकास योजनाओं को लागू करने तथा गाँवों के लिए सेवाएँ प्रदान करने में सहायता देना; 8. गाँव के भीतर प्रौढ़ शिक्षा, परिवार कल्याण आदि कार्यक्रम चलाना; 9. समाज के सभी वर्गों में परस्पर एकता एवं भाईचारे को बढ़ावा देना; 10. किसी विशेष गतिविधि, योजना, आमदनी तथा खर्च के बारे में ग्राम पंचायत के मुखिया या सदस्यों से स्पष्टीकरण माँगना; 11. पिछली ऑडिट रिपोर्ट एवं उस पर दिये गये जवाब पर विचार; 12. ग्राम पंचायत द्वारा तैयार बजट एवं ग्राम सभा क्षेत्र के भविष्य के विकास की योजनाओं एवं कार्यक्रमों पर विचार; 13. वर्तमान योजनाओं एवं पंचायतों की सभी तरह की गतिविधियों पर विचार एवं उनकी पड़ताल; 14. ग्राम पंचायत अथवा किसी अन्य सरकारी विभाग द्वारा किये गये विकास कार्यों का संपूर्ण विवरण रखना; 15. पूरे हो चुके कार्यों की पड़ताल; 16. पंचायत की गतिविधियों, आमदनी, खर्चों, योजनाओं एवं अन्य मामलों के बारे में ग्राम पंचायत के सदस्यों तथा पंचों से पूछताछ।[1]

इस प्रकार कुल मिला कर ग्राम सभा की बैठक चर्चा एवं आलोचना करने की संस्था है। लेकिन वर्तमान परिस्थिति में 1999-2000 को ग्राम सभा वर्ष घोषित करने का प्रयास महज धोखे की टट्टी साबित हो सकता है और इससे स्थानीय शासन में ग्राम सभा की प्रमुख भूमिका को मजबूती से स्थापित करने में कोई खास मदद मिलने के आसार नहीं हैं। इस मामले में राज्य सरकारें भी आम तौर पर नाकाम साबित होती रही हैं, यद्यपि कुछ क्षेत्रों में सामाजिक संस्थाएँ एवं जन संगठन ग्राम सभा को गंभीरता से ले रहे हैं।

केरल सरकार ने 4 जुलाई 1996 को विकेंद्रीकरण के लिए डॉ. सत्यब्रत सेन की अध्यक्षता में एक सनिति बनायी थी। ग्राम सभाओं के बारे में उस समिति की सिफारिशें शायद इस विषय में पहला ब्यौरेवार विश्लेषण हैं। समिति ने यह साफ-साफ कहा है कि (क) ग्राम सभाओं को ज्यादा से ज्यादा बैठक करनी चाहिए और तीन महीने में कम से कम एक बैठक तो करनी ही चाहिए; (ख) हरेक परिवार को लिखित निमंत्रण भेजा जाना चाहिए, ताकि दस प्रतिशत कोरम की शर्त पूरी हो सके; (ग) ग्राम सभाओं के अधिकार और कर्तव्य संबंधी सरकारी आदेश की प्रति, ग्राम पंचायत के अध्यक्ष के पत्र सहित, सभी सदस्यों को दी जानी चाहिए।[2]

सेन समिति ने ग्राम सभा के अधिकारों को भी विस्तार से परिभाषित किया था। समिति की सिफारिशों के मुताबिक ग्राम सभा को यह सब जानने का अधिकार है : (क) अगले तीन महीने के लिए योजनाओं को लागू करने की कार्य योजना; (ख) प्रस्तावित कार्यों का विस्तृत पूर्व-आकलन; (ग) ग्राम सभा क्षेत्र में किये गये हरएक खर्च का विस्तृत मदवार विवरण; (घ) उस क्षेत्र के बारे में पंचायत द्वारा किये

गये हरएक फैसले का आधार; (ङ) अगले तीन महीनों में अधिकारियों द्वारा दी जानेवाली सेवाओं एवं उनके द्वारा किये जानेवाले कार्यों का विवरण; और (च) पंचवर्षीय एवं वार्षिक योजनाओं को तैयार करने के लिए वरीयताओं का निर्धारण।[3]

ग्राम सभा को लाभार्थियों के चयन के लिए योग्यताएँ तथा नियम निर्धारित करने होते हैं एवं उन्हीं के मुताबिक चयन करना होता है। ग्राम सभा के अधिकारों और कर्तव्यों के अनुरूप ही उपसमितियों को काम हाथ में लेने चाहिए या उन पर निगरानी रखनी चाहिए।

ग्राम सभा के कर्तव्यों की सेन समिति द्वारा बनायी गयी सूची आँख खोल देनेवाली है। ये जिम्मेदारियाँ हैं : विकास एवं कल्याण कार्यक्रमों के बारे में सूचना का प्रसार; स्वास्थ्य, साक्षरता एवं ऐसे ही विकासात्मक अभियानों में हिस्सा लेने के लिए लोगों को तैयार करना; आवश्यक सामाजिक-आर्थिक आँकड़ों का संग्रहण; विकास कार्यक्रमों की प्रगति के बारे में सूचना देना; करों के भुगतान, ऋण वापस करने, पर्यावरण की स्वच्छता को बढ़ावा देने, सामाजिक सद्भाव बनाये रखने आदि के लिए लोगों को नैतिक रूप से तैयार करना आदि। ग्राम सभा के संयोजक को हरएक बैठक में किये गये फैसलों का रिकॉर्ड रखना चाहिए तथा उसे पंचायत के दफ्तर में संदर्भ के लिए एवं प्रतिलिपि लेने के लिए उपलब्ध कराना चाहिए।

केरल में ग्राम सभा की बैठक बुलाने में विफलता के लिए केरल पंचायत राज अधिनियम में सजा की कार्रवाई का प्रावधान है। इस अधिनियम के प्रावधानों का लगातार दो बार उल्लंघन करने पर संयोजक की सदस्यता भी रद्द हो सकती है। पिछले दो वर्ष से ग्राम सभा एवं उससे निचले स्तर की इकाई अयाकुट्टंगल (पड़ोसी समूह) केरल की पंचायती राज प्रणाली में सक्रिय भूमिका निभा रहे हैं। केरल में जन योजना ग्राम सभा की इन्हीं नियमित बैठकों के कारण सफल हो रही है।

केरल के अनुभव के आधार पर यह कहा जा सकता है कि ग्राम सभा एवं पंचायतों का रिश्ता द्वंद्वात्मक है। पंचायतें तभी असरदार हो सकती हैं, जब ग्राम सभाएँ नियमित रूप से बैठक करें और लोग ज्यादा से ज्यादा तादाद में इन बैठकों में हिस्सा ले। इसी तरह, पंचायती राज संस्थाओं के मजबूत होने पर ही ग्राम सभाओं का असर बढ़ेगा।

वर्तमान संदर्भ में ग्राम पंचायतों को प्रभावी बनाने के लिए गहराई से यह महसूस किया जा रहा है कि इसके लिए संविधान में संशोधन किया जाना चाहिए। इंस्टीट्यूट ऑफ सोशल साइंसेज, नयी दिल्ली ने 1999 की जनवरी के शुरू में 'संविधान (73वाँ एवं 74वाँ संशोधन अधिनियम, 1992) में संशोधन' विषय पर बंगलूर में राष्ट्रीय सम्मेलन आयोजित किया था। उस सम्मेलन द्वारा की गयी सिफारिशें ध्यान देने योग्य हैं। सम्मेलन की राय यह थी कि संविधान में संशोधन कर ग्राम सभाओं को आवश्यक अधिकार देना राज्यों के लिए अनिवार्य कर दिया जाये। ग्राम पंचायतों के कार्यकलाप

की निगरानी के लिए ग्राम सभा की अपनी समितियाँ होनी चाहिए। ग्राम सभाओं को योजना, बजट, लाभार्थियों की सूची, विभिन्न कार्यों के लिए उपयुक्त स्थान तथा पंचायतों के खातों को मंजूरी देने का अधिकार भी दिया जाना चाहिए।[4]

एक अन्य महत्वपूर्ण सिफारिश यह थी कि सामाजिक अंकेक्षण (ऑडिट) को भी ग्राम सभाओं का एक प्रमुख कार्य बनाया जाये। पंचायत से बाहर के कुछ सदस्यों को उसके खातों की जाँच करने तथा उनकी पुष्टि के लिए दस्तखत करने का अधिकार भी दिया जाना चाहिए।[5]

सामाजिक अंकेक्षण

सामाजिक अंकेक्षण और ग्राम सभा के बारे आजकल काफी चर्चा हो रही हैं। यह सामाजिक अंकेक्षण है क्या? अंकेक्षण अंग्रेजी शब्द ऑडिट का अनुवाद है, जो लातिनी मूल का शब्द है और इसका भावार्थ 'सुनना' है। पुराने जमाने में अपने साम्राज्य की स्थिति का जायजा लेने के लिए सम्राट ऑडिटर रखा करते थे। ये ऑडिटर महल के कर्मचारियों तथा स्थानीय अधिकारियों की छवि, सरकारी कर आदि प्रशासनिक मामलों के बारे में जनता की राय जानने के लिए सार्वजनिक स्थलों पर घूमा करते थे, लेकिन ऑडिट का आधुनिक स्वरूप किसी संगठन द्वारा चलायी जा रही गतिविधियों और कार्यक्रमों का स्वतंत्र मूल्यांकन करना है। मूल्यांकन आम तौर पर खाता अंकेक्षण के सर्वमान्य सिद्धान्तों के आधार पर मूल्य आधारित व्यवहार की परिधि में किया जाता है। इस प्रकार ऑडिट किसी गतिविधि के निष्पादन एवं तर्कसंगत मानकों के बीच तुलना किया जाना है। भारत में सरकारी ऑडिट व्यय-उन्मुख रहा है।

सामाजिक अंकेक्षण की अवधारणा ज्यादा विस्तृत है। उसमें पारंपरिक अकेक्षण के मुकाबले ज्यादा गुंजाइश रहती है। चार्ल्स मेडोवर के अनुसार सामाजिक अंकेक्षण की अवधारणा इस सिद्धांत पर आधारित है कि लोकतंत्र में फैसला करनेवाले लोगों को अपने अधिकारों के प्रयोग के प्रति जवाबदेह होना चाहिए। इसके साथ ही उनके अधिकारों का उपयोग, जहाँ तक संभव हो, सभी संबद्ध पक्षों की सहमति एवं समझ के साथ होना चाहिए।[6] सामाजिक अंकेक्षण किसी संगठन के कार्य निष्पादन का स्वतंत्र मूल्यांकन है, क्योंकि उसका उद्देश्य सामाजिक जिम्मेदारी निभाना है। इसका सीधा-सा मतलब यह है कि यह किसी संगठन की सामाजिक जवाबदेही को आँकने का उपकरण है। दूसरे शब्दों में, सामाजिक अंकेक्षण को किसी भी सार्वजनिक संगठन के कार्यकलाप की उसके सामाजिक संदर्भ में गहराई से जाँच एवं विश्लेषण के रूप में भी परिभाषित किया जा सकता है।

सामाजिक अंकेक्षण से हमारा तात्पर्य जनता के नजरिये से प्रशासनिक प्रणाली का मूल्यांकन करना है, क्योंकि उसी के नाम पर तथा उसी के लिए प्रशासनिक प्रणाली विकसित की जाती है और वैधता हासिल करती है। प्रशासन के सामाजिक अंकेक्षण

का तात्पर्य आम जनता के लिए उसकी भूमिका की दृष्टि से प्रशासनिक प्रणाली तथा उसकी अंदरूनी गत्यात्मकता को इस दृष्टि से समझना है कि बहुतसंख्यक आम जनता के लिए उसका कार्य क्या है—आम जनता वह है जो सरकार या उसकी मशीनरी अथवा सत्तारूढ़ वर्ग का कल-पुर्जा नहीं है। सामाजिक ऑडिट को प्रभावशाली बनाने के लिए किसी कार्यक्रम के लाभों के प्रति लाभार्थी समूहों को जागरूक करना तथा कार्यक्रम के क्रियान्वयन में रह जानेवाली कमियों को जानना; जनता पर प्रौद्योगिकीय चयन के असर की पड़ताल; सांगठनिक ढाँचे एवं जनता के लिए नीतियाँ बनाने की उसके हितों, वरीयताओं एवं आकांक्षाओं के अनुरूप पड़ताल; तथा तंत्र को लोगों के लिए खुला एवं जवाबदेह बनाना आदि आवश्यक हैं।

सूचना तक पहुँच

सामाजिक अंकेक्षण को लागू करने के लिए आज पंचायतें सबसे उपयुक्त मंच हैं। प्रभावशाली सामाजिक अंकेक्षण के लिए केरल में विकेंद्रीकरण पर समिति ने सुझाया था कि पंचायतों को विभिन्न स्तरों पर समितियाँ बनानी चाहिए। सामाजिक अंकेक्षण समितियाँ सबसे पहले ब्लॉक पंचायत एवं जिला पंचायत के स्तर पर बनायी जानी चाहिए। इन समितियों में सम्मानित नागरिकों एवं पेशेवर लोगों को शामिल किया जाना चाहिए, ताकि वे जब उचित समझें विकास कार्यक्रमों की पड़ताल कर सकें। दूसरे, ग्राम पंचायत एवं नगपालिकाओं के स्तर पर महिलाओं की विशेष निगरानी समितियाँ बनायी जानी चाहिए। इस समिति में प्रत्येक ग्राम सभा अथवा वार्ड समिति के दो नामांकित प्रतिनिधि होने चाहिए। उनमें से एक प्रतिनिधि अनुसूचित जाति अथवा अनुसूचित जनजाति से हो। ऐसी समितियों को भी सामाजिक अंकेक्षण समितियों जैसे ही अधिकार दिये जायें। ये समितियाँ लागत, अनुमान, कार्य में प्रयुक्त सामग्री की यात्रा एवं गुणवत्ता तथा चयन संबंधी नियमों के अनुपालन आदि की पड़ताल करेंगी।[7]

सत्यब्रत सेन समिति ने सामाजिक अंकेक्षण को सुगम बनाने के लिए कई उपाय सुझाये हैं : (क) किसी भी नागरिक द्वारा जाँच के लिए सभी पूर्वानुमानों, लाभार्थियों की सूची, प्रत्येक योजना में दी गयी सहायता, मस्टर रोल, बिल, वाउचर, खातों आदि की फोटो-कॉपी उसकी वास्तविक लागत के भुगतान के बाद उपलब्ध करायी जाये; (ख) विभिन्न लाइसेंसों, परमिटों, प्रमाणपत्रों आदि के लिए स्थानीय निकायों को दी जानेवाली अर्जियों पर एक क्यू नंबर दिया जाना चाहिए और इस वरीयता क्रम का किसी भी हाल में उल्लंघन नहीं होना चाहिए; (ग) कर आँकने, छूट देने आदि से संबंधित सभी दस्तावेज सार्वजनिक किये जाने चाहिए, ताकि कुछ लोगों के प्रति पक्षपात की शिकायतें न आयें।[8] यदि इन दिशा निर्देशों का ठीक से पालन किया जाये, तो सामाजिक अंकेक्षण काफी असरदार सामाजिक संस्था बन जायेगा।

हमारी नयी लोकतांत्रिक संस्थाओं में सामाजिक अंकेक्षण के लिए ग्राम सभा शायद सबसे उपयुक्त इकाई है। सामाजिक अंकेक्षण का आधार चूँकि जन हित के लिए समर्पित नागरिक और उनकी सामूहिकता ही है, इसलिए ग्राम सभा के सदस्य तथा प्रतिनिधि संस्थाओं के सभी स्तरों—ग्राम पंचायत, पंचायत समिति तथा जिला परिषद—के सदस्य सामाजिक सरोकार तथा जनहित के मुद्दे उठा सकते हैं तथा उनका जवाब माँग सकते हैं। विभिन्न संगठनों से, सेवानिवृत्त लोगों से, शिक्षकों एवं बेदाग चरित्र के अन्य लोगों को मिला कर सामाजिक अंकेक्षण मंच अथवा सामाजिक अंकेक्षण समिति बनायी जा सकती है।

सामाजिक अंकेक्षण मंच वार्षिक योजना के बजट प्रावधानों, परियोजनाओं के क्रियान्वयन आदि के बारे में पंचायतों की गतिविधियों की पड़ताल के लिए मासिक बैठक बुला सकता है। इस बैठक में विभिन्न विभागों में कार्यरत कर्मचारियों की ओर से प्रगति रिपोर्ट दी जा सकती है और हर महीने किये जानेवाले कार्यों की जानकारी भी दी जा सकती है। समस्याओं को चुन कर उनके हल का रास्ता ढूँढ़ा जा सकता है। इस विचार मंथन के आधार पर संबद्ध विभाग द्वारा प्रस्तावित कार्रवाई पर जोर देते हुए मासिक कार्रवाई रिपोर्ट बनायी जा सकती है। ग्राम सभा चूँकि लोगों की आँखें और कान हैं, इसलिए उसकी बेठकों में भी इन मुद्दों पर चर्चा होनी चाहिए। हमें, दरअसल, जनमत निर्माण के द्वारा यह आम भावना पैदा करनी है कि कोई ग्राम सभा को धोखा नहीं दे सकता।

विभिन्न राज्यों में ग्राम सभाओं के कार्यकलाप की जाँच की जाये, तो दो तरह की परिस्थितियाँ सामने आती हैं। पहली परिस्थिति तो वह है जहाँ सामाजिक एवं विकास से जुड़ी समस्याओं के प्रति सामाजिक अंकेक्षण एक स्वस्थ, लोकतांत्रिक, मानवीय नजरिया अपना रहा है। ग्राम सभा द्वारा गाँव की भलाई तथा संसाधनों के दुरुपयोग एवं भ्रष्टाचार को रोकने के लिए सामाजिक अंकेक्षण के उपयोग की कई सफलता कथाएँ हैं। दूसरी स्थिति उन ग्राम सभाओं की है जहाँ लोग परेशान करनेवाले सवाल पूछते हैं, जिससे हिंसा भड़कती है।

उदाहरण के लिए, कर्नाटक में उत्तर कन्नड़ जिले के मुंडगोड तालुक की इंदूर ग्राम पंचायत की बैठक में जनता पंचायत की गतिविधियों के बारे में सचिव से सवाल पूछ रही थी।[9] सचिव से एक नाली के निर्माण के लिए खरीदे गये सीमेंट का ब्यौरा पूछा गया और उसके बिल भी माँगे गये। सचिव ने कहा कि सीमेंट खरीदा गया है, लेकिन एक सदस्य ने इसका खंडन कर दिया। इससे यह संदेह पैदा हुआ कि इस मामले में पैसे का गबन हुआ है, इसलिए बहस छिड़ गयी। जाँच करने पर पता लगा कि सीमेंट के बस्ते तो खरीदे गये थे, मगर कुछ सदस्यों ने सचिव पर दबाव डाल कर उस सीमेंट को बेच दिया था।

उसी ग्राम सभा में सचिव को विभिन्न योजनाओं के अंतर्गत चुने गये लाभार्थियों के नाम पढ़ने को कहा गया। उसने लोगों को बताया कि सूची बीडीओ के दफ्तर में भेजी जा चुकी है। इस तरह वह सूची पेश करने से बच गया। इसके बावजूद लगातार माँग उठने पर सचिव को लाभार्थियों के नाम सबको बताने पड़े। 'भाग्य ज्योति' योजना के अंतर्गत ट्यूबलाइट पानेवाले लोगों के नाम पढ़े जाने के बाद अनुसूचित जनजाति के एक सदस्य ने यह सवाल उठाया कि पच्चीस ट्यूबलाइटों में से तेईस अनुसूचित जाति के लोगों को क्यों दी गयी हैं और अनुसूचित जनजाति के लोगों को सिर्फ दो ट्यूबलाइटें क्यों मिली हैं। इस पर काफी शोर-शराबा हुआ। स्पष्टतः पंचायत क्षेत्र में अनुसूचित जनजाति के लोगों की अच्छी-खासी संख्या होने के बावजूद उनकी उपेक्षा की गयी थी।

दूसरी परिस्थिति का उदाहरण मध्य प्रदेश की चौपाल बैठकें हैं, जिनमें हिंसा की कई वारदातें हुईं। नवंबर 1995 में रायगढ़ जिले में सल्हौना गाँव की एक महिला पंच को सरिया खंड विकास अधिकारी के सामने ही निर्वस्त्र कर दिया गया; छतरपुर जिले में कड़की गाँव की एक उपसरपंच को सताया गया और नवंबर 1995 में रायसेन जिले के बरबतपुर गाँव में एक दलित सदस्य को पीटा गया।

गाँवों में इस तरह के असभ्य और हिंसक व्यवहार के उदाहरण अकसर उजागर होते रहते हैं। यदि सरपंच, पंच, बीडीओ तथा ग्राम सचिव सत्ता में जनता की भागीदारी सुनिश्चित कर सकें, तो ग्राम सभाएँ कहीं ज्यादा प्रभावशाली एवं सशक्त बन पायेंगी। अलवर के आसपास के गाँवों में कभी ग्राम सभा की बैठक ही नहीं हो पाती। पाया यह गया कि बैठकों में लोग छाँट कर बुलाये जाते हैं, ताकि प्रस्तावों को बिना किसी विरोध के पास कराया जा सके।

उपसंहार

देश में ग्राम सभा का कामकाज ठीक से चलाने के लिए हमें अभी लंबा सफर पूरा करना है। ग्राम सभा के अंतर्गत आनेवाले क्षेत्र के सभी मतदाता हालाँकि उसके सदस्य होते हैं, फिर भी उसकी बैठकों में बहुत कम लोग जुटते हैं। कई अध्ययनों से यह बात सामने आयी है कि ग्राम सभा की ज्यादातर बैठकों में कोरम भी पूरा नहीं हो पाता। संवैधानिक परिभाषा के अनुसार ग्राम सभा में गाँवों का समूह भी शामिल हो सकता है। राज्यों के कानूनों में इसी परिभाषा को आधार बनाया गया है, जिसके कारण किसी असरदार भागीदारी के लिहाज से ज्यादातर ग्राम सभाएँ बहुत बड़ी और दुःसाध्य हो गयी हैं। ग्राम सभा की बैठकों के लिए काफी दूर से लंबा फासला तय करके आना पड़ता है, इसलिए महिलाओं एवं दलितों का उनमें भाग लेना और भी मुश्किल हो जाता है। इस प्रकार पंचायतों में महिलाओं को मिले आरक्षण का फायदा ज्यादातर मामलों में मिट्टी में मिल जाता है।

जहाँ ग्राम सभाओं की बैठकें होती हैं, वहाँ भी सारा समय लाभार्थियों की सूचियों पर विचार करने तथा निर्माण कार्यों एवं ठेकों से जुड़े मामलों पर बहस में ही निकल जाता है। ग्राम सभा के कार्यों एवं अधिकारों के बारे में संविधान में कोई स्पष्ट प्रावधान नहीं किया गया है। यह मामला पूरी तरह राज्यों की विधान सभाओं पर छोड़ दिया गया है (अनुच्छेद 243ए) और राज्यों द्वारा बनाये गये कानूनों में इन्हें बहुत ही मामूली भूमिका दी गयी है।

पंचायत प्रणाली में ग्राम सभा की भूमिका केंद्रीय महत्व की हो सकती है। इसका अधिकार क्षेत्र राजस्व, नियमन कार्यों, ग्रामीण पुलिस व्यवस्था आदि शासन के विभिन्न पहलुओं पर ध्यान देने के लिए बढ़ाया जा सकता है। इसके साथ ही ग्राम सभा के सामाजिक चरित्र को बदलने के लिए काफी जोर लगाना पड़ेगा। हमें जनता में निवेश करना होगा तथा उसकी शिक्षा तथा क्षमता बढ़ाने के लिए विशेष उपाय करने होंगे। सामाजिक परिवर्तन की ताकतों को मजबूत बना कर समाज के बहिष्कृत तबकों को लोकतांत्रिक प्रणाली की मुख्य धारा में लाना भी इतना ही महत्वपूर्ण है। 1999-2000 को 'ग्राम सभा वर्ष' घोषित कर सरकार को शायद इस दिशा में अर्थपूर्ण कदम उठाने चाहिए थे तथा उनकी सफलता के लिए मानव एवं अन्य संसाधनों को संचारित करने के लिए आंदोलन एवं अभियान चलाना चाहिए था। दुर्भाग्य से सरकार अभी भी इस मामले में वांछित गंभीरता के साथ कोई कदम नहीं उठा रही है।

संदर्भ

1. एस.पी. जैन, ग्राम सभा : जमीनी लोकतंत्र का सिंहद्वार, *जर्नल ऑफ रूरल डेवलपमेंट,* एनआईआरडी, हैदराबाद
2. विकेंद्रीकरण पर समिति, दूसरी अंतरिम रिपोर्ट, केरल सरकार, तिरुवनंतपुरम, 1997, पृष्ठ 17
3. उपर्युक्त, पृष्ठ 17-18
4. एस.वी. शरण (संपादित) 'संविधान (73वाँ व 74वाँ संशोधन अधिनियम, 1992) में संशोधन' पर राष्ट्रीय सम्मेलन की सिफारिशें, इंस्टीट्यूट ऑफ सोशल साइंसेज, नयी दिल्ली, 1999, पृष्ठ 4
5. इस विषय पर विस्तृत बहस के लिए देखिए, महीपाल, पंचायतों के लिए सामाजिक अंकेक्षण : एक पद्धतिशास्त्र, *मेनस्ट्रीम,* 31 अक्टूबर, 1998, नयी दिल्ली, पृष्ठ 29-30
6. महीपाल में उल्लिखित, वही, पृष्ठ 29
7. सारा रस्किन्हा, ग्राम सभा : पंचायती राज, उमा प्रचार, खंड 4, अंक 1, जनवरी-मार्च 1997
8. उपर्युक्त
9. जॉर्ज मैथ्यू एवं रमेश सी. नायक, *पंचायतें व्यवहार में : क्या लाभ है इनसे शोषित वर्गों को,* इंस्टीट्यूट ऑफ सोशल साइंसेज, नयी दिल्ली, ऑकेजनल पेपर सीरीज नंबर 19, 1996

8

विकेंद्रीकरण, सरकार और स्वयंसेवी क्षेत्र

इस परचे में जिला, ब्लॉक या तालुक और ग्राम तीनों स्तरों के पंचायती राज संस्थानों के साथ-साथ नगरपालिकाओं और नगर निगमों को राज्य और सरकार के विकेंद्रित संस्थानों के रूप में लिया गया है। स्वयंसेवी क्षेत्र में विकेंद्रित संस्थान समाज की पहल होते हैं, और लोगों के अधिकारों व सामूहिक सम्पत्ति की रक्षा करते हैं। इनमें जन संगठन और स्वयंसेवी संगठन भी शामिल हैं जो स्थानीय समुदायों की सामाजिक-आर्थिक हैसियत बढ़ाने के लिए प्रयास करते हैं। मोटे तौर पर कहा जाये, तो ये नागरिकों द्वारा की गयी पहल और नागरिकों के संगठन होते हैं।

अधिकांश लोग स्थानीय स्तर पर ही (गाँवों, कस्बों और निगमों के वार्डों में) अपना दिन-प्रतिदिन का जीवन बिताते हैं। किसी भी रिहायशी इलाके में लगभग सभी के बीच आमने-सामने का संबंध होता है। जब राज्य इस स्तर पर पहुँचता है, तो वह गहन छानबीन के दायरे में आ जाता है। यहाँ नागरिकों के समूह राज्य से क्रिया-प्रतिक्रिया करते हैं, यहाँ तक कि सरकार से मुठभेड़ भी करते हैं तथा व्यक्तियों के साथ-साथ समुदाय का जीवन स्तर बनाये रखने या सुधारने के अपने प्रयास में स्थानीय सरकार के समर्थन की माँग करते हैं।

शुरू में ही यह स्पष्ट कर दिया जाना चाहिए कि अपनी संख्या और कार्यगत पहुँच के कारण स्वयंसेवी एजेंसियों की पंचायती राज संस्थानों के साथ तुलना नहीं की जा सकती। बहुत-से गाँवों और छोटे कस्बों में स्वयंसेवी एजेंसियाँ हैं ही नहीं। मान्यता-प्राप्त स्वयंसेवी संस्थाओं के कार्यक्रम भी राज्य के सभी जिलों को शायद ही कभी अपने दायरे में ले पाते हों। उदाहरण के तौर पर, जहाँ प्राकृतिक संसाधनों के प्रबंध के लिए संयुक्त वन प्रबंध समितियाँ, जल उपयोगकर्ता समूहों आदि जैसे मजबूत स्थानीय समूहों की स्थापना हुई है, वहाँ उनका कार्यक्षेत्र कुछ ही पुरवों और गाँवों तक सीमित रहता है।

इसकी तुलना में, देश में ढाई लाख से अधिक ग्राम पंचायतें, ब्लॉक या तालुक

स्तर पर पाँच हजार पंचायत समितियाँ और पाँच सौ से अधिक जिला स्तर की जिला पंचायतें मौजूद हैं। इसलिए यह ध्यान रखना होगा कि स्थानीय स्वशासन संस्थानों के रूप में पंचायतें तो सर्वत्र हैं, लेकिन स्वयंसेवी एजेंसियों की व्याप्ति सीमित है।

पंचायतें

वैसे तो भारत के संविधान राज्य के नीति निदेशक सिद्धांतों में संघ और राज्य, दो-स्तरीय शासन को ही मान्यता दी गयी है, लेकिन संविधान के अनुच्छेद 40 में 'स्वशासन की इकाइयों' का भी उल्लेख किया गया है, जो जिला स्तर और उससे नीचे की पंचायतों का सूचक है। स्वतंत्रता प्राप्ति के बाद के 50 सालों में प्रशासन, शासन और विकास की समस्याओं के साथ-साथ सत्ता में भागीदारी की जन आकांक्षाओं, जन संगठनों के बढ़ते दायरे और उनकी प्रासंगिकता से सत्ता के विकेंद्रीकरण की जरूरत महसूस हुई है। जिला व उससे निचले स्तरों पर इस विकेंद्रीकरण की विशेष जरूरत समझी गयी है।

आज हम संस्थानों और सत्ता के विकेंद्रीकरण का जो स्वरूप देख रहे हैं, वह 1950 के बाद के विविध घटनाक्रम का परिणाम है। इस सिलसिले में निम्नलिखित विकास क्रम का विशेष उल्लेख करना होगा :

1. गाँव, जिला, राज्य और केंद्र—इस चार स्तंभों पर टिके 'चौखंबा राज' की अवधारणा मजबूत हो रही है।

2. जिला शासन का विचार, विशेषकर 1983 के कर्नाटक पंचायत अधिनियम के प्रभाव से, जोर पकड़ा रहा है।

3. दो संविधान संशोधन (1992 का 73वाँ और 74वाँ), जिनमें जिला व उससे निचले स्तर पर स्थानीय निकायों को स्वशासन संस्थानों के रूप में परिभाषित किया गया है।

इन बातों के तीन निहिताशय थे। अब तक 'स्थानीय स्वशासन' का जो विचार लॉर्ड रिपन के सरकारी प्रस्ताव (1882) के अनुसार केवल नागरिक सुविधाओं की देखभाल करनेवाले स्थानीय निकायों तक सीमित था, वह अप्रासंगिक हो गया।

दो, जो पंचायतें सीमित कार्यक्षेत्रवाली स्थानीय संस्थाएँ मानी जाती थीं, उनका स्वरूप अब 'पंचायती राज' को हो गया, जिसका अर्थ अधिक व्यापक और अधिक गतिशील था। ये पंचायतें अब 'ग्राम सभा से लोक सभा तक' की राजनीतिक प्रक्रिया (ग्राम विधान सभा से ले कर राष्ट्रीय संसद) का एक अंग बन गयीं।

तीन, मौजूदा अर्थ-संघीय ढाँचे में क्रांतिकारी परिवर्तन आने शुरू हो गये, जिसका केंद्र-राज्य संबंधों के साथ-साथ राज्य-पंचायत संबंधों पर भी प्रभाव पड़ा। दूसरे शब्दों में, इस क्षेत्र में काफी अधिक परिवर्तन हो रहे हैं। संविधान की ग्यारहवीं अनुसूची के तहत 29 विषय पंचायतों को सौंपे गये हैं। इसका नतीजा यह हुआ है कि राज्य

के किसी एक स्तर पर सत्ता का केंद्रीकरण अब कठिन होता जा रहा है।

भारतीय संविधान के अनुच्छेद 243जी में 'स्वशासन की संस्थाओं का उल्लेख है। इस अवधारणा की व्याख्या पिछले दशक के इस संपूर्ण सकारात्मक घटनाक्रम के मद्देनजर करनी होगी। दरअसल, 'स्वशासन की संस्थाओं' की परिभाषा कहीं भी नहीं दी गयी है। इसलिए व्यवहार के स्तर पर ही इस अवधारणा का विकास किया जा सकता है। सबसे पहले, इसके लिए स्वायत्तता का होना जरूरी है। स्वायत्तता, जो भारतीय संघ और सरकार के विभिन्न स्तरों के दायरे के भीतर हो। वैसे, स्वायत्तता की अवधारणा का अर्थ अत्यंत लचीला होता है। सामान्यतया स्वायत्तता का अर्थ शासन की उस गुंजाइश से होता है जो किसी स्तर विशेष पर संबंद्ध पक्षों के बीच आपस में तय हो जाती है। लेकिन लचीलेपन का यह दायरा केंद्र द्वारा निर्धारित सीमाओं के भीतर ही होता है। निचले स्तर पर, स्वाभाविक ही है कि, इसकी परिभाषा तय कर दी जाये। राज्यों को पता होना चाहिए कि उन्हें अपनी पंचायतों को कम से कम कितने और क्या अधिकार तथा कितनी सत्ता प्रदान करनी है, जिसके आधार पर स्वशासन की संस्थाओं के रूप में पंचायतों की पहचान बन सके।

सवैधानिक संशोधनों के बाद 'स्वशासन की संस्थाएँ' बन गयी पंचायतों और नगरपालिकाओं के पूरे अर्थ और मकसद को सही परिप्रेक्ष्य में समझना बहुत जरूरी है। हालाँकि अनुच्छेद 243डी, 243जी और 243पी(ई) में पंचायतों और नगरपालिकाओं को स्वशासन की संस्थानों के रूप में परिभाषित किया गया है, लेकिन कहीं भी इन संस्थानों के दायरे को स्पष्ट नहीं किया गया है। इसके बावजूद, भारत के संघीय ढाँचे में ये संस्थाएँ दूरगामी परिणामोंवाले क्रांतिकारी परिवर्तन ला सकती हैं। सवैधानिक संशोधन के पारित होने के तुरंत बाद निर्मल मुखर्जी ने लिखा था : 'संशोधित संविधान के अनुसार राज्यों को न केवल गाँवों के लिए, बल्कि मध्यवर्ती और जिला स्तर पर भी पंचायतों को स्वशासन की संस्थाएँ बनाना होगा। परिणामस्वरूप, भविष्य में सरकार अब तीन स्तरों पर होगी--संघ, राज्य और पंचायत। इससे अधिक क्रांतिकारी परिवर्तन की कल्पना कठिन है। इसके परिणाम दूरगामी हैं।'[1]

अगर हम पंचायतों की मिसाल लें, तो तीनों स्तरों--ग्राम पंचायत, पंचायत समिति और जिला परिषद--की पंचायतें उन्हें सौंपे गये दायित्वों के संदर्भ में अपने-अपने क्षेत्राधिकारों में स्वशासन की संस्थाएँ हैं। 'वे सीमित क्षेत्र और सीमित कार्यों के लिए अपने आपमें एक तरह से सरकारें हैं...पंचायतें स्वशासन की प्रतिनिधिक संस्थाएँ हैं।'[2]

संविधान में 'स्वशासन' की जिस अवधारणा की गारंटी दी गयी है, उस पर किसी समझौते की गुंजाइश नहीं है। पंचायतों और नगरपालिकाओं के अधिकारों तथा कार्यों को दो श्रेणियों में बाँटा जा सकता है : (1) मूल कार्य और (2) सौंपे गये कार्य। मूल कार्य 'आर्थिक विकास और सामाजिक न्याय के लिए योजनाएँ तैयार

करने' का है। सौंपे गये कार्यों में ग्यारहवीं अनुसूची में शामिल मामलों सहित आर्थिक विकास और सामाजिक न्याय की उन योजनाओं का क्रियान्वयन शामिल है जो पंचायतों को सौंपी गयी हैं।

एक और भी दृष्टिकोण है, जिसके अनुसार 1992-93 में जो कुछ भी हुआ, वह 'प्रशासनिक संघवाद' को मजबूत करने के सिवाय और कुछ नहीं था। 73वें संशोधन के प्रावधान राज्यों के कुछ प्रशासनिक और वित्तीय अधिकार स्थानीय निकायों को सौंपे जाने में मदद करने और बढ़ावा देने के लिए 'प्रशासनिक संघवाद' को मजबूत करते हैं। स्थानीय निकायों के प्रशासनिक अधिकार व दायित्व तथा इन अधिकारों के प्रयोग और इन दायित्वों को पूरा करने के लिए वित्तीय संसाधनों का प्रबंध उन कानूनों के जरिये किया जायेगा, जो संबद्ध राज्य सरकारों को पारित करने होंगे। इस विचारधारा के अनुसार, इन निकायों के पास कोई स्पष्ट कार्यकारी, विधायी, वित्तीय या क्षेत्रीय अधिकार नहीं हैं, और मात्र संवैधानिक दर्जा हासिल कर लेने या नियमित चुनावों से उन्हें शासन के तीसरे स्तर का दर्जा प्राप्त नहीं हो जाता। इस विचारधारा के प्रतिपादक एस. गुहन डेनियल इलाजर का हवाला देते हुए प्रतिपादित करते हैं कि विकेंद्रीकरण कोई संघीय गुण नहीं है, क्योंकि विकेंद्रीकरण से तात्पर्य एक केंद्रीय प्राधिकार का अस्तित्व होना है।[3]

चूँकि इस विचारधारा में हमारे राजनीतिक ढाँचे में शुरू हई लोकतांत्रिक और राजनीतिक प्रक्रिया के स्वरूप और प्रभाव को संकुचित व सीमित दृष्टिकोण से देखा गया है, इसलिए इसके तर्कों से सहमत नहीं हुआ जा सकता। यहाँ यह कहा जा सकता है कि जिन देशों में स्थानीय निकाय हैं, वहाँ उन्हें बजट, उपनियमों और विनियमों जैसे प्रत्यायुक्त (डेलीगेटेड) अधिकार दिये हुए हैं। उन्हें विनियमों से संबंधित कई अधिकार भी प्राप्त हैं, जो उनकी कामकाजी जिम्मेदारियों से जुड़े होते हैं। इसलिए भारत निश्चित रूप से प्रशासनिक संघवाद से हट कर बहुस्तरीय संघवाद की ओर बढ़ रहा है।[4]

भारत में स्वशासन की संस्थाओं के रूप में स्थानीय निकायों के काम करने के लिए कुछ आवश्यक पूर्व-शर्तें ये हैं : (क) क्षेत्राधिकार के बारे में निर्धारित स्पष्ट सीमाएँ; (ख) दायित्वों से मेल खाते पर्याप्त अधिकार व सत्ता; (ग) अपना कामकाज करने के लिए आवश्यक कर्मचारी व वित्तीय संसाधन, और (घ) संघीय ढाँचे के भीतर कार्यकारी स्वायत्तता। इन सबके लिए संवैधानिक संशोधनों में प्रावधान किया गया है।

संशोधनों के साथ-साथ संविधान में जोड़ी गयी ग्यारहवीं और बारहवीं अनूसूचित में 29 विषय पंचायतों को और 18 विषय नगरपालिकाओं को सौंपने का सुझाव दिया गया है। राज्य अनुपालन अधिनियमों में इन्हें कमोबेश शामिल भी कर लिया गया है। जब इन पर पूरी तरह से अमल होने लगेगा, तब कहा जा सकेगा कि जिला

स्तर तथा उससे निचले स्तरों पर स्थानीय निकाय सही मायनों में भारतीय संघीय ढाँचे का तीसरा स्तर बन गये हैं और इससे भारतीय संघ को एक नया अर्थ मिल गया है। निःसंदेह इन स्थानीय निकायों को कोई वैधानिक शक्तियाँ प्राप्त नहीं हैं, न ही इनके पास कानून-व्यवस्था की मशीनरी (पुलिस) या न्यायिक शक्तियाँ हैं। कुछ राज्यों ने अपने राज्य अनुपालन अधिनियमों में स्थानीय अदालतों (न्याय पंचायतों) की स्थापना की बात जरूर कही है। नीति निर्माताओं और बुद्धिजीवियों में एक ऐसा वर्ग है, जो पंचायतों को पुलिस व अदालती शक्तियाँ दिये जाने का जोरदार हिमायती है।

स्थानीय शासन के लिए नौकरशाही का भी अत्यंत महत्व है। अंतर्वर्ती व्यवस्था चाहे जैसी भी की जाये, अंततः पंचायती राज का कामकाज चलानेवाले एक अलग संवर्ग की जरूरत पड़ेगी ही। इसका स्वरूप क्या होगा? इसकी संरचना क्या होगी? यह आनेवाले वर्षों में क्रमशः विकसित होगा।

मौजूदा राज्य अधिनियमों और अर्ध-सरकारी निकायों के बारे में इस घटनाक्रम के अर्थ महत्वपूर्ण है। लगभग 53 केंद्रीय और राज्य अधिनियम संविधान के 73वें और 74वें संशोधन के अनुपालन की राह में बाधक का काम करेंगे। बिजली बोर्ड, जल और जल-मल बोर्ड, लोक निर्माण विभाग, विकास निगम जैसे अर्धसरकारी निकायों का ढाँचा केंद्रीकृत है; ये नये विकेंद्रित ढाँचे से कैसे तालमेल बैठायेंगे, यह एक अहम सवाल है। दूसरे शब्दों में, हमारी नजर में राज्य की जो भूमिका है और उसका हमें जो अनुभव होता है, उनमें आमूल परिवर्तन आ जायेगा।

सामुदायिक प्रयास

नयी पंचायती राज प्रणाली के तहत, नागरिक समाज की अवधारणा को नया अर्थ और स्वरूप देने की काफी अधिक गुंजाइश है। राज्य के निरंकुश ऐतिहासिक स्वरूप की तुलना में जहाँ उसकी शक्ति काफी कमजोर है, वहाँ भी नागरिक समाज में स्थानीय स्तर पर स्वशासन के लिए आवश्यक प्रयास स्वयंसेवी संस्थाओं द्वारा सुनिश्चित किये जाते हैं। भारत में यह स्थिति खास तौर से मौजूद रही है। किसी भी उदार समाज में जमीनी स्तर पर नागरिक व्यवस्था को नागरिकों की निरंतर गतिविधि के बिना बनाये नहीं रखा जा सकता। नागरिक समाज एक तरह से सत्तावादी प्रवृत्तियों का तोड़ है, क्योंकि लोकतांत्रिक प्रक्रिया के जरिये जनमत का अनौपचारिक दबाव तानाशाही की नयी व्यवस्थाओं को रोकता है। सभ्य समाजों की बहुलता और विविधता से ही ऐसी विशेषताएँ सुनिश्चित की जा सकती हैं, जो स्वशासन का प्रतीक हैं।

लोगों के प्रयास कई तरह से सामने आते हैं। नागरिक समूह, पड़ोसियों के संगठन, सामुदायिक हितों और संस्कृति को सुरक्षित रखने के लिए बनायी गयी समितियाँ, सस्थाएँ आदि तथा दबाव समूह आम तौर पर लोगों के सामान्य हितों

तथा खास तौर पर दुर्बल एवं सीमांत वर्गों के हितों की रक्षा करनेवाले स्वयंसेवी संगठन, मजदूर संघ, सहकारिता संगठन—इनके कुछ उदाहरण हैं। गैरसरकारी संगठनों और स्वयंसेवी संस्थाओं का आधार अंतरराष्ट्रीय, राष्ट्रीय, क्षेत्रीय या स्थानीय हो सकता है। स्थानीय संस्थाएँ आम तौर से समुदाय आधारित होती हैं। ऐसे भी संस्थाएँ हैं, जो किसी जिला प्राधिकरण के अधीन जिला या राज्य स्तर पर पंजीकृत होती हैं। (उदाहरण के तौर पर जिला अंधता नियंत्रण समितियाँ, जल संग्रहण विकास समितियाँ, संयुक्त वन प्रबंध समितियाँ, जल उपयोगकर्ता समितियाँ आदि)। सामान्यतः प्रशासन, पेशेवर व्यक्ति और उपयोगकर्ता इन संगठनों से जुड़े होते हैं। यहाँ 'स्वयंसेवी संस्थाओं' से हमारा अभिप्राय स्वयंसेवी क्षेत्र के प्रयासों के संपूर्ण दायरे से है।

हाल तक सरकार का रवैया स्वयंसेवी क्षेत्र, जन संगठनों और कार्रवाई समूहों द्वारा लोगों के सशक्तीकरण के लिए किये गये प्रयासों के प्रति अनुकूल नहीं था; इस क्षेत्र में सिर्फ परोपकारी संगठनों को सहन किया जाता था। स्वयंसेवी संस्थाओं को ले कर नौकरशाही और राजनीतिक नेतृत्व के मन में काफी संदेह था, क्योंकि इनमें से कई संस्थाओं ने बेहतर ढंग से काम किया था और इसके माध्यम से लोगों का विश्वास जीता था। इन्होंने गरीबों या वंचित वर्गों को संगठित किया, ताकि उन्हें उनके अधिकार दिलाये जायें। इससे स्थानीय स्वार्थों का प्रतिनिधित्व करनेवाले राजनीतिक वर्ग को असुरक्षा महसूस होने लगी थी; नौकरशाही भी इन स्वार्थों के साथ थी। राजनेताओं और नौकरशाहों के इस गठजोड़ से स्थानीय तथा राष्ट्रीय स्तर के जन संगठनों के प्रति प्रतिकूल जनमत तैयार किया गया। गैरसरकारी संगठनों और स्वयंसेवी संस्थाओं को भ्रष्ट और राष्ट्रविरोधी करार दे दिया गया, क्योंकि इनमें से कई को अंतरराष्ट्रीय संगठनों से सहायता मिल रही थी।

लेकिन, इसके समानांतर ही एक और विचारधारा पनप रही थी, जिसके अनुसार गरीबी हटाने, बुनियादी जरूरतों को पूरा करने तथा साक्षरता, महिला एवं बाल विकास, जनजातीय विकास आदि से जुड़े बड़े आकार के कार्यक्रमों में स्थानीय या क्षेत्रीय स्तर पर काम करने, योजना बनाने और भागीरदारी करने में स्वयंसेवी संस्थाओं की महत्वपूर्ण भूमिका है। स्वयंसेवी संस्थाएँ जटिल मुद्दों से निपटने के अभिनव तरीके खोज सकती हैं, परियोजनाओं को लागू करने की किफायती योजना बना सकती हैं तथा लोगों की कारगर व सक्रिय भागीदारी प्राप्त करने में अहम भूमिका अदा कर सकती हैं। उनके पास अपने कार्य क्षेत्र की विशेषज्ञता और सक्षमता मौजूद है।

जैसा कि बंद्योपाध्याय कहते हैं, इन भारी-भरकम राष्ट्रीय कार्यक्रमों में 'स्थानीय पहलों, नवीन कार्यक्रमों तथा कल्पनाशील योजना की काफी गुंजाइश है, जो ठस और यांत्रिक क्रियान्वयन निर्देशोंवाली किसी भी केंद्र प्रायोजित योजना में संभव नहीं हो सकती। अतः प्रशासन द्वारा संचालित सेवा प्रणाली की कमियों के बोध से स्वयंसेवी संस्थाओं की पूरक भूमिका को स्वीकार करने में मदद मिली।'[5]

सातवीं योजना के दस्तावेज में स्वयंसेवी क्षेत्र के सकारात्मक योगदान को स्वीकार करते हुए कहा गया था कि भविष्य में 'विभिन्न विकास कार्यक्रमों में स्वयंसेवी संस्थाओं को शामिल करने' के गंभीर प्रयास किये जायेंगे। इस दस्तावेज में निम्नलिखित क्षेत्रों में स्वयंसेवी संस्थाओं की भूमिका को स्वीकार किया गया था :

1. ग्रामीण गरीबों को विकल्प और चयन के अवसर उपलब्ध कराने में सरकारी प्रयासों के पूरक के रूप में काम करना;

2. ग्राम स्तर पर लोगों के आँख व कान के रूप में काम करना;

3. उदाहरण प्रस्तुत करना। स्वयंसेवी संस्थाओं के लिए ऊपरी खर्चों में कटौती और समाज की अधिकाधिक भागीदारी से अपने सीमित संसाधनों के भीतर अधिक से अधिक लोगों तक पहुँचने के लिए सरल, अभिनव, लचीले और कम खर्चीले उपाय अपनाना संभव है;

4. जनता को विभिन्न सेवाएँ प्रदान करनेवाली व्यवस्था को सक्रिय बनाना और निर्धनतम लोगों द्वारा महसूस की जानेवाली जरूरतों के प्रति इस व्यवस्था को ग्रामीण स्तर पर कारगर बनाना;

5. सूचना का प्रसार करना;

6. समुदायों को यथासंभव आत्मनिर्भर बनाना;

7. यह प्रदर्शित करना कि अपने विकास के लिए ग्रामीण व घरेलू संसाधनों का इस्तेमाल कैसे किया जा सकता है, मानव संसाधनों, ग्रामीण कलाओं और स्थानीय जानकारियों को कैसे काम में लाया जा सकता है, जिनकी अभी काफी उपेक्षा की जा रही है;

8. प्रौद्योगिकी की रहस्यमयता को समाप्त करना और इसे गाँव में रहनेवाले गरीबों तक सरल रूप में पहुँचाना;

9. उन जमीनी कार्यकर्ताओं को प्रशिक्षित करना, जो यह मानते हैं कि स्वयंसेवी कार्य पेशेवर स्तर पर किया जा सकता है;

10. समुदाय को आत्मनिर्भर बनाने के लिए समुदाय के भीतर से ही वित्तीय संसाधन जुटाना;

11. गरीबों को संगठित तथा सक्रिय करना तथा उनमें बढ़िया सेवाओं की माँग करने के लिए जागरूकता उत्पन्न करना। गाँव के स्तर पर सरकारी कर्मचारियों के कामकाज पर जवाबदेही की सामुदायिक प्रणाली को लागू करना।[6]

आठवीं पंचवर्षीय योजना (1992-97) के दस्तावेज[7] में इस अवधारणा को यह कहते हुए और आगे बढ़ाया गया : 'विकास को जनांदोलन बनाना जरूरी है... समाज के प्रति जवाबदेह जन संस्थानों का गठन कर शिक्षा (विशेषकर साक्षरता), स्वास्थ्य, परिवार नियोजन, भूमि सुधार, कुशल भू-उपयोग, लघु सिंचाई, जलस्रोतों का प्रबंध, ऊसर भूमि का विकास, वन विकास, पशु पालन, डेयरी, मछली पालन, रेशम उत्पादन

आदि के क्षेत्र में काफी प्रगति की जा सकती है।' जोर स्वयंसेवी क्षेत्र की विशाल संभावनाओं के इस्तेमाल से सेवा प्रदान प्रणाली को सुधारने के लिए विभिन्न संस्थाओं के बीच चुनाव का अवसर उपलब्ध कराने पर था। योजना में ऐसे 'उपयोगकर्ताओं/पैसा लगानेवालों, निर्माताओं या लाभार्थियों' को जन संस्थानों के महत्व को रेखांकित किया गया, जो स्थानीय समाज के प्रति जिम्मेदार हों और जिनमें स्थानीय प्रशासन के साथ मिल कर जरूरत स्थानीय योजनाएँ बनाने और उन्हें लागू करने की क्षमता हो।

दस्तावेज में जमीनी स्तर पर अधिकतम लाभ हासिल करने के लिए उन कार्यों के विकेंद्रित स्थानीय-स्तर नियोजन के लिए एक नये परिप्रेक्ष्य पर जोर दिया गया है, जो बुनियादी तौर पर जन संस्थानों के सहयोग तथा सरकार के समर्थन से स्वयंसेवी संस्थाओं तथा गैरसरकारी संगठनों द्वारा किये जाते हैं। राष्ट्रीय विकास परिषद की 'लघु स्तर पर नियोजन पर समिति' की रिपोर्ट (1994) में भी इस बात पर जोर दिया गया है। रिपोर्ट में कहा गया है, 'अच्छे कामकाज के रिकॉर्डवाले ख्याति प्राप्त गैर-सरकारी संगठनों से अपेक्षा की जाती है कि वे अपने कार्यों को अन्यत्र भी दोहरायें और लोगों में संस्था निर्माण की प्रक्रिया को मजबूत करें। साथ ही, उनसे लघु स्तर पर नियोजन करनेवाले निकायों को तकनीकी विशेषज्ञता प्रदान करने की अपेक्षा भी की जा सकती है।'

यहाँ यह बता देना जरूरी है कि स्वयंसेवी संस्थाओं तथा गैरसरकारी संगठनों की अपनी कुछ सीमाएँ हैं। उनमें से अधिकांश एक नेता पर आधारित संगठन हैं और उनका कार्यक्षेत्र सीमित है, जो अकसर कुछ गाँवों, एक ब्लॉक या जिले के एक हिस्से तक ही होता है। कानूनी तौर पर वे स्थानीय लोगों के प्रति जवाबदेह नहीं होते। कइयों में तो अंदरूनी लोकतंत्र भी नहीं होता और वे धन के लिए सरकार या अंतरराष्ट्रीय सहायता एजेंसियों पर निर्भर रहते हैं।

पंचायतें और स्वयंसेवी संस्थाएँ

1992 के संवैधानिक संशोधनों के बाद पंचायतों और नगरपालिकाओं की नयी भूमिका को स्वयंसेवी संस्थाओं द्वारा पहचाना जाना चाहिए। चूँकि वे स्वशासन के प्रतिनिधिक संस्थान होते हैं, इसलिए स्वयंसेवी संस्थाओं को उनकी सर्वोच्चता को स्वीकार करना होगा। बंद्योपाध्याय के अनुसार, 'स्वयंसेवी संस्थाओं को भूल से भी पंचायतों को अपनी स्थिति, सत्ता व शक्ति का प्रतिद्वंद्वी नहीं समझना चाहिए। प्रतिनिधिक शासन प्रणाली के विभिन्न स्तरों के रूप में पंचायतों के प्रभुत्व को बिना किसी ना-नुकच के स्वीकार करना ही होगा।' इस बुनियादी पृष्ठभूमि के दायरे के भीतर ही स्वयंसेवी संस्थाओं तथा पंचायतों, नगरपालिकाओं के बीच संबंध की समस्याओं और संभावनाओं पर चर्चा की जानी चाहिए।

चुनावों के माध्यम से नयी पंचायतों के अस्तित्व में आने के बाद चार तरह

की स्थितियाँ लक्षित की जा सकती हैं :

(क) पंचायतों या स्थानीय प्रयासों के अभाव में जो स्थान खाली था, उस कार्यक्षेत्र में जन संगठनों और स्वयंसेवी संस्थाओं ने अपनी जड़ें जमा ली हैं। वे पंचायतों को अपने क्षेत्र पर अतिक्रमण करनेवाले नवोदित संस्थानों के रूप में देखती हैं।

(ख) नवगठित पंचायतें सामुदायिक प्रयासों और स्वयंसेवी संस्थाओं या गैरसरकारी संगठनों दोनों ही को अपने क्षेत्राधिकार में काम करनेवाले प्रतिद्वंद्वियों के रूप में देखती हैं।

(ग) तीसरी स्थिति यह है कि पंचायतें और स्वयंसेवी संगठन दोनों ही अपनी-अपनी भूमिकाओं को समझते हैं तथा एक-दूसरे के काम में पूरक बनने के लिए आपसी तालमेल और सहयोग से काम करते हैं।

(घ) कई इलाकों में स्वयंसेवी संस्थाएँ पंचायत चुनावों में हिस्सा लेती हैं और अपने उम्मींदवार खड़े करती हैं। स्वयंसेवी क्षेत्र के उम्मीदवारों को या तो राजनीतिक दलों से टिकट मिल जाता है या वे निर्दलीय उम्मीदवार के रूप में चुनाव लड़ते हैं। निचले स्तर पर ये उम्मीदवार अधिक सफल होते हैं तथा देखा गया है कि स्थानीय निकायों में उन लोगों का कार्य निष्पादन बेहतर होता है, जिन्होंने या तो स्वयंसेवी संगठनों के साथ काम किया है या उनसे प्रशिक्षण प्राप्त किया है।

स्वयंसेवी संस्थाओं और पंचायतों का एक-दूसरे के प्रति रवैया कैसा है? कई राज्यों में पंचायतों के प्रति स्वयंसेवी संस्थाओं का रवैया 'परवाह नहीं' करने का है। पंचायतों के प्रति जन संगठनों का दृष्टिकोण अवहेलनापूर्ण होता है और वे पंचायतों को अप्रासंगिक और निष्प्रभावी मानते हैं। इसलिए वे पंचायतों के साथ किसी तरह के आदान-प्रदान या अंतर्क्रिया की जरूरत महसूस नहीं करते।

चूँकि कई इलाकों में पंचायतें काम नहीं कर रही होतीं और उनकी नियमित बैठकें नहीं होतीं, इसलिए स्वयंसेवी संस्थाएँ उन्हें गंभीरता से नहीं लेतीं। वे समझती हैं कि पंचायतें क्षुद्र राजनीति के अखाड़े हैं और इसलिए उनके साथ जितनी दूरी बनाये रखी जाये, उतना ही बेहतर है।

अधिकांश मामलों में, पंचायतें लोगों में स्वशासन की संस्थाओं के रूप में विश्वास नहीं जमा पाती हैं। अकसर तो पंचायत सदस्यों को अपनी शक्तियों व दायित्वों का ही पता नहीं होता। जाति तथा वर्ग की दृष्टि से हीन स्थिति, अल्प शिक्षा और वित्तीय शक्तियों के अभाव की वजह से भी उन्हें तिरस्कारपूर्ण व्यवहार का सामना करना पड़ता है। और फिर, आरक्षण के जरिये चुन कर भारी संख्या में आयी महिलाएँ भी अपने तौर पर कामकाज करने में समर्थ नहीं होतीं। वे परिवार के पुरुष सदस्यों की 'छाया' के रूप में काम करती हैं। दिन-प्रतिदिन के पंचायत कार्यों में राजनीतिक

दखल से भी पंचायतों के विकास में रुकावट आती है। इसलिए प्रशिक्षण, विचार-विनियम कार्यक्रमों, सफल पंचायतों की यात्राओं तथा जानकारी के आदान-प्रदान के माध्यम से क्षमता निर्माण बहुत ही जरूरी है। अपनी विशेषज्ञता और विशिष्ट ज्ञान के जरिये स्वयंसेवी संस्थाएँ इस मामले में पंचायतों की मदद कर सकती हैं। यह ध्यान देने योग्य बात है कि ज्ञान और आधुनिकतम प्रौद्योगिक विकास तक पहुँच की दृष्टि से स्वयंसेवी संस्थाओं और गैरसरकारी संगठनों का पलड़ा पंचायती राज संस्थाओं की तुलना में भारी है। इनमें से बहुत-से संगठन सूचना के प्रसार और जागरूकता उत्पन्न करने के कामों में लगे हुए हैं। उदाहरण के लिए कई ऐसे संगठन हैं, जो ग्रामीण इलाकों के लिए वैकल्पिक नवीकरणीय ऊर्जा प्रणालियों के विकास में लगे हैं।

कई स्वयंसेवी संस्थाओं तथा गैरसरकारी संगठनों ने महिला सशक्तीकरण कार्यक्रमों और भूमि सुधार के कार्यान्वयन जैसे जमीनी मुद्दों में विशेषज्ञता हासिल कर ली है। इन विषयों के अलावा पंचायतें जल प्रबंध, वन प्रबंध, मछली पालन तथा समुदाय के सदस्यों की आय बढ़ानेवाली आय अर्जक परियोजनाओं के क्षेत्र में स्वयंसेवी संस्थाओं का सहयोग ले सकती हैं।

इस चर्चा में स्वसहायता समूहों, पानी पंचायतों, जल संभर संस्थाओं, जल उपयोगकर्ताओं की संस्थाओं, सामुदायिक सिंचाई समूहों और संयुक्त वन प्रबंध, वन संरक्षण समितियों और उनके स्थायित्व के मुद्दे का विशेष उल्लेख जरूरी है। स्वसहायता समूह (सेल्फ-हेल्प ग्रुप) लघु बचत, लघु ऋण तथा ऐसे ही अन्य क्षेत्रों में कार्यरत हैं, जो ग्रामीण गरीबों के वित्तीय सहारे का एक महत्वपूर्ण साधन हैं। यहाँ 'सेल्फ-इंप्लायड वीमेन्स एसोसियेशन' (सेवा) की सफलता की चर्चा की जा सकती है। वनों के ह्रास, भू-क्षरण में वृद्धि, जल स्तर में गिरावट आदि के कारण जल संभर और जल उपयोगकर्ताओं की संस्थाएँ अस्तित्व में आयी हैं। इन संस्थाओं को जवाहर रोजगार योजना और रोजगार आश्वासन योजना की निधियों का 50 प्रतिशत तक प्राप्त करने की अनुमति है। एनआईआरडी के एक अध्ययन के अनुसार जल संभर समितियों और उपयोगकर्ता समूहों में लाभार्थियों की भागीदारी उत्पादन पैकेजों के चयन और श्रम तक सीमित थी। अतः जल संभर समितियों ने नियोजन और क्रियान्वयन प्रक्रियाओं में पिछलग्गू की भाँति काम किया। काम करने के इस तरीके में भागीदारी की गुंजाइश बहुत थी।[8]

विश्व बैंक ने इन चार जल संभर परियोजनाओं को समर्थन दिया है : हिमालय जल संभर प्रबंध परियोजना, वर्षा सिंचित क्षेत्रों के लिए जल संभर विकास, समन्वित जल संभर विकास परियोजनाएँ (मैदानी) और समन्वित जल संभर विकास परियोजनाएँ (पर्वतीय)। इन परियोजनाओं की समीक्षा से पता चलता है कि ये परियोजनाएँ लंबी अवधि तक नहीं चल सकतीं।

आंध्र प्रदेश में लगभग 10 हजार जल उपयोगकर्ता संस्थाओं और वितरक समितियों का गठन किया गया, ताकि कारगर व भरोसेमंद जलापूर्ति और वितरण के लिए सिंचाई प्रणाली के प्रबंध व रख-रखाव में किसानों की भागीदारी हासिल की जा सके। पानी पंचायतें देश के विभिन्न हिस्सों में खेती के लिए पानी की गंभीर कमी को देखते हुए गठित की गयी हैं। महाराष्ट्र में नवगाँव प्रयोग पानी पंचायत का एक शानदार उदाहरण है। पश्चिम बंगाल जैसे राज्यों में वनों को फिर से लगाने में वन संरक्षण समितियों की सफलता के साथ ही सामुदायिक भागीदारी से वन भूमियों के संरक्षण व प्रबंध पर अधिकाधिक ध्यान केंद्रित हुआ है। इस उद्देश्य को ध्यान में रखते हुए भारत सरकार ने जून 1990 में एक अधिसूचना जारी की, जिसके जरिये वन भूमि को बहाल करने में ग्राम समितियों और स्वयंसेवी संस्थाओं की भागीदारी को बढ़ावा दिया गया। संयुक्त वन प्रबंध का उद्देश्य समुदाय-आधारित निर्णय प्रक्रिया और आम सहमति द्वारा पारंपरिक वन प्रबंध प्रणाली को फिर से वापस लाना है।

इन सभी प्रयासों में महत्वपूर्ण मुद्दा उनके स्थायित्व का है। इस बात के पर्याप्त प्रमाण हैं कि जब तक इन्हें पंचायतों, जो स्थायी होती हैं, की पूर्ण निगरानी व भागीदारी में लाया नहीं जाता, वे कारगर ढंग से काम नहीं करतीं। पंचायतों के अलावा और कोई भी स्थानीय निकाय ऐसा नहीं है जो उनका स्थायित्व सुनिश्चित कर सके। जल संभर समितियों के बारे में एनआईआरडी के एक अध्ययन से पता चला है कि जल विकास दलों का गठन पंचायत समिति और ग्राम पंचायत सतरों पर जरूरी है, क्योंकि तभी इनकी कार्यकुशलता व निरंतरता सुनिश्चित हो सकेगी। उत्तर प्रदेश में संयुक्त वन प्रबंध को पंचायतों के दायरे में लाने के बारे में एक विधेयक पारित हुआ है। इस बारे में एक और सफल उदाहरण पश्चिम बंगाल का है। पश्चिम बंगाल सरकार ने 1985-86 में कुएँ खोदने, उथले और गहरे नलकूप लगाने और नदी लिफ्ट सिंचाई के लिए विश्व बैंक की मदद से एक व्यापक योजना शुरू की, जो मार्च 1994 में पूरी हुई। लघु कमान क्षेत्र और आसान प्रबंध की वजह से सभी उथले और निम्न कार्यक्षमतावाले नलकूप पंचायत समितियों को हस्तांतरित करने का निर्णय किया गया। प्रत्येक जिला परिषद के सभाधिपति ने स्थल चयन समिति से विचार-विमर्श कर विभिन्न पंचायत समितियों को ये नल कूप हस्तांतरित कर दिये। पंचायत समिति स्तर पर कृषि, सिंचाई और सहयोग की स्थायी समिति ने नल कूप ग्राम पंचायतों को आवंटित कर दिये। कमान क्षेत्र में आनेवाले सभी किसानों से यह वचन लिया गया कि वे पंचायत नल कूपों से दिया जानेवाला पानी खरीदेंगे। नल कूपों की रोजमर्रा की देखभाल का काम लाभार्थी समिति द्वारा किया जा रहा है जो पश्चिम बंगाल के पंचायती राज की एक अनूठी विशेषता है। सभी नल कूप ऑपरेटर इस समिति के सदस्य भी हैं।

अपने नियामक कार्यों और नीतिगत मामलों पर जोर के साथ-साथ पंचायतें अपने कार्यक्रमों और योजनाओं के क्रियान्वयन का काम जन संगठनों को सौंप सकती

हैं। इस संदर्भ में, कई ऐसे कार्य, जो अब तक राज्य द्वारा किये जाते थे, जन संगठनों द्वारा बेहतर ढंग से किये जा सकते हैं—ये कार्य चाहे ऋण के क्षेत्र में हों या कृषि विपणन अथवा विभिन्न विकास गतिविधियों के क्षेत्र में। राष्ट्रीय डेयरी विकास बोर्ड की डेयरी सहकारी संस्थाएँ इस दिशा में एक ठोस उदहारण हैं। स्व-सहायता के आधार पर काम करनेवाली पंजीकृत सोसायटियों को और भी काम सौंपे जा सकते हैं, जिसका एक ज्वलंत उदाहरण पश्चिम बंगाल के बाँकुरा जिले में स्थित झिलमिली में ग्रामीण महिला श्रमिक उन्नयन समिति है। यही नहीं, लाभार्थियों की अनौपचारिक संस्थाओं को भी नल कूपों को चलाने और उनके रख-रखाव का जिम्मा सौंपा जा सकता है, जिससे विभागीय कार्यकर्ताओं की जरूरत से बचा जा सकता है।[9] नयी स्थानीय शासन प्रणाली के तहत स्वयंसेवी क्षेत्र और जन संगठनों की भूमिका को बढ़ाने की दिशा में यह एक निश्चित प्रयास होगा।

कई स्वयंसेवी संस्थाएँ स्थानीय जैविक संसाधनों पर जनजातियों तथा अन्य स्थानीय समुदायों के अधिकारों के संरक्षण तथा जड़ी-बूटियों आदि के बारे में उनके ज्ञान को संरक्षित करने के लिए भी कार्य कर रही हैं। ये कुछ ऐसे क्षेत्र हैं, जिनमें स्वयंसेवी संस्थाओं ने शानदार काम किया है। पंचायती राज संस्थाएँ अब जनजातीय इलाकों में भी काम करने लगी हैं। ये संस्थाएँ इन मुद्दों पर काम करने के लिए स्वयंसेवी संस्थाओं को आमंत्रित कर सकती हैं, जिससे जनजातियों और वनवासियों की बेहतरी के लिए पंचायतें इनके अनुभवों से सीख सकेंगी तथा उनकी विशेषज्ञता का फायदा उठा सकेंगी।

लोकतांत्रिक संस्थाओं के निर्माण की राजनीतिक प्रक्रिया में सामाजिक बदलाव लाने के लिए जन संगठन उत्प्रेरक की भूमिका निभा सकते हैं। ये संगठन भिन्न-भिन्न परिस्थितियों के प्रति अधिक संवेदी होते हैं और संकट प्रबंधन में अधिक कुशल होते हैं। नागरिक समाज का स्वास्थ्य कारगर जन संगठनों के अस्तित्व को भी तय करता है और उनके प्रति संवेदनशीलता भी विकसित करता है।

मौजूदा संविधान में ग्राम सभा को कार्यकारी निकाय का दर्जा प्राप्त नहीं है। ग्राम सभा गाँव या वार्ड के सभी मतदाताओं का प्रतिनिधित्व करती है तथा उसे मुद्दे उठाने, स्पष्टीकरण माँगने और क्रियान्वयन के लिए कार्यक्रम सुझाने के अधिकार हैं। ग्राम सभा, ज्यादा से ज्यादा, सामाजिक निगरानी की भूमिका अदा कर सकती है। स्वयंसेवी क्षेत्र के साथ अपने अनुभव के आधार पर, ग्राम सभाएँ स्वंयसेवी संस्थाओं में से अच्छी संस्थाओं और कम अच्छी संस्थाओं की पहचान करने की भूमिका अदा कर सकती हैं।

स्वयंसेवी संस्थाएँ पंचायतों की सदस्यता के लिए नहीं होनी चाहिए। जैसा कि पहले कहा जा चुका है, वे चुनावों में निर्दलीय उम्मीदवार खड़े कर सकती हैं। लेकिन जिला नियोजन समितियों में इनकी भूमिका महत्वपूर्ण हो सकती है। अपने कार्य

निष्पादन के आधार पर ये इन समितियों में नामजद की जा सकती हैं। ग्राम नियोजन, संसाधनों की पहचान, सेवानिवृत्त अधिकारियों और कर्मचारियों के स्वयंसेवी तकनीकी दल गठित करने में उनका स्थान महत्वपूर्ण हो सकता है। वे बेहतर सहयोग और समन्वय सुनिश्चित कर सकती हैं। इस प्रकार पंचायतें एवं स्वयंसेवी संस्थाएँ आवश्यकता होने पर, विशेषकर तब जब वे एक-दूसरे को विकेंद्रीकरण और विकास की प्रक्रिया में प्रतिद्वंद्वी न समझ कर साझेदार समझें, आपस में मिल कर कारगर ढंग से काम कर सकती हैं।

इस संदर्भ में, हमें राजनीतिक दलों की भूमिका पर भी गौर करना होगा। भारत ने बहुदलीय संसदीय प्रणाली अपनायी है और लोकतांत्रिक संस्थानों की सबसे निचली इकाइयों में भी बहुदलीय प्रणाली की झलक देखने को मिलती है। इसलिए राजनीतिक पार्टियाँ गाँवों, वार्डों और कस्बों में अपनी जड़ें जमाने के लिए एक-दूसरे से होड़ करती हैं और अपनी स्थिति मजबूत करने के लिए जान लड़ा देती हैं। वे अपने जन संगठनों या पार्टी मंचों से जन समस्याओं को उठाती हैं। जहाँ भी यह मशीनरी मजबूत होती है, वहाँ देखने में आता है कि जन संगठन अधिक मजबूत नहीं होते और न ही बड़ी संख्या में होते हैं और अगर थोड़े-से होते भी हैं, तो उनका स्थान उतना महत्वपूर्ण नहीं होता। इसका सर्वश्रेष्ठ उदाहरण पश्चिम बंगाल है।

जिन राज्यों में जन संगठनों का आधार मजबूत है, उनके पास समर्पित कार्यकर्ता हैं, प्रासंगिक कार्यक्रम हैं, वैज्ञानिक दृष्टिकोण है और काम करने पर जोर है, वे स्थानीय स्वशासी संस्थाओं की क्षमता बढ़ाने में रचनात्मक भूमिका निभा सकते हैं। विचार और काम, दोनों ही के जरिये ये संस्थान मार्ग प्रदर्शन कर सकते हैं और स्थानीय निकायों की मदद भी कर सकते हैं। नियोजन प्रक्रिया के लिए जन अभियानों के माध्यम से पंचायतों को नया रास्ता दिखाने में केरल शास्त्र साहित्य परिषद की भूमिका इसका बेहतरीन उदाहरण है। महाराष्ट्र में, जहाँ सहकारी आंदोलन काफी मजबूती से चल रहा है, ये संस्थाएँ राज्य में पंचायती राज को मजबूत करने में महत्वपूर्ण भूमिका निभा सकती हैं।

विकेंद्रित संस्थाओं को मजबूत करने (या कमजोर बनाने) में विधायकों, राज्य स्तर के राजनीतिज्ञों और सरकारी अधिकारियों का बड़ा हाथ रहता है। स्वतंत्रता प्राप्ति के बाद से प्रशासन और सरकार की प्रवृत्ति केंद्रीकरण के पक्ष में रही है। 1990 के दशक के आरंभ से विकेंद्रित संस्थाओं के प्रति उनके रुख में सकारात्मक परिवर्तन आया है। लेकिन अभी उन्हें शासन और प्रशासन के नये स्वरूप के बारे में उभरते सोच के अनुरूप अपने को ढालने में समय लगेगा।

औपचारिक और अनौपचारिक, दोनों ही क्षेत्रों में गतिशील विकेंद्रित संस्थान किसी भी नागरिक समाज की नींव होते हैं। केवल वास्तविक लोकतांत्रिक माहौल में ही, समाज अपनी भूमिका अदा कर सकता है और नागरिकों को पहल करने के

लिए प्रेरित कर सकता है। सिक्के का दूसरा पहलू यह है कि पड़ोस के स्तर से गाँव, कस्बा, ब्लॉक और जिले के स्तर तक जिम्मेदार, पारदर्शी, भ्रष्टाचार-मुक्त और कुशल स्थानीय स्व-शासन प्रणाली के लिए सक्रिय नागरिक समाज का होना अति आवश्यक है।

संदर्भ

1. निर्मल मुखर्जी, तीसरा पाया, *इकॉनॉमिक एंड पॉलिटिकल वीकली,* 1 मई 1993, पृष्ठ 856-62
2. डी. बंद्योपाध्याय, स्वयंसेवी संगठन और पंचायतें, *मेनस्ट्रीम,* 29 मार्च 1997
3. एस. गुहन, संघवाद तथा तिहत्तरवाँ संशोधन : कुछ विचार, इंस्टीट्यूट ऑफ सोशल साइंसेज, नयी दिल्ली की दसवीं वर्षगाँठ पर सितंबर 1995 में प्रस्तुत परचा। गुहन हालाँकि यह स्वीकार करते हैं कि नयी घटनाएँ संघवाद को मजबूत कर रही हैं, लेकिन उनका कहना है कि सीमित स्तर पर, क्योंकि संसाधन, उत्तरदायित्व, शक्तियों जैसी इसकी अधिकांश विषय सामग्री राज्य की इच्छा पर है।
4. जॉर्ज मैथ्यू, भारत में स्वशासन की संस्थाएँ : बहुस्तरीय संघवाद की ओर, *डेवलपमेंट एंड चेंज,* खंड 2 सं. 2, जुलाई-दिसंबर 1997, मद्रास इंस्टीट्यूट ऑफ डेवलपमेंट स्टडीज, पृष्ठ 276-93
5. उपर्युक्त (2)
6. भारत सरकार, सातवीं पंचवर्षीय योजना 1985-90, खंड 2, योजना आयोग, पृष्ठ 66
7. भारत सरकार, आठवीं पंचवर्षीय योजना, 1992-97, खंड 1, योजना आयोग, पृष्ठ 17
8. के. जयलक्ष्मी और वी. अलामलाई, *डीसेंट्रलाइज्ड इंस्टीट्यूशन्स इन द फॉर्मल एंड इनफॉर्मल सेक्टर्स,* राष्ट्रीय ग्रामीण विकास संस्थान, हैदराबाद
9. उपर्युक्त (1)

9

पंचायतों के लिए स्वयंसेवक

क्या पंचायतें गाँवों में छुपी प्रतिभाओं को आकर्षित कर सकती हैं? क्या स्थानीय निकाय इस विशाल देश के कोने-कोने में उपलब्ध मानव संसाधनों का उपयोग करने में समर्थ हैं?

हाँ, वे कर सकती हैं। केरल के प्रयोग से तो यही इशारा मिलता है। विकेंद्रित नियोजन के लिए जन अभियान की सफलता के बाद केरल ने वॉलंटरी टेक्नीकल कोर (वीटीसी) के नाम से एकदम नया प्रयोग शुरू किया है। कोर में हर एक ब्लॉक एवं नगरपालिका के अंतर्गत 50 से 60 विशेषज्ञों की टीम बनायी गयी है। यह टीम स्थानीय निकायों के लिए नौवीं योजना में तैयार परियोजनाओं के मूल्यांकन में मदद करेगी। स्थानीय प्रशासन प्रणाली को मजबूत बनाने की राह पर यह मील का पत्थर है।

वॉलंटरी टेक्नीकल कोर की उत्पत्ति एवं महत्व को समझने के लिए उसे विकेंद्रित नियोजन के लिए जन अभियान के साथ जोड़ कर देखना होगा। यह अभियान राष्ट्रीय स्तर पर चर्चित हुआ है। जन अभियान के जरिये सबसे कम समय में गाँव, ब्लॉक तथा जिला स्तर पर नियोजन क्षमता बटोरने में सफलता मिली है। केरल में नौवीं योजना का 35 से 40 प्रतिशत हिस्सा पंचायतों में लोगों द्वारा स्वयं बनायी गयी योजनाओं का है।

अभियान का पहला चरण लोगों की आवश्यकताओं एवं स्थानीय विकास की कमियों को चिह्नित करने के लिए चलाया गया था। इस मकसद के लिए ग्राम सभा तथा नगरपालिका वार्ड स्तर पर सम्मेलनों एवं परिचर्चाओं का आयोजन किया गया था। केरल में 990 ग्राम पंचायतों तथा 58 नगरपालिकाओं में 14,000 वार्ड हैं। एक अनुमान के अनुसार इस अभियान में 30 लाख लोगों ने हिस्सा लिया। दूसरे चरण में सभी पंचायतों एवं नगरपालिकाओं में विकास संगोष्ठियाँ आयोजित की गयी थीं, जिनमें निर्वाचित प्रतिनिधियों, अधिकारियों एवं विशेषज्ञों ने हिस्सा लिया था। उन्होंने

ग्राम सभाओं तथा वार्ड स्तरीय सम्मेलनों में चुनी गयी समस्याओं के लिए समेकित हल भी ढूँढ़े।

पहली बार संसाधनों का नक्शा (विकास से संबंधित प्राकृतिक एवं मानव संसाधनों का निष्पक्ष आकलन) भी बनाया गया। यह नक्शा अनुपूरक आँकड़ों, त्वरित मूल्यांकन तकनीकों तथा चालू कार्यक्रमों की अर्धसरकारी समीक्षा के जरिये बनाया गया था। इन विकास रिपोर्टों में एक लाख से ज्यादा छपे हुए पृष्ठ हैं, जिनमें स्थानीय इतिहास, संसाधन, विकास की समस्याएँ एवं संभावनाएँ आदि तथ्य हैं और ये अब सभी पंचायतों में उपलब्ध हैं।

अभियान के तीसरे चरण के अंतर्गत योजना में शामिल करने के लिए समाधानों के समेकित ज्ञापनों को परियोजनाओं अथवा योजनाओं में बदला गया था। पंचायत/नगरपालिका स्तर पर इस कार्य के लिए स्वास्थ्य, शिक्षा तथा कृषि जैसे महत्वपूर्ण विषयों पर कार्यबल बनाये गये थे। पंचायतों/नगरपालिकाओं की योजनाएँ बनाते समय कार्यबल द्वारा तैयार परियोजनाओं में से प्रस्ताव और योजनाएँ छाँटी जा रही हैं। अगले चरण में ब्लॉक एवं जिला स्तर की योजनाओं में स्थानीय योजनाओं को मिलाने के लिए जिला और ब्लॉक स्तर पर विकास संगोष्ठियों का आयोजन किया जायेगा। वॉलंटरी टेक्नीकल कोर की भूमिका इसी नाजुक मोड़ पर आती है। उल्लेखनीय है कि नौवीं योजना के लिए जन अभियान का समापन राज्य की स्थापना की 40वीं जयंती के अवसर पर राज्यस्तरीय महासम्मेलन में किया जायेगा।

केरल में सरकारी अधिकारियों ने जन अभियान पर शुरू में तो कोई ध्यान नहीं दिया, लेकिन जब आम जनता का उत्साह सामने आया और उसे आगे बढ़ाने में पंचायतों में आत्मविश्वास दिखा तो उन्हें इसका लोहा मानना पड़ा। इसी बीच इस अभियान को शुरू करनेवाली 'राज्य नियोजन परिषद' ने अधिकारियों के लिए व्यवस्थित आचार एवं प्रशिक्षण कार्यक्रम आयोजित किये और, धीरे-धीरे ही सही, उनका रवैया बदलने लगा। इतना जरूर था कि ऐसे लोकाचार में भी हर एक जिले में अधिकारियों के शामिल होने का फैसला जिला अधिकारी को ही करना था। कुछ स्थानों पर बैंक कर्मचारियों एवं अफसर के संगठनों ने पंचायतों के लिए परियोजनाएँ बनाने के लिए अपने सदस्यों के प्रशिक्षण के जरिये इस अनूठे प्रयोग में हिस्सा तो लिया, मगर आंशिक रूप से। कॉलेज एवं अन्य अकादमिक केंद्र अभी तक इससे दूरी बनाये हुए हैं। उनकी तरफ से सामाजिक हिस्सेदारी की कमी इस उच्च साक्षरतावाले राज्य में उच्च अध्ययन के केंद्रों के रवैये को परिलक्षित करती है।

जन अभियान के प्रति जनता का रुख शुरू में असमान था। कई क्षेत्रों में ग्राम सभाओं में जहाँ हजारों लोग इकट्ठा हो रहे थे, वहीं कुछ अन्य जगहों पर कोरम पूरा करना भी भारी पड़ जाता था। शहरीकृत गाँवों में ज्यादा लोग अभियान की सभाओं में नहीं आते थे, लेकिन ग्रामीण क्षेत्रों में लोगों का उत्साह देखते ही बनता

था। सार्वजनिक जीवन में जहाँ-जहाँ महिलाएँ आगे आ रही थीं, उन ग्राम सभाओं में भीड़ ज्यादा होती थी। इसके साथ ही पहले से ही चलाये गये प्रचार एवं जागरूकता अभियानों से भी कार्यक्रम में भागीदारी अच्छी रहती थी। पंचायतों में अभियान की बेहतर सफलता का सबक यह है कि प्रत्येक गाँव में राजनीतिक वफादारी और दलगत मतभेद तो रहेंगे, मगर विकास की गतिविधियों के संवर्धन के लिए लोग सामुदायिक स्तर पर अपने मतभेद भूल कर एकजुट होने को तैयार हैं।

जन अभियान की प्रक्रिया के जरिये केरल में पंचायतों द्वारा करीब 1.5 लाख परियोजनाएँ सुझायी जा चुकी हैं। इन परियोजनाओं के दो वर्ग थे : (1) वर्ष 1997-98 की वार्षिक योजना में शामिल करने के लिए सुझायी गयी परियोजनाएँ और (2) नौवीं योजना की बाकी अवधि के लिए सुझायी गयी योजनाएँ। इन योजनाओं के लिए राज्य सरकार ने चालू वर्ष के बजट में 1025 करोड़ रुपए का प्रावधान किया है। नौवीं योजना में स्थानीय निकायों का हिस्सा 40 प्रतिशत है, जो 4400 करोड़ रुपये बैठता है। इस पूरे कार्य व्यापार में एक बड़ा मुद्दा यह था कि स्थानीय निकायों द्वारा प्रस्तावित सैकड़ों परियोजनाओं की तकनीकी संभाव्यता, वित्तीय क्षमता तथा सामाजिक स्वीकार्यता का परीक्षण कौन करेगा, ताकि उनके लिए समुचित तकनीकी एवं अन्य स्वीकृतियाँ आसानी से हासिल की जा सकें?

इसी बिंदु पर 'वॉलंटरी टेक्नीकल कोर' (वीटीसी) का विचार उत्पन्न हुआ। वीटीसी के अंतर्गत केरल भर में करीब 10,000 विशेषज्ञ छाँटे जायेंगे। उन्हें केरल के सभी गाँवों एवं ब्लॉकों में बड़ी संख्या में उपलब्ध सेवानिवृत्त एवं गैरसरकारी विशेषज्ञों में से चुना जायेगा। उसके पास स्नातकोत्तर अथवा व्यावसायिक उपाधि के साथ ही साथ विकास के क्षेत्र में न्यूनतम अनुभव आदि निर्धारित योग्यता होना आवश्यक है। अनुभवी लोगों को शैक्षिक योग्यता की शर्त में ढील मिल सकती है। पंचायतों को स्वैच्छिक सहायता देने के लिए उन्हें हफ्ते में कम से कम एक दिन कार्य करना होगा। ब्लॉक में काम करने से पहले प्रत्येक जिले में उन्हें परिचयात्मक प्रशिक्षण दिया जायेगा है। ये स्वयंसेवी विशेषज्ञ ब्लॉक स्तर पर कार्यशालाओं के जरिये परियोजनाओं का मूल्यांकन करेंगे।

इस नयी पहल के प्रति व्यावसायिक विशेषज्ञों का रुख काफी उत्साहजनक है। राज्य योजना परिषद द्वारा वॉलंटरी टेक्नीकल कोर में शामिल होने के आह्वान से प्रभावित हो कर तिरुवनंतपुरम में हाल में करीब 200 सेवानिवृत्त विशेषज्ञों ने बैठक की थी। उनमें इंजीनियर, डॉक्टर, विश्वविद्यालयों एवं कॉलेजों के प्रोफेसर, तकनीशियन, बीडीओ, सैनिक, नक्शानवीस, वैज्ञानिक आदि कई सेवानिवृत्त विशेषज्ञ शामिल हुए। बैठक में आम सहमति यह बनी कि इस क्रांतिकारी व्यवस्था के जरिये पंचायतों के लिए तकनीकी, वित्तीय तथा सामाजिक दृष्टि से टिकाऊ परियोजनाएँ बनाने में इतनी बड़ी संख्या में जमा विशेषज्ञों से मुफ्त तकनीकी सलाह लेने में सहायता मिलेगी।

पंचायत क्षेत्रों में स्वास्थ्य निरोधक कार्यक्रमों को लागू करने में सेवानिवृत्त डॉक्टर और स्वास्थ्य कार्यकर्ता काफी बड़ी भूमिका निभा सकते हैं। वीटीसी के रूप में हुई इस पहल को पंचायतों और नगरपालिकाओं की परियोजनाओं एवं योजनाओं के क्रियान्वयन के समय भी जारी रखा जा सकता है। पंचायती राज के अंतर्गत विकास योजनाओं एवं कार्यक्रमों में सेवानिवृत्त व्यावसायिक विशेषज्ञों की भागीदारी के कई अच्छे परिणाम निकल सकते हैं।

भारत की आबादी में वृद्धों (60 वर्ष से अधिक) का अनुपात धीरे-धीरे बढ़ रहा है। वर्ष 1991 की जनगणना के अनुसार यह अनुपात 6.3 प्रतिशत था, जबकि 60 के दशक में यह 5.7 प्रतिशत था। केरल में यह अनुपात अप्रत्याशित रूप से ज्यादा है। वर्ष 1961 में यह अनुपात जहाँ 5.8 प्रतिशत था, वहीं 1991 में बढ़ कर 8.10 प्रतिशत (देश में सबसे ज्यादा) एवं 1996 में और भी बढ़ कर 9.5 प्रतिशत हो गया था। शताब्दी के अंत तक इस अनुपात के 10.2 प्रतिशत तथा 2021 तक कुल आबादी में वृद्धों का प्रतिशत बढ़ कर 16 प्रतिशत हो जाने के आसार हैं। केरल के गाँवों में अनुभव एवं योग्यता से भरपूर लोगों की भरमार है। इसका कारण शिक्षा का ऊँचा स्तर, लंबी जीवन अवधि तथा विदेशों अथवा राज्य से बाहर काम कर रहे लोगों में सेवानिवृत्ति के बाद बसने के लिए अपनी मातृभूमि में वापस लौटने की प्रवृत्ति है। इसके बावजूद इनकी योग्यता का शायद धार्मिक संगठनों के अलावा कोई भी उपयोग नहीं कर रहा। पंचायती राज संस्थाओं को सुदृढ़ करने के लिए मानव संसाधन की इस बिराट संपदा के सदुपयोग की यह सचमुच नयी शुरुआत है।

इसका एक अर्थ स्थानीय प्रशासन के दक्ष संचालन में नागरिक समाज द्वारा सहायता किया जाना भी है। जनता एवं नागरिक समूहों के बड़े पैमाने पर शामिल होने अथवा उनके समर्थन के बिना न तो पंचायतें और न ही नगरपालिकाएँ स्वशासन की संस्थाएँ बन सकती हैं। विकास में जनता की भागीदारी एस.के. दे सामुदायिक विकास के समय से ही महत्वपूर्ण जुमला बना हुआ है, लेकिन आज तक यह सपना साकार नहीं हो पाया। केरल का यह अभिनव प्रयोग अन्य राज्यों के लिए भी एक उदाहरण है।

पंचायत कार्यक्रमों के तकनीकी पहलुओं में तकनीकी पकड़वाले लोगों को शामिल करने से इन स्थानीय निकायों के काम-काज में सक्रिय रूप से भाग लेने के लिए समाज के दूसरे लोगों को भी आगे आने की प्रेरणा मिलेगी। अच्छे शासन की यह पक्की राह है। इस प्रकार वॉलंटरी टेक्नीकल कोर के सुधी-प्रबुद्ध लोगों, विशेषज्ञों तथा नागरिकों का एक अनूठा अभियान बन जाने की खासी अच्छी संभावना है।

केरल में यह सब राज्य योजना परिषद तथा सत्तारूढ़ दलों द्वारा शुरू से ही नीचे से ऊपर की ओर नियोजन को पूरी गंभीरता से अपनाये जाने के कारण संभव हो पाया है। इससे लोगों के लिए योजना भवन अथवा राज्य योजना परिषदों द्वारा

योजनाएँ तैयार किये जाने के रिवाज से अलग हट कर नियोजन के नये अध्याय की शुरुआत हुई है। इस नयी पहल से लोगों में अपनी पंचायतों तथा नगरपालिकाओं से खुद योजनाएँ बनाने की क्षमता पैदा हुई है। अब राज्य के सरकारी नियोजकों को सिर्फ उन पर विचार करके उन्हें स्वीकृति देनी होती है। अधिकारियों द्वारा बनायी गयी योजनाओं तथा जनता द्वारा तैयार योजनाओं में आज जबरदस्त अंतर परिलक्षित होता है। उदाहरण के लिए केरल में पहले योजना राशि में से सबसे ज्यादा पैसा लोक निर्माण तथा प्रशासन पर खर्च होता था। आज जनता द्वारा तैयार योजना में सबसे ज्यादा यानी 40 से 50 प्रतिशत राशि कृषि एवं उत्पादन क्षेत्रों, 30 प्रतिशत सेवा क्षेत्र तथा बाकी 30 प्रतिशत सड़कों एवं प्राथमिक सेवाओं के लिए माँगी जा रही है। इसके साथ ही स्वैच्छिक योगदान एवं श्रमदान के रूप में गाँवों में योजनाओं के लिए काफी हद तक संसाधन भी खुद ही जुटाये जा रहे हैं। लेकिन दुर्भाग्य से केरल में पंचायतों द्वारा तैयार परियोजनाओं की आर्थिक संभाव्यता के प्रति बैंकों द्वारा 45.16 के नीचे ऋण वसूली अनुपात के कारण (दिसंबर 1996 में केरल में बैंकों की जमा राशि 21,340 करोड़ रुपये थी, जबकि बैंकों ने ऋण कुल 9,636 करोड़ रुपये का ही दिया हुआ था) उपेक्षा का रुख अपनाया जा रहा है।

यहाँ एक महत्वपूर्ण सवाल यह है : यदि केरल यह कर सकता है, तो अन्य राज्य क्यों नहीं कर सकते? यदि पंचायतों को निर्धारित अधिकारों के साथ उनका मुनासिब सवैधानिक दर्जा दे दिया जाये और दूरदृष्टि-संपन्न लोग हाथ बँटाने को आगे आयें तो यह जरूर हो सकता है। केरल के इस प्रयोग का असर अन्य राज्यों में भी फैलना चाहिए और पंचायतों में स्वयंसेवी समूहों की भागीदारी बड़े पैमाने पर बढ़नी चाहिए। दुर्भाग्य से ज्यादातर राज्यों में पंचायतों का गठन, उन्हें गाँवों में परिवर्तन अथवा लोगों के जीवन की गुणवत्ता सुधारने या लोकतांत्रिक आधार को सुदृढ़ करने का औजार बनाने के बजाय, महज 73वें संविधान संशोधन की इबारत पर अमल करने के लिए किया गया है। इसके लिए सभी राज्यों में जनहित की भावनावाले नागरिकों, अधिकारियों तथा निर्वाचित प्रतिनिधियों को आगे आ कर अभिनव कार्यक्रमों के जरिये पंचायतों तथा नगरपालिकाओं को आवश्यक आधार देने की आवश्यकता है।

10

मानवाधिकारों के रू-ब-रू

भारत ने प्राचीन काल से ही स्थानीय मसलों के समाज-आधारित प्रबंधन के लिए अनेक पद्धतियों का विकास किया था। देश के अधिकांश हिस्सों में इन संस्थाओं को 'पंचायत' के रूप में जाना जाता था, जिसका शाब्दिक अर्थ है—पाँच व्यक्तियों की परिषद। इनका काम कृषि चरण के दौरान अन्य देशों में विकसित स्थानीय शासन की तरह था—चाहे वह रूसी 'मीर' हो, जर्मन 'मार्क' हो या इंग्लैंड का मध्यकालीन 'मैनॉर'। भारत के अधिकांश भागों में पंचायत व्यवस्था युगों से चली आ रही जाति व्यवस्था, सामाजिक प्रतिष्ठा और परिवार पर आधारित थी। भारत में ब्रिटिश शासन के दौरान उन्नीसवीं सदी के उत्तरार्द्ध में स्थानीय स्वशासन की अवधारणा पहले शहरी क्षेत्र में और बाद में गाँवों में लागू की गयी।[1] तब से स्थानीय स्वशासन निकायों को भारतीय संविधान का अंग बनने में सौ साल से भी अधिक का समय लग गया। इन निकायों को 'पंचायत' कहा गया, लेकिन अब ये नये सारतत्व के साथ लोकतांत्रिक संस्थाएँ हैं।[2] 90 के शुरू में पंचायतों की नयी पीढ़ी के आने के साथ ही व्यापक रूप से ऐसा माना जाने लगा है कि इससे विकेंद्रीकरण, विकास, सामाजिक न्याय, जन सहभागिता और जमीनी लोकतंत्र की संभावनाओं के द्वार खुल गये हैं। प्रश्न यह है कि विकेंद्रीकरण का नया दौर भारत में मानवाधिकारों की स्थिति को किस तरह प्रभावित करता है?

मानवाधिकार एक व्यापक विचार और अवधारणा है, जिसकी जड़ें पश्चिमी राजनीतिक चिंतन में हैं। ऐसे कई चार्टर और समझौते हैं, जिन पर सरकारों ने अपने-अपने देश में नागरिकों के अधिकारों की सुरक्षा के लिए दस्तखत किये हैं। मानवधिकारों की वैश्विक घोषणा के मुताबिक, मानवाधिकारों में नागरिक और राजनीतिक दोनों ही अधिकार (अनुच्छेद 1 से 21) तथा आर्थिक, सामाजिक और सांस्कृतिक अधिकार (अनुच्छेद 22 से 28) समाहित हैं। असल में, यह वैश्विक घोषणा युद्ध के तुरंत बाद मानवाधिकारों को ले कर बनी सहमति को प्रदर्शित करती है,

जो राष्ट्रपति रूजवेल्ट की 'चार स्वतंत्रताओं' संबंधी व्याख्या पर आधारित थी। इनमें अभाव से स्वतंत्रता भी शामिल थी। रूजवेल्ट इन्हें अंतरराष्ट्रीय अधिकार पत्र में शामिल करना चाहते थे। मानवाधिकारों पर 1993 में वियेना में हुए दूसरे राष्ट्र संघ सम्मेलन में एक व्यापकतर सहमति बनी थी, जहाँ विकास के अधिकार को सार्वभौमिक और अविच्छेद्य अधिकार तथा मौलिक अधिकारों का हिस्सा माना गया।[3] लेकिन कुछ समय के लिए भारतीय राज्यों के चरित्र पर इनका कोई उल्लेखनीय प्रभाव नहीं पड़ा।

भारत में मानवाधिकारों का अध्ययन तीन स्तरों पर किया जाना चाहिए—पहला, शासन द्वारा मानवाधिकारों का उल्लंघन; दूसरा, लोगों के अधिकारों पर आघात करनेवाले सामाजिक-आर्थिक कारण; और तीसरा, जीविका तथा बेहतर जीवन स्तर के अधिकार की अवहेलना से बड़ी संख्या में लोगों का अनादर तथा उनकी प्रतिष्ठा में कमी। एक से ज्यादा अर्थों में भारत में ग्राम पंचायतों का यह नया चरण है, जिसमें मानवाधिकार के प्रश्नों को उपर्युक्त तीनों स्तरों पर एक से ज्यादा अर्थों में उठाया गया है। इस अध्ययन में उपलब्ध आँकड़ों तथा मानवाधिकार कार्यकर्ताओं और विकेंद्रीकरण एवं पंचायत अध्ययन के विशेषज्ञों के विचारों के आधार पर इन सभी पहलुओं का विश्लेषण करने की कोशिश की गयी है।

1992 के संविधान संशोधन का महत्व

यद्यपि गाँव तथा उनकी स्वशासन प्रणाली महात्मा गांधी के नेतृत्व में लड़े गये भारतीय स्वतंत्रता संग्राम के केंद्र में थी, लेकिन जब स्वतंत्र भारत का संविधान लिखा गया तो उसके मुख्य भाग में इन्हें जगह नहीं मिली—सिर्फ राज्य के नीति निदेशक तत्वों में इनकी चर्चा भर की गयी।[4] इसलिए राज्यों ने शहरी और ग्रामीण स्थानीय निकायों को गंभीरता से नहीं लिया। भारतीय शासन सिर्फ दो स्तरों पर संघीय शासन के रूप में काम कर रहा था—संघ और राज्य।[5] संघीय ढाँचे में जिले से नीचे की प्रशासनिक इकाइयों पर विचार नहीं किया गया। कई साल बाद यह महसूस किया गया कि स्थानीय समुदायों को गंभीरता से लिए बिना और उन्हें शक्तिशाली बनाये बिना न तो लोगों का विकास हो सकता है और न ही उनका शासन संभव है। नागरिक समाज संगठनों, बुद्धिजीवियों और प्रगतिशील राजनेताओं के प्रयासों से संसद ने 22 और 23 दिसंबर 1992 को दो संविधान संशोधन—ग्रामीण स्थानीय निकायों (पंचायत) के लिए 73वाँ संविधान संशोधन और शहरी स्थानीय निकायों (नगरपालिका) के लिए 74वाँ संविधान संशोधन—पारित कर इन्हें 'स्वशासन की संस्थाएँ' बना दिया।[6] एक साल के भीतर सभी राज्यों ने संशोधित संवैधानिक प्रावधानों के अनुकूल अपने-अपने कानून पारित कर दिये।

संघीय तथा राज्य सरकारों द्वारा उठाये गये इन संवैधानिक कदमों के परिणामस्वरूप भारत 'बहुस्तरीय संघवाद' की ओर अग्रसर हुआ। सबसे महत्वपूर्ण बात यह कि इससे

भारतीय राजनीति के लोकतांत्रिक आधार का विस्तार हुआ। इन संशोधनों से पहले, भारत का लोकतांत्रिक ढाँचा निर्वाचित प्रतिनिधियों के जरिये संसद के दो सदनों, 25 राज्य विधान सभाओं[7] और दो संघ-शासित क्षेत्रों (दिल्ली और पांडिचेरी) तक ही सीमित था। इनमें सिर्फ 4963 निर्वाचित प्रतिनिधि थे। अब ग्रामीण भारत में लगभग 600 जिला पंचायतें, 6000 ब्लॉक पंचायतें तथा 2,50,000 ग्राम पंचायतें हैं, जहाँ भारत की 72.2 फीसदी आबादी रहती है। शहरी भारत में 96 नगर निगम, 1700 नगरपालिकाएँ और 1900 नगर पंचायतें हैं तथा भारत की 27.8 प्रतिशत जनसंख्या यहाँ रहती है। आज हर पाँच साल पर लोग लोकतांत्रिक प्रक्रिया के तहत करीब 34 लाख स्थानीय प्रतिनिधि चुनते हैं, जिनमें करीब 10 लाख महिलाएँ हैं। लगभग 175 जिला पंचायतों, 2000 से अधिक ब्लॉक पंचायतों और लगभग 85,000 ग्राम पंचायतों का नेतृत्व महिलाओं के हाथ में है। इसके अलावा, महिलाएँ 30 नगर निगमों और करीब 600 नगरपालिकाओं की अध्यक्ष हैं। वंचित समूहों और समुदायों की एक बड़ी संख्या अब इन फैसला लेनेवाली संस्थाओं में शामिल है। भारत की कुल आबादी में 14.3 प्रतिशत अनुसूचित जाति और 8 प्रतिशत जनजातियाँ हैं तथा लगभग 6,60,000 निर्वाचित सदस्य इन्हीं जातियों का प्रतिनिधित्व करते हैं। यह संख्या ग्रामीण और शहरी स्थानीय निकायों के सदस्यों की कुल संख्या का 22.5 प्रतिशत है।

नयी स्थानीय सरकारों के मुख्य लक्षण

स्थानीय शासन के संस्थानों को जरूरी पद और प्रतिष्ठा देने के लिए संविधान में कुछ बुनियादी और जरूरी प्रावधान किये गये। इनमें नियमित चुनाव, अनुसूचित जातियों और जनजातियों, महिलाओं जैसे समाज के कमजोर वर्गों को प्रतिनिधित्व तथा इन संस्थानों को मजबूत बनाने के लिए सत्ता और वित्तीय संसाधनों की नियमित एवं निश्चित उपलब्धता शामिल हैं।[8] इस नयी व्यवस्था के मुख्य लक्षण हैं : प्रत्येक गाँव या गाँवों के समूह के लिए एक 'ग्राम सभा' का प्रावधान, जिसमें सभी वयस्कों को मतदाता के रूप में शामिल किया जायेगा; कुल सीटों तथा अध्यक्ष पदों का एक-तिहाई हिस्सा महिलाओं के लिए आरक्षित होना चाहिए; अनुसूचित जातियों और जनजातियों के लिए उनकी आबादी के अनुपात में सीटों और अध्यक्ष पदों का आरक्षण होना चाहिए (इनमें एक-तिहाई स्थान इन्हीं वर्गों की महिलाओं के लिए आरक्षित होगा।); पिछड़े वर्गों के हित में सीटों और अध्यक्ष पदों के आरक्षण के लिए राज्य विधान सभाओं को स्वतंत्रता; 11वीं अनुसूची में वर्णित विषयों[9] में आर्थिक विकास और सामाजिक न्याय की योजनाओं के निर्माण के लिए विशेष उत्तरदायित्व; तथा वित्तीय संसाधनों ओर चुनावों के लिए क्रमशः राज्य वित्त आयोगों और राज्य चुनाव आयोगों का गठन। पंचायत का कार्य काल पाँच साल का होता है।

मुद्दे

नयी पीढ़ी की पंचायतों द्वारा कार्य प्रारंभ किये जाने के बाद ऐसे अनेक मुद्दे सामने आये हैं जिनका संबंध मानवाधिकारों से है। पंचायती व्यवस्था के रू-ब-रू मानवाधिकारों की स्थिति के महत्वपूर्ण कारक के रूप में निर्णायक योगदान भारतीय समाज की प्रकृति का है, जो स्वभाविक रूप से राज्य के स्वरूप को भी तय करती है। भारतीय समाज अपनी विषमता, सामाजिक पदानुक्रम तथा अमीर एवं गरीब में भेद के लिए जाना जाता है। सामाजिक पदानुक्रम जाति व्यवस्था का ही परिणाम है, जो भारत के बाहर कहीं नहीं पायी जाती। इस प्रकार जाति एवं वर्ग दो कारक हैं जो इस संदर्भ में ध्यान आकर्षित करते हैं। एक अन्य स्तर पर इन सवालों को देखना जरूरी है कि सामाजिक व्यवस्था के शिकार कौन लोग हैं? राज्य की प्रकृति एवं चरित्र के शिकार कौन हैं? ये लोग हैं पहले के अछूत (ये अब अपने को दलित कहते हैं, जिसका अर्थ है 'दबाया गया'), जनजातियाँ, स्त्रियाँ एवं गरीब। लोकतांत्रिक प्रक्रिया से चुनी गयी स्थानीय संस्थाओं को मजबूत कर विकेंद्रीकरण की प्रक्रिया किस प्रकार मानवाधिकार के उपर्युक्त सवालों को हल करेगी? क्या विकेंद्रीकरण की प्रक्रिया एवं विकेंद्रीकृत संस्थाएँ मानवाधिकारों के उल्लंघन में वृद्धि करेंगी या मानवाधिकारों के पालन एवं सम्मान की संभावनाओं को बढ़ायेंगी? इस परचे में प्रथमतः सामाजिक कारकों एवं हाशिये पर स्थित लोगों के जीवन यापन के अधिकार की उपेक्षा की और अंततः राज्य की प्रतिक्रिया की जाँच की गयी है। भारत की विशेष स्थिति में जाति एवं वर्ग, इन दो कारकों को विशेष रूप से चर्चा के लिए चुना गया है। परचे का उपसंहार विकेंद्रीकरण के संदर्भ में मानवाधिकारों की वर्तमान स्थिति के विश्लेषण से हुआ है। इसके साथ ही इस पर भी विचार किया गया है कि भविष्य का स्वरूप क्या हो सकता है।

जाति

जाति भारत की एक सामाजिक घटना है, जिसे परिभाषित करना असाधारण रूप से कठिन है, क्योंकि इसकी प्रकृति में भिन्नता पायी जाती है। गाँवों में जाति व्यवस्था की जड़ें गहरी हैं एवं जीवन इससे व्यापक रूप से प्रभावित है, क्योंकि जाति की जड़ें धार्मिक व्यवस्था में हैं एवं इसे आनुवांशिक पदानुक्रम, जाति-सीमित वैवाहिक संबंध एवं पेशागत समूहों, जिनके स्थान निश्चित हैं एवं जिनकी गतिशीलता विभिन्न जातियों के बीच अनुपालित धार्मिक क्रियाओं के अंतर द्वारा बाधित रहती है, के पदानुक्रम के रूप में भी समझा जाता है।[10] इस परचे के लिए हम जाति व्यवस्था पर डूमोन्ट द्वारा विकसित दृष्टिकोण को अपनायेंगे। डूमोन्ट जाति को हिंदुत्व से आंतरिक रूप से संबद्ध मानते हैं। उनके अनुसार यह हिन्दू संदर्भ के बिना अकल्पनीय

है, जिससे इसकी समझ के लिए वैचारिक आधार प्राप्त होता है। डूमोन्ट के लिए जाति स्थायी एवं शक्तिशाली सामाजिक व्यवस्था है जो एक मूल्य प्रणाली प्रस्तुत करती है, जो पदानुक्रम एवं धार्मिक रूप से स्वीकृत शुद्धता तथा अशुद्धता के विचार पर आधारित है।[11]

जाति किस प्रकार मानवाधिकारों को प्रभावित करती है? मानवाधिकार कार्यकर्ता एवं विद्वान आर.एम. पाल मानते हैं कि जाति व्यवस्था ने मानव समूहों के बीच दुर्गम दीवारें खड़ी कर दी हैं, जहाँ किसी भी व्यक्ति की सामाजिक स्थिति का निर्धारण करनेवाला एकमात्र कारक जन्म है।[12] इस सामाजिक स्थिति का तर्क यह है कि कोई व्यक्ति अपने पूर्व जन्म के कर्मों के कारण ही किसी खास जाति में जन्म लेता है। उनके दृष्टिकोण से भारत में आज भी मानवाधिकारों के सामाजिक उल्लंघन का निकृष्टतम रूप जाति व्यवस्था ही है। पाल का तर्क है कि 'मनुस्मृति'[13] नामक ग्रंथ, जहाँ से जाति व्यवस्था की जड़ें निकलती हैं, भारतीय परंपरा का सर्वाधिक विकृत रूप है। इस ग्रंथ के अनुसार, समाज में स्त्रियों की स्थिति पुरुषों के अधीन ही रहनी चाहिए। इससे भी अधिक, जाति व्यवस्था निम्न जातियों एवं स्त्रियों को प्राथमिक शिक्षा से भी वंचित करती है। यह प्राचीन परंपरा युगों से चलती आ रही है एवं इसका ग्रामीण लोगों के जीवन पर आज भी बहुत असर है। निम्न जाति के लोगों को उच्च जातियों की रिहायश से अलग रहने के लिए मजबूर किया जाता है—अधिकांशतः गाँवों के सीमांत पर। कई बार उन्हें मताधिकार से वंचित रखा जाता है एवं उन्हें बिना किसी पारिश्रमिक के काम करना पड़ता है; उनके साथ बँधुआ मजदूर की तरह व्यवहार होता है।[14] इस प्रकार कोई भी यह देख सकता है कि एक तरफ युगों पुरानी जाति व्यवस्था है जिसका आज भी अपमानजनक रूप में अनुपालन होता है एवं दूसरी ओर भारतीय संविधान है जो लोकतांत्रिक सिद्धांतों के अनुसार कानून के समक्ष समानता प्रदान करता है। मानवाधिकार कार्यकर्ता एवं विद्वान, रामेंद्र मानते हैं कि यथार्थ इन दोनों अतिवादों के बीच कहीं स्थित है एवं इस बात की पुष्टि करते हैं कि समाज में मानवाधिकारों के उल्लंघन का सबसे बड़ा स्रोत जाति व्यवस्था ही है।[15]

जब से संवैधानिक संशोधनों द्वारा स्थानीय शासन व्यवस्था को मजबूती मिली है, स्थानीय समुदायों में जातिवाद की उग्र अभिव्यक्ति में तीव्र वृद्धि हुई है। जब उच्च जातियों ने पंचायती राज्य संस्थाओं को उस औजार के रूप में देखा जिसके माध्यम से लोकतांत्रिक राज्य तंत्र में रह रहे निम्न जातियों के लोगों द्वारा व्यक्ति के रूप में अपने अधिकारों का दावा किया जाता है तो ये लोग जातिगत भेदभाव एवं हिंसा का निशाना बनने लगे। स्थानीय स्तर पर यह बढ़ती हुई अशांति सामान्य घटना हो गयी है।

यह प्रकट ही है कि उच्च वर्ग, जो अब तक गाँव एवं समाज के मामलों एवं अर्थव्यवस्था को नियंत्रित करता रहा है, विकेंद्रीकृत लोकतांत्रिक संस्थाओं द्वारा लाये

जा रहे बदलावों को बर्दाश्त नहीं कर पा रहा है। इसी कारण पंचायती व्यवस्था के क्रियान्यवन की शुरुआत से ही बदलाव को रोकने के लिए तनाव, हिंसा एवं हत्याएँ होने लगीं।

स्थानीय शासन निकायों के चुनाव जातिवादी समूहों के वार के पहले एवं सबसे महत्वपूर्ण निशाने रहे हैं। नयी व्यवस्था के अंतर्गत हुए पहले चुनाव से ही निम्न जातियों द्वारा लोकतांत्रिक प्रक्रिया में भागीदारी एवं पद ग्रहण करने पर उच्च जातियों द्वारा सवाल उठाया जाता रहा है। इसका सर्वोत्तम उदाहरण भारत के एक दक्षिणी राज्य तमिलनाडु के मदुरै जिले के एक गाँव मेलावलावु का है। मेलावलावु में इस क्षेत्र के प्रभावी जातियों के लोगों ने नीची जातियों के दो लोगों, पंचायत अध्यक्ष एवं पंचायत उपाध्यक्ष, की हत्या कर दी, क्योंकि उन्होंने चुनाव लड़ने का दुस्साहस किया था। अक्टूबर 1996 के स्थानीय निकाय के चुनावों के लिए जब मेलावलावु को नीची जातियों के लिए सुरक्षित पंचायत घोषित किया गया तो ऊँची जातियों ने इसका विरोध किया; परिणामस्वरूप चुनाव नहीं हो सके। चुनाव कराने का दूसरा प्रयास भी हिंसा एवं बूथ-कब्जे के कारण विफल हो गया। आखिरकार जब 30 दिसंबर 1996 को चुनाव हुए, तो ऊँची जातियों ने उसका बहिष्कार किया। उनके विरोध के बावजूद नीची जातियों के सदस्य पंचायत के अध्यक्ष एवं उपाध्यक्ष निर्वाचित हुए, लेकिन ऊँची जातियों ने उन्हें कभी भी नये पंचायत कार्यालय में प्रवेश की अनुमति नहीं दी। अंततः 30 जून 1997 को अध्यक्ष एवं उपाध्यक्ष की अन्य तीन व्यक्तियों के साथ दिन-दिहाड़े हत्या कर दी गयी। उनका एकमात्र अपराध यही था कि वे लोकतांत्रिक प्रक्रिया से चुने गये थे।[16]

इस प्रकार के उल्लंघन आज भी निर्बाध रूप से जारी हैं। इसी राज्य में हाल ही में हुए स्थानीय निकायों के चुनावों में देखा गया कि ऊँची जातियाँ अब भी नीची जातियों के मताधिकार को दबा रही हैं।[17] अधिकांश राज्यों में इसी प्रकार की घटनाएँ हुई हैं। उत्तरी राज्यों में, जो जातीय संघर्षों की ओर बढ़ रहे हैं, नये चरण की पंचायतों की शुरुआत के बाद मानवाधिकार उल्लंघन की अनेक घटनाएँ देखी गयी हैं। ऐसे अनेक उदाहरण हैं, जिनसे पता चलता है कि शक्तिशाली जातियों का उच्च वर्ग गाँवों में सामाजिक न्याय के संवैधानिक प्रयासों को लगातार विफल कर रहा है।[18] नीची जातियों के पुरुषों, स्त्रियों एवं बच्चों की हत्याओं की लगातार रिपोर्टें केवल पिछड़े राज्यों तक सीमित नहीं हैं, जहाँ सत्ता के विकेंद्रीकरण की प्रक्रिया निचले स्तर पर शुरू ही नहीं हो पायी है। जातीय हिंसा अन्य राज्यों में भी सामाजिक यथार्थ का हिस्सा है—पश्चिम बंगाल, त्रिपुरा एवं केरल के अलावा, जहाँ राजनीतिक जागरूकता अधिक है।

बिहार में संपन्न हुए पिछले पंचायत चुनावों में एक मजिस्ट्रेट एवं अनेक उम्मीदवारों सहित 96 से अधिक व्यक्ति मतदान के दौरान मारे गये एवं विभिन्न

जिलों में 40 से अधिक उम्मीदवार चुनावों की अधिसूचना जारी होने एवं नामांकन दाखिल करने के बीच मारे गये। अध्ययन बताते हैं कि इनमें से अधिकांश हत्याएँ जाति युद्ध के कारण हुईं।[19]

विधि-सम्मत रूप से चुने जाने के बावजूद निचली जातियाँ वह उचित अधिकार एवं दर्जा नहीं प्राप्त कर पा रही हैं, जिसकी वे अधिकारी हैं। उन्हें पंचायत कार्यालय के बाहर जमीन पर बिठाया जाता है जब कि गाँव के परंपरागत प्रभुत्वशाली व्यक्ति कुर्सी पर बैठते हैं। यहाँ तक कि जब निचली जातियों पर ऊँची जातियों के समूह अत्याचार करते हैं, जो न्याय दिलाने का कोई ऐसा तंत्र नहीं होता जो उनकी सहायता कर सके। इस संदर्भ में उल्लेखनीय है कि पुलिस (कानून एवं व्यवस्था की मशीनरी) पंचायतों के अधिकार क्षेत्र से बाहर है। राज्य सरकार एवं पुलिस की साँठ-गाँठ एवं साजिश के कारण निम्न जातियों के व्यक्तियों को निरंतर अत्याचारों का शिकार बनाया जाता है। अनेक उदाहरणों में अत्याचारियों (जो ज्यादातर उच्च जातियों के होते हैं) के विरुद्ध मुकदमा तक दर्ज नहीं किया जाता, क्योंकि पुलिस पर उच्च जातियों का प्रभाव एवं नियंत्रण होता है।[20] इसी कारण 1997 के कामराजनगर जिले के राजापालयम क्षेत्र में हुए जातीय दंगों पर तमिलनाडु के लेखकों एवं विद्वानों के समूह द्वारा प्रस्तुत रिपोर्ट में सुझाव दिया गया है कि राजस्व एवं पुलिस विभाग के अधिकारियों के विभिन्न स्तरों पर कम से कम एक-तिहाई अधिकारी प्रभावित वर्गों के हों।

विकेंद्रीकरण का नया दौर अब भी जातीय तनावों से जूझ रहा है, जो ग्रामीण क्षेत्रों में वीभत्स ढंग से मौजूद हैं। निचली जातियों के विरुद्ध हो रहे अत्याचारों एवं मानवाधिकार हनन को आदमी और आदमी के बीच बराबरी की संस्कृति विकसित करके ही नियंत्रित किया जा सकता है। इस संस्कृति का विकास मानवाधिकारों की शिक्षा एवं निरक्षरता उन्मूलन द्वारा किया जा सकता है। इसमें पंचायतों की महत्वपूर्ण भूमिका होगी।

आर्थिक कारक

गरीबी मानव अस्मिता का हनन एवं लोप है।[21] भारत में लगभग तीस करोड़ लोग गरीबी रेखा के नीचे दयनीय स्थितियों में घोर अभाव का जीवन जीते हैं। भारत में व्यापक तौर पर उपस्थित गरीबी भारतीय संविधान में वर्णित एकजुटता, सामाजिक न्याय एवं समानता के उद्देश्यों के ठीक विपरीत है। ग्रामीण गरीबों के उत्थान के लिए अनेक योजनाओं के होने के बावजूद वर्षों से गरीबी के स्तर में कोई विशेष अंतर नहीं आया है। नवीनतम अनुमानों के अनुसार 26.1 प्रतिशत व्यक्ति गरीबी रेखा के नीचे रहते हैं—ग्रामीण क्षेत्रों में 27.1 प्रतिशत एवं शहरी क्षेत्रों में 23.6 प्रतिशत लोग। ग्रामीण आबादी का लगभग आधा हिस्सा (50.56 प्रतिशत) अब भी निरक्षर है। ग्रामीण स्त्रियों में निरक्षरता की दर 60 प्रतिशत है। अनुसूचित जनजातियों की

स्त्रियों में साक्षरता की दर 24 प्रतिशत है, जो स्त्रियों की अखिल भारतीय साक्षरता दर 45.72 प्रतिशत (जनगणना 2001) से काफी कम है। स्वास्थ्य के मोर्चे पर स्थिति और भी खराब है। नवजात मृत्यु दर 63.19 प्रति हजार है, जब कि 5 वर्ष से कम की शिशु मृत्यु दर 98 प्रति हजार है। 53 प्रतिशत बच्चे कम वजन के हैं। स्वच्छता हासिल कर सकनेवालों की जनसंख्या केवल 31 प्रतिशत है। ग्रामीण क्षेत्रों में एक से पाँच वर्ष के आधे से अधिक बच्चे कुपोषित होते हैं एवं 60 प्रतिशत से अधिक ग्रामीण घरों में बिजली का कनेक्शन नहीं है।

एलन.जी. स्मिथ के अनुसार, 'ग्रामीण गरीब गाँव स्तर पर चयन के कानूनों का कष्ट भोगते हैं। जहाँ न्यूनतम भोजन या स्वास्थ्य हासिल करना अनिश्चित है, वहाँ जरूरी चयन से भी वंचित रहना पड़ता है। लेकिन यह समेकित मानवाधिकारों के निर्धारण के मुद्दों में शामिल नहीं है।[22] यह किसी भी अन्य लोकतांत्रिक देश की तुलना में भारत के संदर्भ में ज्यादा सही है, यद्यपि भारत ने 1950 में लोकतांत्रिक उद्देश्यों की प्राप्ति की दिशा में एक बड़ा कदम 'सामाजिक अवसरों की विस्तृत श्रेणियों को बढ़ावा देने की आवश्यकता'[23] के अनुसार कार्य करने के लक्ष्य के साथ-साथ उठाया था। अमर्त्य सेन और जॉन ड्रेज के अनुसार, वास्तव में 'राज्य के नीति निर्देशक सिद्धांत, जो कड़े कानूनों के पूरक हैं, कानूनी प्रावधानों से कहीं आगे बढ़ जाते हैं। उदाहरण के लिए वे राज्य से कहते हैं कि वह 'जनता के कल्याण को बढ़ावा देनेवाली सामाजिक व्यवस्था हासिल' करे। इसके साथ ही, वे और भी अधिक स्पष्ट अधिकारों की श्रेणियों को भी मान्य करते हैं–'जीवन यापन के पर्याप्त साधनों का अधिकार' एवं 'मुफ्त कानूनी सहायता' से 'सभी बच्चों के लिए मुफ्त एवं अनिवार्य शिक्षा' एवं 'काम का अधिकार' तक।[24] स्थानीय शासन व्यवस्था का उद्देश्य संवैधानिक प्रावधानों एवं आर्थिक यथार्थ के बीच के अंतर को पाटना था। लेकिन इस दिशा में प्रगति की रफ्तार तेज नहीं है।

नयी पंचायती राज व्यवस्था के लागू होने के शुरुआती वर्षों में ही भारत में गरीब हिंसा एवं शोषण का शिकार होने लगे। इसके अपवाद भी हैं। पश्चिम बंगाल, कर्नाटक एवं केरल जैसे कुछ राज्यों में गरीबी को मानवाधिकारों के मुद्दे के रूप में देखा जाने लगा एवं विकेंद्रीकरण को इसके उपचार के प्रभावी औजार के रूप में।

ग्यारहवीं अनुसूची में पंचायतों को प्रदत्त विषयों की सूची में शामिल 29 विषयों में से अधिकांश आर्थिक विकास से संबंधित हैं। उदाहरण के लिए कृषि, भूमि उन्नयन, लघु सिंचाई एवं जल प्रबंधन, डेयरी, मत्स्य पालन, सामाजिक वानिकी, लघु उद्योग, ग्रामीण भवन निर्माण, ईंधन एवं चारा, सड़कें, जल परिवहन एवं फेरी, ग्रामीण विद्युतीकरण, गरीबी निवारण कार्यक्रम एवं अन्य ऐसे ही विषय।

भारतीय संदर्भ में मोटे तौर पर जाति का संबंध वर्ग से है। निम्न जातियाँ

एवं जाति व्यवस्था से बहिष्कृत समूह अत्यंत गरीब हैं। चूँकि निचले पायदानों पर सामाजिक एवं आर्थिक कारक सामुदायिक जीवन के साथ घुले-मिले होते हैं, उन्हें अपने अधिकारों पर चौतरफा वार झेलना पड़ता है।

यह अब सर्वविदित है कि स्थानीय शासन द्वारा संचालित कार्यक्रम एवं विकास के उपादान गरीबों तक नहीं पहुँच पाते, क्योंकि धनी एवं शक्तिशाली व्यक्ति उनका अधिकांश हिस्सा हथिया लेते हैं। विकेंद्रीकृत संस्थाओं में भ्रष्टाचार ने सामाजिक संगठनों एवं राज्य का ध्यान आकर्षित किया है। यद्यपि जाँच एवं संतुलन की एक पद्धति एवं सामाजिक ऑडिट की व्यवस्था मौजूद है, फिर भी धनी लोग लाभ हथिया लेते हैं एवं गरीब जस के तस रह जाते हैं। हालाँकि उच्च स्तरों पर भी भ्रष्टाचार व्याप्त है, लेकिन जो निचले स्तरों पर होता है, उसका सीधा असर गरीबों एवं उनकी जीविका पर पड़ता है। उदाहरण के लिए पंचायतों के अध्यक्षों को विकास निधि में गड़बड़ी के लिए दंड देना (आंध्र प्रदेश), विभिन्न विकास कार्यक्रमों (कृषि क्षेत्र में) के मद में अधिक व्यय दर्शानेवाले अधिकारियों को सजा, क्योंकि चयनित लाभार्थियों को राशि प्राप्त ही नहीं हुई (असम), आर्थिक गड़बड़ियों के लिए अध्यक्ष का निलंबन, क्योंकि बिना सही तरीका अपनाये खरीद पर भारी खर्च किया गया (हरियाणा), नागरिक निकायों में निर्माण के ठेके देने में घूसखोरी का मामला (कर्नाटक) आदि सन 2001 में रिपोर्ट किये गये मामलों में से हैं।[25] विकसित राज्यों में से एक महाराष्ट्र में किये गये क्षेत्र सर्वेक्षण दिखाते हैं कि गरीबी उन्मूलन एवं ग्रामीण विकास हेतु आवंटित धन का बड़ा हिस्सा अधिकारियों एवं शक्तिशाली राजनेताओं ने हड़प लिया।[26] इस तरह गरीब वैसे ही रह गये जैसे वे पहले थे, बल्कि कुछ मामलों में तो उनकी स्थिति और भी बिगड़ गयी एवं वे मानवाधिकारों के हनन के सहज शिकार बन गये।

दलित

पूर्व-उल्लिखित परंपरागत वर्ण व्यवस्था में पाँचवीं श्रेणी अछूत या अंत्यज की है। महात्मा गांधी ने उन्हें 'हरिजन' नाम दिया, जिसका अर्थ 'ईश्वर के लोग' होता है। लेकिन स्वतंत्रता के पश्चात इस समूह के सदस्य अपने को 'दलित' कहना पसंद करते हैं, जिसका अर्थ होता है 'दबाया गया'। सवैधानिक रूप से उन्हें विशेष अधिकार प्राप्त हैं तथा उन्हें 'अनुसूचित जातियों' के रूप में जाना जाता है।[27] सवैधानिक संशोधनों द्वारा हुए विकेंद्रीकरण के पश्चात भी वे वास्तव में किसी भी अन्य समूह की तुलना में अधिक दीन अवस्था में हैं। भारतीय संविधान के निर्माता बी.आर. आंबेडकर, जो स्वयं एक अछूत जाति के थे, ने कहा था कि गाँव भारत के विनाशक हैं, क्योंकि वे अज्ञान, सांप्रदायिकता एवं भ्रष्टाचार के गढ़ हैं। उन्होंने पचास वर्ष पूर्व जो कहा था, वह आज भी सच है—नयी पंचायती व्यवस्था लागू होने के बावजूद। चुनावों के पश्चात, राज्यों की रिपोर्टें बताती हैं, कि स्थानीय निकायों के शक्तीकरण के पश्चात

भी दलितों के मानवाधिकारों का उल्लंघन अनेक तरीकों से हुआ है। गाँव स्तर पर लोकतांत्रिक प्रक्रिया ने अनेक मामलों में भागीदारी करनेवालों को शक्ति एवं बल प्रदान नहीं किया है—मुख्यतः वंचित जातियों को। मध्य प्रदेश में 1993 के चुनावों के पश्चात पुलिस द्वारा एक दलित पंचायत सदस्य की पिटाई के मामले के अध्ययन से पता चलता है कि घटना जिले के मुख्य कार्य अधिकारी के समक्ष हुई थी एवं घटना के बाद मानवाधिकार आयोग के पास मुकदमा दर्ज होने पर इस अधिकारी ने गाँव का दौरा किया। बताया जाता है कि उक्त अधिकारी ने लोगों से कहा कि वे दलित सदस्य के पक्ष में गवाही दें। लोग इस मुद्दे पर बोलने से डर रहे थे, क्योंकि उन्हें प्रशासन द्वारा सताये जाने का भय था।[28]

दलितों के लिए स्थानीय निकायों के चुनाव दुःस्वप्न की तरह थे। तमिलनाडु के कुछ जिलों की चार ग्राम पंचायतों में, जो दलितों के लिए आरक्षित थीं, चुनाव नहीं हो सके—क्योंकि उच्च जातियों द्वारा धमकी देने के कारण एक भी नामांकन पत्र दाखिल नहीं हो पाया। अनेक क्षेत्रों में दलित उम्मीदवार अब भी भय में जीते हैं, क्योंकि उन्होंने प्रभुत्वशाली जातियों की अवहेलना करते हुए ग्राम पंचायतों के विभिन्न पदों के लिए नामांकन दाखिल किया था। अनेक पंचायतों में दलित सदस्यों को वोट देने से रोका गया। उन्हें डराने के लिए बहुत-से घरों एवं बस्तियों पर हमला किया गया।

यहाँ यह ध्यान देना चाहिए कि विकेंद्रीकृत प्रणाली में भागीदारी द्वारा दलितों एवं उपेक्षितों का सशक्तीकरण इस केंद्रीय कानून के उद्देश्यों में से एक था। लेकिन जमीनी हकीकत कुछ नकारात्मक प्रवृत्तियों की ओर इशारा करती है। यह देखा गया है कि हिंदू उच्च जातियाँ अनेक उपायों का सहारा ले कर वंचित लोगों, खासकर दलितों, के सशक्तीकरण के प्रयासों को कमजोर या ध्वस्त करने का प्रयास करती हैं। ऐसे उदाहरण हैं कि ऊँची जातियों ने अनुसूचित जातियों/जनजातियों के लिए किये गये आरक्षण को न्यायालय में चुनौती दी एवं यह प्रयास विफल होने पर चुनावों के बहिष्कार की घोषणा की। दलितों को चुनाव लड़ने से रोकने या उन्हें किसी अन्य को समर्थन देने के लिए दबाव डालने के लिए हिंसा के अनेक मामले सामने आये हैं। अगर ये प्रयास भी विफल हो जाते हैं और चुनाव होना निश्चित हो जाता है, तो वे ऐसे उम्मीदवार खोजते हैं, जो प्रभुत्वशाली जातियों की इच्छा-आकांक्षाओं को पूरा करने में सहयोगी हों। दूसरी ओर, अगर कोई व्यक्ति प्रभुत्वशाली जातियों की मदद के बिना भी चुना गया, तो वे उस व्यक्ति से सहयोग नहीं करते।[29]

सत्ता में आने के बाद भी निर्वाचित दलित प्रतिनिधि नेतृत्व क्षमता का प्रभावी उपयोग करने से वंचित किये जाते हैं। यह घटना दलित स्त्री सदस्यों के साथ ज्यादा होती है, जिन्हें दुहरे दमन का शिकार होना पड़ता है। ऐसी घटनाएँ आम हैं जब स्त्री दलित सरपंच को पंचायत की कार्यवाही के दौरान जमीन पर बैठना पड़ता है

एवं ऊँची जातियों के सदस्य कुर्सी पर बैठते हैं। समस्या तब भी होती है जब ग्राम सचिव ऊँची जाति का होता है। सकारात्मक पक्ष यह देखा गया है कि दलित सरपंच या सदस्य की उपस्थिति के कारण ग्राम सभा की बैठकों में दलितों की भागीदारी अधिक होती है। मोह भंग तब होता है, जब दलित सरपंचों को मजबूर किया जाता हैं कि वे ऊँची जातियों से संबंधित कार्यों को प्राथमिकता प्रदान करें।

जनजातियाँ

अनुसूचित जनजातियाँ,[30] या आदिवासी, जिनमें लगभग 400 प्राचीनतम समुदाय शामिल हैं, भारत के सुदूर एवं जंगली क्षेत्रों में रहते हैं। ये भारत की जनसंख्या का 7.8 प्रतिशत भाग हैं। 73वें संवैधानिक संशोधन की विशेषता यह है कि इसने जमीनी लोकतंत्र को प्राप्त करने के लिए अनुसूचित जातियों/जनजातियों एवं स्त्रियों जैसे वंचित समूहों की भागीदारी सुनिश्चित की है। पर 73वाँ संशोधन अनुसूचित क्षेत्रों (वे भौगोलिक क्षेत्र, जहाँ आदिवासी घने रूप से रहते हैं) में स्वतः लागू नहीं होता था क्योंकि इनकी विशिष्ट चारित्रिक विशेषताएँ एवं विशेष जरूरतें होती है, अतः एक पूरक संवैधानिक संशोधन 1996 दिसंबर में लागू किया गया जिसका शीर्षक था–'पंचायत अधिनियम (अनुसूचित क्षेत्रों तक विस्तार) के प्रावधान, 1996'। अनुसूचित क्षेत्रों एवं जनजाति क्षेत्रों को भारतीय संविधान अनुच्छेद 244 एवं अनुसूची 5 एवं 6 के प्रावधानों के संदर्भ में निर्दिष्ट किया गया है।[31] यह विस्तार अधिनियम वर्तमान समय में सबसे प्रभावी वैधानिक उपाय है, जो जनजातीय लोगों के जीने के तरीकों, आकांक्षाओं, उनकी संस्कृति एवं परंपरा को स्वीकृति देता है। बहरहाल, विस्तार अधिनियम के क्रियान्यन एवं प्रभाव को जाँचने के लिए किया गया अध्ययन, कि क्या जमीनी लोकतंत्र जनजातीय लोगों की भावनाओं के अनुरूप लागू हो पा रहा है, यह बताता है कि इन क्षेत्रों में ऐसा कुछ भी नहीं हुआ है जो उल्लेखनीय हो एवं जनजातीय लोगों की स्थिति कमोबेश पहले जैसी ही है।

राज्यों के नेतृत्व की राजनीतिक इच्छाशक्ति पर यह एक दुःखद टिप्पणी है कि अनेक राज्यों, जैसे राजस्थान, ने 1996 के संशोधन के अनुरूप अपने कानूनों में निर्धारित अवधि के बाद भी सुधार नहीं किया। राज्यों के कानूनों के एक सर्वेक्षण के अनुसार राज्यों ने संवैधानिक निर्देशों का आधे-अधूरे मन से ही पालन का प्रयत्न किया, सच्ची भावना से नहीं।[32] कुछ राज्यों के कानून विस्तार अधिनियम के महत्वपूर्ण प्रावधानों को उचित ढंग से लागू नहीं करते, जैसे–लघु वन उत्पादों का स्वामित्व, भूमि हस्तांतरण पर रोक, प्राकृतिक संसाधनों पर नियंत्रण आदि। यह जनजातीय क्षेत्रों के प्रति राज्य सरकारों की उदासीनता दर्शाता है एवं जनजातियों को अधिकार प्रदान करने के प्रति उनके प्रतिरोध को भी। दूसरी ओर, जनजातियों के अधिकारों का उल्लंघन

नियमित अंतराल पर होता रहता है। मध्य प्रदेश में दिसंबर 2001 में एक जनजाति के लोगों ने, जो अपनी जीविका के लिए एक जलाशय पर निर्भर हैं, राज्य सरकार के विरुद्ध आवाज उठायी, क्योंकि उन्हें लग रहा था कि सरकार उनके उत्पाद बेचने के अधिकार को समाप्त कर रही है।[33] गुजरात में अधिक गंभीर उल्लंघन हुआ, जब सरकार ने ग्राम पंचायतों के चुनावों की घोषणा के केवल 48 घंटे पूर्व जनजातियों को आरक्षण देने से मना कर दिया।[34]

निर्वाचित जनजातीय पुरुषों एवं स्त्रियों को स्वशासन के विकेंद्रीकृत संस्थानों में कार्य करने नहीं दिया जाता। अनुसूचित जातियों के समान ही जनजातियों के लोग भी पंचायत नौकरशाही से अपेक्षित सम्मान नहीं पाते। जनजातियों के निर्वाचित स्त्री सदस्यों को अधिकारियों एवं शक्तिशाली लोगों के अधिकारों को चुनौती देने की सजा हिंसा एवं बलात्कार के रूप में मिलती है।

राजस्थान के एक जिले में एक जनजाति की स्त्री सरपंच को 15 अगस्त 1998 (स्वतंत्रता दिवस) को राष्ट्रध्वज फहराने के कारण नंगा कर दिया गया। एक अन्य मामले में मध्य प्रदेश की एक जनजाति की स्त्री सरपंच को एक उच्च जाति के नेता से सलाह नहीं लेने के जुर्म में ग्राम सभा की बैठक में नंगा कर दिया गया।[35] इस प्रकार के मानवाधिकार उल्लंघन की घटनाएँ भारतीय जनजातीय क्षेत्रों में प्रतिदिन होती हैं—विकेंद्रीकृत शासन के लिए शक्तिशाली कानूनों के होने के बावजूद।

स्त्रियाँ

जब भारत औपनिवेशिक शासन में था, तो कुछ खास शर्तों को पूरा करनेवाले व्यक्ति ही वोट दे सकते थे एवं चुनाव लड़ सकते थे और राजनीतिक दृश्य से स्त्रियाँ गायब थीं। उदाहरण के लिए बंबई ग्राम पंचायत कानून, 1920 में स्पष्ट कहा गया कि कोई भी स्त्री निर्वाचित सदस्य नहीं हो सकती एवं प्रत्येक गाँव के वयस्क पुरुष निवासी सहायक या उप-कलक्टर की अध्यक्षता में संपन्न बैठक में चुनाव संपन्न कर सकेंगे।[36] स्वतंत्रता के बाद भी भारतीय संविधान में स्त्रियों के लिए विधान मंडलों एवं संसद में आरक्षण की स्पष्ट व्यवस्था या उल्लेख नहीं था।[37] स्त्रियों को वैधानिक राजनीतिक संस्थाओं में प्रतिनिधित्व पाने में लगभग चालीस साल लग गये। जैसा कि पहले कहा जा चुका है, यह संभव हुआ 73वें संवैधानिक संशोधन द्वारा, जिसमें स्थानीय निकायों की कुल सीटों का एक-तिहाई भाग स्त्रियों के लिए आरक्षित करने की क्रांतिकारी व्यवस्था है। इस केंद्रीय कानून द्वारा महिलाओं को वह बहुप्रतीक्षित अवसर मिला जिससे वे राजनीतिक अधिकारों द्वारा अपने आसपास के समुदाय की निर्णय प्रक्रिया में सक्रिय हिस्सेदारी कर सकें। पंचायती राज के इस नये दौर में दस लाख से अधिक निर्वाचित स्त्री प्रतिनिधि पंचायत के तीनों स्तरों के लिए चुनी जाती हैं और स्थानीय

समुदाय का प्रवक्ता बन कर राजनीतिक प्रतिनिधित्व को जमीनी अर्थ प्रदान करती हैं।

संवैधानिक संशोधनों द्वारा स्त्रियों के राजनीतिक सशक्तीकरण के पिछले नौ वर्षों के अनुभवों ने अनेक मिथकों को तोड़ा है, जैसे वे राजनीतिक संस्थाओं के प्रति नकारात्मक एवं उदासीन हैं, केवल संपन्न एवं ऊपरी तबके की स्त्रियाँ ही आरक्षण के माध्यम से सामने आयेंगी; केवल शक्तिशाली राजनेताओं की रिश्तेदार ही राजनीतिक संबद्धता के कारण पंचायत चुनावों में आयेंगी, ताकि उनके लिए सीट कायम रखी जा सके; स्त्रियाँ नाम-मात्र की प्रतिनिधि सदस्य होती हैं एवं पंचायत के काम-काज में भाग नहीं लेतीं। कुछ महिलाओं द्वारा ऐसा करने के बावजूद, जो पितृसत्तात्मक ढाँचे का एक अनिवार्य परिणाम है, यह कहा जा सकता है कि ये मिथक अब ध्वस्त हो चुके हैं।[38] आज की बात यह है कि स्त्रियाँ कर सकती हैं।

यह व्यापक तौर पर स्वीकार किया जाता है कि स्थानीय निकायों को सत्ता में हिस्सेदारी देने में एवं गाँवों के स्थानीय मामलों के प्रबंधन में बड़े पैमाने पर स्त्रियों की भागीदारी ने (कर्नाटक में यह भागीदारी 43 प्रतिशत तक पहुँच चुकी है एवं वह समय दूर नहीं जब स्त्रियाँ 50 प्रतिशत से अधिक सीटों पर कब्जा कर लेंगी) इन निकायों के स्तर एवं अधिकारों में वृद्धि की है। अनेक राज्यों में स्त्री संगठनों के कार्यों द्वारा लैंगिक समानता एवं स्त्रियों के अधिकारों के प्रति जागरूकता बढ़ी है—विशेषकर जहाँ मानवाधिकारों के प्रयासों ने समाज में स्त्रियों के अधिकारों को सुरक्षित रखने को चुनौती की तरह स्वीकार की है।

यह भी साबित हो चुका है कि जहाँ भी स्थानीय निकायों में स्त्रियाँ पद धारण करती हैं, वहाँ सार्वजनिक मामलों के प्रबंधन में अधिक कुशलता एवं पारदर्शिता मिलती है। कर्नाटक राज्य के मालगुड़ी जिले की ग्राम पंचायत अध्यक्ष गंगम्मा जयकर पंचायती राज व्यवस्था में आरक्षण की उपज हैं। वे अनुसूचित जाति की हैं एवं प्राथमिक शिक्षा प्राप्त कर चुकी हैं। वे शिक्षा के प्रसार में रुचि रखती थीं एवं गाँव में स्त्रियों के लिए साक्षरता की कक्षाएँ चलाती रही थीं। बालिकाओं की शिक्षा के बारे में सरकारी कार्यक्रम के बारे में सुन कर उन्होंने योजना के बारे में जानकारी प्राप्त की एवं जरूरी प्रक्रियाओं का पालन कर गाँव में एक स्कूल खुलवाया।[39] राज्य सरकारें और नागरिक संगठन अब पंचायतों की विशिष्ट नेताओं के योगदान को मान्यता देने के लिए वार्षिक पुरस्कारों की स्थापना कर रहे हैं।[40]

महिलाओं की हैसियत बढ़ने के साथ-साथ पुरुष-प्रधान पितृसत्तात्मक भारतीय समाज की ओर से गंभीर प्रतिरोध भी किया जा रहा है। निर्वाचित्र स्त्रियाँ शोषण, हिंसा एवं उत्पीड़न का शिकार हुई हैं। संवैधानिक प्रावधानों के बावजूद देश भर से उनके अधिकारों के हनन की कहानियाँ पढ़ने और सुनने को मिल रही हैं। तमिलनाडु के एक नगर निगम की स्त्री पार्षद का मामला ऐसा ही एक मुद्दा है। विल्लापुरम

के लोगों को स्थायी जलापूर्ति की सुविधा नहीं थी एवं वे निगम के टैंकरों द्वारा लाये जानेवाले पानी पर निर्भर थे। यह पानी स्थानीय गुंडों द्वारा पैसे ले कर लोगों को बेचा जाता था। एक स्थानीय जल स्रोत से पाइपों द्वारा जलापूर्ति के प्रयास को माफिया तत्वों ने विफल कर दिया, क्योंकि उन्हें पहले की व्यवस्था से अधिक फायदा था। लीलावती ने अपने चुनाव प्रचार में केवल एक मुद्दे, अपने चुनाव क्षेत्र में पीने का पानी लाने को, ले कर प्रचार किया। उनके अनथक प्रयास से स्थानीय नौकरशाही पर दबाव बना एवं प्रयास सफल हुआ। लेकिन परीक्षा आपूर्ति के तीन दिनों बाद, सशस्त्र लोगों ने दिन-दिहाड़े उनकी हत्या कर दी। लीलावती पानी के लिए लोगों के संघर्ष का प्रतीक बन गयीं।[41]

प्रारंभ में स्त्रियाँ इस नये राजनीतिक दृश्य में प्रवेश करने से हिचकती थीं। राजनीतिक दलों एवं निहित स्वार्थी तत्वों ने इस स्थिति का लाभ उठाया एवं उनका परोक्ष शासन चलने लगा। इस प्रकार सत्ता परंपरागत शक्तिशाली समूहों के पास ही रही। स्त्री सरपंचों के पतियों का नया वर्ग सामने आया, जो पंचायत के मसलों को सँभालता था एवं पत्नियाँ रबर स्टैम्प का कार्य करती थीं। कर्नाटक राज्य का एक अध्ययन दर्शाता है कि स्थानीय निकायों या पंचायतों के लिए निर्वाचित स्त्रियों में से अनेक अपने पिता या पति का स्थानापन्न थीं, क्योंकि आरक्षण के कारण वे चुनाव नहीं लड़ सके। कुछ को धनी एवं शक्तिशाली लोगों ने स्थान दिलवाया—क्योंकि उन्हें अपनी जरूरत के मुताबिक झुकाया जा सकता था, ताकि वे रहें तो निर्वाचित प्रतिनिधि, पर एक गुड़िया की तरह उनके हितों की पूर्ति कर सकें।[42]

मानवाधिकार कार्यकर्ताओं की एक मुख्य चिंता चुनाव लड़ने के लिए दो बच्चों के नियम का, विशेषकर हरियाणा, मध्य प्रदेश, राजस्थान एवं हिमाचल प्रदेश में जहाँ यह लागू किया जा चुका है, चुनाव लड़ने की अनिवार्य अर्हता के रूप होना है। यहाँ यह ध्यान देना चाहिए कि ग्रामीण भारत में जल्दी बच्चे पैदा करने का चलन है, जिसके परिणामस्वरूप पुनरुत्पादन दर भी अधिक है। यह बहुत-सी स्त्रियों को राजनीति के मैदान में उतरने से रोकता है।

लोकतांत्रिक प्रक्रिया में स्थान पाने के बाद भी परंपरागत रूप से उपेक्षित समूहों की स्त्रियाँ उच्च जातियों के अत्याचारों का शिकार रही हैं। मध्य प्रदेश में पंचायत चुनावों के एक वर्ष के बाद ही रायगढ़, छतरपुर, रायसेन एवं पूर्वी निमाड़—इन चार जिलों से रिपोर्ट आयी कि एक स्त्री सरपंच को नंगा किया गया, एक अन्य स्त्री सरपंच के साथ सामूहिक बलात्कार हुआ, एक उप-सरपंच का उत्पीड़न हुआ एवं एक दलित पंचायत सदस्य को पीटा गया।[43]

राज्य की प्रतिक्रिया

किसी भी समाज की प्रकृति राज्य के चरित्र में दिखाई देती है। यद्यपि भारत के

संविधान में बराबरी एवं सामाजिक न्याय के आदर्श निहित हैं, लेकिन जमीनी यथार्थ इससे एकदम भिन्न है। सत्ताधारी पार्टी एवं गठबंधन की प्रकृति भी विकेंद्रीकरण एवं ग्रामीण स्तर पर जनता को सत्ता के हस्तांतरण की नीतियाँ तय करती है। अनुभव बताते हैं कि संवैधानिक प्रावधानों को सही अर्थों में लागू नहीं किया गया है, विशेषकर पंचायतों एवं नगरपालिकाओं के संदर्भ में।

प्रथम दृष्टांत एक या दूसरे कारण से पंचायत चुनावों को स्थगित करने का है। अनेक राज्य सरकारों ने पाँच वर्ष के कार्यकाल की समाप्ति पर चुनाव कराने के संवैधानिक प्रावधान को गंभीरता से नही लिया है। भारतीय संविधान का अनुच्छेद 243बी स्पष्ट करता है कि प्रत्येक राज्य में गाँव, ब्लॉक एवं जिला स्तर पर पंचायतें होंगी एवं (1) प्रत्येक पंचायत अपनी बैठक के लिए गठित होने की तिथि से पाँच वर्षों तक चलेगी—इससे अधिक नहीं (2) पंचायत के गठन हेतु चुनाव उसके पाँच वर्ष का कार्यकाल पूरा होने से पूर्व या उसके भंग होने के 6 महीने के भीतर पूरा हो जाना चाहिए (अनुच्छेद 243ई (1) एवं (3))। राजनीतिक पार्टियाँ गाँव स्तर से ही पंचायतों पर कब्जा करने के लिए प्रयासरत रहती हैं एवं सत्ताधारी पार्टी राज्य की जनता का अपने कार्यकाल के मध्य या अंतिम चरण में सामना करने से घबराती है। लेकिन भारत के परिपक्व लोकतंत्र को यह श्रेय जरूर जाता है कि प्रत्येक चुनाव का नतीजा अप्रत्याशित होता है एवं राजनीतिक पार्टियाँ यह मान कर नहीं चल सकतीं कि जनता उन्हें ही वोट देगी।

ज्यादातर मामलों में विपक्षी दल भी चुनाव स्थगित करने के लिए सत्ताधारी दल से हाथ मिला लेते हैं, क्योंकि वे भी पंचायतों के मतदाताओं का सामना करने से डरते हैं। विपक्षी दलों के राजनेता स्थानीय निकायों को अधिकार देने की वकालत करते हैं, लेकिन यह देखा गया है कि सत्ता में आने के बाद वे भी रंग बदल लेते हैं। कुछ मामलों में वे अप्रत्यक्ष रूप से उच्च न्यायालयों में याचिका डलवाते हैं, ताकि चुनावों पर स्थगन आदेश मिल जाये। यह सरकार जैसी विधिक संस्थाओं का एक महत्वपूर्ण पक्ष है जो स्वयं ही जनता को अपने प्रतिनिधि चुनने के अवसर से वंचित करती हैं।

सभी राज्यों में पंचायत चुनाव पूरे हो चुके हैं—अपवाद केवल झारखंड, अरुणाचल प्रदेश, एवं पांडिचेरी हैं। लेकिन यह हुआ है लंबे न्यायिक संघर्ष के बाद तथा नागरिक संगठनों के सफल हस्तक्षेप से। समस्या यह है कि राज्यों के राज्य चुनाव आयोग इस संदर्भ में राज्य सरकार के दबाव के आगे झुक जाते हैं—यद्यपि कुछ अपवाद भी हैं, जैसे उड़ीसा एवं आंध्र प्रदेश में राज्य चुनाव आयोगों ने अनावश्यक दबाव का सामना करते हुए अपने संवैधानिक दायित्वों का सफलतापूर्वक निर्वहन किया।

पंचायतों के अधिकारों को कम करने की दिशा में राज्य सरकारों के प्रयासों का दूसरा दृष्टांत है पंचायती राज संस्थाओं के समानांतर चलनेवाले निकायों का गठन।

इस स्तर पर केंद्र एवं राज्य सरकारें दोनों ही समानांतर निकायों का गठन करने या उन्हें बढ़ावा देने में एक-दूसरे से होड़ करती हैं। मंत्रालयों एवं विभागों द्वारा इन पंजीकृत निकायों को व्यय हेतु कोष दिया जाता है। केंद्र एवं राज्य के विभिन्न मंत्रालयों एवं विभागों द्वारा पंचायतों को नजरअंदाज करते हुए केंद्रीय सरकार या राज्य सरकार द्वारा प्रायोजित योजनाओं का कार्यान्वयन किया जाता है।

राज्य सरकार द्वारा लोकतांत्रिक प्रक्रिया को विकृत करने का एक नमूना गुजरात सरकार की 'समरस ग्राम योजना' में दिखता है, जिसके तहत उन ग्राम पंचायतों को एक लाख रुपये दिये जाते हैं जिनके सदस्य निर्विरोध निर्वाचित होते हैं। दूसरा नमूना सीटों की नीलामी का है, जिसमें सबसे ऊँची बोली लगानेवाला व्यक्ति ही सीट पाता है। सीट पर उसका स्वामित्व तय हो जाने के बाद कोई भी उसके विरुद्ध चुनाव नहीं लड़ सकता। यदि कोई इसका उल्लंघन करता है तो उसे शारीरिक यातना या सामाजिक बहिष्कार झेलना पड़ सकता है। तमिलनाडु के मदुरै जिले के एक गाँव में एक उम्मीदवार ने 5,60,000 रुपये की बोली लगा कर पंचायत अध्यक्ष का पद प्राप्त किया। वार्ड सदस्य के पद की बोली 10,000 रुपये से शुरू हुई। नीलामी की राशि का उपयोग स्थानीय उत्सवों एवं ऐसे अन्य अवसरों पर होता है।

राज्य सरकारों के ऐसे प्रयास लोकतांत्रिक प्रक्रिया को कमजोर करते हैं या पूरी प्रक्रिया का मजाक बनाते हैं। वे एक तरफ प्रभुत्वशाली वर्गों या समुदायों को गाँव के समूचे मामले का अधिकार लेने का अवसर देते हैं तो दूसरी ओर स्थानीय निर्णय प्रक्रिया में स्त्रियों, दलितों, जनजातियों एवं अन्य उपेक्षित समूहों की सक्रिय भागीदारी के अवसर को छीनते हैं।

ग्राम सभा के माध्यम से स्थानीय निर्णय प्रक्रिया में भागीदारी के अधिकार को 73वें संवैधानिक संशोधन द्वारा कानूनी मान्यता मिली है। ग्राम सभा स्थानीय जनता का स्थानीय विकास की अपनी जरूरतों एवं समस्याओं पर चर्चा करने का मंच है एवं योजना प्रक्रिया का अंग बनने का भी। दूसरी ओर, यह जनता को अपने उन प्रतिनिधियों के कामकाज पर नजर रखने का साधन भी प्रदान करता है, जिन्हें उसने पंचायतों हेतु चुना है। इस प्रकार ग्राम सभा पंचायत के कार्यों में उत्तरदायित्व एवं पारदर्शिता सुनिश्चित करने का एक माध्यम है। इसमें एक बड़ी कमी यह है कि 73वाँ संविधान संशोधन जहाँ ग्राम सभा के गठन का प्रावधान करता है, वहीं ग्राम सभा के अधिकार एवं कार्य तय नहीं करता। यह संबंधित राज्य सरकारों के ऊपर छोड़ दिया गया है। अतः इस प्रावधान से ग्राम सभा को वास्तविक शक्ति नहीं मिलती, ताकि वे कार्यक्षम और निर्णायक हो सकें। इस संदर्भ में यह याद दिलाने की जरूरत है कि मानवाधिकारों के आधार पर बनी नीतियाँ गरीबों की हिस्सेदारी एवं सशक्तीकरण को प्राथमिकता देती हैं।

मानवाधिकार बरक्स पंचायतें

पिछले एक दशक से भारत में गति पकड़ रही विकेंद्रीकरण की प्रक्रिया का गहरा असर भारत में मानवाधिकारों की स्थिति पर पड़ा है। यह विशेष रूप से ग्रामीण भारत के गाँवों में घटित हुआ है। लोकतांत्रिक प्रक्रिया ने गाँव के लोगों को एक-दूसरे के निकट ला दिया है एवं वे अब प्रत्येक पाँच वर्ष बाद स्थानीय चुनावों में भाग ले सकते हैं तथा वोट देने के अधिकार का उपयोग कर सकते हैं। भारत में चुनाव जन शिक्षण की एक बड़ी प्रक्रिया हैं। सामुदायिक स्तर पर लोकतांत्रिक शासन व्यवस्था की कमी से बहिष्कृत लोगों के अधिकारों का हनन वर्षों से होता रहा है, जिसके फलस्वरूप वे समुदाय के मामलों में सक्रिय भागीदारी नहीं कर सके। पंचायती राज संस्थाओं में अभिव्यक्त स्थानीय स्वशासन व्यवस्था ने गाँव के स्तर पर नागरिकों के गौरवपूर्ण जीवन एवं सम्मान को सुनिश्चित करने की दिशा में बड़ा कदम उठाया है। लैंगिक समानता एवं स्वाधीनता पर आधारित सामाजिक न्याय के आदर्शों को स्थानीय स्तर पर बेहतर ढंग से लागू किया जा सकता है।

औपचारिक ढंग से सभी राज्यों ने संवैधानिक आवश्यकताओं को पूरा कर दिया है, ताकि पंचायती राज संस्थाओं में स्त्रियों, दलितों एवं आदिवासियों जैसे वंचित समूहों की भागीदारी सुनिश्चित हो सके। गरीबों की समस्याओं को हल करने के लिए कुछ गरीबी उन्मूलन एवं विकास कार्यक्रमों को पंचायतों को हस्तांतरित कर संवैधानिक निर्देशों का भी सम्मान किया गया है। एक-तिहाई सीटों के आरक्षण द्वारा स्त्रियों ने पंचायतों में मोटे तौर पर प्रतिनिधित्व प्राप्त कर लिया है। दलितों एवं आदिवासियों का प्रतिनिधित्व जनसंख्या में उनकी हिस्सेदारी के अनुरूप हुआ है।

प्रकटतः यह जरूरी नहीं है कि औपचारिक प्रतिनिधित्व भागीदारी का संकेत भी हो। विकेंद्रीकरण के नये दौर से यह बात सामने आयी है कि भारत के ग्रामीण समाज में व्याप्त निष्कासन तथा बहिष्कार के कुछ निकृष्टतम तरीके अब अनेक राज्यों में व्यवहार में नहीं हैं। औपचारिक एवं अनौपचारिक बैठकों में निर्वाचित सदस्य एक साथ बैठ कर विचार-विमर्श करते हैं। दलितों, आदिवासियों एवं स्त्रियों सहित गाँव के सभी सदस्यों की प्रतीकात्मक भागीदारी, संवैधानिक जरूरतों के लिए ही सही, किंतु होती है। यह भारतीय राजनीतिक परिदृश्य में हो रहे धीमे, मगर निश्चित बदलावों का एक नतीजा है।

भारत में लोकतांत्रिक प्रक्रिया द्वारा सामाजिक बदलाव शांतिपूर्ण नहीं है। अतः जब से भारत ने विकेंद्रकीरण एवं स्थानीय शासन व्यवस्था को मजबूत करने का गंभीर प्रयत्न किया है, सभी स्तरों पर मानवाधिकारों का उल्लंघन हुआ है। इसका मुख्य कारण यह है कि अब तक जो लोग सत्ता एवं विशेषाधिकारों का उपयोग कर रहे थे, वे प्रत्यक्ष या परोक्ष रूप से संवैधानिक निर्देशों के साथ भितरघात करना चाहते हैं।

इसे दूसरे कोण से भी देखा जा सकता है। परंपरागत समाज में कोई भी बदलाव, जिसका ढाँचागत प्रभाव हो, संघर्षपूर्ण होता है। हितों का टकराव इतना शक्तिशाली होता है कि उसमें हिंसा, रक्तपात एवं जान का नुकसान होता है। जब से भारत को स्वतंत्रता हासिल हुई है, यह होता रहा है। लेकिन इसका खूनी चरित्र लंबा नहीं रहा है, क्योंकि देश में लोकतांत्रिक व्यवस्था का विकास होता रहा है।

1993 के बाद से पंचायतों के नये दौर में, कुछ राज्यों को छोड़ कर, चुनावों के दो दौर हो चुके हैं। यह विडंबनापूर्ण है कि भारत में चुनावों के समय गंभीर रूप से मानवाधिकारों का उल्लंघन होता है। चुनाव के समय अमीर यह प्रयास करते हैं कि गरीबों का वोट खरीद लें या वोट बैंक के रूप में उनका इस्तेमाल करें। अनेक मामलों में ऊँची जातियाँ नीची जातियों को वोट देने से रोकती हैं—जब उन्हें यह पता चलता है कि गरीब एवं वंचित लोग स्वतंत्रतापूर्वक मतदान करनेवाले हैं। इस प्रक्रिया में हिंसक वारदातें होती हैं एवं अनेक लोग जान गँवा देते हैं। यद्यपि राज्यों एवं संसद के चुनावों में भी हिंसा होती है, लेकिन स्थानीय चुनावों में सबसे अधिक होती है, क्योंकि इनमें मतदान का प्रतिशत भी ऊँचा होता है।

गाँव स्तर पर हिंसा इसलिए भी अधिक होती है कि स्थानीय स्तर पर राजनीतिक सत्ता सबसे महत्वपूर्ण औजार है एवं सभी इसे हथियाना चाहते हैं। अतः पहले से मौजूद तनाव तब और बढ़ जाता है जब सत्ता की इच्छा रखनेवाले वंचित लोग उन वर्गों के विरुद्ध खड़े होते हैं जो इसे छोड़ना नहीं चाहते। बाहुबल तथा धन एवं जाति की शक्ति का वीभत्स रूप स्थानीय निकायों के चुनावों में सामने आता है। इस हिंसा का एक विश्लेषण यह दर्शाता है कि जहाँ भी राजनीतिक चेतना कम होती है एवं विकास की गति सापेक्ष रूप से विपरीत है, उस क्षेत्र के लोग हिंसा में अधिक संलग्न होते हैं। यहाँ यह कहा जा सकता है कि जातिवाद खत्म करने के लिए दृढ़ राजनीतिक इच्छाशक्ति के साथ ठोस व्यवस्थित प्रयास नहीं हो रहे हैं। कानूनी प्रावधानों का क्रियान्वयन भी काफी मामूली तथा अपर्याप्त रहा है तथा कानून का उल्लंघन करनेवालों को सजा तक नहीं मिलती। अनुसूचित जनजातियों के सांसद सार्वजनिक तौर पर यह घोषित कर चुके हैं कि भारत सरकार जातिवाद तथा निचली जाति के लोगों के लगातार अपमान के खिलाफ कानूनी प्रावधानों को लागू करना नहीं चाहती। उनके अनुसार, 'यह अनुसूचित जातियों और अनुसूचित जनजातियों का दुर्भाग्य और एक शर्मनाक ट्रेजडी है कि उन्हें अपने ही देशवासियों के हाथों अमानवीय और बर्बर तरीके से अपमानित होना पड़ रहा है।' कई बार उनकी औरतों को गलियों में नंगा घुमाया जाता है तथा उनके बच्चों को जानवरों की तरह काट डाला जाता है; उनके घरों को जला दिया जाता है तथा उनकी जीविका के साधन नष्ट कर दिये जाते हैं। ऐसे अवसरों पर सरकार और उसका तंत्र असहाय मूक दर्शक या उदासीन विश्लेषक की भूमिका में नजर आते हैं।[44]

राज्य अनुसूचित जाति और जनजाति आयोगों का गठन अनुसूचित जाति और जनजाति (अत्याचार विरोधी) कानून, 1989 के तहत किया गया है, लेकिन जातिगत अत्याचार से पीड़ित व्यक्ति या समूह बदले के डर से रिपोर्ट दर्ज कराने से कतराते हैं, हालाँकि आयोग सुरक्षा और आर्थिक मुआवजा देने का वादा करता है।

इन सबके बीच पंचायतों ने उन सभी मामलों को सामने लाये जाने की उम्मीद पैदा की है जिन्हें पहले कालीन के नीचे दबाये रखा जाता था। अब ये मामले गुप्त या छिपे हुए नहीं रहे। यद्यपि ग्राम सभा और ग्राम पंचायत जोड़-तोड़ की राजनीति के केंद्र हैं, फिर भी उन्होंने सामाजिक और राजनीतिक मुद्दों पर खुली लड़ाई का एक मंच मुहैया कराया है।[45] संवैधानिक समर्थन के साथ ऐसा मंच अब पहली बार उपलब्ध है।

यहाँ राजनीतिक दलों की भूमिका महत्वपूर्ण है। आम सहमति की जो पूर्ववर्ती अवधारणा (जो असल में ताकतवर जो कुछ कहता या करता है, उस पर सहमति का पर्याय है) कमजोर हो रही है। लोग पार्टी लाइन पर एकजुट हो रहे हैं, ताकि जिस मामले में भी पारदर्शिता नहीं हैं, उस पर प्रश्न किया जा सके। अगर एक दल किसी कारणवश दलित का साथ देता है तो दूसरा दल दमनकारी का संरक्षक बन कर खड़ा हो जाता है। स्थानीय मामलों में राज्य स्तर की राजनीति या राष्ट्रीय स्तर की विचारधारा का काफी कम असर होता है। फिलहाल तो पंचायत चुनावों में राजनीतिक दलों की भागीदारी वर्षों पुरानी जातीय या पारिवारिक निरंकुशता की चुनौती का सामना करने का सर्वोत्तम तरीका है।

जन संचार, सूचना तकनीक और भौगोलिक संचरण ने गाँवों के एकाकीपन को तोड़ा है। यहाँ तक कि दूर-दराज की पंचायतों में होनेवाली घटनाओं की चर्चा अब राज्य और राष्ट्रीय स्तर पर तत्काल होने लगी है। नयी पंचायत व्यवस्था ने, अपनी सभी मौजूदा कमजोरियों के बावजूद, गाँवों में व्यापक सामाजिक सरोकार पैदा करने में मदद की है।

स्थानीय स्तर पर दबे-कुचले लोगों के मानवाधिकारों के मामले में न्यायपालिका का सकारात्मक हस्तक्षेप अँधेरे में आशा की एक किरण की तरह है। यद्यपि भारतीय न्यायपालिका अपनी धीमी चाल के लिए कुख्यात है, जन हित याचिकाएँ स्थानीय निकायों के विधानों को अर्थ देने में एक सफल हथियार के रूप में काम कर रही हैं। उदाहरण के लिए दलित समुदाय की एक महिला को पंचायत का प्रमुख बनने पर हारे हुए ऊँची जाति के उम्मीदवार का कोपभाजन बनना पड़ा। दलित महिला अध्यक्ष द्वारा थाने में दर्ज करायी गयी प्राथमिकी में कहा गया कि उपद्रवियों ने उनका घर लूट लिया तथा अशोभनीय भाषा का प्रयोग करते हुए उनके साथ गाली-गलौच की। मामला अदालत में गया। उच्च न्यायालय ने प्राथमिकी रद्द करने से इनकार करते हुए यह माना कि 'सामंती और पेशागत श्रम विभाजन के आधार पर बनी

भारत की प्राचीन जाति व्यवस्था आज पूरी तरह से अप्रासंगिक है तथा यह राष्ट्र के विकास में एक बड़ी बाधा है। इसमें कोई संदेह नहीं कि 'चमार' शब्द एक खास जाति की ओर इशारा करता है। लेकिन इस शब्द का प्रयोग तथाकथित ऊँची जातियों के लोग ऐसे लोगों के खिलाफ भी करते हैं जिन्हें वे अपने से नीचा समझते हैं। अतः इसका प्रयोग तथाकथित ऊँची जातियों या अन्य पिछड़े वर्गों के सदस्यों को नहीं करना चाहिए, क्योंकि इससे दलितों की भावनाएँ आहत होती हैं।'[46]

वास्तविक लोकतंत्र और राजनीतिक भागीदारी के लिए स्थानीय निकायों के चुनाव के कई दौर जरूरी हैं। इसमें कोई संदेह नहीं कि जीवंत लोकतंत्र पर आधारित स्थानीय सरकारें नागरिक संगठनों की मदद से सभी स्तरों पर लोगों के मानवाधिकारों की रक्षा करेंगी। लेकिन भारत जैसे परंपरागत समाज में लोकतांत्रिक प्रक्रिया के जरिये ऐसा होने में समय लगेगा।

(यह परचा 'विकेंद्रीकरण, स्थानीय सरकार और मानवाधिकार--मुद्दों का एक सर्वेक्षण' विषय पर अंतरराष्ट्रीय मानवाधिकार नीति परिषद, जिनेवा के एक व्यापक अध्ययन का एक हिस्सा है। डेविड पेट्रासेक की टिप्पणियों और इस विषय पर काम करने के लिए उनके प्रोत्साहन का मैं शुक्रगुजार हूँ। पेट्रासेक इस अंतरराष्ट्रीय अध्ययन के समन्वयक हैं, जिसमें भारत, फिलीपींस, बुर्किना फासो, माली, चिली, रूसी संघ और युगांडा को शामिल किया गया है।)

संदर्भ

1. ब्रिटिश शासकों ने 1687 में व्यापारिक केंद्रों के आसपास नगर निगमों की स्थापना की तथा 1870 में लॉर्ड मेयो ने प्रशासनिक कुशलता लाने के लिए सत्ता के विकेंद्रीकरण से संबंधित एक प्रस्ताव अपनी परिषद द्वारा पारित कराया। 1882 में लॉर्ड रिपन के वायसराय बनने पर चुने हुए प्रतिनिधियोंवाले स्थानीय बोर्डों के लिए सरकारी प्रस्ताव आया, जो स्थानीय स्वशासन की दिशा में एक प्रस्थान बिंदु साबित हुआ।
2. 22-23 दिसंबर 1992 को भारतीय संसद ने दो संवैधानिक संशोधन (73वाँ और 74वाँ) पारित किये तथा 24 अप्रैल 1993 को उन्हें पंचायतों के लिए भाग नौ तथा नगरपालिकाओं के लिए भाग नौ-ए के रूप में जोड़ा गया। दिसंबर 1996 में संसद ने 73वें संशोधन को अनुसूची पाँच के इलाकों पर लागू किया। तीन-स्तरीय स्थानीय प्रशासन व्यवस्था में ग्राम पंचायत सबसे निचला स्तर होती है। उत्तर भारत में पंचायत 2000 से 5000 की आबादी पर होती है, जब कि दक्षिण भारत में 10,000 से 15,000 की आबादी पर। अगले स्तर की पंचायत ब्लॉक/तहसील या मंडल स्तर पर होती है। उप-जिला स्तर पर यह पंचायत 40 से 45 ग्राम पंचायतों पर होती है। सर्वोच्च स्तर पर जिला पंचायत होती है।
3. अर्जुन सेनगुप्त, मानव अधिकार के रूप में विकास का अधिकार, *इकॉनॉमिक एंड पॉलिटिकल वीकली,* 7 जुलाई 2001, पृष्ठ 2527
4. भारतीय संविधान के अनुच्छेद 40 के अनुसार, राज्य ग्राम पंचायतों का संगठन करने के लिए कदम उठायेगा और उनको ऐसी शक्तियाँ और प्राधिकार करेगा जो उन्हें स्वायत्त शासन की

इकाइयों के रूप में कार्य करने योग्य बनाने के लिए आवश्यक हो।

5. भारतीय संविधान के मुताबिक भारत राज्यों का संघ है। 26 नवंबर 1949 को संविधान सभा द्वारा अपनाये गये संविधान में सशक्त केंद्र की परिकल्पना की गयी थी।
6. अनुच्छेद 243 के तहत, 'पंचायत स्वायत्त सरकार का संस्थान है।' अनुच्छेद 243जी पंचायतों को ऐसे अधिकार देता है, जो उन्हें स्वतंत्र रूप से कार्य करने के लिए जरूरी हैं। इसमें यह भी कहा गया है कि ऐसे कानून में अधिकारों के विकेंद्रीकरण और पंचायतों को जिम्मेदारियाँ सौंपने का प्रावधान हो सकता है, ताकि ऐसी योजनाएँ तैयार की जा सकें, जिनसे आर्थिक विकास और सामाजिक न्याय का मार्ग प्रशस्त हो।
7. अक्टूबर 2000 में तीन नये राज्य बनाये गये और आज देश में कुल 28 राज्य हैं। ये नये राज्य हैं : झारखंड, उत्तरांचल और छत्तीसगढ़।
8. भारतीय संविधान के खंड नौ और नौ-ए के तहत अनुच्छेद 243ए से 243ओ और 243पी से 243जेडएफ तक देखें।
9. ग्यारहवीं अनुसूची में पंचायतों के लिए 29 विषय हैं और बारहवीं अनुसूची में नगरपालिकाओं के लिए 18 विषय हैं। इनमें शिक्षा, कृषि, पेय जल, ग्रामीण गृह निर्माण, स्वास्थ्य, गरीबी उन्मूलन कार्यक्रम, पारिवारिक कल्याण तथा लघु उद्योग जैसे विषय शामिल हैं।
10. जी. डंकन मिशेल, 1979, *ए न्यू डिक्शनरी ऑफ सोशियोलॉजी,* राउटलेज और केगन पाल, लंदन और हेनले
11. देखें डंकन बी. फोरेस्टर, *कास्ट एंड क्रिश्चनिटी,* कर्जन प्रेस, लंदन, 1980, पृष्ठ 1-4। दूसरी ओर एफ.जी. बेली जाति को सामाजिक सोपानीकरण का अतिवादी और कड़ा स्वरूप कहते हैं। बेली कोई आदर्शवादी पहलू जोड़े बिना जाति की व्याख्या करते हैं और हिंदुत्व से उसका कोई आवश्यक संबंध नहीं देखते।
12. आर.एम. पाल, जाति प्रथा और मानव अधिकारों का उल्लंघन, *पीयूसीएल बुलेटिन,* 12, 10 2-4, 1992
13. पौराणिक मान्यताओं के मुताबिक मनु को विधि निर्माता माना जाता है। उनका समय तीन हजार साल पहले का है।
14. मनुस्मृति में बेगार (निचली जाति का श्रमिक, जो बिना पारिश्रमिक के काम करता है) को मंजूरी दी गयी है।
15. रामेंद्र, मानव अधिकार तथा जाति प्रथा, *पीयूसीएल बुलेटिन,* जनवरी 1993, पृष्ठ 8-10
16. जॉर्ज मैथ्यू, मेलाबलावु के मायने, *हिंदू,* 30 सितंबर 1997
17. *पंचायती राज अपडेट,* इंस्टीट्यूट ऑफ सोशल साइंसेज, भाग 8, नं. 10, अक्टूबर 2001, पृष्ठ 3
18. जी.के. लीटेन और रवि श्रीवास्तव, *अनइक्वल पार्टनर्स : पावर रिलेशंस, डिवोल्यूशन एंड डेवलपमेंट इन उत्तर प्रदेश,* सेज पब्लिकेशंस 1999, पृष्ठ 105-141
19. *पंचायती राज अपडेट,* खंड 8 अप्रैल 2001
20. ह्यूमन राइट्स वाच, *ब्रोकन पीपल : कास्ट वायलेंस अगेंस्ट इंडिया'ज अनटचेबल्स,* 1999
21. *ह्यूमन राइट्स एंड पावर्टी इरेडिकेशन : ए टालिसमेन फॉर द कॉमनवेल्थ,* ह्यूमन राइट्स इनिशियेटिव, नयी दिल्ली, 2001 पृष्ठ 6
22. एलन जी. स्मिथ, ह्यूमन राइट्स एंड च्वायस इन पावर्टी : फूड सिक्यूरिटी, डिपेंडेंसी एंड ह्यूमन राइट्स-बेस्ड डेवलपमेंट एड फॉर द थर्ड वर्ल्ड रूरल पुअर, प्रेजर पब्लिशर्स, 1997
23. जाँन ड्रेज और अमर्त्य सेन, *डेमोक्रेटिक प्रैक्टिसेस एंड सोशल इनइक्वलिटी,* इंस्टीट्यूट ऑफ सोशल साइंसेज, ऑकेजनल पेपर्स सीरीज, नयी दिल्ली, 2002

24. उपर्युक्त
25. *पंचायती राज अपडेट,* जनवरी-दिसंबर, 2001
26. जॉर्ज मैथ्यू, महाराष्ट्र का ग्राम सेवक राज, द *हिंदू,* 13 अग्रस्त 2001
27. भारत के राष्ट्रपति को विशेष प्रावधानों के लिए जातियों की सूची तैयार करने का अधिकार है, ताकि उनके हितों की रक्षा की जा सके। उन्हें अनुसूचित जाति कहा जाता है।
28. जॉज मैथ्यू और रमेश सी. नायक, *पंचायतें व्यवहार में : क्या लाभ है इनसे शोषित वर्गों को?, इकॉनॉमिक एंड पॉलिटिकल वीकली,* मुंबई, 6 जुलाई 1996 पृष्ठ 1765-1771
29. *फ्रंटलाइन,* 26 अक्टूबर 2001, पृष्ठ 34-35
30. भारत के राष्ट्रपति को निचली जातियों की तरह की आदिवासियों के लिए भी उनके हितों की रक्षा के लिए विशेष प्रावधान करने के लिए एक सूची बनाने का अधिकार है। उन्हें अनुसूचित जनजाति कहा जाता है।
31. अनुसूचित क्षेत्रों को आम तौर पर इस आधार पर तय किया जाता है : अनुसूचित जातियों की अधिकता, भौगोलिक अलगाव और सामान्य पिछड़ापन। अनुसूचित क्षेत्र माने गये 10 राज्य हैं—आंध्र प्रदेश, बिहार, झारखंड, गुजरात, हिमाचल प्रदेश, मध्य प्रदेश, छत्तीसगढ़, उड़ीसा और राजस्थान। असम, मेघालय, मिजोरम और त्रिपुरा में आदिवासी क्षेत्र माने गये हैं।
32. विस्तार अधिनियम में किये गये कुछ अनिवार्य प्रावधान आंध्र प्रदेश अधिनियम में शामिल नहीं किये गये हैं।
33. *हिंदू,* 14 दिसंबर 2001
34. गुजरात सरकार ने गुजरात पंचायत अधिनियम, 1993 में संशोधन के लिए 23 नवंबर 2000 को एक अधिसूचना जारी की, जिसमें यह कहा गया कि पंचायत अधिनियम के खंड नौ के उपखंड पाँच की उपधारा (ए) के प्रावधान पाँचवीं अनुसूची क्षेत्र के तहत आनेवाली ग्राम पंचायतों पर लागू नहीं होंगे, जहाँ अनुसूचित जनजातियों की आबादी ग्राम पंचायत की आबादी के 25 प्रतिशत से कम है। मूल उपधारा में अनुसूचित जातियों तथा जनजातियों के लिए गाँव में उनकी आबादी के अनुपात में सीटों के आरक्षण की व्यवस्था है। इस नयी अधिसूचना के लागू होने के साथ ही उन ग्राम पंचायतों में, जहाँ अनुसूचित जनजातियों की आबादी 25 प्रतिशत से कम है, अनुसूचित जनजातियों के आरक्षण में कटौती हो गयी।
35. *पंचायती राज अपडेट,* जून और अगस्त 1998
36. निर्मला बुच : *स्टेटस ऑफ पंचायत्स इन द स्टेट्स एंड यूनियन टेरिटरीज 2000* में शामिल 'पंचायत और स्त्रियाँ' में, इंस्टीट्यूट ऑफ सोशल साइंसेज, नयी दिल्ली, 2000, पृष्ठ 34
37. गौरतलब है कि राज्य विधान सभाओं और भारत की संसद में महिलाओं का प्रतिशत काफी कम है। संसद में महिलाओं की भागीदारी सिर्फ आठ प्रतिशत है। किसी को यह नहीं समझना चाहिए कि यह आँकड़ा संपूर्ण महिला समाज का प्रतिनिधित्व करता है।
38. निर्मला बुच, पूर्व-उल्लखित, पृष्ठ 34-35
39. विनोद व्यासुलु और पूर्णिमा, वीमेन इन पंचायती राज, ग्रासरूट्स डेमोक्रेसी इन इंडिया, मालगुड़ी का अनुभव, मार्च 1999
40. कुछ पुरस्कार विजेता महिलाओं ने महिलाओं की आर्थिक स्थिति सुधारने, बाल विवाह तथा बाल मजदूरी के विरुद्ध अभियान चलाने, पाइप द्वारा जलापूर्ति की व्यवस्था करने, स्वास्थ्य केंद्रों के निर्माण तथा प्राथमिक विद्यालयों को बेहतर बनाने में उत्कृष्ट योगदान किया है।
41. मैथिली शिवरमण, अच्छाई को आघात, *हिन्दू,* 18 मई 1997
42. विनोद व्यासुलु और पूर्णिमा, पूर्व-उल्लिखित

43. जॉर्ज मैथ्यू और रमेश सी. नायक, पूर्व-उल्लिखित
44. साउथ एशिया ह्यमन राइटस डक्यूमेंटेशन सेंटर, *रेशियल डिस्क्रिमिनेशन : द रिकॉर्ड ऑफ इंडिया,* सितंबर 2001, पृष्ठ 36-37
45. विस्तृत जानकारी के लिए देखें जॉर्ज मैथ्यू और रमेश सी. नायक, पूर्व-उल्लिखित
46. *पंचायती राज अपडेट,* फरवरी 2001

11

एक कदम आगे, दो कदम पीछे

राजनेताओं की जयंतियाँ मनाना और राष्ट्रीय विकास में योगदान के लिए स्त्री-पुरुषों का सम्मान करना हमारे राजनीतिक वर्ग का प्रिय शगल बन गया है। भारतीय जनता पार्टी की सरकार ने कुछ पुरानी फाइलों की धूल झाड़ कर नये नायकों का आविष्कार किया है, जिनका सम्मान किया जा सके। लेकिन यही सरकार उस वक्त स्मृति-भंश का शिकार हो जाती है जब मामला स्वतंत्र भारत की एक युगांतरकारी घटना—पंचायतों को भारतीय संविधान के भाग नौ में शामिल किया जाना—की दसवीं वर्षगाँठ मनाने में होता है। 1993 के 24 अप्रैल को, एक लंबी और कठिन यात्रा के बाद, पंचायतों को 'स्वशासन की संस्थाओं' के रूप में संवैधानिक मान्यता मिली। भाजपा और उसके माध्यम से केंद्रीय सरकार इस घटना के ऐतिहासिक महत्व की उपेक्षा कर रही है। निश्चय ही, पंचायत राज्य सरकारों का विषय है, लेकिन केंद्रीय सरकार जिस तरह के संकेत भेज रही है, उससे राज्य सरकारों को यह निष्कर्ष निकालने में सुविधा हो सकती है कि पंचायतों की कोई वकत नहीं है और विकेंद्रीकरण तथा स्थानीय स्वशासन के सशक्तीकरण का काम भविष्य में होता रहेगा।

वर्तमान सरकार की अवधारणा यह प्रतीत होती है कि पंचायतों और नगरपालिकाओं को कुछ सामाजिक और राजनीतिक शक्तियों के प्रभाव से संविधान में स्थान मिल गया—इस मामले को आगे बढ़ाने की जरूरत नहीं है। सो पंचायतों की फिक्र करने की जरूरत नहीं है। इस अवधारणा पर चलते हुए भाजपा सरकार ने अब तक यही किया है : कुछ पंचायत उत्साहियों को संतुष्ट करने के लिए एक कदम आगे बढ़ना और फिर इस संस्था का महत्व कम करने के लिए दो कदम पीछे की ओर लौटना। पिछले कुछ वर्षों में, खासकर भाजपा के सत्ता में आने के बाद, केंद्रीय सरकार के कुछ निर्णयों को और किस रोशनी में देखा जा सकता है?

73वाँ संविधान संशोधन पारित होने के दसवें वर्ष के ठीक पहले, 21 दिसंबर 2002 को, राष्ट्रीय विकास परिषद ने पंचायती राज संस्थाओं के वित्तीय और प्रशासनिक

सशक्तीकरण के लिए एक उच्च शक्ति-संपन्न उपसमिति का गठन किया था। यद्यपि इस उपसमिति को कार्यशील बनाने का आदेश जारी करने में योजना आयोग को तीन महीने लग गये, इसके बावजूद हर दृष्टि से यह आगे की ओर उठाया गया एक निर्णायक कदम है।

उच्च शक्ति-संपन्न उपसमिति के अध्यक्ष हैं ग्रामीण विकास मंत्री। वित्त तथा कंपनी मामलों के मंत्री, योजना आयोग के उपाध्यक्ष, सामाजिक न्याय और सशक्तीकरण मंत्री, जनजाति मामलों के मंत्री तथा असम, बिहार, गुजरात, कर्नाटक, केरल, मध्य प्रदेश और राजस्थान के मुख्य मंत्री इसके सदस्य हैं। योजना आयोग के सचिव इस उपसमिति के संयोजक और ग्रामीण विकास विभाग के सचिव सह-संयोजक हैं। समिति के कद-काठी के बड़े होने में क्या संदेह है!

समिति को जो निर्देश दिये गये हैं, उनमें ये विषय शामिल हैं : 73वें संविधान संशोधन अधिनियम के अनुसार पंचायती राज संस्थाओं के सशक्तीकरण के लिए—ताकि वे स्थानीय स्वशासन की प्रभावशाली संस्थाओं के रूप में काम कर सकें—राज्य सरकारों द्वारा उठाये गये कदमों का पुनरीक्षण, केंद्र और राज्य सरकारों द्वारा संसाधनों के हस्तांतरण के माध्यम से पंचायती राज संस्थाओं के कार्य क्षेत्र को सुदृढ़ करने के लिए वांछनीय उपाय निर्धारित करना और पंचायतों द्वारा अपने संसाधन विकसित करने की क्षमता का मूल्यांकन तथा इस दिशा में एक कार्य योजना का विकास।

समिति को विभिन्न स्तरों की पंचायतों को विभिन्न योजनाओं के तहत किये गये वित्तीय आवंटनों को जज्ब करने की उनकी क्षमता का मूल्यांकन और विभिन्न स्तरों पर राजकोषीय अनुशासन तथा वित्तीय जवाबदेही सुनिश्चित करने के लिए एक कारगर ढाँचे का विकास करना भी था। समिति के जिम्मे अन्य कार्य थे : संविधान की ग्यारहवीं अनुसूची में सूचीबद्ध विषयों के क्षेत्र में काम करने वाले राज्य सरकार के कर्मचारियों पर पंचायतों का प्रशासनिक नियंत्रण सुनिश्चित करने के लिए आवश्यक कदम सुझाना, विकास की प्रक्रिया को जनांदोलन में बदलने के लिए लोगों की अनुभूत आवश्यकताओं और अभिलाषाओं को अभिव्यक्त कर सकें, ऐसी स्थानीय योजनाओं को तैयार करने तथा उन्हें परियोजनाओं का स्वरूप देने के लिए एक सुसंगत ढाँचा निर्मित करना, निर्वाचित पंचायत सदस्यों के प्रशिक्षण की जरूरतों का मूल्यांकन करना तथा इस प्रशिक्षण के मॉड्यूल सुनिश्चित करना, केंद्रीय सहायता को राज्यों के साथ इस तरह जोड़ना कि वह पंचायतों के सशक्तीकरण की प्रगति के साथ जुड़ सके; एवं देश भर में पंचायतों को सुदृढ़ और सशक्त बनाने से संबंधित अन्य प्रासंगिक मुद्दों पर विचार करना।

इतने महत्वपूर्ण मुद्दों पर कार्य करने के लिए बनायी गयी इस समिति की पहली बैठक अभी भी होनी है और विकेंद्रीकरण तथा पंचायती राज के सभी हिमायती उत्सुकतापूर्वक प्रतीक्षा कर रहे हैं कि समिति की बैठक से क्या नतीजा निकलता है।

ऐसा लगता है कि सरकार पंचायती राज संस्थाओं को एक हाथ से जो दे रही है, वह दूसरे हाथ से वापस ले ले रही है। इस द्वंद्वात्मकता ने देश में स्थानीय स्वशासन प्रणाली की नींव को ही आघात पहुँचाया है। वस्तुतः इस प्रक्रिया की शुरुआत 1999 में ही हो चुकी थी। तब वरिष्ठ भाजपा नेता सुंदरलाल पटवा केंद्रीय ग्रामीण विकास मंत्री थे। 15 दिसंबर 1999 को सभी मुख्य मंत्रियों को भेजे गये एक पत्र में पटवा ने अपनी इस उपलब्धि की प्रशंसा यह कर की थी कि जिला ग्रामीण विकास अभिकरणों को सुदृढ़ करने के लिए उन्होंने किस तरह 'डीआरडीए प्रशासन' नाम की एक नयी योजना का श्रीगणेश किया है। पटवा के अनुसार, डीआरडीए जिला स्तर पर ग्रामीण विकास की विभिन्न योजनाओं के कार्यान्वयन पर निगरानी रखने वाली संस्थाओं में अग्रणी है। ऐसा प्रतीत होता है कि पटवा ने—और उन्होंने भी जिन्होंने उनके बाद इस मंत्रालय का नेतृत्व किया—नये पंचायती राज की आत्मा को कभी समझा ही नहीं। अन्यथा वे इस तरह का दावा कैसे कर सकते थे, जब कि संविधान ने साफ तौर पर पंचायतों को ही यह अधिकार दे रखा है कि वे अपने-अपने स्तर पर आर्थिक विकास तथा सामाजिक न्याय की योजना तैयार करेंगी और आर्थिक विकास की योजनाओं का कार्यान्वयन करेंगी। जिला स्तर पर लोकतांत्रिक रूप से निर्वाचित पंचायत संस्था—जिला परिषद—पर मजबूत डीआरडीए प्रशासन को वरीयता देना लोकतंत्र का मजाक उड़ाना है।

पटवा ने उन राज्य सरकारों को प्रशंसा की निगाह से नहीं देखा, जिन्होंने संवैधानिक प्रावधानों की शब्दावली और आत्मा कर आदर करते हुए डीआरडीए को भंग कर दिया था और उसके कार्य जिला पंचायत को सौंप दिये थे। पटवा ने लिखा : 'यह लक्षित किया गया है कि कुछ राज्यों में डीआरडीए को भंग कर दिया गया है और उसके कार्य जिला पंचायत को सौंप दिये गये हैं। पंचायती राज संस्थाओं के साथ-साथ डीआरडीए का स्वतंत्र अस्तित्व अत्यंत वांछनीय है। अतः मेरा सुझाव है कि जहाँ भी डीआरडीए का पृथक अस्तित्व नहीं है, आप उनका पुनर्गठन करने के लिए तत्काल कार्रवाई करें।'

डीआरडीए के प्रति सुंदरलाल पटवा का इतना प्यार क्यों उमड़ रहा था, यह कोई रहस्य की बात नहीं है। यह एक वह एजेंसी है जो पैसे से लबालब भरी रहती है (साल में लगभग 15,000 करोड़ रुपये) और जहाँ जिसके आवंटन तथा उपयोग में सांसदों, विधायकों और अधिकारियों को खुली छूट मिली हुई है। यह वही जगह है जहाँ राजनेता, नौकरशाह और ठेकेदार की तिगड़ी सबसे ज्यादा असरदार होती है।

ग्रामीण विकास मंत्रालय के इस निर्णय की आलोचना कई क्षेत्रों से आयी। उदाहरण के लिए, ग्रामीण विकास मंत्रालय पर संसद की स्थायी समिति ने अपनी 2000-2001 की रिपोर्ट में कहा, 'यह समिति जानना चाहेगी कि विकास की विभिन्न

गतिविधियों पर डीआरडीए प्रशासन के सुदृढ़ीकरण का क्या प्रभाव पड़ा है। विशेषतः यह समिति चाहती है कि संविधान के अनुच्छेद 243 जी को ध्यान में रखते हुए डीआरडीए संस्थाओं के नौकरशाही-भाराधिक्य पर गंभीरतापूर्वक पुनर्विचार किया जाये तथा पंचायती राज को संविधान के भाग नौ में डाले जाने के पूर्व की प्रशासनिक व्यवस्था के रूप में डीआरडीए संस्थाओं के प्रकार्यों का विलय संविधान के भाग नौ को प्रभावी बनाते हुए किया जाये; डीआरडीए का लोकतंत्रीकरण तथा पंचायती राज प्रणाली में उसे समन्वित करने की जरूरत है।'

तब तक वेंकैया नायडू ग्राम विकास मंत्री का पद सँभाल चुके थे। पंचायती राज संस्थाओं के प्रति उनकी दृष्टि और ज्यादा तथा विनाशकारी थी। उन्होंने स्थायी समिति के सुझावों की बिलकुल ही उपेक्षा कर दी। इस पर 2001-2002 की संसदीय समिति ने उनके मंत्रालय की आलोचना इन शब्दों में की : 'डीआरडीए संस्थाओं के प्रकार्यों का विलय जिला पंचायतों के साथ करने की अपनी पूर्व सिफारिश के प्रत्युत्तर में सरकार के जवाब को नोट कर यह समिति चिंतित है। मुद्दे पर विचार करने और सुस्पष्ट उत्तर देने के बजाय, वर्तमान दिशा निर्देशों को ही फिर से जारी किया जा रहा है, जिनके अनुसार डीआरडीए संस्थाओं से आशा की जाती है कि वे पंचायती राज संस्थाओं के प्रभावशाली समन्वयन का काम करेंगी। इसे देखते हुए, यह समिति अपनी सिफारिशों को और भी शक्ति के साथ दुहराती है।' इसके बाद भी, वांछनीय दिशा में कोई कार्रवाई नहीं हुई।

यह केंद्रीय सरकार पर एक दुखद टिप्पणी है कि उसने संवैधानिक हैसियत प्राप्त लोकतांत्रिक संस्थाओं को मजबूत करने के लिए पिछले कुछ वर्षों में निर्णायक ढंग से काम नहीं किया।

दो

ग्रामीण विकास मंत्रलाय को मिलने वाले बजटीय आवंटन प्रतिरक्षा विभाग के बाद सबसे ज्यादा होते हैं। यह मंत्रालय देश भर के ग्रामीण क्षेत्रों में गरीबी उन्मूलन और अधिरचना, निवास स्थितियों एवं भूमि संसाधनों के विकास पर प्रतिवर्ष 20,000 करोड़ रुपयों से ज्यादा के कार्यक्रमों को क्रियान्वित करता है। संसद सदस्य भी इन राशियों के उपयोग में हाथ बँटाना चाहते हैं। इसलिए वे 'ग्रामीण विकास के कार्यक्रमों के क्रियान्वयन में और बड़ी भूमिका' की माँग करते हैं।

सरकार ने सांसदों को खुश करने की पूरी कोशिश की है। अब ग्रामीण विकास के कार्यक्रमों पर निगरानी रखने के लिए जिला स्तर पर समितियाँ बनाने की मुहिम चल रही है। इन समितियों की अध्यक्षता सांसदों को सौंपी जायेगी। यह पंचायतों की संवैधानिक हैसियत और स्वायत्तता पर संभवतः सबसे बड़ा आघात है। इस मुहिम की शुरुआत राजग सरकार में ग्रामीण विकास मंत्रालय के तीसरे मंत्री, शांता कुमार,

के कार्यकाल में हुई। वे भी भाजपा के वरिष्ठ नेता हैं और अब मंत्री पद से इस्तीफा दे चुके हैं।

20 दिसंबर 2002 को शांता कुमार ने संसद सदस्यों को जिला निगरानी समितियों का अध्यक्ष पद सौंपते हुए इसका औचित्य इस प्रकार प्रतिपादित किया : 'ग्रामीण विकास के कार्यक्रमों के क्रियान्वयन को, प्रभावशाली और कार्यकुशलता दोनों ही दृष्टियों से, सुधारने की गुंजाइश है, जो आज हमारे सामने उपस्थित सबसे बड़ी चुनौती है, और जिसमें 'संसद सदस्यों को बृहत्तर भूमिका निभानी होगी।' मंत्री महोदय के अनुसार, सरकार मानती है कि संसद सदस्य इस भूमिका का प्रभावशाली ढंग से निर्वाह करने की स्थिति में हैं, अतः निगरानी समिति के अध्यक्ष पद पर उनकी नियुक्ति को शीघ्र ही लागू किये जाने की आशा की जाती है।

जिला निगरानी समिति के संगठन की चर्चा इसलिए जरूरी है कि इसके माध्यम से सरकारी चिंतन की दिशा प्रतिबिंबित होती है। समिति का सदस्य-सचिव जिला कलक्टर है और लगभग बीस सदस्यों की इस समिति में जिला पंचायत का अध्यक्ष भी विभिन्न प्रशासनिक विभागों के पीठासीन अधिकारियों के साथ मात्र एक सदस्य है। जो मंत्री महोदय के पत्र और समिति के लिए जारी मार्ग निर्देशों का पढ़ेगा, उस पर यही प्रभाव पड़ेगा कि मंत्री महोदय की योजना में जैसे पंचायतों का कोई अस्तित्व ही नहीं है। उन्होंने बहुत ही सुविधा से यह तथ्य भुला दिया कि प्रधान मंत्री अटल बिहारी वाजपेयी ने बहुत ही स्पष्टता से कहा था कि पंचायतें भारत की संघीय व्यवस्था में शासन का तीसरा संस्तर हैं।

इस संदर्भ में यह उल्लेखनीय है कि ग्रामीण विकास मंत्रालय द्वारा बुलायी गयी राज्य सचिवों की एक बैठक में इस प्रस्ताव पर चर्चा हुई थी और लगभग सभी सचिवों ने एकमत से सांसदों को जिला निगरानी समितियों का अध्यक्ष बनाने का विरोध किया था।

केंद्रीय सरकार की इस मुहिम का विरोध करने वाले पहले मुख्य मंत्री थे मध्य प्रदेश के दिग्विजय सिंह। उन्होंने कहा कि जिला निगरानी समितियों की अवधारणा संघवाद की आत्मा के विरुद्ध और ग्रामीण विकास की योजनाओं के क्रियान्वयन में स्थानीय सरकारों की ईमानदारी और योग्यता के प्रति मंत्रालय के अविश्वास की अभिव्यक्ति है। दिग्विजय सिंह के अनुसार, यह विडंबना ही है कि मंत्रालय एक ऐसा अनुचित प्रस्ताव ले कर हाजिर हुआ है जो 73वें संविधान की आत्मा का हनन करनेवाला है। सरकार के इस आदेश के विरुद्ध मध्य प्रदेश के तर्क विचारणीय हैं।

दिग्विजय सिंह द्वारा उठाया गया सबसे महत्वपूर्ण नुक्ता हमारी लोकतांत्रिक संस्थाओं का सिद्धांत और व्यवहार है। जिला निगरानी समितियों के जो काम बताये गये हैं, वे जिला पंचायतों के प्रकार्यों और दायित्वों से मिलते-जुलते हैं। एक निर्वाचित

निकाय–जिला पंचायत–के रू-ब-रू एक नामांकित निकाय को ज्यादा शक्तिशाली बनाना क्या अनुचित नहीं है? इसके अलावा, सांसद और विधायक जिला पंचायत के सदस्य होते हैं। जिला परिषद का अध्यक्ष वह व्यक्ति होता है, जिसे जिले के लोगों ने अपने मामलों की देखरेख के लिए निर्वाचित किया है। मध्य प्रदेश के मुख्य मंत्री का प्रश्न है : ऐसी स्थिति में जिले के ग्रामीण विकास कार्यक्रमों की निगरानी के लिए किसी सांसद को लाना क्या जिला पंचायत के संवैधानिक प्राधिकार का **क्षरण** करने का ऐच्छिक प्रयास नहीं है?

स्पष्टतः सरकार की अपेक्षा इस देश की जनता का ज्यादा सरोकार इस बात से है कि विकास कार्यक्रमों का उचित क्रियान्वयन और प्रतिवर्ष 20,000 करोड़ रुपये से अधिक धनराशि का ठीक से उपयोग हो। यह कहने की जरूरत नहीं है कि जनसाधारण का विश्वास सांसदों के बजाय पंचायत प्रतिनिधियों में ज्यादा है और इसका सीधा-सा कारण यह है कि सांसद तक अकसर उसकी पहुँच नहीं होती। इसके विपरीत, पंचायत प्रतिनिधि उसके बिलकुल करीब होते हैं, उनके साथ रोजाना का व्यवहार रहता है और जनता उनकी दैनंदिन गतिविधियों पर नजर रख सकती है। यही कारण है कि देश में संसदीय चुनावों की तुलना में पंचायत चुनावों में मतदान का प्रतिशत हमेशा बहुत अधिक होता है।

सांसदों को ग्रामीण विकास की जिम्मेदारी सौंपना एक ऐसी चीज है, जिसे देश स्वीकार नहीं कर सकता। 1993 में शुरू की गयी सांसद स्थानीय क्षेत्र विकास योजना को ही लीजिए। इस कार्यक्रम के तहत, स्थानीय सांसदों को परियोजना के चयन और कोष का आवंटन का एकल अधिकार होता है और इस अधिकार का प्रयोग करते समय वे पंचायतों की प्राथमिकताओं की उपेक्षा कर सकते हैं। राज्यों में जारी विधायक क्षेत्र विकास योजनाओं के तहत आवंटित राशि को सांसद क्षेत्र विकास योजना के तहत दी जाने वाली राशि को मिला दिया जाये, तो लगभग 3000 करोड़ रुपये की राशि बनती है, जो पंचायतों की भूमिका को परिमित करता है। हाल के वर्षों में सांसद क्षेत्र विकास योजना का बजट बनाने की माँग निरंतर बनी रही है, जब कि पंचायतों की वित्तीय स्वायत्तता की उपेक्षा की जा रही है। साल-दर-साल लोग इस आशय के किस्से सुनते रहते हैं कि सांसद कोष का पैसा खर्च नहीं हो पाता और 'खर्च' होता भी है, तो जनता के मन में खर्च के प्रकार के प्रति गंभीर संशय बने रहते हैं। उत्तर प्रदेश की मुख्य मंत्री मायावती के कुख्यात वीडियो-टेप ग्रामीण विकास में सांसदों की 'ईमानदार' दिलचस्पी की कहानी का दूसरा ही पक्ष प्रकट करते हैं। सुंदरलाल पटवा से शुरू कर मायावती तक चलनेवाले किस्से का संदेश यही जान पड़ता है कि सांसद ऊपर से नियंत्रण करना चाहते हैं। वे केंद्रीकरण के हिमायती हैं। विकेंद्रीकरण के वे विरोधी हैं।

सार्वजनिक कोषों के कुशल इस्तेमाल और जवाबदेही सुनिश्चित करने के लिए

केंद्र और राज्य के स्तर पर अनेकानेक विस्तृत व्यवस्थाएँ हैं। अंकेक्षण का सांस्थानिक तंत्र है, जो समय की कसौटी पर खरा उतर चुका है। इसी तरह, सरकार द्वारा प्रायोजित और नागरिक संगठनो द्वारा समर्थित सतर्कता समितियाँ हैं। दूसरे स्तर पर, भारत एक अद्वितीय देश है जिसने प्रत्यक्ष लोकतंत्र का अनूठा संवैधानिक मंच सृजित किया है—ग्राम सभा, जिसे स्थानीय विकास और व्यय की निगरानी करने के विशेष अधिकार मिले हुए हैं। नवाचार के इन प्रयोगों से 'सामाजिक अंकेक्षण' की अवधारणा का विकास हुआ है।

ये सभी तंत्र ठीक से काम नहीं कर रहे हैं, यह स्वीकार करने में हिचक नहीं होनी चाहिए। लेकिन अगर ऐसा है, तो निगरानी के मौजूदा ताने-बाने को मजबूत करना, ताकि वह सचमुच असरदार हो सके, क्या ज्यादा उपयुक्त नहीं होगा? उदाहरण के लिए, संविधान समीक्षा समिति ने सार्वजनिक निकायों के खातों के अंकेक्षण से संबंधित अपर्याप्त कानूनी प्रावधानों का जिक्र किया है, जिनके कारण कोष का दुरुपयोग होता है, परियोजनाओं का शिथिल और विलंबग्रस्त क्रियान्वयन होता है और पूरी प्रणाली ही अंततः कमजोर होती है। समीक्षा समिति ने सिफारिश की है कि पंचायतों के खातों के अंकेक्षण के लिए आवश्यक प्रावधान किये जाएँ, ताकि अंकेक्षण से संबंधित सारा कार्य वित्तीय वर्ष की समाप्ति के एक वर्ष के भीतर पूरा हो सके। साथ ही, भारत के नियंत्रण एवं लेखा महापरीक्षक को यह अधिकार दिया जाना चाहिए कि वे पंचायतों के खातों का अंकेक्षण करवा सकें अथवा इसके लिए लेखा प्रतिमान निर्धारित कर सके। अगर मंत्रालय ने इन सिफारिशों को लागू कर दिया होता और तब भी स्थिति में कोई सुधार परिलक्षित नहीं होता, तब कहीं सांसदों को ऊपर से उतारने के पक्ष में दिये जा रहे तर्कों का कुछ औचित्य हो सकता था। लेकिन अपनी टोपी से सांसदों को जमीन पर उतार कर सरकार पंचायती राज संस्थाओं की अवमानना की प्रक्रिया को ही आगे बढ़ा रही है।

बहुत सारी बाधाओं और पंचायतों को महत्वहीन करने के तमाम सरकारी प्रयत्नों के बावजूद त्रि-स्तरीय पंचायतों का बैलेंस शीट सकारात्मक है। पंचायतों की भूमिका के बारे में अंतिम निर्णय देने के लिए दस वर्षों की अवधि बहुत छोटी है। तथ्य यह है कि ग्रामीण भारत एक मौन क्रांति से गुजर रहा है। वहाँ एक नये ढंग का नेतृत्व उभर रहा है। अभी तक बहिष्कृत समूह और समाज के सीमांत पर स्थित वर्ग अब राष्ट्रीय संसाधनों में अपने हिस्से की माँग कर रहे हैं। साधारण पुरुष और महिलाएँ अब सिस्टम का अंग हो गयी हैं, जिसके परिणामस्वरूप भारतीय राजनीति का व्याकरण ही बदलने की प्रक्रिया में है। पंचायतों को भारत के संघीय ढाँचे का तीसरा संस्तर बनाये जाने की दसवीं वर्षगाँठ पर, ऐसा लगता है, जनसाधारण के पास जश्न मनाने के कारण मौजूद हैं।

12

मीडिया की नजर

इन दिनों समाचार देखते हुए कुछ परेशान करनेवाले खयाल मेरे मन में आते हैं। आंध्र प्रदेश में किसानों की आत्महत्या से जुड़ी जो खबर मेरे हिसाब से बहुत महत्वपूर्ण, सदमे में डालनेवाली और त्रासद थी, उसे दिन की चौथी या पाँचवीं खबर के रूप में धकेल दिया गया था, जबकि उस दिन की अन्य घटनाओं को प्राथमिकता और व्यापक चर्चा मिली थी। इस खबर को कम महत्वपूर्ण बनानेवाला जो एकमात्र दृष्टव्य तत्व लग रहा था, वह था इसका तीखा और विशिष्ट 'ग्रामीण' चरित्र।

आज यह लगभग अनकहा तथ्य है कि ग्रामीण भारत के लोग और उनके संकट अब हमारे मीडिया की मुख्य धारा की प्राथमिकता-सूची में नहीं रह गये हैं। इस समूचे मुद्दे का एक डरावना पहलू यह है कि यह प्रवृत्ति बड़ी तेजी से और बिना किसी प्रश्न के स्वीकार्य होती जा रही है।

पीछे मुड़ कर देखें तो हम पाते हैं कि स्वाधीनता संग्राम के दौरान और 1947 के बाद के वर्षों में प्रिंट मीडिया ने खुद को मूलतः एक सार्वजनिक उपयोग की सेवा के रूप में प्रस्तुत किया। इसने आम लोगों के कई अभियानों में सक्रिय सहयोग करते हुए राष्ट्र निर्माण में एक महत्वपूर्ण भूमिका निभायी और सामाजिक बदलाव के पक्ष में तार्किक आवाजों को अभिव्यक्ति की जगह सुलभ करायी, भारत के विकास के लिए जनमत बनाया। 1946 में दिल्ली में हुए एशियाई सम्मेलन में गांधी जी ने जो कहा था–'यह (दिल्ली) भारत नहीं है...गाँवों में जाइए, वही भारत है, वहाँ भारत की आत्मा बसती है।' वह काफी समय तक भारतीय पत्रकारिता के लिए वेद-वाक्य रहा। भाषाई प्रेस ने एक उत्प्रेरक की महत्वपूर्ण भूमिका निभायी, जिसके जरिये हाशिये के जनमत के निर्माण, अभिव्यक्ति और प्रसार की गुंजाइश बनी।

धीरे-धीरे, कुछ दशकों में, स्थितियाँ बदल चुकी हैं। आर्थिक पूर्वाग्रहों ने जनपक्षीय वैचारिक संवेदनशीलता को बेदखल कर दिया है। ऐसा लगता है कि मार्केटिंग टीमें संपादकीय विभागों से ऊपर हो गयी हैं।

इसका एक कारण यह लगता है कि समाचारपत्र मालिकों के रोजाना दखल ने अखबारों के संपादकों और संवाददाताओं के अधिकार क्षेत्र को सीमित किया है। वस्तुतः समाचारपत्र कारपोरेट या राजनैतिक तंत्र से मोल-तोल करने लगे हैं। इसका शिकार ग्राम आधारित विकास की खबरें हुई हैं। आज अखबारों का लक्ष्य ज्यादा से ज्यादा आय बढ़ाना है। इसके लिए जनता की जरूरतों को नहीं, बल्कि विज्ञापन को ध्यान में रख कर की गयी खबर अहम है। इसका यह भी मतलब है कि अखबारों को अब उन्हीं लोगों तक पहुँचना है जिनके पास खरचने के लिए पैसा है। दूसरे शब्दों में, उनका लक्ष्य शहरी अमीर हैं।

भूमंडलीकरण के आगमन के साथ स्थितियाँ और बदतर हुई हैं। उपभोक्तावाद के इस दौर में मीडिया बुरी तरह 'इमेज-कॉन्शस' है और सिर्फ वही छापता है जो बिकता है। ग्रामीण विकास से जुड़े गम्भीर मुद्दे उबाऊ, शैक्षणिक और कुछ ऐसी चीज माने जाते हैं जो बिकती नहीं है। इसलिए यह बाजार तय करता है कि क्या खबर बनने लायक है और किस मुद्दे को कितनी जगह मिलनी चाहिए। यह विडंबनापूर्ण है कि भारत में 70 प्रतिशत से ज्यादा ग्रामीण आबादी रहते हुए भी हमारे तथाकथित राष्ट्रीय अखबार बुरी तरह नगर-केंद्रित बने रहते हैं। लगभग सभी मुद्दों, संकटों, विश्लेषणों और खबरों को उच्च और मध्य वर्ग-केंद्रित 'नगर दृष्टि' झेलनी पड़ती है। ग्रामीण क्षेत्रों से जुड़े विकास के मुद्दे ज्यादातर किनारे कर दिये जाते हैं या फिर इन्हें नगण्य-सी जगह दी जाती है—खबर के लिहाज से उनकी चाहे कितनी भी अहमियत क्यों न हो। आदर्श रूप में मीडिया को प्रारंभिक चेतावनी का स्रोत होना चाहिए, जिससे आनेवाली किसी खतरनाक तबाही की पूर्ण सूचना मिले। दुर्भाग्य से वे सूखा, अकाल, बाढ़ और अन्य तबाहियों के निरपेक्ष संदेशवाहक रह गये हैं—वह भी तब जब वे 'सदी की बदतरीन घटनाएँ' हो जाती हों। हालाँकि सभी अखबारों में राजनीति, खेल, व्यवसाय, फुरसत, जीवन शैली और नगर चर्चा के लिए निर्धारित पृष्ठ होते हैं, लेकिन किसी में भी जमीनी मुद्दों या आजमाये जा रहे विकास के वैकल्पिक मॉडलों पर कोई परिशिष्ट नहीं होता। शख्सियतों—फिल्मी सितारों या राजनीतिज्ञों—के पीछे भागना रोजमर्रा का काम हो गया है। 'पेज तीन' प्रवृत्ति हर तरफ है। कौन-सी शख्सियत कौन-सी किताब पढ़ रही है, इस पर पूरे-पूरे परिशिष्ट आते हैं, मगर यह बात खबर बनने लायक नहीं है कि हमारे गाँवों में स्कूल या सड़क जैसी मूलभूत सुविधाएँ भी हैं या नहीं।

इस प्रवृत्ति का खतरा यह है कि इससे शहरी लोगों और गाँववालों के बीच पहले से ही मौजूद खाई को और चौड़ा करने में मदद मिलती है। शहर में रहनेवाला व्यक्तित्व ग्रामीण क्षेत्रों की मौजूदा स्थिति से अनजान और जमीनी आंदोलनों के प्रति संवेदनहीन होता जाता है। शहरी समाज के लिए 'भारत' शहर की सरहदों तक सीमित है। दूसरी ओर, गाँववाला खुद को 'बाकी देश' से ज्यादा-से-ज्यादा कटा हुआ और

अलग-थलग महसूस करता है।

यह दुर्भाग्यपूर्ण है कि खुद को गर्व के साथ कृषि आधारित अर्थव्यवस्था बताने के बावजूद हम ग्रामीण क्षेत्रों के हालात से जुड़ी समस्याओं को कभी महत्व नहीं देते। मीडिया को इसका ध्यान सिर्फ तभी आता है जब राजेंद्र सिंह जैसे किसी 'पानी बाबा' को किसी अंतरराष्ट्रीय संस्थान का कोई पुरस्कार मिलता है। यही हाल जमीन से जुड़ी राजनीति का है। राष्ट्रीय राजनीति को अखबारों में महत्वपूर्ण जगह मिलती है, जबकि ग्रामीण राजनीति की कोई खबर ही नहीं होती।

इसका एक उदाहरण प्रिंट या इलेक्ट्रॉनिक मीडिया में आने वाली पंचायत की खबरें हैं। 73वें संविधान संशोधन के साथ इस बात को व्यापक मान्यता मिली है कि जिला और उसके नीचे की पंचायतें प्रशासन का तीसरा स्तर हो गयी हैं और इस तरह पर संवैधानिक प्रावधानों के तहत चुने हुए करीब तीस लाख सदस्य होते हैं। जिला स्तर पर 504 पंचायतें हैं, करीब छह हजार पंचायतें उससे नीचे के स्तर पर और ढाई लाख से ज्यादा गाँव के स्तर पर हैं। ग्यारहवीं अनुसूची के अंतर्गत इन्हें 29 विषय मिले हुए हैं। 73वें संविधान संशोधन के पारित होने के बाद के नौ वर्षों में पंचायतों से जुड़े कामकाज और मुद्दों को हमारे जन संचार के साधनों ने कितनी जगह दी है? करीब पाँच प्रतिशत? यह भी एक उदार अनुमान ही होगा।

पिछले दिनों जब इस संविधान संशोधन का दसवाँ साल शुरू होनेवाला था, नयी दिल्ली में देश भर से पंचायतों के 1500 चुने हुए प्रतिनिधियों का राष्ट्रीय सम्मेलन हुआ। यह एक अनूठा अवसर था—जीवंत और अर्थवान, मगर कुछ हिंदी और भाषाई अखबारों को छोड़ कर बाकी मीडिया के लिए यह मानो कोई खबर ही नहीं थी।

हमारे कितने राष्ट्रीय नेता भाषाई अखबारों में छपी खबरों से अवगत रहते हैं? अगर अंग्रेजी के राष्ट्रीय अखबार विकास के मुद्दों को नजरअंदाज कर दें, तो उस बेचैनी के बारे में किसे पता चलेगा जो ग्रामीण क्षेत्रों में आकार ले रही है? अपनी दुर्दशा सामने लाने के लिए इन क्षेत्रों के लोग किसके पास जायेंगे? आज के मीडिया की यह अल्पदृष्टि बहुत खतरनाक है।

हमारे देश में समस्याएँ कई हैं और विविध किस्म की हैं; और अगर अखबार उनकी खबर न दें तो यह एक खतरनाक स्थिति हो जाती है। कहने का मतलब यह नहीं कि सिर्फ ग्रामीण मुद्दों को ही उजागर करने की जरूरत है, लेकिन खबर देने के मामले में संतुलन बनाने की कोशिश अवश्य होनी चाहिए।

प्रारंभिक काल के अखबारों में राष्ट्र के प्रति जिम्मेदारी का एक एहसास हुआ करता था। उन लोगों को राष्ट्र-निर्माताओं की तरह देखा जाता था जो अपने अखबारों में लेखों के जरिये एक सार्वजनिक बहस खड़ी करते थे और नीति-निर्माताओं पर दबाव बनाते थे। वे प्रमुख लेखकों के आलेख मँगवाते थे, अपने संपादकीय में विकास के विभिन्न मुद्दों पर बहस चलाते हुए और लोगों का नजरिया बदलते हुए राष्ट्र-निर्माण

में योगदान देते थे। क्या हम कल्पना कर सकते हैं कि किसी परियोजना के कार्यान्वयन के दौरान बेदखल हुए लोगों को मीडिया द्वारा उनकी दुर्दशा उजागर किये बिना उचित मुआवजा मिल सकता है?

समकालीन परिस्थिति बहुत ही कटु है। कुछ खास उद्देश्यों को ध्यान में रख कर ही मुद्दों को सामने लाया जाता है। उनमें से एक है शहरों की व्यवस्था और यह कि किस मुद्दे से कौन जुड़ा है। चाहे कोई मामला अपने आपमें कितना भी गंभीर हो, वह तभी उठाया जायेगा जब कोई शख्सियत उससे जुड़ी हो। यही वक्त है जब मुख्य धारा का मीडिया ग्रामीण विकास और जमीनी समस्याओं से जुड़े मुद्दों को उचित जगह देने के बारे में सोचना शुरू करे और जो बात गांधी जी ने भारत की स्वाधीनता की पूर्व-संध्या पर कही थी, उसे संजीदगी से लें–'गाँवों में जाइए, वही भारत है।'

13

भविष्य पर मँडराते ग्रह

दस वर्ष पहले 22 और 23 दिसंबर 1992 को जब लोक सभा और राज्य सभा ने संविधान का तिहत्तरवाँ और चौहत्तरवाँ संशोधन पारित किया, जिनमें पंचायतों और नगरपालिकाओं को 'स्वशासन की इकाइयाँ' बनाने की व्यवस्था की गयी थी, तो इसे एक ऐतिहासिक घटना और एक मौन क्रंति का प्रारंभ माना गया था। किसी भी दृष्टि से देखा जाये, रूप और वस्तु दोनों के लिहाज से यह एक रेडिकल संवैधानिक कदम था। दस वर्ष की यात्रा के बाद आज हम कहाँ खड़े हैं?

पहली बात तो यह है कि पहले दस वर्षों की यह अवधि पूरी तरह से निराशाजनक नहीं रही है। स्वशासन की इस नयी व्यवस्था को जिन कठिन सामाजिक और राजनीतिक दबावों के बीच–सामाजिक विषमता, जाति प्रथा, पितृसत्तात्मकता, सामंती ढाँचा, निरक्षरता, असमान विकास–काम करना पड़ा है, उन्हें देखते हुए हम कई चीजों पर गर्व कर सकते हैं।

उदाहरण के लिए, आज प्रत्येक पाँच वर्ष पर स्थानीय स्वशासन की संस्थाओं का नियमित चुनाव एक प्रतिमान बन गया है, यद्यपि शुरू के वर्षों में प्रायः सभी राज्यों ने–उनमें चाहे जिस पार्टी की सत्ता हो–अपनी पूरी ताकत से इस संवैधानिक उपबंध की अवहेलना की। स्थानीय लोकतंत्र को यह पुख्ता आधार देने में जहाँ एक ओर नागरिक समाज के संगठनों की जबरदस्त भूमिका रही, जिन्होंने जन हित याचिकाएँ दायर कर राज्यों के इस संविधान-विरोधी रवैये का विरोध करने की पहल की, वहीं न्यायपालिका ने भी विभिन्न स्तरों पर प्रभावशाली ढंग से हस्तक्षेप किया।

अपने आपमें यह भी कोई साधारण उपलब्धि नहीं है कि राज्य चुनाव आयोग, राज्य वित्त आयोग जैसी संवैधानिक संस्थाएँ सभी राज्यों में पूरी तरह प्रतिष्ठित हो चुकी हैं। राज्य चुनाव आयोगों ने पंचायत चुनावों को गंभीरता से लिया है, जिससे जमीनी स्तर पर लोकतांत्रिक प्रक्रिया की साख बनी है। बिहार, उत्तर प्रदेश, उत्तरांचल, महाराष्ट्र और गुजरात जैसे राज्यों में तो राज्य चुनाव आयोगों ने अतिरिक्त सक्रियता

भी दिखायी है। 3 मई 2002 को उच्चतम न्यायालय ने उम्मीदवारों की आपराधिक पृष्ठभूमि, संपत्ति और देनदारियों के बारे में जानने के लिए मतदाता के अधिकार के बारे में जो निर्णय दिया था, उसके आधार पर राज्य चुनाव आयोगों ने पंचायत एंव नगरपालिका चुनावों के लिए भी ऐसे ही निर्देश जारी किये हैं। आखिर पंचायतों और नगरपालिकाओं के मतदाताओं को भी अपने उम्मीदवारों के बारे में जरूरी सूचनाएँ हासिल करने का अधिकार है।

पिछले दस वर्ष इस तथ्य के भी गवाह रहे हैं कि जहाँ तक ग्राम स्तर से जिला स्तर तक निर्णय लेने की प्रक्रिया में वंचित तबकों को शामिल करने का सवाल है, इस क्षेत्र में क्रमिक प्रगति हुई है। इसका सबसे ज्यादा लाभ महिलाओं को मिला है। आज दस लाख से ज्यादा महिलाएँ हर पाँच वर्ष पर स्थानीय निकायों के सदस्यों और अध्यक्षों के पदों पर निर्वाचित होती हैं और 30 लाख से ज्यादा महिलाएँ इन पदों के लिए चुनाव लड़ती हैं। हमारे जैसे सोपानीकृत और पुरुष वर्चस्ववाले समाज के लिए यह कोई मामूली घटना नहीं है। यह आम शिकायत कि निर्वाचित महिला प्रतिनिधियों के परिवारों के पुरुष ही उनकी लोकतांत्रिक सत्ता का संचालन करते हैं, आंशिक रूप से सही हो सकती है। लेकिन विभिन्न अध्ययनों से यह बात सामने आयी है कि अब स्थिति में तेजी से परिवर्तन आ रहा है। विभिन्न स्तरों की सभी पंचायतों और नगरपालिकाओं में से एक-तिहाई के अध्यक्ष पद पर महिलाएँ हैं। समय बीतने के साथ-साथ सामान्य यानी अनारक्षित सीटों से चुन कर आनेवाली महिलाओं की संख्या बढ़ती जा रही है। अनुसूचित जातियाँ और अनुसूचित जनजातियाँ भी स्थानीय निकायों में अपना वाजिब हक पा रही हैं।

देश भर में स्वशासन की संस्थाओं के अस्तित्व में आ जाने के कारण उनके काम-काज पर निगाह रखी जा रही है और इस पर चर्चा भी होने लगी है। इसका नतीजा यह हुआ है कि शासन को लोगों के दरवाजों तक ले जाने के पक्ष में सकारात्मक माहौल धीरे-धीरे ही सही, पर तैयार हो रहा है। इस प्रक्रिया की एक प्रमुख उपलब्धि यह है कि संरक्षण देने और पृष्ठपोषक बनने की जो भूमिका परंपरागत जातियों और प्रभावशाली परिवारों के हाथ में रही है, वह राजनीतिक पार्टियों और विचारधाराओं को स्थानांतरित हो रही है।

लोकतांत्रिक प्रक्रिया के इस क्षैतिज विस्तार का लाभ उठाते हुए बहुत-से राज्यों ने स्थानीय शासन, योजना प्रक्रिया तथा ग्रामीण विकास के क्षेत्र में अनेक नवाचार तथा रचनात्मक प्रयोग किये हैं। केरल का जन योजना अभियान इसका एक श्रेष्ठ उदाहरण है।

बहरहाल, दस वर्षों का अंतिम लेखा-जोखा देखा जाये, तो निराशा-सी होती है। यह विडंबना ही है कि जिन हाथों ने नयी पंचायत और नगरपालिका व्यवस्था की नींव रखी, वे हाथ ही इसे निष्प्रभ बनाने की कोशिश कर रहे हैं। कभी-कभी

तो लगता है कि इरादा इनकी हत्या करने का ही है। परिणामस्वरूप, देश के अनेक हिस्सों में मौन क्रांति खूनी क्रांति में परिणत हो चुकी है।

पंचायतों और नगरपालिकों को उनका प्राप्य न तो संसद के सदस्य दे रहे हैं न ही विधान सभाओं के सदस्य। सच तो यह है कि सांसद और विधायक स्थानीय स्वशासन की संस्थाओं के वैध स्थान पर अपना कब्जा जमाने की कोशिश कर रहे हैं। सांसद स्थानीय क्षेत्र विकास योजनाओं तथा विधायक कोषों का अस्तित्व, जिनकी राशि करोड़ों रुपयों में है, स्थानीय निकायों के साथ विश्वासघात नहीं तो और क्या है? 'आर्थिक विकास और सामाजिक न्याय' के लिए योजनाएँ बनाने तथा उन्हें कार्यान्वित करने के लिए पंचायत व्यवस्था की सृष्टि करने के बाद हमारे सांसदों और विधायकों को स्थानीय क्षेत्र विकास के लिए राज कोष से करोड़ों रुपये क्यों मिलने चाहिए? निश्चय ही पंचायतों की हैसियत को कमजोर करने और उन्हें हाशिये पर लाने के उद्देश्य से ऐसा किया जा रहा है।

इसी तरह का दूसरा गंभीर उदाहरण सांसदों, विधायकों और नौकरशाही की वह उत्सुकता है कि सभी केंद्र-प्रायोजित योजनाओं के बजट को पंचायतों के दायरे के बाहर खर्च किया जाये और जिला ग्रामीण विकास एजेंसी (डीआरडीए) नामक संस्था को जीवित और सक्रिय रखा जाये। योजना आयोग द्वारा गठित 'पंचायती राज संस्थाओं पर कार्य दल' (दिसंबर 2001) ने टिप्पणी की है कि राज्य सरकारों और केंद्रीय मंत्रालयों ने केंद्र-प्रायोजित योजनाओं के क्रियान्वयन का कार्यक्रम तथा उसकी रणनीति बनाने में पंचायती राज संस्थाओं को शामिल करने के लिए कोई ठोस कदम नहीं उठाया है तथा ये योजनाएँ अनिवार्यतः नौकरशाही के सोपानीकृत संगठनों द्वारा क्रियान्वित की जा रही हैं। राजनेता, नौकरशाह और ठेकेदार—इन तीन तत्वों का अपवित्र गठबंधन सारा मलीदा खा जा रहा है। (केंद्र-प्रायोजित कार्यक्रमों के लिए 2000-01 के केंद्रीय बजट में 31,575.87 करोड़ रुपये का प्रावधान किया गया था।) पंचायतों को सुदृढ़ करने के स्थान पर उन पर उँगली उठायी जा रही है और कहा जा रहा है कि वे भ्रष्टाचार से सराबोर हैं। लेकिन हमारी नेता-नौकरशाह जोड़ी यह भूल जाती है कि पंचायतों के लिए यह 'आदर्श मॉडल' उन्होंने ही तैयार किया है। भ्रष्टाचार और छद्म के विशाल महासागर में हम ईमानदारी और निष्ठा के द्वीप कैसे गढ़ सकते हैं?

पंचायतों की अक्षमता और अकुशलता का ढिंढोरा पीटनेवाले बढ़ते जा रहे हैं। लेकिन उनकी कार्य क्षमता में सुधार लाने के लिए किया क्या गया है? नहीं के बराबर। इसका कारण क्या है? क्या धन की कमी? नहीं। न केवल हमारे पास पर्याप्त संसाधन हैं, बल्कि बहुपक्षीय और द्विपक्षीय एजेंसियाँ भी मानव पूँजी के विकास में विनियोग करने के लिए तैयार हैं। लेकिन केंद्र और राज्य सरकारों को इसमें कोई रुचि नहीं है। प्रत्येक राज्य में एक ग्रामीण विकास राज्य संस्थान है, जिसे कायदे

से पंचायतों के सदस्यों और कार्यपालकों के प्रशिक्षण तथा क्षमता निर्माण का केंद्र होना चाहिए था। लेकिन ये राज्य संस्थान निहायत उपेक्षित हैं और इस महत्वपूर्ण काम को अंजाम देने के आवश्यक साधन भी उनके पास नहीं हैं। लेकिन इसकी परवाह किसे है?

केंद्रीय ग्रामीण विकास मंत्रालय पंचायती राज के साथ जो सलूक कर रहा है, वह किसी फूहड़ मजाक से कम नहीं है। जब कि ढाई लाख ग्राम पंचायतों, 6000 पंचायत समितियों और 600 जिला पंचायतों को मार्ग दर्शन देने और उनके काम-काज पर निगरानी रखने के लिए ग्रामीण विकास मंत्रालय में एक संपूर्ण संभाग की सख्त जरूरत है, पंचायती राज के लिए सचिव स्तर का कोई अधिकारी तक नहीं है। यह कार्य संयुक्त सचिवों को अतिरिक्त दायित्व के रूप में सौंप दिया गया है। मंत्रालय के जिन अधिकारियों को पंचायती राज की कुछ जिम्मेदारी सौंपी गयी है, उनके काम-काज का कुछ अता-पता नहीं है। प्रधान मंत्री ने हाल ही में कहा कि संविधान का पुनर्वीक्षण करने के लिए गठित न्यायमूर्ति वेंकटचलैया आयोग की सिफारिशों के आलोक में अनुच्छेद 243 को, जिसका संबंध पंचायतों से है, धारदार और प्रभावशाली बनाया जाना चाहिए। लेकिन जिसकी कुछ चलती है, ऐसे किसी भी व्यक्ति ने इस प्रस्ताव को गंभीरता से नहीं लिया है। कोई भी राज्य सरकार राज्य वित्त आयोग की सिफारिशों को वह महत्व नहीं देती जो उन्हें मिलना चाहिए। दूसरी तरफ, राज्य चुनाव आयोग, जो स्वतंत्र संवैधानिक संस्थाएँ हैं, कठिन सीमाओं के तहत काम कर रहे हैं। चाहे पंचायतों और नगरपालिकाओं के पुनर्सीमन का मामला हो या चुनाव की तारीखें घोषित करने का या कोई अन्य संबंधित मुद्दा, राज्य सरकारें राज्य चुनाव आयोगों को अपनी इच्छानुसार चलाने की कोशिश करती हैं। जिला योजना समितियाँ, जो भारत के योजना इतिहास में एक ऐतिहासिक महत्व की घटना है, या तो गठित ही नहीं की गयी हैं या गठित की गयी हैं तो सिफ नाम के वास्ते। राज्यों में पंचायत काडर नाम का कोई तंत्र नहीं है न ही इसका गठन करने के लिए कोई कदम उठाया जा रहा है। स्पष्टता अथवा वैचारिकता के अभाव में विभिन्न विभागों के बीच इस मुद्दे पर फालतू कलह जारी रहता है कि विभिन्न लाइन विभागों के अधिकारियों और कर्मचारियों का निर्वाचित स्थानीय निकायों से रिश्ता क्या हो।

यह सब देख कर दिमाग चकरा जाता है कि जब मंत्रियों और विधायकों ने तिहत्तरवाँ और चौहत्तरवाँ संविधान संशोधन पारित किया, तो क्या वे समझ भी रहे थे कि इस नयी पंचायत प्रणाली से देश के राजनीतिक तंत्र में कितने गंभीर परिवर्तन आ सकते हैं! अब जा कर उनकी समझ में आया है कि यह तो जनता के हाथ में सत्ता देने का एक सक्षम औजार है और यह औजार ठीक से काम करे, तो आजादी के बाद से वे जो ताकतें अपने पास जमा करते रहे हैं, उनका एक बड़ा अंश उनसे छिन जायेगा, तो इस बात की पूरी कोशिश की जा रही है कि पंचायतों के 'स्वशासन

की संस्थाएँ' तथा शासन का तीसरा पाया बनने की प्रक्रिया को रोका जाये।

दस वर्षों की यात्रा बहुत लंबी यात्रा नहीं है। पंचायतों ने कोई जादू नहीं किया है, पर एक छोटी-सी शुरुआत जरूर हुई है—बावजूद इसके कि सांसदों और विधायकों ने उनका अवमूल्यन करने की जी तोड़ कोशिश की है। संभव है, उन्हें बीडीओ राज और पटवारी/ग्राम सेवक राज के बने रहने में अपना फायदा नजर आता हो। लेकिन अगर हम राजनेताओं और नौकरशाहों पर निर्भर रह जाते हैं, तो सचमुच का पंचायती राज दिवास्वप्न ही बना रहेगा। इस निराशाजनक परिदृश्य को बदलने के लिए लोगों को स्वयं आगे आना होगा।

अनुभव

14

दो पंचायतों की कहानी

जवाहरलाल नेहरू ने 2 अक्टूबर 1959 को नागौर, राजस्थान में देश की पहली पंचायत समिति का उद्घाटन किया था। इस पंचायत का गठन राष्ट्रीय विकास परिषद द्वारा बलवंतराय मेहता समिति की सिफारिशों को स्वीकार कर लेने के फलस्वरूप हुआ था। मेहता समिति ने सिफारिश की थी कि 'सामुदायिक कार्यों में जनता की भागीदारी को वैधानिक प्रतिनिधि संस्थाओं के जरिये सुनिश्चित किया जाना चाहिए।' इसके नौ दिन बाद नेहरू आंध्र प्रदेश गये और उन्होंने वहाँ शादनगर में 11 अक्टूबर 1959 को दूसरी पंचायत समिति का उद्घाटन किया। स्वतंत्र भारत में पंचायती राज के उद्घाटन के लिए नेहरू इन्हीं दो स्थानों पर क्यों गये थे? पंचायती राज संस्थाओं की स्थापना के द्वारा लोकतांत्रिक विकेंद्रीकरण की बुनियाद डालने में भारत के प्रथम प्रधान मंत्री द्वारा गहरी दिलचस्पी लेने के 42 वर्ष के बाद इन दो पंचायतों का हाल कैसा है? इन प्रश्नों तथा अन्य संबंधित प्रश्नों के जवाब ढूँढ़ने के लिए इस लेखक ने नागौर और शादनगर जा कर स्थिति का निकट से अध्ययन किया। पंचायती राज को एक नये उत्साह के साथ लागू करने के इस दौर में उस अध्ययन के नतीजे काफी प्रासंगिक हैं।

नागौर राजस्थान की राजधानी जयपुर से करीब 250 किलोमीटर दूर स्थित ऊँघता हुआ-सा जिला मुख्यालय है। लोग इसके शानदार इतिहास के बारे में बातें करते हैं। यह कस्बा 850 वर्ष पुराना है। यह चौहानों की सत्ता का महत्वपूर्ण केंद्र था, जिन्हें मुसलमान सम्राटों ने अंततः हरा दिया और सभी संधियाँ नागौर में हुई थीं। किसी जमाने में यह मरुस्थलीय काफिलों का भी महत्वपूर्ण पड़ाव था।

नागौर जाट-बहुल इलाका है। यहाँ की आबादी में जाटों की संख्या 60 प्रतिशत है। उनके अलावा यहाँ 10 प्रतिशत राजपूत, 23 प्रतिशत मेघवाल (अनुसूचित जाति) तथा 10 प्रतिशत मुसलमान हैं। नागौर में साल में सिर्फ एक फसल होती है। किसान बाजरा, जीरा तथा सरसों उगाते हैं।

नेहरू जब नागौर आये थे, तब नागौर पंचायत समिति के अध्यक्ष हरिराम बागड़िया (65) थे। उस समय वह सिर्फ 29 वर्ष के थे और वकालत कर रहे थे। वे अब भी वकालत कर रहे हैं और उनके पास बी. कॉम. और एलएल. बी की डिग्री है। श्री बागड़िया उन दिनों की यादों में डूबते हुए बताते हैं कि नेहरू जी के हवाई जहाज को उतारने के लिए मारवाड़ के राजा द्वारा बनायी गयी हवाई पट्टी का नवीनीकरण किया गया था। नेहरू दोपहर दो बजे वहाँ पहुँचे थे। अन्य लोगों के साथ श्री बागड़िया ने भी प्रधान मंत्री को माला पहना कर उनका स्वागत किया था। उनके ड्राइंग रूम में हवाई पट्टी पर नेहरू जी का स्वागत करते हुए उनकी बड़ी-सी तस्वीर टँगी हुई है। उन्हें 15 सितम्बर को 30 सरपंचों ने समिति का प्रधान चुना था। सरपंच पद के लिए सिर्फ सामाजिक कार्यकर्ता ही उम्मीदवार बन सकते थे। अनुसूचित जाति और महिलाओं के दो-दो प्रतिनिधियों को नामांकित किया गया था।

श्री बागड़िया के अनुसार नेहरू जी एस.के. दे के कारण नागौर आये थे। श्री दे जनवरी 1958 में नागौर के पशु मेले में आये थे और वहाँ से 1962 का संसदीय चुनाव लड़ना चाहते थे। लेकिन समाजवादी नेता बंसीलाल सारस्वत (अब भाजपा में) कुछ अलग ही किस्सा सुनाते हैं। उनके मुताबिक नेहरू जयनारायण व्यास के रसूख के कारण नागौर आये थे। श्री व्यास स्वतंत्रता आंदोलन में राजस्थान के अग्रणी नेताओं में थे और वे स्वयं भी समाजवादी थे। राजस्थान के मुख्य मंत्री पद पर रहते हुए उन्होंने 1958 में सामंतशाही खत्म की थी तथा चूँकि मारवाड़ में राजपूत बडे-बड़े जमींदार थे, इसलिए इस इलाके में उनके कामों को जनता के बीच काफी प्रसिद्धि मिली थी। इस क्षेत्र में नागौर सबसे पिछड़ा हुआ इलाका था और श्री व्यास द्वारा उठाये गये कदमों से जाटों को काफी लाभ हुआ था।

सभा स्थल पर नेहरू जी को एक जुलूस के साथ ले जाया गया। मुख्य मंत्री मोहनलाल सुखाड़िया ने श्री नेहरू का स्वागत किया। मंच पर पंचायती राज मंत्री नाथूराम मिर्धा, लोक सभा अध्यक्ष रामनिवास मिर्धा एवं एस.के. दे भी नेहरू जी के साथ विराजमान थे। नेहरू जी ने हिंदी में एक घंटे तक भाषण दिया था। करीब 20 हजार लोगों ने बहुत ध्यान से उन्हें सुना। राष्ट्रपति राजेन्द्र प्रसार ने भी उस मौके के लिए संदेश भेजा था। राष्ट्रपति ने कहा था, 'जहाँ तक मेरी जानकारी है, भारतीय गणतंत्र के किसी भी सदस्य राज्य ने पहली बार इतने बड़े स्तर पर विकेंद्रीकरण का प्रयोग करने की ठानी है।' सभा के बाद नेहरू जी ने किले में रात का खाना खाया था। श्री बागड़िया के अनुसार तीन से चार हजार प्रधान और प्रमुख तथा अन्य लोग सामूहिक भोजन के इस कार्यक्रम में शरीक हुए थे।

नागौर पंचायत समिति ने 1959 के अपने एजेंडे में प्राथमिक शिक्षा, सहकारी संस्थाओं तथा पंचायत घरों के निर्माण को प्राथमिकता दी थी। नागौर में 1959 में बालिकाओं के लिए सिर्फ तीन प्राथमिक पाठशालाएँ थीं, जब कि लड़कों के लिए

ऐसी शालाओं की संख्या 20 से अधिक थी। पिछले 36 वर्षों में और सिर्फ एक प्राथमिक शाला खोली गयी है। शायद इसीलिए नागौर में महिला साक्षरता दर आज भी सिर्फ 7.08 प्रतिशत है। पहली और दूसरी समितियों (1959 और 1961) के कार्यकाल में शिक्षक नियमित रूप से कक्षाओं में आते थे एवं उनके कामकाज के निरीक्षण के लिए अध्यक्ष एवं सदस्य स्कूल आते-जाते रहते थे। लेकिन पंचायत समितियों के पास संसाधनों की कमी थी, क्योंकि उन्हें प्रति एक रुपया भू राजस्व पर शिक्षा के लिए सिर्फ पाँच पैसे की चुंगी मिलती थी। इसके साथ ही समितियों को अपनी जरूरतों के हिसाब से समुचित परिवर्तन करने की भी आजादी नहीं थी। उदाहरण के लिए, नागौर समिति विद्यालयों को गर्मियों में खुला रख कर दशहरा व दीवाली (अक्टूबर-नवम्बर) के दिनों में बंद रखना चाहती थी, क्योंकि उन दिनों खेती का कामकाज जोरों पर होने के कारण उसमें हाथ बँटाने के लिए बच्चों की जरूरत पड़ती थी। समिति के इस सुझाव को राज्य सरकार के शिक्षा विभाग ने ठुकरा दिया था, हालाँकि श्री बागड़िया के मुताबिक वे अपने स्तर पर अनौपचारिक ढंग से गर्मियों में भी कक्षाएँ चलाते रहे।

शिक्षकों की तत्काल आवश्यकता होने पर भी उन्हें नियुक्त करने का अधिकार समितियों के पास नहीं था। हमारी बातचीत के दौरान वहाँ उपस्थित एक वरिष्ठ अधिकारी ने बताया, 'ब्लॉक में 112 शिक्षकों के पद खाली हैं और बार-बार पत्र लिखने के बावजूद नये शिक्षकों की नियुक्ति नहीं की जा रही है। जिला पदाधिकार-संस्थापन समिति एक तो वैसे ही चयनित शिक्षकों को नहीं भेजती; दूसरे चयनित शिक्षक भी गाँवों में काम करने को तैयार नहीं हैं। इस स्तर पर पंचायत समिति निरुपाय है।' हमारी बात सुन रहे एक युवा अफसर ने बाद में कहा, 'इस क्षेत्र में सभी की शिक्षा के लिए कोई प्रतिबद्ध प्रयास किया ही नहीं गया। ऐसा जानबूझ कर किया गया था। शिक्षित हो जाने पर वे पारंपरिक नेतृत्व को चुनौती देने लगेंगे।' बंसीलाल सारस्वत का मानना है कि शिक्षा के निम्न स्तर के लिए पारिवारिक पूर्वाग्रह और अनिच्छुक शिक्षकों का (उनमें से ज्यादातर के पास आजकल ट्रैक्टर है और वे खेती के धंधों में लगे रहते हैं) रवैया मुख्य रूप से जिम्मेदार है।

लगातार 18 वर्ष (1959 से 1977) तक जिला परिषद के प्रमुख रहे लिकोमाराम ने पुराने दिनों को याद करते हुए बताया कि जब वे प्रमुख बने थे, तब परिषद का बजट 36 हजार रुपये का था। वे किले में किराये के एक दफ्तर में बैठते थे। उसके बाद जल्दी ही प्रधानों ने अपने-अपने कोष से चंदा दे कर जिला परिषद कार्यालय की इमारत का निर्माण कराया और नागौर की जिला परिषद देश की ऐसी पहली परिषद बन गयी, जिसका अपना कार्यालय भवन था।

समिति में 1959 में दो महिलाएँ थीं, मगर केवल नाम के लिए। दोनों जाट थीं। उनमें से एक का नाम श्रीमती सोनी था। श्री बागड़िया के अनुसार वे विधवा

थीं ओर अकसर तीर्थ यात्रा पर रहती थीं और उन्हें 1961 तथा 1965 में भी नामांकित किया गया। वे समिति की बैठकों में शामिल तो होती थीं, लेकिन उनका योगदान कुछ नहीं था। किसी भी महिला ने चुनाव नहीं लड़ा था।

देश के पहले प्रधान मंत्री द्वारा उद्घाटित पंचायत समिति नागौर के जीवन पर कोई छाप नहीं छोड़ पायी थी। आज, 35 साल बाद, वह विफलता का प्रतीक है। संपूर्ण तंत्र की विफलता के लिए देश के अन्य क्षेत्रों में आम तौर पर बताये जानेवाले कारण यहाँ भी वरिष्ठ नेताओं द्वारा दोहराये गये—पंचायत के सीमित अधिकार, निरक्षरता, शिक्षा की कमी, पैसे की भारी किल्लत, अनियमित चुनाव, बेपरवाह नौकरशाही, सर्वसत्तासंपन्न सरपंच, जिसके हाथ में सारे वित्तीय अधिकार केंद्रित थे और जबरदस्त भ्रष्टाचार। मोहनलाल सुखाड़िया द्वारा प्रधानों को महत्व देने के बावजूद विधायक कभी भी पंचायतों को अधिकार नहीं देना चाहते थे। पंचायतों के शक्ति-संपन्न होने से विधायकों को डर यह था कि वे अधिकारविहीन हो जायेंगे; इसलिए वे बाहर से पंचायती राज का समर्थन करने के साथ-साथ भीतर-भीतर उसे पलीता लगाते रहे।

नागौर शहर से बसनी ग्राम पंचायत लगभग 10 किलोमीटर दूर है और वहाँ की आबादी 35 हजार है। गाँवों में ज्यादातर मुसलमान हैं जो दूध का धंधा करते हैं। इस समृद्ध गाँव की पहचान मुंबई को दुधारू भैंसें भेजनेवाले गाँव के रूप में होती है। करीब 4,000 दूध न दे सकनेवाली भैंसें बसनी में हैं, तो यहाँ की 8,000 दूध देने वाली भैंसें मुंबई और राजस्थान के अन्य हिस्सों में। गाँव के प्रवक्ता और प्रमुख व्यापारी मुहम्मद कासिम कश्मीरी के मुताबिक पंचायती राज से लोगों की स्थिति में कोई सुधार नहीं आया है। 35 साल पुराने इतिहास के बावजूद उनकी ग्राम पंचायत शैक्षिक रूप से पिछड़ी हुई है और वहाँ की 80 प्रतिशत महिलाएँ अनपढ़ हैं। वर्तमान ग्राम पंचायत के 39 सदस्य हैं और वे सभी निर्विरोध निर्वाचित हुए हैं।

नागौर में पंचायती राज के विफल होने का अकेला सबसे बड़ा कारण यहाँ एक ही जाति जाटों का वर्चस्व है। जयाले पंचायत समिति के सदस्य (1970-73) जगदीशनारायण जोशी ने इस बात की पुष्टि की कि वर्तमान विकट परिस्थितियों के लिए जाट-गैरजाट संघर्ष जिम्मेदार है। उनके मुताबिक, 'शिक्षक जाट है, सरपंच जाट है, बीडीओ जाट है; इसीलिए कोई किसी के खिलाफ शिकायत नहीं करता। जाट का वोट जाट के लिए है; जाट की बेटी जाट के लिए है।'

वर्तमान नागौर पंचायत समिति में 47 सरपंच हैं। इनमें से 12 निरक्षर और 32 साक्षर (वे हस्ताक्षर भर कर सकते हैं) हैं, सिर्फ दो ने प्राथमिक शिक्षा पायी है और एक स्नातक है। समिति के 27 सदस्य हैं। उनमें से एक निरक्षर है, 8 साक्षर हैं, 14 प्राथमिक शिक्षा प्राप्त हैं, एक आठवीं पास है, एक सेकंडरी पास है और 2 स्नातक हैं।

नवगठित समितियों में से एक की महिला अध्यक्ष से मैं मिलना चाहता था। नागौर से 20 किलोमीटर दूर मूलवा समिति में सेपू चौधरी 15 फरवरी को निर्विरोध निर्वाचित हुईं थीं। उनके पति शराब के व्यापारी हैं और वे 1987 से 1992 तक फिरोद (जोधपुर से 30 किलोमीटर दूर) के सरपंच रह चुके हैं। अपने नवनिर्मित घर के दरवाजे पर ही श्री चौधरी ने मेरे सारे सवालों का जवाब देने की पेशकश की, क्योंकि उनकी पत्नी न अंग्रेजी समझती हैं न पंचायतों के बारे में कुछ जानती हैं। मेरे अनुरोध पर वे मुझे अपने आलीशान ड्राइंग रूम में ले गये ओर सेपू सकुचा कर हमारे पास आ कर बैठ गयीं। वे पाँचवीं कक्षा तक पढ़ी हैं और उन्हें सामाजिक कार्य का कोई अनुभव नहीं है। वे 'सरकार' (पति का उपनाम?) के कहे अनुसार ही काम करती हैं, विशेषकर महिलाओं से संबंधित विषयों में। समिति में सात महिला प्रतिनिधि चुनाव लड़ कर निर्वाचित हुई हैं, मगर सभी निरक्षर हैं। सरपंच निर्वाचित होने के एक महीने बाद भी सेपू चौधरी अभी तक महिला प्रतिनिधियों से नहीं मिली हैं। सेपू के चुनाव लड़ने का कारण यह था कि इस समिति के सरपंच का पद चूँकि महिलाओं के लिए आरक्षित था, इसलिए उनके पति यह चुनाव नहीं लड़ सकते थे। लिहाजा उन्हें उम्मीदवार बना दिया गया था।

पंचायती राज की विफलता को हर कोई स्वीकार करता है। युवाओं को यह शिकायत है कि जनता के सरोकारों को सुनने के लिए कोई स्थानीय संस्था नहीं है। सड़कें नहीं हैं। नागौर में पीने का पानी नहीं है। लोगों को छोटे-छोटे तालाबों का पानी पीना पड़ता है। श्री बागड़िया जब प्रमुख थे (1985-89), तब उन्होंने टाँके (बारिश का पानी जमा करने के लिए जमीन के अंदर टंकियाँ) बनवाने पर विशेष जोर दिया था। वर्ष 1987 के अकाल वर्ष में 10,000 टाँके बनाये गये थे, जिनके लिए 5,000 रुपये उन्होंने अपने चंदे से तथा 5,000 रुपये पंचायत से अनुदान दिया था। नागौर के पानी में फ्लोराइड की मात्रा ज्यादा है तथा गिनी कृमि बहुत अधिक संख्या में हैं। नागौर तक राजस्थान नहर का जल लाने के लिए 17 अरब रुपये चाहिए। यह कोई असंभव कार्य नहीं है, लेकिन दबाव डालने और इतनी बड़ी राशि जुटाने के लिए वहाँ कोई नेतृत्व भी नहीं है। क्या नया पंचायती राज ऐसा कर पायेगा? इस सवाल की इबारत नागौर रेलवे स्टेशन पर हमें छोड़ने आये युवाओं के चेहरे पर साफ-साफ पढ़ी जा सकती थी।

शादनगर (फारूकनगर), बंगलूर राजमार्ग पर हैदराबाद शहर से 47 किलोमीटर की दूरी पर स्थित है। वनपरती के राजा के बड़े वजीर थे, तहलुक। उनका तखल्लुस 'सहेद' था। वे इसी क्षेत्र के थे और 1930 से फारूकनगर को शादनगर के नाम से जाना जाने लगा। यह राज्य के पिछड़े जिले महबूबनगर का एक हिस्सा है।

2 अक्टूबर 1954 को शादनगर ताल्लुक पंचायत समिति बन गया, जिसमें 105 गाँव शामिल थे। वर्ष 1959 में शादनगर ब्लॉक में 66 गाँव थे, जिनकी कुल

आबादी 52,000 थी। इस समिति सहित लोकतांत्रिक विकेंद्रीकरण के प्रयोग के लिए कुल 20 ब्लॉक समितियों (तदर्थ) को चुना गया था। शादनगर पंचायत समिति के नामांकित अध्यक्ष प्रताप रेड्डी थे।

तेलुगु देशम सरकार द्वारा जारी नये अधिनियम के अंतर्गत जनवरी 1987 में शादनगर पंचायत समिति को चार मंडल प्रजा परिषदों में बाँट दिया गया (अन्य तीन परिषदें थीं कोठूर, केशमपेट और कोनदुर्ग)। आज शादनगर मंडल में 36 गाँव, 25 ग्राम पंचायतें तथा एक कस्बा है और कुल 56,759 लोग रहते हैं।

रामदेव रेड्डी की उम्र अभी 73 वर्ष है। जवाहरलाल नेहरू जब शादनगर पंचायत समिति का उद्‌घाटन करने आये थे, तब रामदेव उसके अध्यक्ष थे। वे कांग्रेस के तत्कालीन वामपंथी विचारधारावाले प्रदेश अध्यक्ष स्वामी रामनंदतीर्थ के अनुयायी थे। पी.वी. नरसिंह राव तथा जे. वेंगलराव भी इसी गुट में थे, जब कि कांग्रेस में कोंडरोंगा रेड्डी के नेतृत्व में एक प्रतिद्वंद्वी गुट भी था। इसी गुट के एक अन्य प्रमुख नेता हैदराबाद रियासत के पहले मुख्य मंत्री बी. रामकृष्णराव भी थे। वे बाद में उत्तर प्रदेश और केरल के राज्यपाल रहे। रामदेव रेड्डी ने बी. रामकृष्णराव के भाई वेंकटेश्वर राव को कुल 64 में से 48 वोट पा कर हरा दिया था।

रामदेव रेड्डी के अनुसार, नेहरू के शादनगर आने का कारण यह था कि यह बी. रामकृष्णराव का चुनाव क्षेत्र था। वे शादनगर के पास बड़गूल गाँव के रहनेवाले थे। सामुदायिक विकास की सफलता के पायदान पर चढ़नेवाले कुछ विलक्षण अधिकारी—खादरअली खाँ, के.बी. लाल, आबिद हुसैन—भी शादनगर के ही थे। दरअसल, मंडल पंचायत के वर्तमान कार्यालय की इमारत का उद्‌घाटन भी तत्कालीन विकास उपायुक्त के.बी. लाल ने ही आदर्श पंचायत घर के तौर पर 31 सितम्बर 1958 को किया था। पंडित नेहरू ने 11अक्टूबर 1959 को समिति पंचायत कार्यालय से सटे मैदान में हुई ऐतिहासिक सभा में दोपहर दो बजे भाषण दिया था। वे हैदराबाद से सड़क मार्ग से आये थे। उनके साथ मुख्य मंत्री नीलम संजीव रेड्डी, सामुदायिक विकास उपमंत्री बी.एस. मूर्ति तथा भारत के पूर्व प्रधान मंत्री पी.वी. नरसिंहराव (उन्होंने ही नेहरू के भाषण का तेलुगु में अनुवाद किया था) भी मंच पर विराजमान थे। रामदेव रेड्डी ने याद करते हुए बताया कि समिति के अध्यक्ष के नाते उन्होंने ही पंडित नेहरू का स्वागत किया था तथा दूर-दराज से लगभग 20,000 लोग उनका भाषण सुनने के लिए एकत्रित हुए थे। नेहरू ने अपने भाषण में कहा था कि 'सत्ता के विकेंद्रीकरण तथा विकास की जिम्मेदारी लोगों को सौंपने का यह महान कार्य आज विजयदशमी के शुभ दिवस से शुरू हो रहा है।' सभा के बाद नेहरू कृष्णदेव राय पॉलिटेकनीक का उद्‌घाटन करने के लिए वनपरती भी गये थे। शादनगर में आचार्य विनोबा भावे की यात्रा को भी कुछ लोग ऐसे ही एक अन्य महत्वपूर्ण अवसर के रूप में याद करते हैं। वे 1956 में भूदान आंदोलन शुरू करने के लिए यहाँ आये थे।

शादनगर समिति की उपलब्धियाँ क्या थीं? पंचायत गाँववालों से बड़े पैमाने पर श्रमदान करवाती थी; सड़कों और विद्यालयों की इमारतों के निर्माण में स्वयंसेवी श्रमिकों की संख्या 50 प्रतिशत तक थी। जापानी प्रणाली से खेती शुरू की गयी थी। एम. दामोदर रेड्डी इस क्षेत्र के एक अन्य बुजुर्ग नेता हैं। वे नजदीक की कोनदुर्ग पंचायत समिति के 1959 में अध्यक्ष थे, 1962 में विधायक बने तथा 1981 में शादनगर पंचायत समिति के अध्यक्ष भी रहे। उन्होंने स्वीकार किया कि उन दिनों कुछ काम ठेकेदारों द्वारा भी कराये जाते थे और इससे लगभग 25 प्रतिशत राशि उनके मुनाफे के रूप में चली जाती थी। लेकिन 75 प्रतिशत राशि परियोजना में ही लगायी जाती थी। उन्होंने माना कि अब सिर्फ 25 प्रतिशत राशि खर्च होती है और 75 प्रतिशत राशि कई हाथों में बँट जाती है। जवाहर रोजगार योजना की राशि का भी दुरुपयोग हो रहा है। बड़े या छोटे अधिकारी ही नहीं, बल्कि निर्वाचित प्रतिनिधि भी भ्रष्ट हैं।

आज तक सभी पंचायत समिति के अध्यक्ष रेड्डी जाति के सदस्य ही बने हैं। ऐसा क्यों हुआ? रामदेव रेड्डी तथा दामोदर रेड्डी दोनों के ही अनुसार, इसका कारण यह था कि वे दोनों ही जनता की सेवा करते हैं। रेड्डी तथा जनता के बीच गहरा रिश्ता है। रामदेव रेड्डी के अनुसार गाँवों में उन दिनों विषमता कम थी। उनका दावा था कि 1956 में उनके पास 1200 एकड़ खेत थे, लेकिन तभी उनकी सारी जमीन बाँट दी गयी और उन्होंने अपने पास सिर्फ 40 एकड़ जमीन रखी थी।

अपने जीवन के सत्तरवें दशक में चल रहे स्थानीय नेताओं से यह दिलचस्प जानकारी मिली कि पंचायतों से राजनीतिक नेतृत्व की पूरी पीढ़ी निकली है। नागौर और शादनगर, दोनों ही जगहों पर कई पंचायत अध्यक्ष विधायक बने और राजनीतिक दलों तथा सरकार में उन्होंने महत्वपूर्ण पद सँभाले।

पहली समिति मे दो नामांकित महिला सदस्य थीं—विमलम्मा ब्राह्मण थीं और लिख-पढ़ सकती थीं तथा लकम्मा पिछड़ी जाति की थीं और सिर्फ दस्तखत कर सकती थीं। उनकी एकमात्र योग्यता कांग्रेस के प्रति वफादारी थी। वे दोनों सक्रिय थीं, समस्याएँ उठाया करती थीं तथा बैठकों मे नियमित हिस्सा लिया करती थीं। उन दिनों ग्राम सभाओं की बैठक शायद ही कभी होती हो। रामदेव रेड्डी ने बेहिचक यह दावा किया कि 'महिलाएँ पढ़े-लिखे पुरुषों से ज्यादा चतुर एवं व्यावहारिक हैं।'

शादनगर के सभी वरिष्ठ नागरिकों ने माना कि पंचायती राज का स्वर्णिम काल 1959 से 1964 के बीच था। लेकिन उसके बाद 1964 से 1987 तक कुछ भी काम नहीं हो पाया। प्रगति के बजाय वह पिछड़ने की अवधि रही। इसका एक कारण था पैसे की कमी : आमदनी का मुख्य स्रोत भू-राजस्व के हरेक रुपये पर 25 पैसे की दर से लगनेवाला उपकर था। स्वर्णिम दौर में 1959-90 के दौरान शादनगर पंचायत समिति की आमदनी थी 2,87,530 रुपये तथा खर्च था 1,81,670 रुपये। सामुदायिक विकास खंड के एक व्यय विवरण के अनुसार अक्टूबर 1954 में अपने

निर्माण के सात वर्ष बाद तक शादनगर ब्लॉक में 12.5 लाख रुपये खर्च हो चुके थे। यह छोटी-सी रकम भी महबूबनगर में सबसे ज्यादा थी।

बाद में अर्थाभाव का दौर आया, तो इसकी मार सबसे ज्यादा शिक्षा पर पड़ी। वर्ष 1908 के इम्पीरियल गजेटीयर के अनुसार, महबूबनगर जिले में साक्षरता की दर 3.3 प्रतिशत (पुरुष 5.9 प्रतिशत तथा महिलाएँ 0.65 प्रतिशत) यानी तत्कालीन परिस्थितियों के हिसाब से काफी अधिक थी। वर्ष 1961 में यह दर 13.4 प्रतिशत हो गयी थी; 21.5 प्रतिशत पुरुष तथा 5.4 प्रतिशत महिलाएँ साक्षर थीं। लेकिन शादनगर की 12.3 प्रतिशत साक्षरता दर (19.9 प्रतिशत पुरुष तथा 4.6 प्रतिशत महिलाएँ) जिले की औसत साक्षरता दर के मुकाबले कम थी। शादनगर की वर्तमान साक्षरता दर 23.5 प्रतिशत आज भी राज्य की 37.46 प्रतिशत औसत दर से बहुत कम है। इस धीमी प्रगति एवं दुखद परिस्थिति का खुलासा दामोदर रेड्डी द्वारा बतायी गयी इस बात से भी होता है : मादिलापुर गाँव शादनगर से 7 किलोमीटर दूर है। वहाँ के विद्यालय में 200 विद्यार्थी हैं। प्राचार्य एक महिला हैं तथा उनकी सहायक हैं यादगिरी रेड्डी। हाल में जब जिला स्कूल निरीक्षक निरीक्षण के लिए वहाँ आये, तो उन्हें एक भी शिक्षक स्कूल में नहीं मिला। जमादार की निगरानी में परीक्षा चल रही थी।

बुजुर्गों के अनुसार, पंचायती राज की विफलता का एक और कारण यह है कि सरकारी अधिकारी गाँवों से निर्वाचित जन प्रतिनिधियों को कोई अधिकार देना नहीं चाहते। इस मामले में राज्यस्तरीय नेताओं के साथ उनकी साँठ-गाँठ है।

नागौर और शादनगर दोनों ही क्षेत्रों में पंचायती राज की अत्यंत संकुचित तस्वीर उभर कर सामने आती है। जवाहरलाल नेहरू तथा उनके द्वार किये गये उद्घाटन की ऐतिहासिक घटना को भी पूरी तरह भुला दिया गया है। हमारे इतिहास बोध की परंपरा के अनुरूप ही वहाँ उस घटना की याद में कोई स्मृति-चिह्न भी नहीं है। पंडित नेहरू ने नागौर के जिस चबूतरे से जब सभा को संबोधित किया था, वह अब पुलिस प्रशिक्षण शिविर के भीतर है। शिविर में मौजूद पुलिसवाले ने बताया कि उसके बॉस ने एक बार उससे कहा था कि इस चबूतरे को न तोड़ा जाये, क्योंकि यहाँ नेहरू जी आये थे। लेकिन उसे यह नहीं मालूम था कि वे किसलिए आये थे। शादनगर में सभा के मैदान पर हरिजन बस्ती बसा दी गयी है और उस मंच के चबूतरे पर पानी की टंकी बना दी गयी है। यह उपेक्षा और गिरावट पूरी व्यवस्था के ही नाकारा होने का प्रतीक है, जिस व्यवस्था से स्वतंत्र भारत की पहली पीढ़ी ने बड़ी उम्मीदें बाँध रखी थीं।

इन दोनों पंचायतों की विफलता का प्रमुख कारण जाति-वर्चस्व रहा है। चाहे नागौर के जाट हों या शादनगर के रेड्डी, उन्होंने सामाजिक यथास्थिति में कोई परिवर्तन नहीं होने दिया। अपने वर्चस्व के लिए खतरा बन सकनेवाले, विकास के महत्वपूर्ण

उपादानों—जैसे शिक्षा, स्वतंत्र एवं निष्पक्ष चुनाव, महिलाओं की स्थिति में सुधार आदि— में उनकी कोई दिलचस्पी नहीं रही। नागौर में गांधी जयंती और शादनगर में विजयदशमी जैसे दो 'शुभ दिन' भी उन क्षेत्रों में प्रचलित सामंतशाही तथा सामंतवादी मूल्यों से टक्कर नहीं ले पाये। एक नये पंचायती राज की शुरुआत के महत्वपूर्ण मौके पर देश के अधिकतर हिस्सों में चल रहे हालात का यह प्रतीक मात्र है। इन परिस्थितियों से उपजनेवाले खतरों के प्रति आगाह करते हुए निर्मल मुखर्जी ने लिखा था, 'गहराई में जायें, तो असली खलनायक सामंतशाही और पितृसत्तात्मक सामाजिक ढाँचा है। जब तक ग्रामीण समाज को संगठित करने के ये दोनों सिद्धांत रहेंगे तब तक स्वशासित पंचायतों से किसी सुधार की उम्मीद नहीं की जा सकती, क्योंकि इनसे भी पहले से ही आर्थिक एवं सामाजिक रूप से ताकतवर तबके को ही फलने-फूलने का अवसर मिलेगा। स्वशासन के उपकरणों पर नियंत्रण से उनके हाथ और अधिक मजबूत होंगे। एक या दूसरी तरह के 'उपेक्षित' समूहों, विशेषकर गरीबों तथा महिलाओं, पर अत्याचार का बोझ पहले से भी ज्यादा बढ़ सकता है। उनके लिए विकेंद्रित प्रशासन वरदान की बजाय, अभिशाप साबित हो सकता है।

नागौर और शादनगर इन आशंकाओं के जीवित उदाहरण हैं।

15

मेलावलावु का मतलब

मेलावलावु धीरे-धीरे हमारे स्मृति पटल से गायब होता जा रहा है। 30 जून 1997 को दिनदहाड़े मेलावलावु पंचायत के अध्यक्ष मुरुगेसन, उपाध्यक्ष मूकन और चार अन्य लोगों की जघन्य हत्या शीघ्र ही इतिहास का हिस्सा बन कर केवल आँकड़ों में दर्ज हो कर रह जायेगी और समाजविज्ञान के अध्ययन का एक विषय भर बन जायेगी। महज तमिलनाडु पर नहीं, बल्कि पूरे देश में पंचायतों के इतिहास पर लगे इस काले धब्बे को क्या हम यों ही भुला सकते हैं?

मुरुगेसन और मूकन देश के कानून के अनुसार और लोकतांत्रिक प्रक्रिया के जरिये मेलावलावु पंचायत के लिए चुने गये थे। संविधान के अनुसार, पंचायत स्वशासन की एक संस्था है। लेकिन विडंबना यह है कि इन जन प्रतिनिधियों को केवल काम करने से ही नहीं रोका गया, बल्कि उनका जीना भी दूभर कर दिया गया। चुनाव प्रक्रिया में भाग लेने और चुने जाने का दंड उन्हें अपनी मौत के रूप में भरना पड़ा है। उनका अपराध केवल यह था कि वे एक नीची जाति मानी जानेवाली आदि-द्रविड़ के परिवारों में पैदा हुए थे और उन्होंने चुनाव लड़ने का दुस्साहस दिखाया था।

आज, मेलावलावु की यात्रा एक हृदय विदारक अनुभव है। मेन रोड के पास हरिजन बस्ती में एक पंक्ति में छह शव दफन हैं। गाँव के सभी स्त्री-पुरुष बेरोजगार हैं। इन्हें काम देनेवाले थेवरों और कल्लारों ने सामूहिक हत्या के बाद से इन लोगों को काम पर रखना बंद कर दिया है। जब यह लेखक इस गाँव में गया, तो ये लोग स्थानीय प्रशासन और हरिजन सेवा संघ द्वारा दिये गये कुछ बोरे चावलों पर किसी तरह जिंदा रहने की कोशिश कर रहे थे। एक अध्यापक पाँच से 12 वर्ष के लगभग 80 बच्चों को ले कर एक पेड़ के नीचे बैठा था। ये सभी बच्चे पहले गाँव के प्रमुख स्कूल में पढ़ते थे, लेकिन दलितों की हत्या के बाद, इन्होंने स्वयं को असुरक्षित महसूस किया और स्कूल जाना छोड़ दिया। गाँव की एकमात्र चावल मिल बंद पड़ी है। मुरुगेसन की पत्नी ने अपनी पति की हत्या के 38 दिन बाद एक बेटी को जन्म दिया। मुरुगेसन

के भाई राजा की विधवा भी गर्भवती है। राजा भी मुरुगेसन के साथ ही मारा गया था।

हालाँकि मारे गये लोगों के रहने के लिए मकान और दो कमरों के स्कूल की इमारत बनाने का काम चल रहा है, फिर भी गाँव के इस हिस्से में उदासी की धुंध छा रही है और भय व्याप्त है।

गाँव के जिस मुख्य हिस्से में पिछड़ी जातियों की बहुतायत है, वहाँ एक बड़े-से हॉल में सिपाहियों ने डेरा डाला हुआ है। समुदाय का एक भी पुरुष सदस्य वहाँ नहीं है, हत्या कांड के बाद सभी लोग भाग गये। छोटी-मोटी सभी दुकानें बंद हैं, बच्चे आवारा-से इधर-उधर घूमते रहते हैं। औरतें हालात से परेशान हैं। जाति के मुखियाओं के आदेश पर गाँव में अखबार नहीं बँटता, क्योंकि उनकी औरतों को बाहर जो कुछ हो रहा है, उससे दूर रखा जाना चाहिए। जात-पाँत माननेवाले मर्द ही इस स्थिति के लिए जिम्मेदार हैं। अब यह इलाका कब्रिस्तान जैसा बन गया है, लेकिन शायद पुरुष खुश हों, क्योंकि उनकी इच्छा पूरी हो गयी। वे तो यही चाहते थे कि उनकी जाति के लोग ही गाँव पर राज करें, लोकतंत्र रहे या न रहे।

जब अक्तूबर 1996 के चुनावों में मेलावलावु को अनुसूचित जातियों के लिए आरक्षित पंचायत घोषित किया गया था, तब इस क्षेत्र की प्रभावशाली पिछड़ी जाति ने इसका विरोध किया था, जिसके परिणामस्वरूप यहाँ चुनाव नहीं कराये जा सके। चुनाव कराने की दूसरी कोशिश भी हिंसा और मतदान केंद्रों पर कब्जे के कारण बेकार हो गयी। अंत में, जब 30 दिसम्बर 1996 को चुनाव हुए तो कल्लारों ने चुनाव प्रक्रिया का बहिष्कार किया। छह सीटें भर गयीं और तीन खाली रह गयीं। 35-36 साल के मुरुगेसन अध्यक्ष चुने गये और बीस से ऊपर के भूकन उपाध्यक्ष बने। लेकिन गाँव की प्रभावशाली जाति ने उन्हें पंचायत के दफ्तर में कदम तक नहीं रखने दिया। दफ्तर एक नये बने भवन में है। इमारत पर मुरुगेसन का नाम बड़े-बड़े अक्षरों में लिखा हुआ था, लेकिन आज उस पर गोबर पुता हुआ है।

विल्लापुरम वार्ड में मदुरै निगम की पार्षद लीलावती की हत्या के कुछ ही सप्ताह के भीतर मेलावलावु हत्याकांड से कई सवाल उठते हैं।

मदुरै जिला, खास तौर से मेलूर तालुक, जाति संबंधों की दृष्टि से एक संवेदनशील इलाका है। मेलावलावु के बारे में 1952 में अखिल भारतीय हरिजन सेवक संघ के स्वामी आनंद तीर्थ ने लिखा था, 'मेलावलावु में जब मैं दो हरिजन लड़कों के साथ चाय की एक दुकान पर गया, तो कुछ लोगों ने मुझे धमकी दी और उन लड़कों को वहाँ से भगा दिया। दुकानदार ने जानबूझ कर काँच का एक गिलास तोड़ा और माँग की कि इस गिलास के पैसे भरो नहीं तो मार पड़ेगी।'

यह बात 45 वर्ष पहले की है। मेलावलावु घटना से कुछ ही दिन पहले तमिलनाडु के मानवाधिकार आयोग को दी गयी एक रिपोर्ट में विधायक डॉ कृष्णस्वामी ने कहा

था, 'स्थानीय निकाय चुनावों के दौरान प्रभावशाली जातियों के अड़ंगों की वजह से कई आरक्षित निर्वाचन क्षेत्रों में चुनाव नहीं कराये जा सके। मदुरै जिले के मेलूर तालुक की मेलावलावु पंचायत के आरक्षित निर्वाचन क्षेत्र में दलित उम्मीदवार चुनाव नहीं लड़ सके। मैंने व्यक्तिगत रूप से मामले में दखल दिया और लड़ाई भी की, लेकिन निर्वाचित दलित प्रतिनिधि मुरुगेसन को काम करने के लिए अपने कार्यालय में जाने ही नहीं दिया गया। मैंने इस मामले की कई बार शिकायत की, यहाँ तक कि विधान सभा में भी यह मामला उठाया, लेकिन कोई फायदा नहीं हुआ।'

इस बात से इनकार नहीं किया जा सकता कि जिला प्रशासन को पता था कि मेलूर और मेलावलावु में तनाव है। गाँववालों ने लेखक को बताया कि असल में जिला अधिकारियों ने मुरुगेसन और उसके साथियों को धमकियों और हिंसा के बावजूद नामजदगी के अपने पर्चे दाखिल करने को कहा था और उन्हें सुरक्षा का आश्वासन भी दिया था। लेकिन सुरक्षा नहीं दी गयी। दो-चार सिपाहियों को तैनात कर देना ऐसे सामाजिक तनावों का कोई हल नहीं है।

जिला, ब्लॉक और पंचायत स्तरों पर शक्तिशाली स्वशासी सरकारी संस्थानों का कामकाज जन प्रतिनिधियों द्वारा सँभाले जाने के संदर्भ में, कलक्टर के अधीन काम करनेवाले पूरे प्रशासनिक तंत्र में आमूल परिवर्तन की जरूरत है। अब जिले का प्रशासन काफी जटिल हो गया है और केवल ऊपर से दिये जानेवाले आदेशों के बूते पर इसे चलाना संभव नहीं रहा है।

मेलावलावु के हत्याकांड को जातिगत तनाव के एक और उदाहरण के रूप में देखना एक जबरदस्त भूल होगी। यह उस पंचायती राज संस्थान पर एक गंभीर हमला था, जो गाँवों में ताकतवर गुटबाजी को बदलने की क्षमता रखता है। नयी पंचायतों को गाँव के ताकतवर गुटों द्वारा एक खतरे के रूप में देखा जा रहा है। जब पंचायतों के पास न तो शक्तियाँ थीं और न ही पैसा, तब भी ये स्थानीय निकाय बिना किसी प्रभाव के मौजूद थे, उनकी सदस्यता प्रतिष्ठा की प्रतीक मानी जाती थी। अब उनका रुतबा भी है और ताकत भी। स्थानीय संसाधनों पर पंचायतों का नियंत्रण है। पंचायत का अध्यक्ष गाँव का प्रथम नागरिक होता है और मंदिर उत्सवों में उसे सम्मनित किया जाता है। मेलावलावु पंचायत के मामले में मछली पालन के तालाबों, मंदिर की जमीन और वन क्षेत्र से प्राप्त होनेवाले, राजस्व पर पंचायत का नियंत्रण है। जब अनंत काल से इन सभी विशेषाधिकारों पर ऊँची जातियों का कब्जा रहा हो और नीची जातियों का काम लकड़ी काटना या पानी लाना भर रहा हो, तब ऊँची जातियाँ पंचायत चुनावों के कारण भूमिकाओं की इस अदला-बदली को कैसे बर्दाश्त कर सकती है?

इस देश में लोकतंत्र कोई नयी बात नहीं है। लेकिन कई मामलों में लोकतंत्र का इस्तेमाल असरदार वर्ग की ताकत को बरकरार रखने के लिए किया जाता रहा

है और आज जब गाँव और वार्ड स्तर पर असल लोकतंत्र आ रहा है, तब इसके साथ रक्तपात और हिंसा जुड़ गयी है। स्वाभाविक प्रश्न यह है कि आजादी के बाद हमारे गाँवों में किस प्रकार की राजनीतिक और सामाजिक शिक्षा पनप रही है? कमजोर वर्गों को अधिकार-सम्पन्न बनाने और उन्हें अपने अधिकारों के लिए लड़ने के लिए संगठित करने की स्वाभाविक प्रतिक्रिया तो शुरू हो रही थी, लेकिन प्रभावशाली जातियों को बदलते समय, लोकतांत्रिक मूल्यों तथा सामाजिक न्याय और समता के बारे में शिक्षित करने की कोई कोशिश नहीं की गयी। हाल के दिनों में दक्षिणी तमिलनाडु की ताकतवर जातियों में कोई सुधारवादी आंदोलन गंभीर रूप से नहीं चला।

मीनाक्षीपुरम में अप्रैल 1981 में 180 हरिजन परिवारों द्वारा सामूहिक रूप से धर्म परिवर्तन इस बात का स्पष्ट संकेत था कि दलित समूह सम्मान और गरिमा से जीने के रास्ते ढूँढ़ रहे हैं। चेन्नई स्थित भारत सरकार के अनुसूचित जातियों/जनजातियों के निदेशक के कार्यालय की धर्मांतरण के बारे में एक रिपोर्ट (1981) का सारांश कहता है कि पुराने जमाने से चले आ रहे छुआछूत पर आधारित सामाजिक भेदभाव और साथ ही कमजोर वर्गों के खिलाफ होनेवाले अपराधों की रोकथाम के प्रति अधिकारियों की लापरवाही ने ही धर्मांतरणों को खास तौर पर बढ़ावा दिया है। रिपोर्ट में अनुसूचित जातियों को परेशान किये जाने के लिए कई उदाहरण देते हुए बताया गया है कि 'सर्वश्री परमशिवन और जेबानी पंचायत सदस्य थे...जब भी वे पंचायत की बैठकों में शामिल होते, उन्हें पानी तक के लिए नहीं पूछा जाता था। उन्हें चाय नहीं दी जाती थी। अलग से बैठाया जाता था...बताया जाता है कि पीने का पानी भर कर रखने का प्रस्ताव पास किया गया था, लेकिन उस पर कभी भी अमल नहीं किया गया।'

तमिलनाडु में हालात सुधरे नहीं, बल्कि और बिगड़ गये। 1981 में अत्याचारों और बेइज्जती से बचने के लिए इन लोगों ने इस्लाम स्वीकार कर लिया, लेकिन 1996 में जब लाकतांत्रिक संस्थानों और लोकतांत्रिक प्रक्रिया में उन्होंने भाग लेने की कोशिश की तो इसका अंजाम दिन दहाड़े हत्या के रूप में सामने आया। यह सवाल बार-बार उठ रहा है कि हम कहाँ जा रहे हैं? सभ्य समाज की ओर या ऐसे समाज की ओर, जहाँ 'जिसकी लाठी उसकी भैंस' की कहावत चरितार्थ होती है?

मेलावलावु यह भी कहता है कि किस प्रकार राजनीतिक पार्टियाँ अपना वोट बैंक बनाये रखने के लिए जातियों या गाँवों की राजनीति करती हैं। इस हत्याकांड के बाद इस गाँव में छोटी और बड़ी राजनीतिक पार्टियों के तरह-तरह के नेता आ रहे हैं। वे आते हैं, शोक जताते हैं, वादे करते हैं और चले जाते हैं। गाँवों की समस्या का स्थायी समाधान खोजने की कोई कोशिश नहीं होती। अपराधी भी पार्टियों की आड़ में छिप जाते हैं। वोट बैंक के रूप में जातियों का इस्तेमाल भारतीय समाज का अभिशाप रहा है। संसद और विधान सभा चुनावों के बाद यह और मजबूत हुआ

है। इसे समाप्त करने की कोई वास्तविक कोशिश हुई ही नहीं है। पंचायत चुनावों में इस वोट बैंक को तोड़ने की क्षमता है, लेकिन राजनीतिक पार्टियाँ बिना स्थायी समाधान के इन दुखद घटनाओं को जिस तरह से भुनाने की कोशिश कर रही है, उससे यह सवाल जस का तस बना रहता है।

मदुरै ऐसा जिला है, जहाँ काफी लंबे समय से अच्छी-खासी संख्या में गांधीवादी संगठन और संस्थान काम करते आ रहे हैं। तमिलनाडु राज्य में स्वयंसेवी संगठनों की कोई कमी नहीं है। फिर ऐसी वीभत्स घटनाएँ बार-बार क्यों घट रही हैं? जहाँ सरकार नाकाम रहती है, क्या वहाँ का नागरिक समाज यह शपथ नहीं ले सकता कि मेलावलावु की पुनरावृत्ति किसी भी क्षेत्र, जिले और राज्य में नहीं होगी? लेकिन ऐसी भी कोई कोशिश नजर नहीं आ रही है।

लीलावती हत्याकांड के बाद मार्क्सवादी कम्युनिस्ट पार्टी हरकत में आयी और अपना आधार मजबूत करने के उद्देश्य उसने मृतकों के परिवारों की मदद के लिए सभी राजनीतिक और वित्तीय उपाय किये तथा जमीनी स्तर पर लोकतंत्र का संदेश फैलाया। लेकिन मेलावलावु में ऐसा कुछ भी नहीं है और है भी तो बेहद कमजोर है। दलित आंदोलन में फूट, गुटबाजी और तनावग्रस्त इलाके में प्राणों के संकट को रोकने के लिए बुद्धिजीवी वर्ग के एकजुट प्रयास का अभाव चिंता का विषय है।

हरिजन बस्ती में बन रहे दो कमरों के छह मकान और स्कूल की इमारत (बिना किसी सुविधा के एक सादा-सा ढाँचा) दुनिया के सामने इस बात का सबूत होगा कि इन छोटी-मोटी सुविधाओं को प्राप्त करने के लिए दो निर्वाचित प्रतिनिधियों और उनके समर्थकों को अपनी जान गँवानी पड़ी।

मेलावलावु और इस तरह के गाँवों को नियमित रूप से पंचायत चुनाव न कराने और लोकतंत्र की जड़ें मजबूत न करने की एक भारी कीमत चुकानी पड़ रही है। मदुरै में मुझे बताया गया कि उसीलमपट्टी इलाके में कीरीपट्टी और पप्पाकुड़ी पंचायतों तथा कल्लिकुड़ी पंचायत के मरुथनगुड़ी में सामाजिक तनावों के कारण आज तक पंचायत यूनियन के चुनाव नहीं हुए हैं। क्या राज्य सरकार की नींद खुलेगी और वह हकीकत को समझेगी?

16

शोषित वर्ग के लिए मायने

डॉ. आंबेडकर ने 4 नवंबर 1948 को संविधान सभा में कहा था : 'भारत के बुद्धिजीवियों का ग्रामीण समाज से लगाव करुण नहीं तो निस्सीम है। इसका मुख्य कारण मेटकाफ द्वारा की गयी गाँवों की प्रशंसा है। उन्होंने गाँवों को ऐसे छोटे-छोटे गणराज्यों के रूप में वर्णित किया जो अपनी जरूरत लायक प्रायः सब कुछ खुद पैदा कर लेते हैं और किसी प्रकार के वैदेशिक संबंध से लगभग स्वतंत्र रहते हैं।'

'गाँवों ने अनेक समस्याओं के बीच जो अपना अस्तित्व बचाये रखा है, वह एक तथ्य हो सकता है। लेकिन सिर्फ बचे रहने का कोई महत्व नहीं है। प्रश्न यह है कि उन्होंने जीवन किस स्तर का जिया है? निश्चय ही निचले और स्वार्थी स्तर का। मेरा मानना है कि ये ग्रामीण गणराज्य ही भारत की बरबादी का कारण रहे हैं। इसलिए मुझे आश्चर्य होता है कि जो लोग प्रांतीयता और सांप्रदायिकता की निंदा करते हैं, वही गाँवों के पक्षधर के रूप में सामने आते हैं। गाँव घोर स्थानीयता, अज्ञान, संकीर्ण मानसिकता और सांप्रदायिकता के गढ़ होने के अतिरिक्त और क्या हैं?'[1]

भारतीय गाँवों और ग्राम पंचायतों के बारे में आंबेडकर के इस कथन को आधी सदी बीत चुकी है। पंचायतों को नीति निदेशकों की धारा 40 से निकाल कर संविधान के नौवें खंड में शामिल कर लिया गया है। राजनीतिक और अकादमिक बहसों में भी ये हाशिये से उठ कर मुद्दा बन चुकी हैं।

लेकिन आज हमारे गाँव क्या है? देश के अधिकांश गाँवों के बारे में डॉ. आंबेडकर ने 50 वर्ष पहले जो बातें कहीं थीं, उनसे क्या ये भिन्न हैं? हम रोज चिल्ला-चिल्ला कर कहते हैं कि ग्रामीण इलाकों में सामाजिक बदलाव हो रहे हैं लेकिन क्या गाँवों की सामाजिक व्यवस्था में सचमुच भारी, सारभूत परिवर्तन आया है?

मध्य प्रदेश की इन चार घटनाओं के अध्ययन में अन्य मुद्दों के साथ इन सवालों पर भी विचार किया गया है।

संविधान के 73वें संशोधन के बाद पंचायत चुनाव करानेवाला पहला राज्य

मध्य प्रदेश ही था। इन चुनावों के साल भर बाद अखबारों में रिपोर्टें आने लगीं कि पंचायतों के काम-काज में गड़बड़ियाँ हो रही हैं। भारतीय समाज का अध्ययन करनेवालों को ऐसी गड़बड़ियों का कुछ अंदेशा था भी। जब राज्य के अलग-अलग हिस्सों से आयी रिपोर्टों से यह जाहिर हुआ कि महिला सरपंच को सार्वजनिक रूप से नग्न किया गया, एक अन्य महिला सरपंच के साथ सामूहिक बलात्कार हुआ, एक उपसरपंच को प्रताड़ित किया गया और एक दलित पंचायत सदस्य को मारा-पीटा गया, तो इन घटनाओं के पीछे काम कर रही सामाजिक ताकतों की विस्तृत छानबीन जरूरी हो गयी।

इंस्टीट्यूट ऑफ सोशल साइंसेज के शोध विभाग के एक सदस्य ने इन गाँवों में कई सप्ताह बिताये, गाँवों के रोजमर्रा के जीवन को देखा, उस इलाके के बारे में बुनियादी सूचनाएँ इकट्ठा कीं, कई लोगों के साथ बातचीत की और जितने अधिक तथ्य जुटाना संभव था, उनके आधार पर इन घटनाओं को दुबारा लिखा।

लोगों की जीवन-स्थितियों से यह साफ है कि पंचायत उसी समाज का एक लघु रूप है जिसका अंश गाँव है। 73वें संविधान संशोधन में 'स्व-शासन की संस्थाओं' के उल्लिखित आदर्शों को मौजूदा अन्यायपूर्ण समाज में व्यावहारिक रूप नहीं दिया जा सकता। कठोर जाति व्यवस्था, सामंती मूल्यों, स्त्री-पुरुष असमानता, अमानवीय दरिद्रता और अमीर-गरीब के बीच भारी फर्कवाले ग्रामीण समाज के बदरंग कैनवस पर पंचायती राज की खूबसूरत तस्वीर नहीं उतारी जा सकती।

तो, अब सवाल यह है, क्या ग्रामीण भारत इन सभी स्थितियों के सुधरने का इंतजार करता रहे? मसलन, लोग बाट जोहते रहें कि सबको शिक्षा मिले, भूमि सुधार लागू हों, स्त्रियों को पुरुषों के बराबर दर्जा मिले और सामाजिक विकास के साथ ही आर्थिक विकास भी हो? लेकिन बदलाव की मौजूदा रफ्तार से इस सबमें कितना वक्त लगेगा? क्या स्थानीय परिस्थितियों के अनुकूल होने तक स्थानीय शासन के लक्ष्य को पाने के लिए गाँव हाथ पर हाथ धरे बैठे रहें? इसलिए यथार्थवादी तरीका यही था कि पंचायतें गठित हों और वे ही स्थानीय स्तर पर जीवंत राजनीतिक प्रक्रिया के जरिये सामाजिक पुनर्निर्माण का माध्यम बनें। संविधान के 73वें संशोधन के जरिये हमने यही हासिल करने की कोशिश की है।

मध्य प्रदेश की घटनाएँ हमारे गाँवों की जमीनी वास्तविकताओं को उजागर करती हैं। पर हर स्थिति स्वयं अपना प्रतिवाद भी उत्पन्न करती है। पंचायती राज के माध्यम से भारतीय गाँवों के जाग्रत होने के पहले कदम के रूप में ये संकेत अच्छे हैं।

एक : द्रौपदी का वस्त्र-हरण

संक्षिप्त घटनाक्रम : प्राप्त जानकारी के अनुसार सल्हौना ग्राम पंचायत की सदस्य द्रौपदी बाई को 19 नवंबर 1995 को रायगढ़ जिले के सरीया प्रखंड विकास पदाधिकारी

के सामने निर्वस्त्र किया गया।[2] इस घटना ने पूरे देश में सनसनी फैला दी। 29 नवंबर 1995 को नेशनल फेडरेशन ऑफ इंडियन वीमेन ने नयी दिल्ली स्थित मध्य प्रदेश भवन के सामने प्रदर्शन किया और इस घटना में शामिल दोनों आरोपित व्यक्तियों को तत्काल गिरफ्तार करने की माँग की। फेडरेशन ने एक निर्वाचित प्रतिनिधि की सुरक्षा करने का दायित्व न निभानेवाले क्षेत्र प्रखंड विकास अधिकारी के खिलाफ भी कार्रवाई की माँग की। 10 जनवरी 1996 को हिन्दू जन जागरण मंच ने लोगों में अपने हितों की रक्षा के प्रति जागरूकता पैदा करने के लिए सल्हौना से लाटबोर तक जुलूस निकाला।

गाँव के बारे में : रायगढ़ जिला मध्य प्रदेश के पूर्वी हिस्से में स्थित है। सारंगगढ़, शक्ति, जशपुरनगर और रायगढ़ के पुराने सामंती राज्यों को मिला कर 1952 में यह जिला बना था।

जिले में मुख्य आबादी अनुसूचित जनजातियों, अनुसूचित जातियों और पिछड़ी जातियों की है। लोग छत्तीसगढ़ी और उड़िया बोलते हैं। जिले की तहसील सारंगगढ़ में उड़िया भाषी लोगों का बहुमत है। जिले में 17 जनपद पंचायतें और 1083 ग्राम पंचायतें हैं।

रायगढ़ जिले की सारंगगढ़ तहसील का सल्हौना गाँव जिला मुख्यालय से 37 किलोमीटर की दूरी पर स्थित है। 1993 तक सल्हौना, बड़गाँव और बिलाईगढ़ गाँव एक ही पंचायत के हिस्से थे। 1994 में सल्हौना को इन गाँवों से अलग कर स्वतंत्र ग्राम पंचायत का दरजा दे दिया गया। यहाँ कुल 937 मतदाता हैं। इसके सरपंच का पद अनुसूचित जनजाति की महिला के लिए आरक्षित है। यह गाँव सरीया-लेंद्रा विकास प्रखंड का हिस्सा है।

पचास के दशक के शुरू में सल्हौना में पहला अग्रवाल परिवार पहुँचा और उसने परचून की दुकान खोली। फिर उड़ीसा के संबलपुर जिले में बने हीराकूद बाँध के कारण विस्थापित हुए तेली परिवार यहाँ आ कर बसे। पचास के दशक के आखिर में बिलासपुर, सरगुजा और रायगढ़ में तीन और अग्रवाल परिवारों ने छोटे-मोटे व्यापार खोले और सूद पर पैसे देने का धंधा शुरू किया। गाँव में इन सबकी दुकानें हैं। ये रायगढ़ और रायपुर की चावल मिलों को धान की आपूर्ति भी करते हैं। खेती में इन प्रवासी परिवारों की कोई दिलचस्पी नहीं है। सिर्फ एक अग्रवाल परिवार के पास साढ़े चार एकड़ जमीन है। ये सभी पढ़े-लिखे हैं। आस-पास के शहरों के व्यापारियों, स्थानीय अधिकारियों और राजनीतिक दलों के लोगों से भी इनके संबंध हैं। इस प्रकार गाँव के सामाजिक-आर्थिक जीवन पर इनकी काफी पकड़ है।[3]

परिवारों की संख्या : गाँव में 865 घर हैं। उनका जातिवार विवरण इस प्रकार है : अनुसूचित जनजातियाँ 292 (37.75 फीसदी), अनुसूचित जातियाँ 278

(37.13 फीसदी), पिछड़ी जातियाँ 290 (33.52 फीसदी), और अन्य जातियाँ 5 (0.57 फीसदी)। गाँव में लगभग 2000 लोग रहते हैं। सल्हौना गाँव में रहनेवाली विभिन्न जातियाँ और उनके व्यवसाय तालिका 1 में बताये गये हैं।

शिक्षा : गाँव में सिर्फ एक प्राथमिक स्कूल है, जिसकी स्थापना 1972 में हुई थी। स्कूल में सिर्फ दो शिक्षक हैं, जिनमें से एक 'केन्द्र पाठक' शिक्षक है, जिनके अधीन नौ स्कूलों का काम भी है। इसलिए स्कूल में दाखिल सभी 151 छात्रों (114 लड़के और 37 लड़कियाँ) को पढ़ाने का काम दूसरे शिक्षक के जिम्मे है। केंद्र पाठक स्वयं कोई क्लास नहीं लेते।

तालिका 1

जाति, हैसियत तथा व्यवसाय के सल्हौना के परिवारों की संख्या

क्रम संख्या	जाति/जनजाति	कानूनी हैसियत	व्यवसाय	परिवारों की संख्या
1.	सओरा	अनुसूचित जनजाति	खेतिहर मजदूर	280
2.	गंडा	अनुसूचित जाति	खेतिहर मजदूर	200
3.	अघरिया	पिछड़ी जाति	किसान	100
4.	साहिस/घसिया	अनुसूचित जाति	खेतिहर मजदूर	60
5.	पनिका	पिछड़ी जाति	जुलाहा	25
6.	रावत/गौड़	पिछड़ी जाति	छोटे किसान खेतिहर मजदूर	25
7.	कैओंत	पिछड़ी जाति	भड़भूजा	15
8.	कलहर	पिछड़ी जाति	किसान	10
9.	धोबी	अनुसूचित जाति	धोबी	12
10.	साहू/तेली*	पिछड़ी जाति	छोटे व्यापारी/दुकानदार	12
11.	कूडा	अनुसूचित जनजाति	खेतिहर मजदूर	08
12.	चमार	अनुसूचित जाति	खेतिहर मजदूर	06
13.	अग्रवाल*	सामान्य	धान व्यापारी/दुकानदार	04
14.	गोंड़	अनुसूचित जनजाति	खेतिहर मजदूर	04
15.	नाई	पिछड़ी जाति	नाई	03
16.	पाणिग्राही*	सामान्य	पुरोहित	01

* बाहर से आये लोग

राजनीतिक दलों का समर्थन : सल्हौना गाँव में 12 घर शिव सेना के समर्थक हैं। बाकी परिवार कांग्रेस या भाजपा के समर्थक हैं। चार अग्रवाल परिवारों में से

दो कांग्रेस के समर्थक हैं, एक भाजपा का और एक शिव सेना का समर्थक है।

भूमि का वितरण : गाँव में नौ सौ एकड़ खेती योग्य और 100 एकड़ गोचर भूमि है। विभिन्न जातियों और आदिवासियों के बीच जमीन का बँटवारा बहुत ही असमान है। गाँव में सबसे ज्यादा जमीन अघरिया जाति के लोगों के पास है। सिर्फ नौ अघरिया परिवारों के पास 540 एकड़ जमीन है। इसके विपरीत 292 आदिवासी परिवारों के पास सिर्फ 100 एकड़ जमीन है और अनुसूचित जातियों के 278 परिवारों के पास महज 20 एकड़ जमीन है। गाँव के पूर्व-गोंतिया परिवार के पास 280 एकड़ जमीन है। तीन अघरिया परिवारों के पास 100-100 एकड़ जमीन है। इस गाँव में 100 एकड़ जमीन रखने वाले पूर्व-गोंतिया निरंजन पटेल ने सालाना ठेके पर 12 मजदूर रखे हैं, जिन्हें कामिया कहा जाता है।

फसलें : गाँव में मक्का, धान, मूँगफली, मिर्च और अरहर की खेती होती है। केवल पाँच ट्यूबवेल हैं, जो 30 से 40 एकड़ जमीन की ही सिंचाई कर सकते हैं। चूँकि खेती बारिश पर निर्भर है, इसलिए यहाँ साल भर में एक ही फसल हो पाती है।

गोंतिया : गाँव के परंपरागत प्रधान लोगों को गोंतिया कहा जाता था, जो पीढ़ी-दर-पीढ़ी चले आ रहे थे। उनमें से अधिकांश आदिवासी थे। अंग्रेज सरकार ने मालगुजारी की वसूली का काम इन्हें सौंपा हुआ था, सो ये मालगुजार भी कहलाते थे। इनकी सेवाओं के बदले सरकार ने इन्हें गाँव की एक-चौथाई कृषि योग्य भूमि दे दी थी, जिस पर कोई राजस्व नहीं लगता था। इस जमीन को भोगरा कहा जाता था। इन गोंतियाई गाँवों में जमीन की मिल्कियत गोंतिया की होती थी। लगान-मुक्त भोगरा जमीन के अलावा गोंतियाओं के पास सैकड़ों एकड़ रैय्यती जमीन भी थी। गाँव की सबसे अच्छी जमीन पर उनका ही कब्जा था। उन्हें बंजर भूमि रैय्यतों को देने का अधिकार था, जो उसे खेती लायक बना लेते थे। इस प्रकार अंग्रेजी राज में गोंतियाई व्यवस्था बहुत शोषक हो गयी थी और इससे सबसे ज्यादा पीड़ित आदिवासी थे। वक्त बदलने के साथ आदिवासी गोंतियाओं की जगह कुलता या अघरिया जैसे सवर्ण हिन्दुओं ने ले ली। वे बाहर से अपनी जाति के लोगों को ले आये और उन्हें जमीन दी। 1952 में गोंतिया प्रणाली समाप्त की गयी। लेकिन पूर्व-गोंतिया परिवारों के पास अभी भी सैकड़ों एकड़ जमीन है।

खेतिहर मजदूरों की बदहाली : सल्हौना में पुरुष मजदूर की दैनिक मजदूरी 25 रुपये और स्त्री की 20 रुपये हैं। मध्य प्रदेश सरकार द्वारा निर्धारित दर पुरुष के लिए 35 रुपये और स्त्री के लिए 30 रुपये हैं। जाहिर है, यहाँ सरकारी दर से काफी कम मजदूरी दी जाती है। साल भर काम करनेवाले कामिया मजदूर को रोज करीब दो किलो धान मिलता है। इस धान की कीमत सात रुपये है। कामिया को मालिक से खेती के लिए एक एकड़ जमीन भी मिलती है। इस पर खेती के लिए

हल-बैल भी मालिक ही देता है। वर्ष में दो-तीन माह के लिए ही काम मिलता है। गाँव में सूखा और अकाल के समय मजदूर उड़ीसा के धान के खेतों ओर चावल मिलों में चले जाते हैं या उत्तर प्रदेश के गोरखपुर जिले में जा कर ईंटों के भट्ठों पर काम करते हैं। जंगल गाँव से काफी दूर है, इसलिए खेतिहर मजदूरों के लिए वहाँ से ईंधन, चारा और दूसरे वन उत्पाद लाना भी संभव नहीं होता।

अनुसूचित जनजाति और अनुसूचित जाति के परिवार : सल्हौना गाँव के सभी 570 हरिजन-आदिवासी परिवार खेतिहर मजदूरों के हैं। उनमें से कुछ के पास अपनी जमीन भी है। लेकिन यह जमीन पूरे परिवार के लिए पर्याप्त नहीं है। उल्लेखनीय है कि जमींदार अनुसूचित जातियों के लोगों को उनके सामाजिक दरजे के चलते कामिया नहीं रखते। इस प्रकार गाँव के अघरिया जमींदारों और व्यापार सँभालने वाले अग्रवाल तथा तेली लोगों को गाँव की अनुसूचित जातियों और आदिवासियों पर काफी मजबूत पकड़ है। जमींदार उन्हें काम देते हैं और अग्रवाल तथा तेली उधार पर राशन।

1994 का पंचायत चुनाव और मुख्य प्रतिद्वंद्वी : 1994 के पंचायत चुनाव में चार महिलाओं ने सरपंच पद का चुनाव लड़ा। ये सभी सओरा आदिवासी थीं। द्रौपदी बाई (भारतीय जनता पार्टी) को 254 वोट मिले और उन्होंने चमेली बाई (कांग्रेस) को 47 वोटों से हराया। सरपंच पद की अन्य उम्मीदवारों धर्मिनी बाई (कांग्रेस) को 137 और बुंदा बाई (कांग्रेस) को 87 वोट मिले थे।

अघरिया जाति के नवयुवक रामकुमार पटेल (भारतीय जनता पार्टी) उपसरपंच चुने गये। अन्य 12 लोग सदस्य चुने गये। पंचायत के 14 निर्वाचित सदस्यों में पाँच महिलाएँ और नौ पुरुष थे। इन नौ पुरुषों में चार आदिवासी और एक अनुसूचित जाति का था।

द्रौपदी बाई

द्रौपदी बाई 50 से कुछ ऊपर की हैं। उनके परिवार में छह लोग हैं—पति (60), विवाहित बेटा (27), बहू और दो पोते। गाँव में द्रौपदी बाई की चाय की दुकान है। उनका बेटा साइकिलें मरम्मत करने की दुकान चलाता है। इस परिवार के पास 75 डेसिमल जमीन है। द्रौपदी बाई ने स्कूल में तो पढ़ाई नहीं की है, पर वह उड़िया भाषी औरतों के साथ मिल कर एक शिक्षक से लिखना-पढ़ना सीखती हैं। इस अनौपचारिक शिक्षा प्रणाली को चटसाली कहते हैं। तीन से चार महीने में ये औरतें उड़िया लिखना-पढ़ना सीख जाती हैं और जब वे उड़िया में धार्मिक और पौराणिक किताबें पढ़ना शुरू कर देती हैं, उनकी शिक्षा का अंत हो जाता है। ऐसा इसलिए कि औरतों से सिर्फ उड़िया रामायण, भागवत गीता, महाभारत और हरिवंश जैसी धार्मिक किताबें पढ़ने की ही उम्मीद की जाती है। कार्तिक के महीने को उड़िया

लोग पवित्र मानते हैं। इस महीने में औरतें कार्तिक पुराण पढ़ती हैं। सारंगगढ़ के गाँवों में गर्मियों के दिनों में औरतें और पुरुष छमराई में साथ बैठ कर धार्मिक ग्रंथ पढ़ते हैं और उन पर चर्चा करते हैं। इन अवसरों पर अकसर औरतों से ही पढ़ने की उम्मीद की जाती है। कई बार औरतें लरिया भाषा में इनकी व्याख्या करती हैं। सओरा क्षेत्रवासी अन्य आदिवासियों की अपेक्षा ऊँचे माने जाते हैं।

द्रौपदी बाई ने एक कुम्हार शिक्षक से उड़िया सीखी थी। वे उड़िया की धार्मिक किताबें पढ़ती हैं। हिन्दी मध्य प्रदेश की राजभाषा है, इसलिए उन्होंने हिंदी में दस्तखत करना सीख लिया है। धोवनीपली गाँव के पूर्व सरपंच रामचंद्र पटेल (भारतीय जनता पार्टी) कहते हैं, 'द्रौपदी बाई दलगत राजनीति को नहीं मानतीं। किसी पार्टी से उसका रिश्ता नहीं है। वह कहती हैं कि राजनीतिक दल तो भिखमंगों जैसे हैं। फूल छाप (भाजपाई) और पंजा छाप (कांग्रेसी) हमसे वोट की भीख माँगते हैं। हम उनको कैसे मना कर सकते हैं!' उन्हें पार्टियों से मेल-मिलाप रख कर चलना होता है।

महेश अग्रवाल

42 वर्षीय महेश अग्रवाल कांग्रेस के इलाके में सक्रिय कार्यकर्ता हैं। करीब 80 वर्ष पहले उनके पूर्वज हरियाणा से रायगढ़ के सरीया इलाके में आये थे। 1977 में महेश ने सरीया स्कूल से हायर सेकंडरी की परीक्षा पास की और कांग्रेस पार्टी के सदस्य बन गये। उनके पाँच भाई और तीन बहनें हैं। उनके सभी भाई व्यापार करते हैं और बरगढ़ (उड़ीसा) में उनकी चावल मिल, लकड़ी मिल तथा दवा और मिठाई की दुकानें हैं। 1990 में महेश सरीया से सल्हौना आये और वहाँ उन्होंने परचून की दुकान खोली। 1986 में उन्होंने रायपुर की अग्रवाल लड़की से शादी की, जिससे उनके तीन बेटियाँ हैं। रायपुर की एक दलित (घासी) लड़की से उनके अवैध संबंध भी हैं। सल्हौना में उन्होंने किशोर आदिवासी लड़की, बुंदा बाई, को घरेलू काम के लिए रखा। जब उसे गर्भ ठहर गया, तो उन्होंने बिना शादी किये उसे दूसरी पत्नी बना कर रख लिया। बुंदा बाई से भी उनके एक बेटी है।

महेश अग्रवाल पूरे इलाके में कुख्यात हैं। वे शराबी हैं और औरतों के पीछे भागते रहते हैं। वे अपनी दुकान नहीं चला पाये। उन्होंने बुंदा बाई को सरपंच बनवाना चाहा, ताकि उसकी आड़ में वे पंचायत के संसाधनों पर कब्जा कर सकें। करीब 17 साल की बुंदा बाई ने सरपंच का चुनाव लड़ा, लेकिन वे हार गयीं। उसके बाद से ही महेश अग्रवाल पंचायत के कामकाज को प्रभावित करने के किसी अवसर की तलाश में थे। वे द्रौपदी बाई के काम में गलती ढूँढ़ने में लगे रहते थे। उन्होंने पंचायत सदस्य शौकीलाल निषाद (भारतीय जनता पार्टी समर्थक) से दोस्ती गाँठी। उन्होंने अपने शक्तिशाली संपर्कों से शौकीलाल को स्कूल के भवन के निर्माण का ठेका दिलाने में मदद भी की।

घटनाक्रम

सरीया प्रखंड के बीडीओ के अनुसार हर पंचायत को साल में चार चौपालें (ग्राम सभा) आयोजित करनी होती है। सल्हौना में चार चौपालें हो चुकी थीं। 19 नवंबर 1995 को स्वर्गीय इंदिरा गांधी का जन्मदिन मनाने के लिए बैठक बुलायी गयी थी। बैठक करीब 12 बजे शुरू हुई। 70 से 100 लोगों ने इनमें भाग लिया। इनमें पंचायत की दो महिला सदस्य भी थीं। बैठक की शुरुआत इंदिरा गांधी को श्रद्धांजलि देने से हुई। बाद में जनपद पंचायत सदस्य तुलसी पटेल ने विभिन्न योजनाओं का ब्यौरा पढ़ा और महेश अग्रवाल ने सल्हौना पंचायत की अनेक समस्याएँ रखीं। महेश ने समेकित ग्रामीण विकास कार्यक्रम, ग्रामीण आवास योजना, इंदिरा आवास योजना और पंचायत के तालाब के बारे में सवाल उठाये। उन्होंने द्रौपदी बाई और पंचायत सचिव के खिलाफ कई शिकायतें कीं।

बैठक के बीच में ही वे लोग शराब ले आये और वहीं पीने लगे। महेश और उनके साथी पंचायत के कार्यों के विवरण जानना चाहते थे। वे 20 अगस्त 1994 से 19 नवंबर 1995 तक के आय-व्यय का विवरण और पंचायत का रजिस्टर देखना चाहते थे। महेश अग्रवाल, शौकीलाल निषाद और उनके समर्थक नशे की हालत में ही बैठक में आये थे। उनकी माँगें और आरोप थे :

1. आँगनवाड़ी कार्यकर्ता को हटाओ।
2. केंद्र पाठक और कुसुम पटेल का तबादला करो।
3. सरपंच (द्रौपदी बाई) ने जन स्वास्थ्य रक्षक की नियुक्ति में तीस हजार रुपये की रिश्वत ली है।
4. एक नये जन स्वास्थ्य रक्षक की नियुक्ति की जाये।
5. सरपंच ने चार एकड़वाला पुराना तालाब हर्दी गाँव के आशाराम सीदार को दस हजार रुपये में ही दस साल के लिए किराये पर दे दिया है। आशाराम पंचायत सचिव मनबोध सीदार का साला है और यह ठेका ग्राम सभा की सिफारिश के बिना ही दिया गया है। सल्हौना के रामरतन सीदार (अनुसूचित जनजाति) जैसे आवेदकों के सामने आने के बावजूद यह ठेका आशाराम को क्यों दिया गया है? नियमों के अनुसार सरपंच दस एकड़ से कम क्षेत्रफलवाले तालाब में मछली पकड़ने के लिए लीज ग्राम सभा की मंजूरी के बाद ही दे सकता हे। दस एकड़ से बड़े तालाब जनपद पंचायत के अधिकार क्षेत्र में आते हैं।

महेश अग्रवाल, शौकीलाल निषाद और उनके समर्थक बड़े जोर-शोर से यह कहते रहे कि अगर सरपंच संतोषजनक जवाब नहीं दे सकतीं, तो वे इस्तीफा दे दें। शेष निर्वाचित सदस्य भी इस्तीफा दे देंगे। भारतीय जनता पार्टी के सदस्य बाबूलाल पटेल ने कहा,'सरपंच से इस्तीफा माँगने का हक गाँववालों को नहीं है।' भारतीय

जनता पार्टी के दो सदस्यों को छोड़ कर बाकी सभी ने अपने इस्तीफे सरपंच को सौंप दिये। द्रौपदी बाई ने ये इस्तीफे मंजूर करने से इनकार कर दिया। इससे महेश और उनके समर्थक नाराज हो गये। उन्होंने सरपंच और सचिव को सभा स्थान से जाने नहीं दिया। बाद में सचिव को इस बात की अनुमति दी गयी कि वे बीडीओ आर.एस. सिंह, पंचायत निरीक्षक ए. खाखलो और जिला पंचायत के उपाध्यक्ष जगन्नाथ पाणिग्रही को बुला लायें। वे लोग रात साढ़े दस बजे सल्हौना पहुँचे तब भी स्थिति उतनी ही तनावपूर्ण थी। रजिस्टर लाने का बहाना बना कर मध्य रात्रि के करीब सचिव वहाँ से खिसक गये। कुछ देर बाद उपाध्यक्ष भी चले गये।

महेश अग्रवाल, शौकीलाल निषाद और उनके समर्थक अपनी माँग पर अड़े रहे। करीब एक बजे रात को, जब द्रौपदी बाई ने भी वहाँ से जाने की कोशिश की, महेश अग्रवाल और शौकीलाल निषाद ने उनका हाथ पकड़ कर खींचा। इस खींचतान में उनकी साड़ी खुल गयी। यह सब बीडीओ और पंचायत निरीक्षक के सामने हुआ। बीडीओ ने पंचायत के सारे रजिस्टर जब्त कर लिये।

घटना के 48 घंटे बाद 21 नवंबर 1995 को द्रौपदी बाई ने जगन्नाथ पाणिग्रही की सलाह से सरीया थाने में प्राथमिकी दर्ज करायी। बाद में भारतीय जनता पार्टी के कार्यकर्ताओं ने रायगढ़ कलक्टर के दफ्तर और बर्मकेला में बीडीओ के दफ्तर का घेराव किया। भारतीय जनता पार्टी ने द्रौपदी बाई से रैली का नेतृत्व करने के लिए कहा। द्रौपदी ने भारतीय जनता पार्टी की रैली में हिस्सा लिया। भारतीय जनता पार्टी आगामी लोक सभा चुनावों में इसका राजनीतिक लाभ उठाना चाहती थी।

पीड़ित महिला का नाम क्योंकि द्रौपदी है, इसलिए सल्हौना की घटना को महाभारत में दुःशासन और दुर्योधन द्वारा किये गये द्रौपदी के चीर हरण से जोड़ दिया गया। ऐसा आदिवासियों, हरिजनों और दलितों की धार्मिक भावनाएँ भड़काने के लिए किया गया। घटना के मुख्य आरोपियों महेश अग्रवाल (कांग्रेस) और शौकीलाल (पहले भारतीय जनता पार्टी के और अब कांग्रेस के समर्थक) की तुलना दुर्योधन और दुःशासन से की गयी।

सल्हौना ग्राम सभा को महाभारत की कुरु सभा का नाम दिया गया। 3 जनवरी 1996 को बिलासपुर के दैनिक *भास्कर* ने मध्य प्रदेश भारतीय जनता पार्टी के सचिव और रायगढ़ के पूर्व सांसद नंदकुमार सहाय तथा जिला पंचायत उपाध्यक्ष जगन्नाथ पाणिग्रही का बयान छापा, जिसमें उन्होंने हिन्दू जन जागरण मंच से आह्वान किया था कि वे लोगों को उनके अधिकारों के बारे में जागरूक बनायें। सल्हौना से यशपुर नगर में लाटबोर तक एक ऐसी रैली की योजना बनायी गयी, जो पूरे रायगढ़ से हो कर गुजरे। घरघोड़ा, कुडुमकेला, धर्मजयगढ़, राजपुर, लेलुंगा, पथलगाँव, लुडेग, कंसबेला, महादेवदांड, बगीचा, दुलदुला, मनोरा, यशपुर नगर, डुलडुला कुनकुरी और लाटबोर में 1 से 10 जनवरी 1996 तक जनसभाएँ करने की योजना भी बनायी

गयी। इस पर बड़े नबापाड़ा गाँव के रोहित कुमार सहाय ने, जो सारंगगढ़ के जिला प्रतिनिधि भी हैं, कहा, 'चूँकि सल्हौना गाँव मध्य प्रदेश कांग्रेस अध्यक्ष परसराम भारद्वाज के लोक सभा चुनाव क्षेत्र में पड़ता है, इसलिए भारतीय जनता पार्टी इस मुद्दे को राजनीतिक रंग देना चाहती थी।'

दो : उपसरपंच की प्रताड़ना

गाँव के बारे में : कार्की गाँव मध्य प्रदेश के छतरपुर जिले में स्थित है। यह जिला 1972 में पहली बार तब देश-विदेश में चर्चित हुआ जब लोकनायक जयप्रकाश नारायण ने तत्कालीन मुख्य मंत्री प्रकाशचंद सेठी की मदद से कुख्यात डाकुओं मूरत सिंह, मोनी राम सहाय, पूरन सिंह वगैरह को आत्मसमर्पण करने के लिए राजी कर लिया था। अपनी अद्वितीय वास्तुकला और भूर्तिकला के लिए प्रसिद्ध खजुराहो मंदिर भी इसी जिले में हैं।

यह गाँव 1993 तक धिनोची ग्राम पंचायत का हिस्सा था। 1994 में कार्की, गोचीपुरा, गोहरा और बमनेरा गाँवों को धिनोची पंचायत से अलग किया गया और कार्की पंचायत गठित हुई। इस पंचायत क्षेत्र में 315 मतदाता हैं। यह पंचायत बड़महलेरा जनपद विकास खंड में पड़ती है।

गाँव में चार मंदिर हैं, जिनमें दो शिव के और एक-एक मंदिर हनुमान और देवी का है। शिव और देवी के मंदिरों में दलितों समेत सभी जातियों के लोगों को आने-जाने की अनुमति है, पर हनुमान मंदिर में सिर्फ ब्राह्मण ही प्रवेश कर सकते हैं। गाँव में एक प्राथमिक विद्यालय है। यहाँ पढ़नेवाले 40 छात्रों में से 15 पास के गोरहा गाँव के हैं। गाँव में दो सरकारी कुएँ हैं—एक दलितों के लिए और दूसरा ऊँची जातिवालों के लिए।

आबादी : कार्की गाँव में 73 घर हैं—45 पिछड़ी जातियों के, 26 अनुसूचित जाति के और दो अन्य जातियों के। गाँव में कुल मिला कर 400 लोग हैं। पिछड़ों में यादवों का बहुमत है। दलितों में सिर्फ चमार ही हैं। दूसरी जातियों में एक घर ब्राह्मण का और एक ठाकुरों का है। पिछड़ों में 30 घर यादव, चार-चार घर पाल और लोहार, तीन घर नाई, एक-एक घर नामदेव (दर्जी), कुम्हार, बढ़ई और धीमर (मछेरे) का है।

कृषि : गाँव में खेती योग्य जमीन का रकबा 500 एकड़ है। सिर्फ तीन महीने (नवबंर से जनवरी) तक ही पास के बाँध से सिंचाई हो पाती है। गाँव की भूमि उपजाऊ है। यहाँ गेहूँ, सोयाबीन, तिल, उड़द और धान की खेती होती है। छोटे और मझोले किसानों में एक-दूसरे के यहाँ जा कर मजदूरी करने का रिवाज यहाँ अब भी है। इस व्यवस्था में खेत पर काम करवानेवाला मजदूरी नहीं देता। बदले में जरूरत पड़ने पर वह मजदूरी करनेवाले के यहाँ जा कर मजदूरी कर आता है।

भूमि का वितरण : कार्की गाँव के सभी 73 परिवारों के पास कुछ न कुछ जमीन है। लेकिन गाँव में सबसे ज्यादा जमीन यादवों के पास है। आशाराम के पास 60 एकड़ जमीन है और वे गाँव के सबसे बड़े भूमिपति हैं। उनके पास बहुत-से दुधारू पशु भी हैं, जिनका दूध वे पास के बड़महलेरा गाँव के चाय और मिठाईवालों के यहाँ बेचते हैं।

1994 का पंचायत चुनाव और मुख्य प्रतिद्वंद्वी

1994 के पंचायत चुनाव में आशाराम यादव ने सरपंच पद का चुनाव लड़ा था। उन्हें स्थानीय विधायक उमा यादव (कांग्रेस) का समर्थन हासिल था। उमा ने उन्हें अपनी बिरादरी का होने के नाते समर्थन दिया था।

पास के गोचीपुरा गाँव के नोनेजु उर्फ दौलत सिंह (राजपूत) ने भी सरपंच पद का चुनाव लड़ा था। उनके पास 60 एकड़ जमीन है। वे कांग्रेसी नेता हैं। वे पहले दो बार धिनोची पंचायत के सरपंच रह चुके हैं। उनके और उनके चारों भाइयों के पास राइफलें हैं। छतरपुर जिले के प्रायः सभी समृद्ध अगड़े किसान राइफल रखते हैं। नोनेजु की दो बीवियाँ हैं और कहा जाता है कि अहीर, लोध, नाई और यादव जैसी पिछड़ी जातियों की कई महिलाओं से भी उनके संबंध हैं।

आशाराम यादव को कार्की गाँव में चमारों को छोड़ कर बाकी सभी का समर्थन हासिल था। चमारों ने नोनेजु को वोट दिया। आशाराम यादव 70 वोटों से हार गये। कार्की के यादव, ब्राह्मण और ठाकुर इस बात पर खासे नाराज हुए कि बड़ा गाँव होने पर भी उनका उम्मीदवार हार गया और छोटे गाँव के नोनेजु जीत गये। गाँव के एकमात्र ब्राह्मण परिवार के प्रमुख ललित प्रसाद तिवारी को सभी जातियों के लोग गाँव का मुखिया मानते हैं। वे उम्र के पाँचवें दशक में हैं। गाँव के सभी लोग आपसी झगड़ों में तिवारी से फैसला करवाते हैं; इन मामलों को ले कर वे कभी-कभार ही पंचायत में जाते हैं। सभी जातियों के लोग उनके फैसले का सम्मान करते हैं। उनके पिता भी गाँव के मुखिया थे। उनके चार भाई हैं, एक भाई बड़महलेरा प्रखंड विकास कार्यालय में ग्राम सहायक है। तिवारी ने पंचायत के चुनाव में नोनेजु का सीधा विरोध नहीं किया। उपसरपंच पद के लिए उन्होंने सभी प्रभावशाली लोगों को हनुमान की मूर्ति के आगे शपथ दिलवायी थी कि वे मातादीन का विरोध नहीं करेंगे।

नोनेजु को मालूम था कि तिवारी ने पूरे कार्की गाँव को उनके खिलाफ वोट देने के लिए एकजुट किया है। इसलिए वे चाहते हैं कि उनका कोई नजदीकी व्यक्ति ही उपसरपंच बने। सो उन्होंने कार्की गाँव के ही सरमन अहीरवार को उपसरपंच का चुनाव लड़ने के लिए चुना। अपने ही गाँव का उम्मीदवार खड़ा करने से दूसरे गाँववाले नाराज हो जाते, इसलिए उन्होंने यह सावधानी बरती। सरमन को नोनेजु का समर्थन हासिल था, इसलिए वे एक वोट से जीत गये। उन्हें छह और मातादीन

यादव को पाँच वोट मिले। गाँव के यादव और ब्राह्मण लड़के इससे बहुत नाराज हुए। वे अपने उम्मीदवार की हार का बदला लेना चाहते थे। इस क्षेत्र में जाति एक प्रमुख तत्व है और पार्टी का टिकट देने तथा राजनीतिक समर्थन हासिल करने में इसका खास तौर से खयाल रखा जाता है।

सरमन अहीरवार

सरमन अहीरवार 50 पार कर चुके हैं। वे चमार जाति के हैं। अपनी बिरादरी में उनका बहुत सम्मान है। उनके एक बेटा और एक बेटी है। दोनों की शादी हो चुकी है। उनके पास 12 एकड़ जमीन है और कार्की गाँव में वे सबसे अधिक गायें रखनेवाले दलित हैं। इससे पहले वे 15 वर्षों तक पंच रहे थे। वे कभी स्कूल नहीं गये, पर जिला साक्षरता अभियान में भाग ले कर उन्होंने हस्ताक्षर करना सीख लिया है। सरमन अहीरवार कांग्रेस के समर्थक हैं, इसलिए नोनेजु सिंह से उनका अच्छा संबध है।

घटना का विवरण

पंचायत चुनाव के दो महीने बाद कार्की गाँव के चार नौजवान—दयाराम यादव, लक्ष्मण यादव, भगीरथ यादव और हरिचरण तिवारी—सरमन अहीरवार को गाँव के मुख्य चौराहे पर ले गये। उससरपंच अहीरवार का टोला गाँव से करीब एक किलोमीटर दूरी पर है। दयाराम मातादीन यादव का बेटा है जो उपसरपंच के चुनाव में सरमन अहीरवार से हार गये थे। हरिचरण तिवारी कार्की के मुखिया ललित प्रसाद तिवारी का भाई है। इन चारों ने एक डंडे से सरमन के दोनों हाथ बाँध दिये और उनके सिर पर गुड़ डाल दिया। थोड़ी देर में चींटियों ने सरमन को बुरी तरह काटना शुरू कर दिया। यही नहीं, उन्हें इस हालत में लगभग घंटे भर तक गाँव में घुमाया भी गया। असहाय और अपमानित सरमन को लगा कि उनका अंत पास आ गया है। उन्हें बचाने के लिए कोई भी आगे नहीं आया। बाद में एक बुजुर्ग ने डाँट-डपट कर नौजवानों को हटाया और सरमन को मुक्त किया। इसके बाद सरमन सरपंच नोनेजु सिंह के पास पहुँचे। अगले दिन नोनेजु उन्हें ले कर बड़महलेरा थाने पहुँचे और प्राथमिकी दर्ज करायी। दोषी लोग पकड़े गये। प्रशासन ने छतरपुर स्थित जिला उपन्यायाधीश की अदालत में मामला दायर किया। प्रशासन ने सरकारी वकील की सेवाएँ भी मुहैया करायीं। नामजद अभियुक्तों ने वकील की फीस वगैरह पर 40 हजार रुपये खर्च किये।

कलक्टर ने हरिजन कल्याण विभाग के कोष से एक हजार रुपये का मुआवजा दिलवाया। लेकिन सरमन के हाथ में सिर्फ 800 रुपये ही आये। 200 रुपये अधिकारियों ने घूस में ले लिये।

सरमन अहीरवार के माँग न करने पर भी कलक्टर ने उनकी सुरक्षा के लिए

तीन पुलिसवालों को तैनात कर दिया। ये लोग मददगार की जगह बोझ ही साबित हुए। ये तीनों ठाकुर, यादव और कुर्मी जातियों के थे। ये दो महीनों तक उनके घर में रहे और सुरक्षा प्रदान करने की जगह परेशानी का कारण बने रहे। पुलिसवालों ने रहने की अच्छी जगह और भोजन की माँग की। सरमन ने उन पर दो हजार रुपये खर्च किये। हर रोज वे सिपाहियों को ईंधन, आटा और लकड़ियाँ देते थे। साथ ही, रोज पाव भर घी भी देते थे, जिसकी कीमत करीब 25 रुपये है। उनकी रोज-रोज की माँगों से तंग आ कर सरमन ने कलक्टर से उन्हें वापस बुला लेने के लिए कहा।

नोनेजु ने सोचा कि अगर विवाद जारी रहा तो उनकी लोकप्रियता और वोट घटेंगे। उन्होंने सरमन और अभियुक्तों के बीच मेल-मिलाप करा दिया। 12 अक्टूबर 1995 को यह करार हुआ और कोर्ट से मामला वापस ले लिया गया।

बुनियादी मुद्दे

अगर पिछड़ी जाति का उपसरपंच अपने चुने जाने, काम करने और बचे रहने के लिए अगड़ी जाति के सरपंच पर पूरी तरह आश्रित है, तो वह नयी पंचायती व्यवस्था में कैसे काम करेगा?

ग्राम पंचायतों को अधिकार देने और औरतों तथा पिछड़ी जातियों के लिए स्थान सुरक्षित करने के बावजूद ऊँची जातिवालों का परंपरागत दबदबा अब भी बरकरार है। गाँवों के मामलों में फैसले करने के समय ये समानांतर व्यवस्था के रूप में काम करते हैं। गाँव के लोग अपने पारिवारिक या अन्य विवादों को ग्राम पंचायतों में ले जाने की जगह ऊँची जातियों के अगुआ लोगों के पास ही ले जाते हैं। निचले स्तर पर, मतदाताओं को अपने-अपने पक्ष में मोड़ने के लिए राष्ट्रीय पार्टियाँ भी जातीय विभाजन का उपयोग करती हैं। पंचायत चुनाव में उम्मीदवारों के चयन और उनके पक्ष में मतदान कराने में ऊँची जातियों (ब्राह्मण/ठाकुर) का प्रभाव कार्की गाँव में अभी भी जारी है।

तीन : दलित सदस्य की पिटाई

गाँव के बारे में : बर्बतपुर गाँव रायसेन जिले में है। 1994 में चार गाँवों–खोआ, बोर्दा, साओंतर और साओंतर सोयासटी–को मिला कर बर्बतपुर पंचायत का गठन हुआ। पहले ये सभी गाँव अब्दुलगंज जनपद विकास मंडल की चिकलोड़कलाँ ग्राम पंचायत में शामिल थे। चिकलोड़कलाँ के सरपंच का पद आदिवासियों के लिए सुरक्षित है। यहाँ बहु संख्या भी उन्हीं की है। लेकिन बर्बतपुर गाँव में ठाकुर बहुमत में हैं। उनके बाद चमारों और गोंडों का स्थान आता है।

परिवारों की संख्या : गाँव में कुल 96 परिवार हैं। कुल आबादी 1200 हैं।

इनमें से 52 परिवार अगड़ी जातियों के, 23 अनुसूचित जातियों के, 11 पिछड़ी जातियों के और 10 आदिवासियों के हैं। अगड़ी जातियों में ठाकुरों के 50 घर हैं और एक-एक घर ब्राह्मणों और देश बंधुओं का है। हरिजनों में 20 घर जाटवों के और तीन घर भारोड़ों के हैं। पिछड़ों में चार घर कुशवाहों के, तीन घर विश्वकर्माओं के, तीन घर अहीरों के और एक-एक नाइयों और कुम्हारों का है।

भूमि का वितरण : गाँव में सबसे ज्यादा जमीन ठाकुरों के पास है। एक ठाकुर परिवार के पास तो 70 एकड़ जमीन है। गाँव के 33 हरिजन और आदिवासी परिवारों में से सिर्फ चार के पास जमीन है। ये लोग ठाकुरों के खेतों में काम करते हैं। गाँव के पास ही जंगल है। करीब-करीब सभी हरिजन परिवारों ने जंगलों की जमीन पर नाजायज ढंग से कब्जा किया हुआ है, जिस पर वे खेती करते हैं।

फसलें : इस इलाके में मुख्यतः गेहूँ, सोयाबीन, चना और धान पैदा होता है। सिंचाई की कोई सुविधा नहीं है। खेतिहर मजदूरों को साल में मात्र दो या तीन महीने ही काम मिल पाता है। पुरुषों की दैनिक मजदूरी 25 रुपये और स्त्रियों की दैनिक मजदूरी 20 रुपये है और ये दोनों ही दरें मध्य प्रदेश सरकार द्वारा तय न्यूनतम मजदूरी से काफी कम हैं।

शिक्षा : गाँव में एक प्राथमिक विद्यालय है। 1988 में बना इसका भवन बुरी हालत में है। छत नहीं है और दीवारें भी टूट गयी हैं। छात्रों के लिए बेंच तक नहीं हैं। वे खुले आसमान के नीचे जमीन पर बैठते हैं। भवन के अंदर जाना उनके लिए सुरक्षित नहीं है। बच्चे अपनी कक्षा के हिसाब से अधिक उम्र के हैं। स्कूल में 82 छात्र हैं और शिक्षक सिर्फ एक। जाति के हिसाब से छात्रों का बँटवारा इस प्रकार है : ऊँची जातियाँ : 41, पिछड़ी जातियाँ : 13, दलित : 23 और आदिवासी : 5। कुल 44 लड़के और 38 लड़कियाँ हैं।

घटनाक्रम

बर्बतपुर गाँव के ठाकुर और चमार जुआ खेलते हैं। कई बार खेल-खेल में लड़ाई हो जाती है। दीवाली की रात जुआ खेलना तो रिवाज बन चुका है। 23 अक्टूबर 1995 को दीवाली की रात तीस पार के नौजवान धन सिंह (दलित पंच मनुलाल का भाई) और ठाकुर जाति के अर्जुन सिंह के बीच जुए के बाद लड़ाई हुई थी। धन सिंह ने गँड़ासे से अर्जुन सिंह पर वार किया। इससे वह बुरी तरह जख्मी हो गया। अर्जुन सिंह ने चिकलोड़कलाँ पुलिस चौकी में इसकी शिकायत दर्ज करायी। घटना के बाद धन सिंह जंगल में भाग गया। पुलिस ने उसकी तलाश की, लेकिन वह पकड़ में नहीं आया। लेकिन यह मालूम हुआ कि धन सिंह का भाई मनुलाल जाटव उसे जंगल में खाना पहुँचवाता है। धन सिंह के खिलाफ अब्दुलगंज थाने में फौजदारी का मामला दर्ज हुआ था, जो आज भी लंबित पड़ा है। उसके पास चार

एकड़ नाजायज जमीन भी है।

धन सिंह गाँव में बहुत बदनाम था। कहा जाता है कि गाँव की अनेक लड़कियाँ और विवाहित औरतें उसकी हवस का शिकार हो चुकीं थीं। एक बार वह 14 साल की एक ठाकुर लड़की (कालू बाई) को ले कर नागपुर भाग गया था। यह स्पष्ट नहीं है कि वह लड़की को भगा ले गया या लड़की के बाप ने उसे बेच दिया था। लड़की की सगाई कहीं और हो गयी थी। उससे पहले फरवरी 1995 में उसका पिता बाबूलाल सिंह अपने बड़ी बेटी सुनीता बाई को 10,000 रुपये में बेच चुका था। इस सौदे के पहले उसकी शादी करारिया गाँव के गोपाल सिंह के साथ हो चुकी थी। करारिया गाँव करीब सौ किलोमीटर दूर है।

शादी के कुछ महीने बाद ही सुनीता मायके वापस आ गयी थी। उसके पिता ने उसकी दूसरी शादी करायी और पाँच हजार की रकम ली। सोना-चाँदी के रूप में यह पैसा शादी के खर्च वगैरह के लिए दिया जाता है। कई बार लड़की के घरवाले इस परंपरा का दुरुपयोग करते हैं। मायके आने के बाद जब सुनीता अपने पति के घर वापस नहीं लौटी, तो गोपाल सिंह ने स्थानीय थाने में उसके गायब होने की रपट लिखवायी।

रायसेन जिले के कलक्टर डी.एस. राय ने साओंतर सोसाइटी में 3 नवंबर 1995 को एक महिला जाग्रति शिविर लगाया। बर्बतपुर के पंच मनुलाल जाटव को भी इस शिविर में बुलाया गया। बैठक दो बजे शुरू हुई। करीब 150 लोग इसमें शामिल हुए, जिनमें आधी औरतें थीं। जब कलक्टर ने पंचायत की समस्याओं के बारे में पूछा तब अर्जुन सिंह ने उन्हें एक अर्जी दी कि धन सिंह ने मुझे मारा है। कलक्टर ने धन सिंह के बारे में पूछताछ की। थानेदार ने बताया कि धन सिंह का भाई मनुलाल तो बैठक में ही है। तब कलक्टर ने मनुलाल से उसके भाई का अता-पता पूछा। मनुलाल ने कहा, 'मुझे कुछ भी मालूम नहीं है। मैंने अपने भाई का ठेका नहीं लिया है।' चिकलोड़कलाँ के भाजपा कार्यकर्ता एस.एस. अहमद का कहना है कि मनुलाल का जवाब बहुत ही उजड्ड था। कलक्टर ने इसे दुर्व्यवहार माना। कहा जाता है कि उसने दारोगा से कहा, 'मारो साले को।'

कलक्टर के कहने पर पुलिस ने मनुलाल को निर्दयता से पीटना शुरू कर दिया। मनुलाल की पिटाई तब जा कर रुकी जब चिकलोड़कलाँ गाँव की जनपद सदस्य शांति बाई ने कलक्टर को याद दिलाया कि मनुलाल पंचायत का निर्वाचित सदस्य है, और उसे न पीटने का अनुरोध किया।

पिटाई के कारण मनुलाल का दाहिना हाथ टूट गया, जिससे वह अपने रोजमर्रे के काम-काज से भी लाचार हो गया। चिकलोड़कलाँ पुलिस चौकी के लोग उसे कहीं बाहर नहीं जाने देते थे। चार दिन बाद भारतीय जनता पार्टी के स्थानीय सांसद शिवराम सिंह चौहान को इस घटना की जानकारी मिली। वे मनुलाल को अब्दुलगंज थाने

में ले गये और प्राथमिकी दर्ज करायी। लेकिन कलक्टर का नाम आने से पुलिसवाले प्राथमिकी दर्ज करने में आना-कानी कर रहे थे। इसके बाद मनुलाल ने मानवाधिकार आयोग में भी शिकायत दर्ज करायी।

मनुलाल कांग्रेसी कार्यकर्ता हैं और कांग्रेस के टिकट पर ही पंच का चुनाव जीता था। पिटाई और अपमान के बाद उनकी मदद के लिए भारतीय जनता पार्टी के लोग ही आगे आये, इसलिए वे अब भारतीय जनता पार्टी के समर्थक हो गये हैं। चिकलोड़कलाँ गाँव के सुरेश कुशवाहा कहते हैं, 'भारतीय जनता पार्टी के लोग खुद को दलितों का संरक्षक दिखाने के लिए मनुलाल का समर्थन कर रहे हैं। यहाँ दलित परंपरागत रूप से कांग्रेस के वोटर रहे हैं।''

मनुलाल की बीवी लंबे समय से बीमार हैं। उनकी 17 साल की बेटी की शादी हो चुकी है। उनका बेटा सिर्फ 12 साल का है। वे कहते हैं कि उनकी आमदनी का और कोई जरिया नहीं है। कलक्टर से लड़ने की शक्ति भी उनमें नहीं है। बर्बतपुर के दलितों का कहना है कि जिला, तहसील और प्रखंड कार्यालयों में सरकारी कर्मचारी उन्हें परेशान करते हैं। जंगल की जमीन का इस्तेमाल करने पर तहसीलदार जुर्माना लगाता है।

मानवाधिकार आयोग में मामला जाने के बाद कलक्टर ने बर्बतपुर और चिकलोड़कलाँ गाँव के लोगों से कहा कि वे मनुलाल के पक्ष में गवाही न दें। इस मामले में कलक्टर के शामिल होने के कारण लोग काफी डरे हुए हैं। मनुलाल के पास दो एकड़ नाजायज जमीन है। उनके खिलाफ अब्दुलगंज थाने से पहले से ही दो मुकदमे दर्ज हैं। एक मुकदमा जमीन को ले कर है। दूसरा सार्वजनिक स्थान पर शराब पीने का है। मनुलाल कहते हैं कि चिकलोड़कलाँ चौकी के पुलिसवालों ने दो साल पहले इसी मामले में उनसे 250 रुपये ऐंठ लिये थे।

चार : सरपंच के साथ सामूहिक बलात्कार

घटना का संक्षिप्त विवरण

समाचार पत्रों में प्रकाशित खबरों के अनुसार, मध्य प्रदेश के खंडवा जिले की गुज्जरखेड़ी ग्राम पंचायत की पिछड़ी जाति की महिला सरपंच कुसुम बाई के साथ 22 अगस्त 1994 की रात को उनके पति की उपस्थिति में चार लोगों ने बलात्कार किया।[4] इन चारों लोगों—मानक, देवमन, नारायण और जगदीश—ने सरपंच के पति घनश्याम को धमकी दी कि अगर उसने विरोध किया तो वे उसे मार डालेंगे। बाद में उन्होंने इन दोनों को इस धमकी के साथ छोड़ दिया कि अगर मामले की रिपोर्ट थाने में लिखवायी तो बहुत बुरा होगा। कुसुम बाई ने थाने में रिपोर्ट नहीं लिखवायी। लेकिन इस घटना ने उन्हें बुरी तरह झकझोर दिया और दो दिन बाद 24 अगस्त 1994 को उन्होंने जहर खा लिया। सौभाग्य से वे बच गयीं। अस्पताल में अपने बयान में उन्होंने कहा कि इस कांड के बाद वे खुद को किसी के सामने जाने लायक नहीं

मानती थीं, इसीलिए उन्होंने जहर खा लिया।

गाँव के बारे में : गुज्जरखेड़ी गाँव मध्य प्रदेश के पूर्वी जिले में है। यह जिला मुख्यालय खंडवा से 70 किलोमीटर की दूरी पर है। पंचायत में तीन गाँव हैं—गुज्जरखेड़ी, नंदियाखेड़ी, और जूनापानी। यह पुनासा जनपद पंचायत का हिस्सा है। पुनासा में 74 ग्राम पंचायत और 24 वार्ड हैं।

गुज्जरखेड़ी ग्राम पंचायत में 249 घर हैं। इनमें से 157 घर गुज्जरखेड़ी गाँव में, 54 नंदियाखेड़ी में और 38 जूनापानी में हैं। इन घरों का जाति/कबीले के आधार पर विवरण इस प्रकार है : पिछड़े 126 घर (54.61 फीसदी), आदिवासी 64 घर (25.70 फीसदी), दलित 37 घर (14.85 फीसदी) और अन्य 12 घर (4.81 फीसदी)। इस प्रकार गुज्जरखेड़ी में पिछड़ों का बहुमत है। उनके बाद आदिवासियों और दलितों का नंबर आता है। पिछड़ों में भी गुज्जरों का बहुमत है। उनके बाद बंजारों का नंबर है। आदिवासियों में मुख्यतः लोध, कोर्कू, भील, नाहल और लोदा हैं। पंचायत क्षेत्र में सबसे ज्यादा जमीन राजपूतों और गुज्जरों के पास है। गुज्जरखेड़ी गाँव की आबादी 1200 है। इसमें 86 घर पिछड़ों के, 30 घर आदिवासियों के, 37 घर दलितों के और चार घर दूसरी जातियों के हैं। 1994 के पंचायत चुनाव में गुज्जरखेड़ी के सरपंच का पद पिछड़ी जाति की महिला के लिए आरक्षित था।

खेती : विभिन्न जातियों के बीच जमीन का वितरण असमान है। दलितों और आदिवासियों के 67 परिवारों में से 49 भूमिहीन हैं। शेष 18 परिवारों के पास भी एक या दो एकड़ से अधिक जमीन नहीं है। इसलिए दलित और आदिवासी परिवारों के लोग खेतिहर मजदूरों के रूप में काम करते हैं। कुछ का पूरा खर्च इसी से चलता है, तो कुछ अपनी खेती के साथ-साथ मजदूरी करके गुजारा करते हैं।

खेतिहर मजदूर को मात्र 20 रुपये दिहाड़ी दी जाती है, जो सरकार द्वारा तय दर से काफी कम है। साल में बस चार महीने ही काम मिल पाता है। साल भर एक ही मालिक का काम करनेवाले मजदूरों (नौकरों) को साल में चार हजार रुपये और रहने की जगह दी जाती है। 86 पिछड़े परिवारों में से पाँच परिवारों के पास पाँच एकड़ से भी कम जमीन है। 10 से 15 परिवार ऐसे हैं जिनके पास 40-50 एकड़ जमीन है। यहाँ के पूर्व-मालगुजार राजपूत परिवार के पास 350 एकड़ से ज्यादा जमीन है। इस परिवार के पास एक ट्रैक्टर भी है। गाँव में कपास, गेहूँ, अरहर, मसूर और चना पैदा होते हैं। अमीर किसानों के पास अपनी बोरिंग है और मुख्यतः नलकूपों से ही सिंचाई होती है।

शिक्षा : गाँव में एक प्राथमिक और एक माध्यमिक स्कूल है, जिनमें 199 छात्र हैं।

1994 का पंचायत चुनाव

1994 के पंचायत चुनाव में पिछड़ी जाति की चार महिलाओं ने सरपंच पद का चुनाव लड़ा था। दो महिलाएँ गुज्जरखेड़ी की थीं, जब कि नंदियाखेड़ी और जूनापानी की एक-एक महिला ने चुनाव लड़ा था। गुज्जरखेड़ी की कुसुम बाई ने चुनाव जीता। उन्हें भारतीय जनता पार्टी के स्थानीय विधायक राणा रघुराज सिंह तोमर का समर्थन प्राप्त था।

कुसुम बाई

कुसुम बाई की उम्र 30 वर्ष से कुछ ही अधिक है। उनके परिवार के पास 25 एकड़ जमीन है। 15 वर्ष की उम्र में ही उनकी शादी हो गयी थी। उनके एक बेटा और एक बेटी है। कुसुम बाई अनपढ़ हैं, पर उन्होंने स्कूल में पढ़ रही अपनी बेटी से दस्तखत करना सीख लिया है।

सामाजिक परिदृश्य

आज भी निमाड़ क्षेत्र के गुज्जरों में बाल विवाह आम है। माँ-बाप बच्चों के जन्म के समय ही उनका रिश्ता तय कर देते हैं। इसे सगाई कहते हैं। इसमें लड़केवाले कपड़े-गहने जैसी वस्तुएँ लड़की के यहाँ भेजते हैं। जब लड़की 14 या 15 वर्ष की हो जाती है तब शादी की जाती है। कई बार तो लड़की की शादी मासिक धर्म शुरू होने से पहले ही कर दी जाती है। आम तौर पर लड़का और लड़की लगभग बराबर उम्र के होते हैं। गुज्जरों के रिवाज के अनुसार शादी के बाद कुछ महीने पति के घर रहने के बाद लड़की मायके लौटती है। शादी के शुरुआती वर्षों में दूल्हा-दुल्हन दोनों को कई समस्याओं से दो-चार होना पड़ता है। लड़का इतना बड़ा नहीं होता कि वह दुनियादारी के मामले सुलझा सके। दूसरी ओर, कई बार लड़कियाँ मायके में रहते हुए किसी और मर्द से संपर्क बना लेती हैं, जो अकसर उनकी बिरादरी का या करीब का रिश्तेदार होता है। अनेक मामलों में नजदीकी रिश्तेदार उनका शारीरिक शोषण भी करते हैं। यदि लड़की के ससुरालवालों को इस रिश्ते की भनक लग जाती है, तो वे उसे अपने घर नहीं ले जाते। कई बार तो ऐसी लड़की के माँ-बाप ही उसे ससुराल नहीं जाने देते। वे उसकी दूसरी शादी करा देते हैं, जिसे 'नात्रा' कहा जाता है। रिवाज के अनुसार लड़की के माँ-बाप दूल्हे के घरवालों से 'पैसे-तोहफे' लेते हैं। बाज मामलों में तो माँ-बाप अपनी बेटियों के आठ-आठ, नौ-नौ 'नात्रे' कराते हैं। अमीर गुज्जर मुखिया और नौजवान गरीब विवाहित लड़कियों का शारीरिक और मानसिक शोषण भी करते हैं। कई बार वे इन लड़कियों को ससुराल जाने ही नहीं देते। स्थानीय सरदार उनका नात्रा करा देते हैं और कुछ रकम दिला देते हैं। एक

ही लड़की के लिए दो-दो, तीन-तीन लड़कों से रकम ले ली जाती है। यह पैसा वे लड़की के माँ-बाप को भी नहीं देते। जिन परिवारों में पाँच-छह लड़कियाँ हों और खर्च चलाने लायक जमीन भी न हो, उन परिवारों के मुखिया नात्रा का उपयोग पैसा कमाने के लिए भी करते हैं। रकम कितनी होगी, यह लड़की के घरवाले और बिरादरी के बड़े-बुजुर्ग तय करते हैं। नात्रा में कानूनी तलाक की जरूरत नहीं होती। कई बार तो लड़की पहली शादी से हुए बच्चे भी अपने साथ ले जाती है। इस तरह इलाके की गुज्जर औरतों का शोषण उनके ससुरालवाले, घरवाले, रिश्तेदार और बिरादरीवाले सभी करते हैं।

घटना

सरपंच कुसुम बाई का भाई गोविंदा 17 वर्षीय विवाहित गुज्जर लड़की बसंता बाई को चाहता था। वह गुज्जरखेड़ी में ही अपने मायके में रहती थी। पंचायत चुनाव के दो महीने बाद बसंता बाई पास के पश्चिम निमाड़ जिले के सनाबाद गाँव में अपनी बड़ी बहन के यहाँ गयी। वहाँ से गोविंदा उसे भगा कर इंदौर ले गया। तीन दिन बाद उसकी माँ ने सनाबाद थाने में रपट दर्ज करायी। दो महीने बाद बसंता बाई सनाबाद लौट आयी। कुसुम बाई से बलात्कार करनेवाले नारायण डोडे, मानक पटेल, जगदीश साद और देवचन साद ने कुसुम बाई और उनके पति घनश्याम पटेल से कहा कि बसंता बाई दो महीने तक गोविंदा के साथ रही है, उसके ससुरालवाले अब उसे मंजूर नहीं करेंगे; इसलिए गोविंदा उसकी माँ को 15 हजार रुपये दे। साथ ही, गोविंदा ने बसंता बाई के चाँदी के जो गहने बेच डाले हैं, उन्हें वह फिर से खरीद कर दे। कुसुम बाई इतनी रकम देने को तैयार नहीं थीं। दोनों पक्षों ने अपनी जाति के सरदार और निमाड़खेड़ी इलाके के सम्मानित कांग्रेसी नेता नारायण पटेल से राय-मशविरा करने का फैसला किया।

22 अगस्त 1994 की सुबह तीन मोटरसाइकिलों पर सवार हो कर कुसुम बाई, उनके पति, मानक पटेल, नारायण डोडे, जगदीश साद और देवचन साद सनाबाद रवाना हुए। वे चाहते थे कि बसंता बाई की माँ द्वारा सनाबाद थाने में दायर शिकायत वापस ले ली जाये और कुसुम बाई द्वारा दी जानेवाली रकम का फैसला हो जाये।

अपनी बिरादरी के बड़े नेता से बातचीत (क्या बात हुई, यह बताने को कोई भी तैयार नहीं है) के बाद रात 8.30 बजे सभी लोग गुज्जरखेड़ी रवाना हुए। नारायण डोडे और मानक पटेल नशे में थे। घनश्याम पटेल की मोटरसाइकिल पर उनकी पत्नी कुसुम बाई बैठी थीं। अतुट गाँव के पास नारायण डोडे और मानक पटेल ने घनश्याम पटेल से मोटरसाइकिल रोकने को कहा। फिर चारों ने उनके सामने ही उनकी पत्नी कुसुम बाई के साथ बलात्कार किया और धमकी दी कि अगर उन्होंने पुलिस को खबर की, तो उनकी हत्या कर दी जायेगी। नारायण डोडे कुसुम बाई का जीजा है

और मानक पटेल उनका चाचा। जगदीश और देवचन पड़ोसी हैं। ये सभी उनकी ही जाति के हैं। सरपंच के चुनाव में कुसुम बाई ने गुज्जरखेड़ी गाँव की ही राधी बाई को हराया था। जगदीश राधी बाई का पति है और उसने इस बलात्कार द्वारा अपनी पत्नी की हार का बदला लिया। देवसन कुसुम बाई से नाराज था, क्योंकि उसका भाई ही उसकी भाँजी बसंता बाई के साथ भागा था। मानक पटेल कांग्रेसी नेता हैं और खंडवा जिला किसान कांग्रेस के सचिव हैं। वे खंडवा जिला परिषद की उपप्रमुख मारू बाई का भतीजा है।

घटना के दो दिन बाद मानक और नारायण ने कुसुम बाई के साथ बलात्कार की खबर सब जगह फैला दी। अपमान न सह पाने के कारण कुसुम बाई ने जहर खा कर आत्महत्या करने की कोशिश की, पर वे बच गयीं। उनकी हालत गंभीर थी। पूर्व-सरपंच जैनेंद्र सिंह तोमर उन्हें ले कर पुनासा प्राथमिक स्वास्थ्य केंद्र गये। डॉक्टरों ने उन्हें खंडवा ले जाने की सलाह दी। आत्महत्या की कोशिश के बारे में कुसुम बाई ने कहा, 'अपमान न सह सकने के कारण मैंने जहर खाया।' घनश्याम ने पुरासा थाने में मामला दर्ज कराया। नारायण, जगदीश और देवचन पकड़े गये। उन्हें दो महीने खंडवा जेल में रखा गया। मुख्य अभियुक्त को नहीं पकड़ा गया है। स्पष्ट है कि कुसुम बाई ने माँग के अनुसार 15 हजार रुपये देने से इनकार किया, इसलिए उन्हें सबक सिखाने के लिए यह सब किया गया।

बदली नहीं है तस्वीर

1946 में एशियन रिलेशंस कांफ्रेंस में दिल्ली की ओर इशारा करते हुए महात्मा गांधी ने कहा था, 'आप लोग दिल्ली को देख रहे हैं—यह भारत नहीं है। गाँवों में जाइए, वही भारत है। वहीं भारत की आत्मा निवास करती है।'[5]

लेकिन आज भारत की आत्मा की क्या स्थिति है? वह आहत, दमित और तनावग्रस्त है।

हर ओर शोषण और गरीबी है, उत्पादन के साधनों पर मुट्ठी भर लोगों का कब्जा है, शक्तिशाली लोगों पर कोई अंकुश नहीं है। सवर्णों के अधिकारों को चुनौती देनेवाला कोई नहीं है। लड़कियों को सताया जा रहा है तथा शादी से पहले और बाद में उनका यौन शोषण होता है। इन सब चीजों ने भारत की आत्मा को रौंद डाला है। नयी पंचायतें और कुछ नहीं, बल्कि आज के गाँव में फैली हुई गंदगी और उसके सामाजिक जीवन में आयी गिरावट को ही प्रतिबिंबित करती हैं।

यथास्थिति में किसी भी बदलाव का प्रतिरोध होता है और कई बार तो हिंसक तरीकों से भी परहेज नहीं किया जाता। दलितों, आदिवासियों और औरतों के लिए आरक्षण को नियम के स्तर पर तो स्वीकार कर लिया जाता है, पर आचरण के स्तर पर नहीं। सारी चोट समाज के कमजोर वर्ग के हिस्से पड़ती है।

पाँच दशक पहले डॉ. आंबेडकर ने जो बातें कही थीं, वे आज भी उतनी ही सही हैं। इस बीच बस इतना हुआ है कि सरकार ने सामाजिक परिवर्तन के लिए कुछ कानून बना कर हस्तक्षेप किया है। इस दिशा में नवीनतम कदम हैं संविधान का 73वाँ संशोधन और फिर राज्यों द्वारा तदनुरूप बनाये गये अधिनियम। मध्य प्रदेश की पंचायतों की घटनाएँ सामाजिक समर्थन की अनुपस्थिति में सरकारी हस्तक्षेप की सीमाओं और संभावनाओं के बारे में बताती हैं। दूसरे शब्दों में, अनुसूचित जातियों, अनुसूचित जनजातियों, पिछड़ी जातियों और औरतों के लिए आरक्षण की व्यवस्था सिर्फ एक स्पृहणीय आदर्श हैं। अनेक विधायी कदमों से सरकार ने समाज के तौर-तरीकों को बदलने की लगातार कोशिश की है, पर समाज सुधार, भूमि सुधार या शिक्षा जैसे किसी भी क्षेत्र में दीर्घकालिक असरवाले बड़े बदलाव नहीं हुए हैं। यहाँ जिन जिलों से जुड़ी घटनाओं का विस्तृत अध्ययन किया गया है, उनमें साक्षरता का औसत स्तर मात्र 33 फीसदी है। औरतों में साक्षरता की दर तो 11.5 फीसदी ही है।

कानून की जरूरतों को पूरा करने के लिए लोग कठपुतली उम्मीदवार सामने कर देते हैं, जब कि वास्तविक नियंत्रण मजबूत जातियों और जमींदारों के पास ही रहता है। जो वार्ड या पंचायत सीटें स्त्रियों के लिए आरक्षित हैं, वहाँ मुख्य भूमिका पुरुष ही निभाते हैं। कमजोर लोग संवैधानिक अधिकारों का फायदा उठा कर खुद को सक्षम बनाने में सफल नहीं हो पा रहे हैं। इस अध्ययन में दिये गये मामलों में, अपने अधिकारों का प्रयोग करने में अशक्त लोगों की असमर्थता ही सभी समस्याओं की जड़ है।

इन अध्ययनों से पता चलता है कि स्थानीय शासन में न तो सरकार द्वारा बनाये गये कानूनों का सम्मान है और न ही मानवता का। इन दो अध्ययनों में महिलाओं से जुड़े मामलों में यह बात खास तौर से सामने आती है। निर्वाचित प्रतिनिधि शक्तिहीन हैं और निर्वाचित सदस्यों के सम्मान की रक्षा के लिए तैनात अधिकारी स्थानीय राजनीति और सत्ता के खेल में लिप्त। सभी मामलों में एक ऐसी सामाजिक व्यवस्था के दर्शन होते हैं जो निजी और सार्वजनिक जीवन में व्यक्ति के सम्मान की धज्जियाँ उड़ाती है।

इस निराशाजनक स्थिति में भी आशा की एकमात्र किरण यही है कि जो संभावनाएँ अभी तक परदे के पीछे ही छुपी थीं, पंचायत व्यवस्था ने उन्हें सामने ला दिया है। अब कुछ भी गोपनीय नहीं रह गया है। पंचायत जोड़-तोड़ की राजनीति का अखाड़ा ही नहीं, सामाजिक-राजनीतिक मुद्दों पर खुली लड़ाई और उठा-पटक का लोकतांत्रिक मंच भी है। ऐसा मंच पहली बार मिला है और अब इसे संवैधानिक तथा कानूनी समर्थन भी है।

ऐसे में राजनीतिक पार्टियों की भूमिका महत्वपूर्ण हो गयी है। सर्वानुमति

(जिसका व्यावहारिक अर्थ ताकतवर की बात मान लेना ही था) की पुरानी व्यवस्था की जगह अब लोगों को यह हक मिला है कि वे पंचायत के मामलों की पूरी जानकारी हासिल करें और जहाँ संदेह हो वहाँ सवाल उठायें। एक राजनीतिक पार्टी शोषण का समर्थन करती है, तो दूसरी पार्टी शोषित की मददगार बन जाती है। स्थानीय स्तर पर राज्य स्तरीय या राष्ट्रीय स्तरीय विचारधारा का कोई खास महत्व नहीं है। वर्तमान स्थिति में तो जाति या परिवार की पुरानी तानाशाही प्रणाली को चुनौती देने के लिए पंचायत चुनाव में राजनीतिक दलों की खुली भागीदारी ही सबसे कारगर चीज है।

मीडिया के फैलाव और संचार तकनीक की उन्नति ने गाँवों को तेजी से नयी दुनिया से जोड़ा है। दूर-दराज के गाँवों की घटनाएँ भी एकदम राज्य और देश के स्तर पर उछल जाती हैं। नयी पंचायत व्यवस्था ने, अपनी सारी कमजोरियों के बावजूद, गाँव को एक बृहत्तर सामाजिक दायरे में ला खड़ा किया है।

मध्य प्रदेश की इन चार घटनाओं के अध्ययन में ये नकारात्मक और सकारात्मक दोनों ही बातें साफ दिखाई देती हैं। मध्य प्रदेश जातिवाद से ग्रस्त और पुरुष-सत्तात्मक पिछड़ा प्रदेश होते हुए भी जागरूक समाज है। हर पाँच साल बाद चुनाव होने से इन पिछड़े इलाकों में बदलाव की यह प्रक्रिया तेज होगी, पर शोषण-चक्र की प्रक्रिया बदलने में वक्त लग सकता है।

(इस लेख के सह-लेखक रमेश सी. नायक हैं।)

संदर्भ

1. *पंचायती राज एज द बेसिस ऑफ इंडियन पॉलिटी : एन एक्स्प्लोरेशन इनटु दी प्रासीडिंग्स ऑफ द कांस्टीट्युएंट असेंबली,* नयी दिल्ली, अवार्ड, 1992, पृष्ठ 24
2. *पायनियर,* नयी दिल्ली, 30 नवंबर 1995; साथ ही देखें, *भास्कर,* बिलासपुर, 3 जनवरी 1996
3. अग्रवाल बंधुओं में से एक ने एक आदिवासी का मकान किराये पर लिया। वहाँ परचून की दुकान खोली। दो साल बाद उस आदिवासी को बहुत कम पैसे दे कर उसके घर पर कब्जा कर लिया। इसके बाद उस आदिवासी ने बेपट्टा जमीन पर एक और मकान बनाया।
4. 'महिला सरपंच के साथ बलात्कार? विधान सभा में भारी हंगामा', *स्वदेश,* इंदौर, 27 अगस्त 1994
5. 'महिला सरपंच के साथ दुष्कृत्य—आरोपियों पर सख्ती होगी। भाजपा द्वारा सरकार पर आरोपियों को बचाने का आरोप।' *नई दुनिया,* इंदौर, 27 अगस्त, 1994
6. संविधान सभा में बहस के दौरान एल. कृष्णस्वामी भारती द्वारा उद्धत, 22 नवंबर 1948

17

पंचायतों के बगैर गुजरात

भूकंप के बाद मीडिया में जब चारों तरफ केंद्र, राज्य सरकार, सेना, नौकरशाही तथा गैरसरकारी स्वयंसेवी संस्थाओं द्वारा किये जा रहे प्रयासों की चर्चा हो रही थी, उस समय पंचायतों का कहीं जिक्र तक नहीं था। आज किसी को भी इसमें लेश मात्र भी संदेह नहीं है कि स्वयंसेवी संस्थाओं तथा सेना के अलावा पीड़ित नागरिकों को तत्काल सहायता मुहैया कराने में अन्य सभी संस्थाएँ पूरी तरह विफल रहीं। इस परिदृश्य से पंचायतें, खासकर ग्राम पंचायतें, ओझल ही रहीं और इसका एकमात्र कारण राज्य सरकारों का राजनीतिक खेल है—राज्य के नेताओं का, विशेषकर सत्तारूढ़ राजनीतिक दल के नेताओं का। गुजरात में पंचायतें यदि वास्तव में क्रियाशील और प्रभावकारी होतीं तो निस्संदेह इस गंभीर आपदा के समय में वे महत्वपूर्ण भूमिका निभातीं। अपनी जिम्मेदारी से बच कर चुपचाप बैठी नहीं होतीं।

कानून के मुताबिक गुजरात में 13,316 ग्राम पंचायतें, 210 तालुक पंचायतें तथा 25 जिला पंचायतें होनी चाहिए। सामान्य स्थिति में इन तीनों स्तरों पर कुल मिला कर लगभग एक लाख तीस हजार निर्वाचित पंचायत सदस्य होने चाहिए। किंतु आज राज्य का प्रजातांत्रिक ढाँचा एवं स्थानीय स्वशासन की व्यवस्था एक ऐसी इमारत है, जिसकी नींव ही नदारद है।

गुजरात में त्रिस्तरीय पंचायतों का कार्यकाल मई-जून 2000 में पूरा हो गया था। संविधान में स्पष्ट रूप से उल्लेख है कि प्रत्येक पंचायत का कार्यकाल पाँच वर्ष का होगा तथा पाँच वर्ष की यह अवधि पंचायत की प्रथम बैठक से आरंभ होगी। नयी पंचायतों के गठन के लिए पाँच वर्ष की यह अवधि के पूरा होने से पूर्व ही चुनाव हो जाने चाहिए। किंतु संवैधानिक प्रावधानों की उपेक्षा करते हुए और एक अनोखे तर्क का सहारा ले कर गुजरात सरकार ने केवल जिला एवं तालुक पंचायतों के चुनाव गत वर्ष (2000) सितंबर में करवाये—वह भी संवैधानिक रूप से निश्चित

तिथि से छह माह के बाद।

जिला, तालुक एवं ग्राम पंचायतों को एक एकीकृत इकाई के रूप में कार्य करना चाहिए। एक की भी अनुपस्थिति में दूसरा सुचारु रूप से कार्य नहीं कर सकता। सितंबर 2000 में केवल जिला एवं तालुक पंचायतों के चुनाव करवा कर राज्य सरकार ने संविधान की आत्मा और शब्दों का हनन किया। उस समय कहा गया कि ग्राम पंचायतों के स्थगित चुनाव दिसंबर में होंगे। यह पहला आघात था। दूसरा आघात तब लगा जब सितंबर में ग्राम पंचायतों के चुनावों को एक बार पुनः स्थगित कर दिया गया। कारण यह बताया गया कि सूखे की स्थिति जारी रहने के कारण चुनाव करवाना संभव नहीं है। बड़ी ही आसानी से इस तथ्य की उपेक्षा कर दी गयी कि तीनों पंचायतों के लिए मतदाता सूचियाँ एक ही थीं। यदि कोई मतदाता सूखे के कारण ग्राम पंचायत के लिए मतदान नहीं कर सकता, तो वही मतदाता उसी परिस्थिति में जिला एवं तालुक पंचायत के लिए मतदान कैसे कर सकता था? स्पष्ट है कि गुजरात सरकार पंचायत चुनावों से बचना चाहती थी। गुजरात सरकार द्वारा केवल जिला एवं तालुक पंचायतों का चुनाव करवाने से आज ग्राम पंचायतों पर छोटे अधिकारियों एवं क्लर्कों का वर्चस्व हो गया है। गुजरात की जनता अपने प्रतिनिधि निर्वाचित करने के लिए कितनी बेताब थी, इसका पता जिला एवं तालुक पंचायत चुनावों के दौरान हुए भारी मतदान से लगाया जा सकता है। जिला पंचायतों के लिए 73.51 प्रतिशत मतदान हुआ तथा तालुक पंचायतों के लिए 73.39 प्रतिशत। मेहसाना जिले में महिलाओं ने बढ़-चढ़ कर भाग लिया। ऐसी स्थिति में हम यह कैसे कह सकते हैं कि सूखे के कारण मतदाता चुनाव प्रक्रिया में भाग नहीं ले सकते थे?

पूरा देश जानता है कि ग्राम पंचायतों के चुनाव टालने का कारण सूखा नहीं, राजनीतिक स्वार्थ था। जिला एवं तालुक पंचायतों में गुजरात के सत्तारूढ़ राजनीतिक दल को मुँह की खानी पड़ी थी और उसमें दुबारा जनता के सामने जाने की हिम्मत बाकी नहीं थी।

24 सितंबर 2000 को संपन्न हुए 210 तालुक पंचायतों तथा 25 में से 23 जिला पंचायतों के चुनावों में कांग्रेस दल को 22 जिला पंचायतों में जीत हासिल हुई (1995 में कांग्रेस केवल डाँग जिले में ही जीती थी)। अधिकांश तालुक पंचायतों में भी कांग्रेस ही छायी रही। छह तालुक पंचायतों में भाजपा एक भी सीट हासिल नहीं कर सकी। क्या यह गुजरात सरकार को उसकी अलोकतांत्रिक कार्य पद्धति के लिए दंड नहीं था? अब समय आ गया है कि हमारे राजनेता यह जान लें कि सरकार के तीसरे स्तर के चुनाव सत्तारूढ़ दल की इच्छा और मनमानी का इंतजार करते नहीं रह सकते। राज्य सरकारों को संविधान का पालन करना ही होगा।

6 नवंबर को ग्राम पंचायत चुनावों को मुलतवी करने के लिए गुजरात सरकार

ने जब अध्यादेश जारी किया, तब हमने केंद्रीय ग्रामीण विकास मंत्री श्री वेंकैया नायडू को पत्र लिखा था कि गुजरात सरकार ने सूखा और लोकतंत्र दोनों का ही मखौल उड़ाया है। क्या अमर्त्य सेन ने इसे एक स्वयंसिद्ध सत्य नहीं बना दिया है कि सूखे और अकाल की सबसे अच्छी दवा प्रजातंत्र है? वैसे भी, ग्राम पंचायतें हर हाल में सूखा, भूकंप अथवा ऐसी ही किसी आपदा से निबटने के लिए छोटे सरकारी कर्मचारियों से बेहतर हैं। किंतु गुजरात की जनता से उनकी ग्राम पंचायतें छीन ली गयी हैं। ग्राम पंचायतें ही एक मात्र ऐसे प्रजातांत्रिक निकाय हैं, जहाँ एक आम ग्रामवासी की पहुँच है।

गुजरात में ग्राम पंचायत चुनावों को स्थगित करना वस्तुतः गहराई से जड़ें जमाये हुए एक ऐसी बीमारी का लक्षण है जिसने भारतीय राज्य की व्यवस्था को अरसे से जकड़ रखा है। तिहत्तरवें संविधान संशोधन से पूर्व बलवंतराय मेहता समिति की रिपोर्ट की सिफारिशों के अनुरूप ढली पंचायतों की अनेक उपलब्धियाँ थीं—बहुत हद तक सफलतापूर्वक चलाये गये परिवार नियोजन कार्यक्रम, ग्रामीण विकास, वन विकास, आवास स्थलों का आवंटन, कमजोर वर्गों के लिए मकानों का निर्माण, सूखा एवं बाढ़ के दौरान किये गये सहायता कार्य तथा विकेंद्रीकरण की दिशा में राज्य का प्रशंसनीय रिकॉर्ड। यह सब उस समय हुआ, जब पड़ोसी राज्य महाराष्ट्र ने जिला विकास एवं योजना परिषदों का गठन किया, जिसमें जिला परिषदों की स्वायत्तता का हनन निहित था। लेकिन अदूरदर्शी राजनीतिज्ञों तथा नौकरशाही ने योजनाबद्ध तरीके से पंचायतों को कमजोर करना शुरू कर दिया। ग्राम सभाएँ निष्क्रिय हो गयीं, न्याय पंचायतें अक्रिय। पंचायतों के पास नियामक शक्तियाँ नहीं थीं और थीं भी तो बहुत ही मामूली। हाँ, जिला ग्रामीण विकास अभिकरण (डीआरडीए) और जिला योजना बोर्ड जरूर गठित किये गये और इन्हें बेहद ताकतवर बना दिया गया। इन संस्थाओं में कलक्टरों तथा अन्य सरकारी अधिकारियों का प्रभुत्व था। इंस्टीट्यूट ऑफ सोशल साइंसेज द्वारा किये गये एक अध्ययन में प्रवीन एन. शाह ने कहा है कि जमीनी स्तर की भागीदारी के केंद्र बिंदु के रूप में अथवा प्रजातांत्रिक विकेंद्रीकरण के रूप में पंचायतों की आत्मा क्षीण हो चुकी थी।

1995 के बाद पंचायतों में गिरावट की गति तीव्र हो गयी, क्योंकि उसी समय से गुजरात की राजनीतिक संस्कृति में क्षत्रिय, हरिजन, आदिवासी और मुसलमान (खाम) के स्थान पर उच्च जातियों का प्रभुत्व बढ़ने लगा था।

पंचायतों की बदतर होती स्थिति निम्न तथ्यों से स्पष्ट है : (1) संसद तथा विधान सभा सदस्यों का पंचायतों पर प्रभुत्व : प्रतिवर्ष विधान सभा सदस्य 20 लाख रुपये तथा संसद सदस्य दो करोड़ रुपये की राशि विकास कार्यों के लिए स्वीकृत कर सकते हैं; और (2) राज्य के विभागों के अंग के रूप में पंचायतों के कार्यों की संख्या कम करना तथा उन्हें सरकारी विभागों द्वारा संचालित प्रकल्पों को कार्यान्वित

करनेवाली एजेंसी बना देना। (98 प्रतिशत व्यय इसी प्रकार के अनुदानों के पैसे से होता है); उन प्रकल्पों को, जो जनता एवं क्षेत्र की जरूरतों को पूरा करते हैं, कम करना।

वैधानिक एवं सामाजिक दायित्वों के निर्वाह के लिए पंचायतों को न तो प्रशासनिक सहयोग मिलता है, न ही उन्हें कार्यकारी और वित्तीय स्वायत्तता दी जाती है जो स्व-शासन का अंतरंग हिस्सा है; विकेंद्रित जिला योजना के प्रावधानों का ध्यान नहीं रखा जाता; राज्य वित्त आयोग की सिफारिशों को पेश करने तथा उनके क्रियान्वयन में देरी की जाती है जब कि आयोग द्वारा प्रस्तावित सुझाव भी आधे-अधूरे मन से दिये जाते हैं। त्रिस्तरीय पंचायतों को आवयविक रूप से जोड़ने तथा उन्हें सुझाव देने के उद्देश्य से गठित राज्य पंचायत परिषद कुल मिला कर निष्क्रिय ही रही है। यद्यपि पंचायत (अनुसूचित क्षेत्रों तक विस्तार) अधिनियम, 1996 के प्रावधानों को गुजरात पंचायत अधिनियम, 1998 में शामिल कर दिया गया था, किंतु लाइसेंस देने तथा लघु खनिजों वाली खदानों को लीज पर देने का अधिकार पंचायतों के पास नहीं है। यही नहीं, ग्राम सभा के स्थान पर एक तालुक स्तरीय निकाय को सत्ता का केंद्र बना दिया गया है। आज तक राज्य के अनुसूचित क्षेत्रों में पंचायत निकायों के चुनाव नहीं हुए हैं।

राज्य के नेताओं एवं नौकरशाहों का कहना है कि स्थानीय निकायों को सत्ता न सौंपने का कारण यह है कि शहरी निकाय और खासकर पंचायतें अक्षम, अयोग्य तथा भ्रष्ट हैं। 26 जनवरी को समूचे राज्य और जनता को हिला देनेवाली प्राकृतिक आपदा ने संपूर्ण विश्व को बता दिया है कि कौन अक्षम, अयोग्य और भ्रष्ट है। भूकंप से 10 जिले गंभीर रूप से प्रभावित हुए हैं—अहमदाबाद, भावनगर, जामनगर, जूनागढ़, कच्छ, मेहसाना, राजकोट, सूरत एवं बड़ोदरा। इन जिलों में कुल मिला कर 95 तालुक पंचायतें हैं। ग्राम पंचायतों के बिना तालुक एवं जिला पंचायतें जनता के दुख-दर्द को कैसे मिटायें? उनके नुकसान की भरपाई के लिए क्या जतन करें? उन्हें कैसे सांत्वना दें? ग्राम पंचायतें तो अब छोटे अधिकारियों एवं तलातियों के नियंत्रण में काम कर रही हैं। यदि इन क्षेत्रों में निर्वाचित पंचायतें होतीं तो निस्संदेह स्थिति कुछ और ही होती। भूकंप प्रभावित पंचायतों की मदद के लिए पड़ोसी और निकटवर्ती पंचायतें आ खड़ी होतीं। इस पंचायत संस्कृति को विकसित करने के लिए स्थानीय निकायों को मजबूत करना होगा। उन्हें संसाधन सौंपने होंगे। कर्मचारियों एवं संरचनात्मक सुविधाओं से भरा-पूरा बनाना होगा।

सूरत का प्लेग मानव निर्मित आपदा थी। वह भयंकर महामारी सूरत नगर निगम के अक्षम और निष्क्रिय प्रशासन की देन थी। यदि सूरत नगर निगम सक्षम, कार्यकुशल तथा जनता की जरूरतों की ओर उन्मुख होता, तो प्लेग जैसी महामारी को समय रहते फैलने से रोक लिया जाता। समय पर महामारी की चेतावनी दी जा

सकती थी। सूरत ने इस महामारी से सीखा जरूर, किंतु बहुत बड़ी कीमत चुका कर। आज सूरत देश के सर्वाधिक साफ-स्वच्छ तथा सुप्रशासित नगरों में से एक है। दुर्भाग्यवश शेष गुजरात ने सूरत के अनुभव से कुछ नहीं सीखा।

अब यह सर्वमान्य है कि स्थानीय सरकार को जनता की समस्याओं को सही ढंग से हल करने योग्य बनाने के लिए इन चार चीजों का होना जरूरी है : (1) लोक सभा एवं विधान सभा चुनावों की तर्ज पर स्थानीय निकायों के चुनाव निश्चित समय पर हों; (2) प्रजातांत्रिक तरीके से निर्वाचित स्थानीय निकायों को कमजोर नहीं बनाना; (3) निर्वाचित सदस्यों को यह अधिकार हो कि वे नौकरशाहों को काम करने के लिए बाध्य कर सकें; और (4) मजबूत विपक्ष की उपस्थिति, जो सदन और समाज, दोनों में सरकार की कमियों की खिंचाई कर सके।

उपर्युक्त मुद्दों को ध्यान में रखते हुए आज यह कहा जा सकता है कि गुजरात—महात्मा गांधी, बलवंतराय मेहता, अशोक मेहता, जादवजी मोदी, जी.सी. पटेल, झीनाभाई दारजी, रिखरदास शाह, त्रिकमलाल पटेल तथा रत्नसिंह महीदा को जन्म देनेवाले गुजरात—ने हाल की प्राकृतिक आपदा के समय आम जनता के सामने अपने को अक्षम और निरुपाय पाया, तो इसका एकमात्र कारण था : सत्तारूढ़ दल भाजपा द्वारा स्थानीय लोकतंत्र की सतत उपेक्षा।

18

महाराष्ट्र का ग्राम सेवक राज

तुलजापुर तालुक के उस्मानाबाद कस्बे से करीब तीस किलोमीटर दूर बसे तीर्थ के गाँव के करीब तीन सौ घरों की कुल आबादी 1,672 है। इसके बावजूद यहाँ सिर्फ सातवीं कक्षा तक का एक प्राथमिक शिक्षा विद्यालय है और एक ही आँगनवाड़ी है। पूरे गाँव के लिए सिर्फ हैंडपम्पवाला एक ही बोरवेल है। पीने के पानी का यही अकेला स्रोत है। गाँव में लगभग एक सौ पन्द्रह घर गरीबी रेखा के नीचे आँके जा चुके हैं। महाराष्ट्र के राज्यपाल ने 11 नवम्बर 1997 को इस गाँव का दौरा किया था।

जहाँ तक पंचायतों का सवाल है, महाराष्ट्र को काफी प्रगतिशील राज्य माना जाता है। लेकिन तीर्थ ग्राम पंचायत का दौरा करने पर हमारी आँखें खुल गयीं। इस पंचायत में सात सदस्य हैं। गाँव के सरपंच अनुसूचित जाति (माँग) के काशीनाथ सिरसत हैं। उनकी आदत कम बोलने की है। उपसरपंच शोभा पठाड़े ऊँची जाति की हैं, बारहवीं कक्षा तक शिक्षित हैं और काफी समझदार भी हैं। उनके पति भी उन्हीं जैसे हैं। पूर्व महिला सरपंच मंगल स्वामी भी अनुसूचित जाति की हैं। वे सातवीं कक्षा तक पढ़ी हैं। उन्होंने माना कि पहले पाँच साल के उनके कार्यकाल के शुरुआती साढ़े तीन साल में उनकी जगह उनके पति एवं ग्राम विकास अधिकारी या ग्राम सेवक ही सरपंच का काम देखते थे।

काशीराम, शोभा एवं मंगल सहित करीब 50 गाँववाले वहाँ के सामुदायिक कक्ष में बातचीत के लिए इकट्ठा हुए थे। हमारी बातचीत गाँवों के लिए वित्तीय संसाधनों पर होने लगी। मैंने ग्राम पंचायत के बजट के बारे में पूछा। सरपंच का जवाब था कि वह इसके बारे में कुछ नहीं जानते और ग्राम सेवक ही हमें यह जानकारी दे सकते हैं। यह पूछने पर कि पिछले साल के आय-व्यय विवरण का क्या हुआ, उनका जवाब था, वह भी ग्राम सेवक के ही पास है। गाँव के बारे में उनके पास कोई दस्तावेज हैं? नहीं, ग्राम पंचायत के सभी कागज-पत्र ग्राम सेवक के ही पास हैं। रिकॉर्डवाली अलमारी की चाबी वे अपने साथ ही ले जाते हैं। महाराष्ट्र में आम तौर

पर ग्राम सेवक को छह से सात पंचायतें देखनी पड़ती हैं और गाँव के सभी संसाधन उसी के सुपुर्द रहते हैं। ग्राम पंचायत के सारे कार्य ग्राम सेवक की मर्जी से ही होते हैं, उसके बिना वहाँ पत्ता भी नहीं हिल सकता। निर्वाचित प्रतिनिधियों के पास चाबी का एक अतिरिक्त गुच्छा भी नहीं है, क्योंकि ग्राम सेवक की नजर में वे विश्वासपात्र नहीं हैं। तो यह है सशक्तीकरण!

ग्राम सेवक कैसा है? कायदे से उसे जन सेवा के प्रति असाधारण रूप से प्रतिबद्ध होने के साथ ही साथ खासा ईमानदार भी होना चाहिए। मेरे इस सवाल पर वहाँ खामोशी छा गयी। मंगल स्वामी हँसीं! जब उन्हें बोलने के लिए प्रोत्साहित किया गया तो सामुदायिक भवन में छायी चुप्पी को उन्होंने ही तोड़ा। ग्राम सेवक की जवाबदेही ग्राम पंचायत के बजाय सिर्फ खंड विकास अधिकारी (बीडीओ) तक सीमित है। मंगल जब सरपंच थीं तब तत्कालीन ग्राम सेवक ने गाँव से सात हजार रुपये कर के बतौर वसूला था और राज्यपाल के दौरे के मौके पर ग्राम पंचायत की इमारत की पुताई पर एक हजार रुपये खर्च किये थे। दिलचस्प यह है कि महाराष्ट्र में ग्राम सेवक बैंक से पैसा भी सिर्फ अपने ही हस्ताक्षर से जब चाहे तब निकाल सकता है। इस मामले में भी ग्राम सेवक ने ग्राम पंचायत को खाते दिखाने से मना कर दिया और जब उसकी शिकायत की गयी तो उसका तबादला कर औपचारिकता पूरी कर दी गयी। पिछले साल नये ग्राम सेवक ने भी बैंक से सोलह सौ रुपये निकाले थे। उसका भी कोई हिसाब-किताब अथवा उसके इस्तेमाल का ब्यौरा पंचायत को नहीं दिया गया। जब यह मामला उजागर हुआ तो उस ग्राम सेवक का भी तबादला कर दिया गया। यह भी कोई सजा हुई? नहीं। क्योंकि कथित दोषी ग्राम सेवक तबादले के बाद दूसरे खंड विकास के अधिकारी के अधिकार क्षेत्र में चला गया है, इसलिए अब तुलजापुर के बीडीओ के लिए उसे सजा देना संभव नहीं है। दिलचस्प तथ्य यह भी है कि ग्राम सेवक ग्राम पंचायतों के सदस्यों को पटाने में भी निपुण हैं। वे पंचायत सदस्यों के घर जाते हैं और केन्द्र द्वारा प्रायोजित विभिन्न योजनाओं के तहत उपलब्ध रकम की उन्हें जानकारी देते हैं। फिर उनकी निजी अर्जियों को मंजूर कराने के लिए कुछ प्रतिशत दलाली तय कर लेते हैं। ग्राम पंचायत के अपेक्षाकृत संपन्न सदस्यों का समर्थन हासिल करके ग्राम सेवक अपने कार्यक्षेत्र में लोकप्रिय हो जाते हैं। इस मिलीभगत के कारण ग्राम पंचायत और उसके ज्यादातर निर्वाचित सदस्य बेअसर हो जाते हैं। वैसे भी, गाँवों में चुनाव एवं लोकतंत्र तो महज संविधान द्वारा निर्धारित औपचारिकताएँ ही हैं।

तीर्थ गाँव के इस मामले को अपवाद मान कर मैंने राज्य के अन्य गाँवों की पंचायतों के कामकाज का जायजा लेने का फैसला किया। मैं उस्मानाबाद कस्बे के 60 किलोमीटर के दायरे में बसे वाखरवाड़ी, तुगाँव, वदगाँव और यादशी ग्राम पंचायतों और लातूर जिले के चिंचौली एवं रामवाड़ी ग्रामों की पंचायतों में भी गया। इन गाँवों

में मैं जिससे भी मिला, लगभग सभी ने तीर्थ गाँव से मिलते-जुलते किस्से ही सुनाये—कहीं भी निर्वाचित प्रतिनिधियों या सरपंचों अथवा तालुक एवं जिला स्तर पर निर्वाचित अध्यक्षों के हाथ में सत्ता नहीं है। गाँववालों के साथ एक बैठक में एक सामाजिक कार्यकर्ता ने बताया कि नजदीक के जिले में उन्होंने देखा है कि जिला परिषद के मुख्य अधिकारी के सामने जिला परिषद अध्यक्ष को बैठने के लिए कुर्सी भी नहीं दी जाती और उन्हें खड़े-खड़े ही अपना काम करना पड़ता है।

जिले में सबसे ज्यादा पैसा जिला ग्रामीण विकास अभिकरण (डीआरडीए) के तहत आता है। लातूर जैसे छोटे-से जिले में चौदह लाख लोगों की ग्रामीण आबादी के लिए साल 2000-01 में कुल 2516.4 लाख रुपये (123.87 राज्य सरकार के कोष से आने बाकी हैं) आये थे। लेकिन डीआरडीए का नियंत्रण किसके हाथ में है? यह पालक मंत्री (जिले का प्रभारी मंत्री) एवं मुख्य कार्यकारी अधिकारी के नियंत्रण में है। मंत्री महोदय सर्वोच्च सभा (आम सभा) के सभापति हैं और कार्य समिति के अध्यक्ष के नाते मुख्य कार्यकारी अधिकारी उसकी वित्तीय एवं प्रशासनिक देखरेख के प्रभारी हैं। केन्द्र सरकार के एक आदेश के मुताबिक जिला परिषद के अध्यक्ष उसकी संचालन समिति की अध्यक्षता औपचारिक प्रमुख के तौर पर करते हैं। संचालन समिति के अधिकतर सदस्य संबद्ध विभागों के अधिकारी हैं।

महाराष्ट्र में निचले स्तर पर नियोजन की अभी कोई परंपरा नहीं है और नियोजन का कार्य पंचायतों के अधिकार क्षेत्र में भी नहीं है। जिला नियोजन का कार्य जिला नियोजन एवं विकास परिषद के जिम्मे है, जिसके अध्यक्ष पालक मंत्री हैं और उनके बाद सबसे महत्वपूर्ण भूमिका जिला कलक्टर की है। संविधान के अनुच्छेद 243 जेडडी के तहत महाराष्ट्र सरकार ने अभी तक जिला योजना समितियों का गठन नहीं किया।

पंचायतों से संबंधित अधिकारियों के भ्रष्टाचार के बारे में पूछने पर लातूर के एक वरिष्ठ अधिकारी ने कहा कि भ्रष्टाचार तो चारों तरफ फैला हुआ है और उसमें हर कोई हिस्सेदार है। गाँवों में विकास गतिविधियाँ ठप रहने के लिए उन्होंने वहाँ के निर्वाचित प्रतिनिधियों को दोषी ठहराया। उनका कहना था कि अपनी लोकप्रियता खोने के डर से निर्वाचित सरपंच एवं अन्य सदस्य लगान जमा करने आदि जैसे कड़े फैसले लागू करने से बचते हैं और इसी वजह से विकास के लिए पैसों की कमी पड़ती है।

महाराष्ट्र में भी जातिवाद कटु सामाजिक यथार्थ है। अग्रणी जातियाँ हर कीमत पर पिछड़ी जातियों पर अपना प्रभुत्व बनाये रखना चाहती हैं। लिहाजा जिन जिलों में यह अध्ययन किया गया, वहाँ कहीं भी लोकतांत्रिक प्रक्रियाओं का पालन होता दिखाई नहीं दिया। कई जिलों में चुनाव के दौरान अग्रणी जातियों द्वारा समर्थित उम्मीदवारों के आगे कोई दूसरा व्यक्ति खड़ा होने की हिम्मत ही नहीं जुटा पाता। मिसाल के तौर पर पिछले पच्चीस सालों से लातूर जिले के रामवाड़ी गाँव में चुनाव

के दौरान कोई उम्मीदवार ही सामने नहीं आता था। वहाँ के मौजूदा सरपंच एक अनपढ़ बुजुर्ग व्यक्ति हैं। दिलचस्प तथ्य यह है कि वहाँ के गाँववाले भी चुनाव में कोई उम्मीदवार न होने को अपनी बड़ी भारी सफलता मानते हैं। इसकी मिसाल मुझे एक रात करीब सौ गाँववालों की बैठक में देखने को मिली, जब उन्होंने कहा कि उन्हें चुनाव में काई उम्मीदवार न होने के कारण अपने गाँव पर गर्व है, क्योंकि चुनाव से वहाँ की शांति एवं सौहार्द में दरार पड़ सकती है। यहाँ सवाल यह उठता है कि शांति किसकी? किसका भाईचारा? निचली जातियों का तो कदापि नहीं। सदियों से अछूत माने जानेवाले लोगों को अब भी अप्रत्यक्ष रूप से समाज से अलग-थलग रखने की कोशिश वहाँ जारी है। गाँव में यदि दो बोरवेल लगाने की मंजूरी मिलती है, तो उनमें से एक वहाँ के सबसे ताकतवर व्यक्ति के घर के पास लगेगा और दूसरा मंदिर के पास। इससे दोनों ही नलों से निचली जाति के लोग पीने का साफ पानी नहीं भर पाते।

ग्राम सेवकों से ले कर जिला मुख्य कार्यकारी अधिकारियों तक पंचायतों का नियंत्रण तीन स्तर पर होता है। संबद्ध विभाग ही सारे कामकाज करते हैं। उनकी मंजूरी के लिए अकसर ग्राम सभाओं की बैठक भी नहीं बुलायी जाती और निर्वाचित प्रतिनिधियों का काम महज शिकायतें सुनने, ज्ञापन लेने और प्रमाणपत्रों पर हस्ताक्षर करने तक सीमित है। उन्हें प्रशासनिक फैसले करने का कोई अधिकार नहीं है। उनके पास कोई संसाधन भी नहीं है। उन्हें लगान और केंद्र द्वारा प्रायोजित इक्का-दुक्का योजनाओं से आनेवाली राशि से ही गुजारा करना पड़ता है। ग्राम पंचायत के स्तर पर लगान जमा करने के बारे में जितना कम कहा जाये उतना ही अच्छा है, क्योंकि वहाँ यह भावना है कि समर्थ लोग भी बिना फायदे के लगान क्यों जमा करें?

यादशी ग्राम पंचायत की आबादी करीब दस हजार है और उसके सरपंच राष्ट्रवादी कांग्रेस पार्टी से जुड़े और स्नातक डिग्रीधारी हेमंत विट्ठल राव सास्ते हैं। पंचायतों पर विभिन्न विभागों के नियंत्रण के बारे में सास्ते ने भी यही बातें कहीं। उनका कहना था कि उनके पास बहुत ही सीमित अधिकार हैं और हर एक काम के लिए उन्हें खंड विकास अधिकारी या जिला परिषद के मुख्य कार्यकारी अधिकारी की चिरौरी करनी पड़ती है। सरपंच को सिर्फ पाँच सौ रुपये तक खर्च करने का अधिकार है और उसका अपना भत्ता महज चार सौ रुपये मासिक है। उन्हें इस बात की जानकारी है कि सरकार ने ग्राम पंचायतों की समस्याओं की समीक्षा के लिए एक समिति बनायी थी, लेकिन जमीनी स्तर पर अभी तक तो कोई सुधार दिखाई नहीं देता।

महाराष्ट्र जैसे राज्य के लिए यह दुर्भाग्यपूर्ण है कि वहाँ अभी तक जिला ग्रामीण विकास अभिकरण को पंचायतों के अधिकार क्षेत्र के बाहर रखा गया है, जब कि कई अन्य राज्य उसे पंचायतों से जोड़ चुके हैं। लातूर जिले की ही मिसाल लीजिए।

यदि डीआरडीए के तहत सालाना मिलनेवाली 2640.34 लाख रुपये की राशि ग्राम सभाओं से ले कर जिला परिषद तक की भागीदारी सुनिश्चित कर ईमानदारी से गाँववालों पर खर्च की जाये, तो औसतन पंद्रह सौ से दो हजार आबादीवाली पंचायतों के अधिकार क्षेत्र को इससे कितना ज्यादा फायदा पहुँचेगा! पूरे तंत्र पर अभी भी सांसदों, विधायकों, कलक्टरों, मुख्य कार्यकारी अधिकारियों, खंड विकास अधिकारियों और ग्राम विकास अधिकारियों का कब्जा होने के कारण गाँव अभी तक कई दशक पहले जैसे ही पिछड़े हुए है। एक महिला खेतिहर मजदूर की मजदूरी अभी तक पच्चीस-तीस रुपये और पुरुष खेतिहर मजदूर की पैंतीस-चालीस रुपये प्रतिदिन है। इनमें से ज्यादातर जिलों में आधी से ज्यादा आबादी निरक्षर है। कई गाँवों में स्कूल भी नहीं है। एक महिला की आपबीती सुन कर काफी तकलीफ हुई, क्योंकि पढ़ाई-लिखाई में तेज होने के बावजूद हाई स्कूल गाँव से बहुत दूर होने और वहाँ तक आने-जाने का कोई सुरक्षित साधन उपलब्ध न होने के कारण उनकी बेटी को पढ़ाई छोड़ कर घर बैठना पड़ा है।

महाराष्ट्र की समस्या यह है कि राज्य अभी तक बलवंतराय मेहता समिति की रिपोर्ट के खाँचे से उबर नहीं पाया है। संविधान के 73वें संशोधन की भावना के प्रति कहीं भी जागरूकता नहीं दिखती और अशोक मेहता समिति की रिपोर्ट की तो बात ही जाने दीजिए जिसके तहत पंचायतों को स्वशासी संस्थाएँ बनाने पर जोर दिया गया था, न कि सिर्फ योजनाओं को कार्यान्वित करने की एजेंसियाँ।

महाराष्ट्र भी राजनैतिक नेतृत्व और नौकरशाही द्वारा सत्ता और लोकतंत्र के सही मायनों में विकेंद्रीकरण में कोताही की देशव्यापी प्रवृत्ति का शिकार है। यहाँ प्रोफेसर दाँतवाला का कथन याद आता है कि राजनैतिक नेतृत्व भले ही कितना दम भरे, मगर वह विकेंद्रीकरण के विचार के खिलाफ हैं। इसकी एक वजह विपक्षी राजनैतिक ताकतों पर अंकुश लगाये रखने की राजनैतिक मजबूरी भी है। कर्नाटक के स्वर्गीय अब्दुल नजीद साब ने भी बहुत सही कहा था कि नौकरशाही अभी तक इस बात के लिए तैयार नहीं है कि उनके विभागीय अधिकारों में कटौती हो और ये अधिकार ऊपर से नीचे तक लोकतांत्रिक फैसले करनेवाली संस्थाओं में बँट जायें जिनके बूते ये संस्थाएँ विभागीय योजनाओं को बदलने में सक्षम हों। महाराष्ट्र के संदर्भ में यह बात और भी महत्वपूर्ण इसलिए है क्योंकि देश में सबसे पहले वहीं पर, साठ के दशक की शुरुआत में ही, जिला परिषदों के तहत 'जिला सेवा' (तकनीकी एवं सामान्य) का गठन किया गया था। इसके जरिये राज्य सरकार ने पंचायतों के लिए अलग से कर्मचारी तंत्र विकसित करने का रास्ता दिखाया था, लेकिन वहाँ मौजूदा हालात इसके ठीक विपरीत हैं।

इसी के समानांतर देखें तो महाराष्ट्र में सहकारिता का प्रबंध तंत्र एकदम उलट है। शक्कर सहकारी समितियों का नियंत्रण वेतनभोगी कर्मचारियों के बजाय निर्वाचित

निदेशकों के हाथ में है। वहाँ यह शायद इसलिए संभव हो पाया है कि सहकारी समितियों के चुनाव में गरीब, पिछड़े और निचले वर्गों के लोग न तो वोटर हैं और न ही उम्मीदवार।

कांग्रेस-राष्ट्रवादी कांग्रेस सरकार को अब चेतना चाहिए और निर्वाचित पंचायतों को असली अधिकार देने चाहिए। जिला परिषदों और पंचायत समितियों के अध्यक्षों का कार्यकाल एक या दो साल तक घटाने, पंचायत सदस्यों पर दो बच्चों की बंदिश लगाने, कार्यक्रम, वित्त एवं पदाधिकारियों सहित अठारह विषय पंचायतों को सौंपने आदि संबंधित कागजी घोषणाओं को लागू न करने के गंभीर परिणाम निकल सकते हैं। इन सब के अलावा यशवंत ग्राम समृद्धि योजना के तहत पंचायतों को राशि सीधे मुहैया कराने के प्रस्ताव को इस साल के शुरू में मंत्रियों द्वारा रोके जाने की खबर से और भी ज्यादा निराशा फैली है। इस योजना के तहत ग्राम स्तरीय परियोजनाओं को लागू करने के लिए सात सौ पचास करोड़ रुपये की राशि सीधे ग्राम पंचायतों को दी जानेवाली थी। महाराष्ट्र के लोगों में इन सब की चिंताजनक प्रतिक्रिया पूरे देश को दिखाई दे रही है।

जहाँ तक पंचायती राज को मजबूत बनाने का सवाल है, निस्संदेह महाराष्ट्र के लोगों ने शिव सेना-भाजपा गठबंधन से इससे अधिक उम्मीद नहीं की थी। लेकिन कांग्रेस-राष्ट्रीय कांग्रेस सरकार बनने से उम्मीदें काफी बढ़ गयी हैं। फिर भी, जमीनी हकीकत अधिक विश्वास नहीं जगाती। क्या विलासराव देशमुख और शरद पवार सुन रहे हैं?

19

नायडू को पंचायतें नहीं चाहिए

नवंबर 2000 में विश्व बैंक के अध्यक्ष जेम्स डी. वुल्फुनसन ने आंध्र प्रदेश का दौरा किया था। उस समय विश्व बैंक की एक टीम ने अपने एक नोट में इस राज्य के बारे में टिप्पणी की थी कि 'एन. चंद्रबाबू नायडू देश के अग्रणी राज्य सुधारक हैं। स्थानीय ग्रामीण निकायों (पंचायतों) के आगामी चुनाव नायडू की लोकप्रियता सिद्ध करेंगे। पंचायत चुनावों का अक्तूबर में होना सुनिश्चित था, लेकिन बिजली क्षेत्र में सुधारों के राजनीतिक परिणामों को दृष्टि में रख कर नायडू ने संभवतः उन्हें मुलतवी कर दिया।'

इस कथन का सबसे ज्यादा परेशान करनेवाला पहलू यह है कि संविधान के भाग नौ के तहत पंचायतों को संवैधानिक निकायों का दर्जा प्राप्त हुए आठ वर्षों के बाद, आज भी, इन स्थानीय निकायों के चुनाव राज्य के मुख्य मंत्री की मर्जी और सुविधा पर निर्भर हैं। विश्व बैंक के दल ने गत वर्ष नवंबर में होनेवाले पंचायत चुनावों के टाले जाने का जब जिक्र किया था तब उन्हें इस बात का संभवतः लेश मात्र भी अदांजा नहीं था कि तेलुगु देशम पार्टी ने उसके नौ माह पूर्व फरवरी 2000 में जिला एवं मंडल परिषदों के चुनाव भी स्थगित कर दिये थे। कारण यही था, राजनीतिक स्वार्थ की चिंता।

पंचायत चुनाव स्थगित करने के लिए तेलुगु देशम पार्टी के अजीबोगरीब तरीके रहे हैं, यद्यपि स्थानीय लोकतांत्रिक निकायों का दम घोंटने के उनके पागलपन में एक तरह की तर्क-पद्धति दिखाई देती है। चूँकि राजनीतिक इच्छाशक्ति का अभाव है और संविधान के आदेश के लिए सम्मान नहीं है, इसलिए पंचायतों का गला घोंटना उनके लिए आसान भी है। उन्होंने एक अध्यादेश द्वारा जिला एवं मंडल परिषदों को प्रशासकों के हवाले कर दिया और चुनावों से पीछा छुड़ा लिया, जब कि संविधान में ऐसा कोई प्रावधान नहीं है। इस सबका कारण यह बताया गया कि आंध्र प्रदेश विधान सभा ने केंद्र सरकार से संविधान की अनुच्छेद 243सी को संशोधित करने

की अपील की थी और इसीलिए जब तक संसद द्वारा इसे संशोधित नहीं किया जाता, राज्य सरकार जिला एवं मंडल परिषदों के चुनाव नहीं करवा सकती। पंचायत चुनावों को टालने का सबसे ज्यादा बेतुका बहाना संभवतः और कोई नहीं हो सकता और वह भी तब, जब कि संविधान में पंचायतों का पाँच वर्ष का कार्यकाल पूर्ण होने से पूर्व ही चुनाव कराने का प्रावधान स्पष्ट रूप से किया गया है। उपर्युक्त अध्यादेश निरस्त होने के बाद संविधान का 87वाँ संशोधन संसद में पेश कर दिया गया, जिसका उद्देश्य था अनुच्छेद 243सी को संशोधित करना। ऐसा करने से पूर्व अन्य दलों या राज्य संस्थाओं से विचार-विमर्श भी नहीं किया गया।

सत्ता के गलियारों में संविधान से खेलते राजनेताओं के साथ-साथ इस देश में राजनीतिक रूप से जागरूक नागरिक भी रहते हैं, जिनके दिलों में अपने देश के संविधान के लिए बेहद सम्मान है। ये देशवासी तेलुगु देशम दल की सरकार को कभी भी क्षमा नहीं करेंगे। इनमें से कुछ ने संविधान की आत्मा के हनन के लिए दोषी आंध्र प्रदेश सरकार के विरोध में जनहित याचिकाएँ दायर कीं। जैसी कि उम्मीद थी, उच्च न्यायालय ने देशवासियों की मदद के लिए जो जायज था, वही किया। उच्च न्यायालय ने राज्य सरकार को 31 मई 2000 तक चुनाव कराने का आदेश दिया। राज्य सरकार ने 'अपनी भूल नहीं सुधारेंगे' की जिद पर अमल करते हुए उच्च न्यायालय के निर्णय के खिलाफ सर्वोच्च न्यायालय में अपील की। सर्वोच्च न्यायालय ने भी राज्य उच्च न्यायालय के आदेश पर अपनी सहमति की मुहर लगाते हुए 31 मार्च तक जिला एवं मंडल परिषदों के पंचायत चुनाव कराने का आदेश दिया।

इसी दौरान ग्राम पंचायत चुनाव, अपने निर्धारित समय पर, अक्तूबर 2000 में सिर पर आ गये। इसलिए इस समस्या से जूझने की सबसे आसान राह थी संविधान के अनुच्छेद 243डी(6) की मदद लेना। यह अनुच्छेद राज्य विधायिका को पंचायतों में सीटों एवं पदों पर पिछड़े वर्गों के लिए आरक्षण करने का अधिकार प्रदान करता है। इस अनुच्छेद का 1993 से अब तक प्रत्येक राज्य के मुख्य मंत्री अथवा सत्तारूढ़ दल ने अनुचित प्रयोग किया है। अपने फायदे के लिए। पंचायत चुनाव टालने के लिए। किसी भी राज्य में एक पिछड़ा हुआ नागरिक किसे कहेंगे? इस तरह के पिछड़े वर्गों की न जनगणना हुई है न ही इनकी पहचान का कोई एक सर्वसम्मत आधार है। वस्तुतः यह धारा भानमती का पिटारा है। चुनाव मुलतवी करने के लिए एक खूबसूरत बहाना। मेरे विचार से, संसद को इस धारा पर गंभीरता से विचार करना चाहिए तथा अनुच्छेद 243डी के खण्ड (6) को ही समाप्त कर देना चाहिए। अन्य पिछड़े वर्गों के लिए जब संसद तथा विधान सभा में आरक्षण का प्रावधान नहीं है, तब पंचायतों के लिए यह जरूरी क्यों हो?

अदालतों में दाखिल याचिकाओं से इस खंड के उपयोग तथा पदों के आरक्षण

के लिए अन्य पिछड़े वर्गों की पहचान के तरीकों पर प्रश्नचिह्न लग जाता है। 1995 के पंचायत चुनावों में आंध्र प्रदेश पिछड़ा वर्ग वित्त निगम द्वारा 1981-87 में किये गये सर्वेक्षण को आधार मान कर लॉटरी प्रणाली से पिछड़े वर्गों के लिए आरक्षण किया गया। याचिकाकर्ताओं का यह कहना था कि चूँकि लॉटरी प्रणाली एक अवैज्ञानिक तरीका है, इसलिए कोई तर्कपूर्ण विधि अपनायी जानी चाहिए। उच्च न्यायालय ने इस तर्क को मान लिया तथा पिछड़े वर्गों की जनसंख्या की वैज्ञानिक विधि से गणना करने का समय 31 मई तक निश्चित कर दिया।

एक महत्वपूर्ण प्रश्न उठता है : पिछले पाँच वर्षों से ये याचिकाकर्ता क्या कर रहे थे? यदि लॉटरी प्रणाली अवैज्ञानिक और अतार्किक थी, तो वे चुनाव की पूर्व-संध्या को ही क्यों जागे? पिछले अनेक वर्षों से 'ई-गवर्नेन्स' और 'स्मार्ट गवर्नेन्स' के दावे करनेवाली नायडू सरकार इस अवधि में क्या कर रही थी? सरल, नैतिक, जवाबदेह, संवेदनशील एवं पारदर्शी समझी जानेवाली यह सरकार इस मामले में क्यों निष्क्रिय थी? क्या यह बिना किसी राजनीतिक एजेंडा के संभव है? सबसे अधिक दुखदायी है वह जगह जो मुख्य मंत्री चंद्रबाबू नायडू ने 'आंध्र प्रदेश : भविष्य का स्वप्न 2020' शीर्षक दस्तावेज में पंचायतों को दी है। 352 पृष्ठों के इस दस्तावेज में पंचायती राज संस्थाओं को सिर्फ एक पैराग्राफ में निपटा दिया गया है। स्पष्ट है कि तेलुगु देशम पार्टी ने 73वें एवं 74वें संविधान संशोधनों में विहित विकेंद्रीकरण के सिद्धान्त को ठीक से समझा ही नहीं है। उसका कहना है कि 'पंचायती राज संस्थाओं तथा सामुदायिक संगठनों के जिम्मेदार प्रबंधन के माध्यम से राज्य अपने प्रशासन को मजबूत बनाने के लिए कटिबद्ध है।' (पृष्ठ 325)

क्षमा करें, मुख्य मंत्री नायडू जी, आप पंचायतों को सामुदायिक संगठनों के साथ नहीं जोड़ सकते। देश के संविधान ने पंचायतों को स्वशासन की संस्थाओं के रूप में परिभाषित किया है (अनुच्छेद 243जी)। सभी सरकारी कामों के लिए पंचायतें देश में सरकार का तीसरा स्तर है। निस्संदेह चन्द्रबाबू नायडू की यह सोच तेलुगु देशम पार्टी की 1984 की विचारधारा के विपरीत है। 1984 में तेलुगु देशम पार्टी के घोषणापत्र में कहा गया था कि वह देश की संघीय नीति में सरकार के तीसरे स्तर के रूप में प्रत्यक्ष रूप से निर्वाचित ऐसे जिला प्रशासन के लिए काम करेगी, जिसे संवैधानिक मान्यता हो, ताकि लोग स्थानीय स्तर पर लोकतांत्रिक स्व-शासन हासिल कर सकें, जो जिला नौकरशाही के अधीन नहीं, बल्कि उसके शीर्ष पर होगा और अंततः जिला सरकार को एक स्थायी संस्था बन जाना चाहिए। (पृष्ठ 14) तेलुगु देशम को निस्संदेह इसका श्रेय देना पड़ेगा कि अस्सी के दशक में इस दल ने आंध्र प्रदेश में स्थानीय शासन का अपना ही तरीका विकसित करने का प्रयास किया था। सबसे गरीब वर्ग के दरवाजे तक स्थानीय स्वशासन की संस्थाओं को ले जाने के उद्देश्य से यह महत्वपूर्ण कदम उठाया गया था। यह कदम उसका अपना था—पश्चिम बंगाल अथवा कर्नाटक

का अनुकरण नहीं। लेकिन खेद है कि एक वर्ष से भी अधिक समय से आज उसी तेलुगु देशम के शासन में पंचायतें प्रशासकों के चंगुल में फँसी कराह रही हैं।

पंचायती राज और विकेंद्रीकरण के आग्रही सभी लोग आंध्र प्रदेश की ओर देख रहे थे कि वहाँ की सरकार सर्वोच्च न्यायालय के आदेश के अनुसार जिला एवं मंडल पंचायतों के चुनाव 31 मार्च तक संपन्न कराने के लिए क्या करती है। क्या किया आंध्र प्रदेश की स्मार्ट सरकार ने—अपने चीफ एक्जीक्यूटिव ऑफिसर की अध्यक्षता में (चन्द्रबाबू नायडू स्वयं को आंध्र प्रदेश लि. का सी.ई.ओ. कहलाना पसंद करते हैं)? उन्होंने चुनाव प्रक्रिया को आगे बढ़ाने के लिए कुछ भी नहीं किया। वे पूर्णतः निष्क्रिय बैठे रहे।

बहरहाल, सरकार चार महीने की नींद से जगी और सर्वोच्च न्यायालय में एक याचिका दाखिल कर चुनाव करवाने में असमर्थता जाहिर करते हुए चुनावों को पुनः मुलतवी करने की प्रार्थना की। 4 अप्रैल 2001 को सर्वोच्च न्यायालय में जब इस मामले की सुनवाई हुई तब उम्मीद की एक किरण जगी कि न्यायपालिका को धता बता कर राजनेता अपने निहित स्वार्थों के लिए जनतंत्र एवं जनतांत्रिक संस्थाओं को कुचल नहीं सकते।

वरिष्ठ अधिवक्ता ए.के. गांगुली ने जब सर्वोच्च न्यायालय में आंध्र प्रदेश राज्य का पक्ष प्रस्तुत करते हुए दलील दी कि चुनावों के लिए और अधिक समय की माँग पिछड़े वर्गों के मतदाताओं की गणना करने संबंधी आंध्र प्रदेश उच्च न्यायालय के निर्णय को पूरा करने के लिए की गयी है, तो प्रतिवादी के अधिवक्ता द्वारा सर्वोच्च न्यायालय को बताया गया है कि राज्य किसी न किसी बहाने मार्च 2001 से चुनाव टाल रहा है। तब सर्वोच्च न्यायालय ने जानना चाहा कि प्रशासन की स्थिति क्या है। बताया गया कि जिला परिषदों के दायित्वों का वहन करने के लिए विशेष अधिकारी के रूप में जिलाधीशों की नियुक्ति की गयी। सर्वोच्च न्यायालय ने वर्तमान स्थिति पर अपना असंतोष जाहिर करते हुए कहा कि चुनाव प्रक्रिया को परे रख कर राजनीतिक दलों द्वारा नियुक्त अधिकारियों द्वारा प्रशासन चलाना न्यायालय को कदापि मान्य नहीं होगा। सर्वोच्च न्यायालय द्वारा यह निर्णय देने के बाद आंध्र प्रदेश राज्य चुनाव आयोग के वकील ने एक दूसरी दलील रखी कि सीटों की पहचान के बाद आयोग को 40 दिन चाहिए, अतएव इस तथ्य को भी ध्यान में रखना चाहिए। किंतु सर्वोच्च न्यायालय ने स्पष्ट तौर पर कहा कि यह राज्य चुनाव आयोग और राज्य सरकार का आपसी मामला है और इस बारे में जो भी किया जा सकता है, वह किया जाना चाहिए, किंतु चुनाव 31 जुलाई 2001 तक होने ही चाहिए। सर्वोच्च न्यायालय का यह निर्णय सभी राज्यों के मुख्य मंत्रियों तथा सत्तारूढ़ दलों के लिए एक सामयिक चेतावनी है कि राज्य विधायिकाएँ पंचायतों के साथ गरीब सौतेले भाई जैसा व्यवहार न करें। पंचायत चुनावों की उपेक्षा न करें। पंचायतों को अपनी स्वार्थ सिद्धि का

साधन न बनायें। स्थानीय लोकतंत्र के बीज को वृक्ष बनने से पहले ही न उखाड़ फेंके।

यह कैसी विडंबना है कि तेलुगु देशम दल की 'परिकल्पना 2020' गांधी के इस कथन के साथ समाप्त होती है, 'केंद्र में बैठे 20 व्यक्तियों द्वारा सच्चा लोकतंत्र स्थापित नहीं हो सकता। यह तो प्रत्येक ग्रामवासी के द्वारा ही संभव है।' लोकतंत्र की नींव अर्थात निर्वाचित पंचायतों के प्रति तेलुगु देशम की यह अश्रद्धा निस्संदेह गंभीर चिंता का विषय है। यद्यपि राज्य सरकार ने एक विशेष याचिका दाखिल कर सर्वोच्च न्यायालय को आश्वासन दिया है कि मंडल एवं जिला परिषदों के चुनाव इस वर्ष जून में एवं ग्राम पंचायतों के चुनाव जुलाई में संपन्न होंगे, राज्य सरकार द्वारा पंचायत चुनावों को संपन्न कराने का एक आखिरी मौका देने की प्रार्थना करने पर सर्वोच्च न्यायालय चुनाव प्रक्रिया को फिर स्थगित करने के विचार से नाखुश है, फिर भी उसने राज्य को 31 जुलाई 2001 तक पंचायत चुनाव अवश्य कराने का आदेश दिया। न्यायालय ने कहा कि वह अब तारीख नहीं बढ़ायेगा। हो सकता है, इस बार समय पर चुनाव हो जायें, पर लोकतांत्रिक रूप से निर्वाचित पंचायती राज संस्थाओं के प्रति तेलूगु देशम का समग्र रवैया गहरी चिंता का विषय है—इसलिए भी कि यही रवैया कई अन्य राज्यों में भी देखने को मिल रहा है।

20

स्थानीय लोकतंत्र के लिए बेताब कश्मीर

कश्मीर में स्थानीय लोकतंत्र की चाहत देश के अन्य भागों में रहनेवाले अधिकांश लोगों के लिए अजीब बात लग सकती है, क्योंकि मीडिया द्वारा कश्मीर की जो भयावह छवि निर्मित की गयी है वह उग्रवाद एवं आतंकवाद की है।

कंगन ब्लॉक कारगिल-लेह राजमार्ग पर श्रीनगर से 45 किलोमीटर दूर स्थित है। इस दूरी को तय करने में डेढ़ घंटा लग जाता है, क्योंकि यह नाम मात्र का राजमार्ग है। अमेरिका द्वारा अफगानिस्तान के खिलाफ युद्ध घोषणा के तुरंत बाद मैंने जब ब्लॉक का दौरा किया तो सरपंचों, नायब सरपंचों और पंचों के रूप में चुने गये डेढ़ सौ के करीब लोग बीडीओ के दफ्तर में इकट्ठा हुए थे। हिमालय की गोद में बसा यह एक खूबसूरत गाँव है। श्रीनगर जिले के चार ब्लॉकों में से एक, कंगन में हलका (ग्राम) पंचायतों के चुनाव इस साल मार्च में हुए थे। अखाल पंचायत के सरपंच जलालुद्दीन शेख को आठ सौ वोट मिले। अखाल में 1990 वोटर हैं, जिनमें से 1200 ने मार्च के चुनावों में अपने मताधिकारों का इस्तेमाल किया। महिलाओं ने भारी संख्या में मतदान किया। छह उम्मीदवारों में जलालुद्दीन चुने गये। क्या चुनावों के दौरान उम्मीदवारों को उग्रवादियों से धमकियाँ मिल रही थीं? जवाब था, नहीं। क्या उग्रवादियों ने वोटरों को डराया-धमकाया? उत्तर फिर 'नहीं' में था। इस ब्लॉक में महिलाओं एवं पुरुषों की लंबी कतारे थीं जो हलका पंचायतों को चुनने के लिए अपनी बारी की प्रतीक्षा कर रहे थे।

क्या पंचायतें सरकारी तौर पर गठित कर दी गयी हैं? नहीं, उग्रवादियों से मिली किसी धमकी की वजह से नहीं, बल्कि सरकार की रेंगनेवाली रफ्तार के कारण पंचायतें गठित नहीं हो पायी थीं। सरकार की तरफ से कोई अधिसूचना नहीं है। पंचायतों की बैठक करने के लिए जगह भी नहीं है। हालाँकि अधिकारियों का कहना है कि 27 जुलाई को अधिसूचना जारी कर दी गयी थी, लेकिन चुने गये सरपंचों और पंचायत सदस्यों का एकमत से कहना है कि उन्हें ऐसा कोई पत्र नहीं मिला

है। एक सरपंच पूछता है, 'हमारे लिए बैठने की कोई जगह नहीं हैं, इसलिए पंचायत की बैठक कैसे बुलायें?' कंगन ब्लॉक में पंचायतों के लिए 27 इमारतों की जरूरत है, जब कि हैं केवल सात। जिस पंचायत भवन में हम मिले, वह अच्छा था, लेकिन उस पर ब्लॉक पदाधिकारियों ने कब्जा कर रखा है और चुनाव के छह महीने बाद भी इसे पंचायत को नहीं सौंपा गया है।

इसमें कोई शक नहीं कि जम्मू-कश्मीर सरकार, जिन गाँवों में पंचायत घर नहीं हैं वहाँ पंचायत घर बनाना चाहती हैं। इनमें से कई तो उग्रवाद के दौरान नष्ट हो गये थे, कुछ को 1990 के दशक के शुरू में ही उग्रवादियों ने आग लगा दी थी और कइयों पर सुरक्षा बलों का कब्जा है। पंचायत भवनों का वर्तमान बजट पाँच लाख रुपये का है और फर्नीचर के लिए 25 हजार रुपये का बजट है। खाका तैयार है, बजट आवंटित है, लेकिन काम अभी शुरू नहीं हुआ है। लोग अधीर हो रहे हैं।

कंगन में बैठक के दौरान सामान्य वार्तालाप से बातचीत शुरू हुई, लेकिन धीरे-धीरे माहौल गरमाता गया। सरपंचों और पंचों ने अपने कष्टों, समस्याओं और चिंताओं को ले कर शोर मचाना शुरू कर दिया। एक सरपंच ने कहा, 'जब छह महीने पहले हम चुने गये थे तब हमें लोगों का समर्थन था। जैसे-जैसे वक्त बीतता जा रहा है, वे असमंजस में हैं। हममें से प्रायः सभी दिहाड़ी मजदूर हैं। पास में एक पनबिजली परियोजना थी। परियोजना को बीच में ही रोक दिया गया। उद्योग-धंधे नहीं हैं। मवेशी नहीं हैं, भेड़ें नहीं हैं। हमारे गाँवों में बुनियादी सुविधाएँ नहीं हैं। सड़कें नहीं हैं, पुल नहीं हैं, पीने का पानी नहीं है, बिजली नहीं है, दवाखाना नहीं है, डॉक्टर नहीं है, स्कूल नहीं है।' वह समस्याओं पर समस्याएँ गिनाये चला जा रहा था। जब अभी तक 'पंचायत प्रशासन' के नियम तय नहीं हुए हैं या चुने गये पदों की रिक्तियाँ नहीं भरी गयी हैं, तो हताश होना स्वाभाविक ही है।

जम्मू-कश्मीर में दिसंबर 2000 से मार्च 2001 के दौरान तीन चरणों में पंचायत चुनाव हुए थे। यह तो हारी हुई बाजी का मामला था। चुनावों के लिए सही समय तो 1996 के विधान सभा चुनावों के फौरन बाद का था। (जे एंड के पंचायत ऑन एजेंडा, द *हिन्दू*, 30 अक्तूबर 1996)। लेकिन नेशनल कांफ्रेस और सरकार मामले को खींचती रही। छोटी-छोटी घटनाओं के कारण ये स्थगित होते रहे। भारत और पाकिस्तान द्वारा परमाणु परीक्षण, करगिल संघर्ष और छत्ती सिंहपुरा (दक्षिण कश्मीर) में सिखों की हत्या जैसी घटनाओं ने राज्य की पवित्र इच्छाओं को खत्म कर दिया और अंततः जब चुनाव हुए, तो कश्मीर में स्थानीय लोकतंत्र की ललक दिखाई पड़ी। लद्दाख इलाके में चुनाव सामान्य थे। जम्मू में भी डोडा जिले के बनिलाल, वारवान और मरवाह ब्लॉकों की 10-15 पंचायतों को छोड़ कर पंचायत चुनावों के प्रति लोगों की प्रतिक्रिया उत्साहजनक रही (75 से 80 प्रतिशत वोट पड़े)। कश्मीर डिवीजन

में 64 ब्लॉक पड़ते हैं, 1470 हलका पंचायतें हैं और इनके लिए 1042 सरपंच चुने गये। 10,458 सदस्यों (पंचों) में से 5155 चुने गये तथा शेष 5303 जगहें खाली पड़ी रहीं। घाटी की स्थिति देखते हुए यह कोई कम बड़ी उपलब्धि नहीं थी। संदेश स्पष्ट व जोरदार था। कश्मीरियों में जमीनी लोकतंत्र की चाह है।

पंचायत का यह पहला चुनाव था, इससे पहले 1979 में चुनाव हुए थे। दिलचस्प बात यह थी कि पहली बार गुप्त मतदान के जरिये चुनाव हुए थे। 1979 में अंतिम बार हुए चुनावों में हाथ खड़े करके चुनाव हुए थे। एक और महत्वपूर्ण उपलब्धि यह थी कि 1996 के विधान सभा चुनावों में तत्कालीन हालात के चलते राज्य सरकार के कर्मचारियों ने हिस्सा नहीं लिया था, लेकिन इन पंचायत चुनावों में सभी ने पूरे मन से भाग लिया। सबसे महत्वपूर्ण बात यह रही कि चुनाव स्वतंत्र और निष्पक्ष थे। ताकत का इस्तेमाल नहीं किया गया। घाटी में कई स्थानों पर मैंने जिन वरिष्ठ अधिकारियों और गाँववालों से बातचीत की, उनके अनुसार इस बार शिकायत की कोई रिपोर्ट नहीं थी। खबरों के अनुसार चुनावों के दौरान और बाद में 14 उम्मीदवार मारे गये। गुलमर्ग में बड़े अधिकारियों के साथ बैठक में मुझे बताया गया कि कुपवाड़ा और बारामूला जिलों में ही नौ व्यक्तियों की जान गयी। लेकिन जब मैंने जाँच-पड़ताल की तो केवल तीन मामले ही चुनावी हिंसा के मिले। उग्रवादियों द्वारा मारे गये तीन व्यक्तियों में से एक अवामी लीग से संबंधित था। उसने मुलगम पंचायत में निर्वाचन अधिकारी के कार्यालय में 40 नामांकन पत्र जमा कराये, जिसके बाद उसे गोली मार दी गयी। बाँदीपुर ब्लॉक में नेशनल कांफ्रेंस के दो कार्यकर्ताओं को सरपंच निर्वाचित होते ही सुरक्षा के बावजूद मार डाला गया।

निस्संदेह बहुत-से क्षेत्र ऐसे थे जिनमें उग्रवादी लोगों को डराने-धमकाने में सफल रहे। इन लोगों ने पंचायत चुनावों को गंभीरता से लिया था। संयोग से ड्यूटी पर तैनात एक भी सरकारी कर्मचारी को उग्रवादियों ने न तो धमकाया और न ही उसे चोट पहुँचायी।

अगर जम्मू-कश्मीर में स्थानीय शासन की जीवंत प्रणाली होती, तो क्या स्थिति भिन्न होती? जिससे भी मैंने चर्चा की, उसका कहना था कि लोकतांत्रिक तरीके से चुनी गयी स्थानीय सरकारों से काफी फर्क पड़ता। यह एक आवश्यक स्थिति थी, लेकिन पर्याप्त नहीं। अभाव और हताशा मुख्य कारण थे, जिन्होंने नौजवानों और बुजुर्गों को उग्रवादी माँगों की ओर आकर्षित किया था। यदि सामुदायिक भागीदारी से लोगों की आवश्यकताओं को ध्यान में रख कर विकास होता तो उग्रवाद काफी हद तक रोका जा सकता था। जबरदस्त ठंड के कारण, घाटी में विकास कार्यों के लिए समय कम ही मिल पाता है। लोगों की लगातार शिकायत है कि सरकार इन वास्तविकताओं को समझती नहीं है। चूँकि केंद्र के अधिकारी भी गंभीरता को नहीं

समझते, कश्मीर कुचक्र में फँस कर रह गया है। आम तौर पर धारणा है कि दिल्ली की केंद्रीय सरकार को कश्मीरियों के सोच का पता नहीं है। आर्थिक अभाववाले इस राज्य को पंचायत चुनावों पर अपनी जेब से 14.5 करोड़ रुपये खर्च करने पड़े थे, जब कि विशेष स्थिति होने के कारण यह राशि और जरूरी सुरक्षा कर्मचारी केंद्रीय सरकार से आ सकते थे।

यह कोई छिपी हुई बात नहीं है कि पाकिस्तान ने कश्मीर में पंचायती चुनावों को विफल करने की पूरी कोशिश की थी। वहाँ की सरकार नहीं चाहती कि कश्मीर की जनता घाटी में किसी भी राजनीतिक गतिविधि में हिस्सा लें। हैरानी होती है कि 1996 या 1997 में पंचायत चुनाव नहीं करा कर राज्य ने कीमती समय क्यों बरबाद कर दिया। उससे पाकिस्तान को ही नहीं, बल्कि शेष विश्व को सही संदेश जाता। इसके विपरीत, ये चुनाव दिसंबर 2000 में पाकिस्तान में स्थानीय निकायों के पहले दौर के चुनावों के बाद हुए। नेशनल कांफ्रेंस को इस बात का श्रेय दिया जाना चाहिए कि पिछले पाँच वर्षों में उसने अनेक नाजुक संस्थानों को पटरी पर ला दिया है। गंभीर धमकियों के बीच राज्य सरकार द्वारा जनगणना अभियान चलाना कोई छोटी-मोटी उपलब्धि नहीं है। लोगों के असाधारण उत्साह से हुए पंचायत चुनावों ने उग्रवादियों की कुछ हवा तो निकाल ही दी है।

अमेरिका पर हुए 11 सितम्बर के आतंकवादी हमलों और बाद के अंतरराष्ट्रीय घटनाक्रम को देखते हुए, कश्मीरियों को उम्मीद होने लगी है कि घाटी में उग्रवाद धीमा पड़ जायेगा। कुछ भी हो, हाल के दिनों में उग्रवादियों का निशाना नागरिक नहीं रहे हैं। क्या राज्य सरकार इस अद्‌भुत अवसर का फायदा उठायेगी? यही सवाल कश्मीर से संबद्ध और कश्मीरियों के कल्याण से जुड़े सभी लोगों के मन में उठ रहा है।

जम्मू-कश्मीर हाशिये पर धकेले जाने की दुखदायी हकीकत को झेल रहा है। केंद्र में जिम्मेदार लोग इस हकीकत को मानने को राजी नहीं हैं। कश्मीर और उसकी बहुआयामी समस्याओं को अकसर गलत समझा गया है और उनकी गलत व्याख्या की गयी है, जिससे ये लोग शेष भारत के लोगों से और कट गये हैं। उनके इस अलग-थलग पड़ने को रोकने का सबसे अच्छा तरीका विभिन्न स्तरों पर जीवंत लोकतांत्रिक संस्थानों को बहाल करना है। राज्य सरकार को इन संस्थानों को मजबूत करने में सक्रिय भूमिका निभानी होगी। उग्रवाद व आतंकवाद से निपटने की कोशिश में केंद्र को इन बुनियादी मुद्दों से गंभीरता से निपटने में कोई कसर नहीं छोड़नी चाहिए। उन्हें कश्मीरियों में विश्वास बहाल करने की कोशिश भी करनी चाहिए। स्थानीय निकायों के चुनावों ने दर्शा दिया है कि अंदरूनी और सीमा पार के उग्रवाद के कारण कश्मीरियों की भावनाओं को कम करके नहीं आँका जा सकता।

निर्वाचित स्थानीय निकायों के माध्यम से अपनें अधिकारों के लिए लड़ने की कंगन के लोगों की जबर्दस्त भावनाएँ वास्तव में कश्मीर के सभी लोगों की भावनाओं का प्रतीक हैं, जिसका मैं स्वयं गवाह हूँ। शानदार पहाड़ियों से घिरे श्रीनगर की ओर ड्राइविंग करते हुए, मेरे मस्तिष्क में इकबाल के ये मशहूर शब्द गूँज रहे थे : 'वह धरती जिसकी मिट्टी में चिनार की आग छिपी हुई है, कभी ठंडी नहीं हो सकती, न ही वह अपना स्वाभिमान छोड़ सकती है।'

21

पंचायती राज के दुश्मन

'पंचायती राज संस्थाएँ अभी तक कई वजहों से टिकाऊ और जवाबदेह जन-निकाय का दर्जा और सम्मान हासिल नहीं कर पायी हैं। इन वजहों में नियमित चुनाव न होना, निरंतर दमन, कमजोर वर्गों–मसलन अनुसूचित जातियों-जनजातियों और स्त्रियों–का असंतोषजनक प्रतिनिधित्व, शक्तियों का अपर्याप्त विकेंद्रीकरण और वित्तीय संसाधनों का अभाव आदि शामिल हैं...इन दिखाई पड़नेवाली खामियों की वजह से यह समझ में आता है कि पंचायती राज संस्थाओं को सुदृढ़ता, सुनिश्चितता और निरंतरता प्रदान करने के लिए संविधान में कुछ मूलभूत और आवश्यक तत्वों का समावेश करना निहायत जरूरी है।'

इन्हीं शब्दों के साथ तत्कालीन ग्रामीण विकास मंत्री जी. वेंकटस्वामी ने सितंबर 1991 में संसद में 72वाँ संविधान संशोधन विधेयक प्रस्तुत किया था। 22 और 23 दिसंबर 1992 को लोक सभा और राज्य सभा ने इस विधेयक को 73वें संविधान संशोधन विधेयक के रूप में पारित कर दिया और बाद में कुछ महीनों के भीतर संविधान में पंचायतों के कुछ मूलभूत और अनिवार्य तत्वों का समावेश कर दिया गया।

क्या अब पंचायतें कुछ अलग हैं जब 73वें संविधान संशोधन विधेयक की सर्वसम्मत स्वीकृति अपने दसवें साल में दाखिल हो रही है? क्या बीते नौ वर्षों ने उन्हें सुदृढ़ता, निरंतरता और सुनिश्चितता प्रदान की है? इस मुद्दे पर बातचीत करने के लिए देश भर के करीब 1500 निर्वाचित प्रतिनिधि 22-23 दिसंबर 2001 को नयी दिल्ली में इकट्ठा हुए। एकाधिक वजहों से यह समागम अनूठा था। 73 वें संविधान संशोधन के बाद यह पहली बार था जब नागरिक समाज की पहल पर ऐसा अखिल भारतीय सम्मेलन हुआ और इस ऐतिहासिक सम्मेलन में सभी राज्यों के प्रतिनिधियों ने हिस्सा लिया। यह सिर्फ उत्सव मनाने का अवसर नहीं था, यह प्रशासन के तीसरे स्तर के लिए संवैधानिक रूप से चुने गये सदस्यों के अनुभवों को साझा करने का

भी अवसर था और साथ ही हर एक राज्य की मौजूदा परिस्थितियों के मुताबिक अपने अधिकारों और कर्तव्यों को समझने का भी। प्रतिनिधियों ने पंचायतों को और भी मजबूत बनाने और पटरी पर लाने के लिए विभिन्न उपायों पर चर्चा भी की।

हालाँकि नब्बे के दशक के प्रारंभ से ही कुछ उपलब्धियों को ले कर वहाँ सकारात्मक स्वर थे। मगर जमीनी लोकतंत्र के प्रतिनिधियों के इस सम्मेलन का सामान्य रुख हताशा से भरा था। उनके पास पैसे नहीं हैं, उनके पास काम नहीं हैं, उनके पास काम करनेवाले नहीं हैं। संविधान ने पंचायतों को स्वशासन की संस्थाओं का दर्जा दिया हैं, मगर वे इस आदर्श के कहीं भी आसपास नहीं हैं। स्वाभाविक रूप से वहाँ इस बात को ले कर भी आत्मनिरीक्षण हो रहा था कि इस निराशाजनक परिदृश्य के लिए कौन जिम्मेदार है। व्यवस्था? व्यवस्था के भीतर काम करनेवाले लोग? या, दोनों? देश भर में यह एहसास आम है कि कुछ शक्तियाँ हैं जो 73वें संविधान संशोधन के शब्दों और भावनाओं के साथ, प्रत्यक्षतः और परोक्षतः, छल करने में लगी हुई हैं। निश्चय ही पंचायतों के संवैधानिक लक्ष्यों की ओर बढ़ने से जिन्हें कुछ गँवाना पड़ा हे, वे इनके दुश्मन हो जाते हैं। क्या केंद्र के और राज्य के स्तर के राजनीतिज्ञ कुछ शक्तियों और विशेषाधिकारों को—जो उनके पास थे और जिनका मजा वे अब तक ले रहे हैं—जीवंत लोकतंत्र, तेज विकास और जिला स्तर और उससे नीचे के कुशल प्रशासन के लिए छोड़ने को तैयार हैं? क्या अफसरशाही ग्राम स्तर पर जन प्रतिनिधियों की सर्वोच्चता को तहेदिल से मान्यता दे सकती है और उनके मातहत काम कर सकती है? क्या यह हमारे समय की तल्ख सच्चाई नहीं है कि हमारे देश के सामाजिक ढाँचे में अभी भी सक्रिय सामंती तत्व—जमींदार, सवर्ण—पंचायती राज संस्थाओं के जरिये दिखनेवाले जनशक्ति के उभार के विरुद्ध अपने निहित स्वार्थों की रक्षा के लिए कानून को अपने हाथ में ले रहे हैं? कहने की जरूरत नहीं कि पंचायतों के इन दुश्मनों से केंद्र सरकार और उसके विभिन्न मंत्रालयों की मिलीभगत है।

पंचायती राज संस्थाओं के प्रति राज्य सरकारों की उदासीनता के बारे में बार-बार लिखा गया है। किसी न किसी बहाने चुनावों को टालना रूटीन बन चुका है। लगातार लड़ी जानेवाली कानूनी लड़ाइयों और नागरिकों और सामाजिक संगठनों के हस्तक्षेप के बाद अब जा कर सभी राज्यों में (झारखंड, अरुणाचल प्रदेश, और पांडिचेरी को छोड़ कर) चुनाव संपन्न हुए हैं। केरल और कर्नाटक जैसे कुछ राज्य, जिन्होंने पंचायतों को प्रशासन का तीसरा स्तर बताते हुए, सत्ता के विकेंद्रीकरण के लिए बड़े कदम उठाये थे, अब पीछे हट रहे हैं। हमारे राजनैतिक नेता समुदाय में कुछ अजीब-सी बात है। जब वे विपक्ष में होते हैं तो स्थानीय निकायों की शक्तियाँ सौंपने के बारे में बेहद स्पष्ट और मुखर होते हैं। मगर जैसे ही उन्हें सत्ता मिलती है, वे रंग बदल लेते हैं। पंचायतों के लिए यह ऐसी वचनवीरता है जो वस्तुतः स्थानीय निकायों को

दुर्बल बनाना चाहती है। लोगों को अब ज्यादा से ज्यादा यह महसूस हो रहा है कि राजनैतिक दल और राजनेता पंचायतों और उन्हें शक्तिमान करने के लिए संवैधानिक आदेश के नाम पर सिर्फ घड़ियाली आँसू बहा रहे हैं। ज्यादातर राज्यों के लिए संवैधानिक प्रावधानों की अवहेलना करना (भाग नौ के बहाने) एक रूटीन हो गया है। कुछ उदाहरण देखते हैं।

अनुच्छेद 243जेडडी के तहत राज्य सरकारों को जिला नियोजन समितियों का गठन करना है, ताकि प्रत्येक जिले में गाँवों और शहरों की जरूरतों को जोड़ कर मिश्रित योजनाएँ तैयार की जा सकें और विकेंद्रीकृत नियोजन को बढ़ावा मिल सके। नौ साल बीत गये हैं। आंध्र प्रदेश, असम, बिहार, गोवा और गुजरात में भी इन समितियों का गठन होना बाकी है। कई राज्यों में जिला नियोजन समितियों के अध्यक्ष की कुर्सी पर राज्य सरकार के सदस्य काबिज हैं, हालाँकि यह 73वें संविधान संशोधन की भावना के विरुद्ध है। मसलन, तमिलनाडु में जिला नियोजन समितियों को कार्य आरंभ करने के सरकारी आदेश का जारी होना अभी बाकी है। पंचायतों को वित्त हस्तांतरण के लिए गठित राज्य वित्त आयोगों की रिपोर्टें एक अन्य मामला है, जिसकी घोर उपेक्षा हो रही है। उन्हें राज्य सरकारें गंभीरता से लेतीं ही नहीं। फिर एक अन्य परेशान करनेवाली प्रवृत्ति पंचायतों की शक्तियों को सीमित करने के लिए समानांतर निकायों का उदय है। केंद्र और राज्य सरकारें इस मामले में एक-दूसरे से होड़ ले रही हैं। आंध्र प्रदेश का जन्मभूमि कार्यक्रम, हरियाणा की ग्राम विकास समितियाँ, गुजरात की संयुक्त वन प्रबंधन समितियाँ, राजस्थान का वाटरशेड कार्यक्रम, उत्तर प्रदेश के जल उपभोक्ता समूह और परियोजना स्थल क्रियान्वयन समितियाँ, मध्य प्रदेश की जिला सरकार इसके कुछ उदाहरण हैं। यह मंत्रियों, इन समानांतर निकायों में मनोनीत अन्य ताकतवर तत्वों और, सर्वोपरि, जिला कलक्टरों के हाथ मजबूत करने का राज्य सरकारों का खुला प्रयत्न है, जिसमें वे खासा पैसा बहा रही हैं। राजनैतिक दलों और राजनीतिज्ञ (केंद्र और राज्य दोनों के) स्पष्टतया पंचायती राज के मुकाबले कलक्टर राज को तरजीह देते हैं।

केंद्र सरकार इन समानांतर संरचनाओं को मजबूत करने में ज्यादा पीछे नहीं है। मसलन, ग्रामीण विकास मंत्रालय पंचायतों को अँगूठा दिखाते हुए ग्रामीण विकास के लिए आबंटित हजारों करोड़ रुपये का इस्तेमाल करते हुए जिला ग्रामीण विकास अभिकरण (डिस्ट्रिक्ट रूरल डेवलेपमेंट एजेंसी) को मजबूत करने में कोई कसर नहीं छोड़ रही है। अगर सिर्फ केंद्र सरकार और मंत्रालय ने 73वें संशोधन को गंभीरता से लिया होता तो जिला ग्रामीण विकास अभिकरण अब तक अतीत की चीज हो गये होते। इसके बजाय जिला ग्रामीण विकास एजेंसी के प्रशासन को पेशेवर और मजबूत बनाने के नाम पर पंचायती राज संस्थाओं से अलग इसकी अलग पहचान बनाये रखने के लिए एक नयी पहल हो रही है। मंत्रालय की 2000-2001 की वार्षिक

रिपोर्ट बताती है कि उसका यह रुख कोई तात्कालिक कदम भर नहीं है। वह बताती है कि जिला ग्रामीण विकास एजेंसियाँ 'पंचायतों से अलग' अपनी पहचान बनाये रखेंगी। इस कदम से मंत्रालय ने साफ तौर पर दोहरे शासन की व्यवस्था प्रस्तुत कर दी है। 'यह शब्दों और भावनाओं दोनों में संविधान के साथ खिलवाड़ से कम नहीं है और इससे विकेंद्रीकरण की समूची योजना का नष्ट हो जाना तय है, जैसा कि पिछले पचास वर्षों में होता रहा है।'—यह संविधान समीक्षा समिति के समक्ष पेश की गयी एक रिपोर्ट में साफ-साफ कहा गया है।

पंचायती राज संस्थाओं को प्रभुत्वहीन बनानेवाला जो सबसे नुकसानदेह कदम केंद्र सरकार और संसद ने उठाया है, वह है स्थानीय विकास के लिए प्रतिवर्ष 1580 करोड़ रुपये सांसदों के अधीन करना। जिम्मेदार नागरिक इस तथ्य से बहुत क्षुब्ध हैं कि सांसद क्षेत्रीय विकास योजना में पंचायतों और नगर निगमों के निरीक्षण से परे सांसदों को क्षेत्रीय विकास की योजनाएँ चलाने का अधिकार दे कर न सिर्फ संविधान के 73वें और 74वें संशोधन के प्रासंगिक प्रावधानों को लागू करने के केंद्र और संसद के नैतिक अधिकार के साथ समझौता किया गया है, बल्कि नौकरशाही के तंत्र को मजबूत भी किया गया है। संविधान समीक्षा समिति के समक्ष रखे गये एक अन्य दस्तावेज के मुताबिक 'अनुच्छेद 243जी के तहत स्वशासन की जिन संस्थाओं को उन्होंने खुद जन्म दिया, यह उनके शीलहरण सरीखा है।' एक अन्य स्तर पर पंचायतों में होनेवाले लोकतांत्रिक चुनावों के प्रति केंद्र के शासक दल ने बहुत कम सम्मान प्रदर्शित किया है। गुजरात में भाजपा के मुख्य मंत्री ने अपने निर्देश पर चलने को तैयार पंचायतों के लिए एक लाख रुपये तक के पारितोषिक देने की घोषणा करते हुए और सर्वसहमति पर जोर देते हुए निर्वाचन मंडल को सीधे-सीधे रिश्वत देना चाहा है। मगर गुजरात के लोगों ने पिछलग्गू लोकतंत्र के इस सिद्धांत को अस्वीकार कर दिया है—90 प्रतिशत से ज्यादा ग्राम पंचायतों में जम कर चुनावी मुकाबले हुए।

जहाँ हर कोई पंचायत के सदस्यों और अध्यक्षों पर यह कहते हुए उँगली उठा रहा है कि वे अक्षम, अकुशल और भ्रष्ट हैं, कोई यह नहीं समझ रहा कि अंततः तो वे उसी तंत्र के पुर्जे हैं जो अक्षमता, अकुशलता और भ्रष्टाचार को बढ़ावा देता है। उनके लिए 73वें संशोधन के पारित होने से पहले के ही चार दशकों में उच्चतर स्तरों पर चुने गये प्रतिनिधियों द्वारा बनाये गये रोल मॉडल हैं कि किस तरह चुनाव लड़े जाते हैं, किस तरह विकास योजनाओं के संदर्भ में दफ्तरशाही के साथ मिलीभगत की जाती है और किस तरह अगले चुनाव के लिए साधन जुटाये जाते हैं। जाँन ड्रेज के एक अध्ययन के मुताबिक ज्यादातर राज्यों में किसी सरपंच की मुख्य जिम्मेदारी विभिन्न विकास योजनाओं, मसलन जवाहर रोजगार योजना, इंदिरा आवास योजना आदि का निरीक्षण करने की होती है। कई मामलों में इन योजनाओं के साथ सार्वजनिक साधनों की लूट का एक संगठित तंत्र जुड़ा हुआ है, जिसमें सरपंच को विकास का

कुछ पैसा विभिन्न अधिकारियों—ग्राम सेवक से ले कर जूनियर इंजीनियर, प्रखंड विकास अधिकारी और कतार के विभिन्न पायदानों पर खड़े लोगों तक—के बीच 'पुनर्वितरित' होता है। अकसर सभी के हिस्से पहले से ही नियत होते हैं। नीरजा गोपाल जयाल के मुताबिक उत्तर प्रदेश में 'विभिन्न अधिकारियों और प्रतिनिधियों को दिया जानेवाला प्रतिशत तय होता है...कमीशन की रकम पंचायत की बैठक में खुले आम घोषित की जाती है और शायद ही कभी इसका विरोध होता हो।'

इन हालात के लिए किसे दोष दिया जाये? पंचायतों को, उनके प्रतिनिधियों को या तंत्र को? केंद्र और राज्य सरकार के राजनीतिज्ञ, सभी स्तरों के अधिकारी, उच्च जातियों के नेता, समृद्ध और ताकतवर और निहित स्वार्थी तत्व खुश ही होंगे, अगर पंचायती राज नाम के इस शिशु की हत्या हो जाये।

मगर पंचायतें तो रहेंगी। जो पंचायतों को 'स्वशासन की संस्थाएँ' घोषित करनेवाले संविधान संशोधन को नष्ट करने पर तुले हैं, उन्हें वह पत्र पढ़ लेना चाहिए जो प्रधान मंत्री अटल बिहारी वाजपेयी ने 27 अप्रैल 2001 को आंध्र प्रदेश के मुख्य मंत्री चंद्रबाबू नायडू को लिखा था, 'आप याद करें कि संविधान के खंड नौ के रूप में शामिल संविधान (73वें संशोधन) विधेयक के पारित हो जाने के साथ ही पंचायती राज संस्थाओं को संवैधानिक दर्जा हासिल हो चुका है। इस संघीय ढाँचे में पंचायतों की परिकल्पना शासन के तीसरे स्तर के रूप में की गयी है...इस बीच आनेवाले वर्षों में पंचायती राज के प्रतिनिधियों और कुल मिला कर ग्राम समुदाय के क्षमता विकास का काम प्रमुखता पर रहना है। मैं यह भी ध्यान दिलाऊँ कि समानांतर संरचनाएँ (जो पंचायती राज संस्थाओं को हाशिये पर ले जाती हैं) गठित नहीं की जानी चाहिए।'

क्या राजनैतिक नेता, सरकारें और विभिन्न स्तरों पर उनके कर्ता-धर्ता और साथ ही स्थानीय दबंग लोग सुन रहे हैं?

□□□